公路工程造价人员资格考试用书

Gonglu Gongcheng Jishu yu Jiliang

公路工程技术与计量

（2015 年版）

交通运输部职业资格中心

人民交通出版社股份有限公司
China Communications Press Co.,Ltd.

内 容 提 要

本书为《公路工程造价人员资格考试用书》之一。本书根据《公路工程造价人员资格考试大纲》(2015 年版),紧密围绕交通运输部最新颁布和修订的行业标准、规范而编写,体现了公路建设新结构、新设备、新技术、新工艺和新材料的发展对公路工程造价人员的新要求。全书共 11 章,主要内容包括:工程材料与工程机械,施工组织设计,路基工程,路面工程,隧道工程,桥涵工程,公路沿线设施工程,绿化及环境保护工程,管理、养护及服务房屋,计量与支付。

本书注重理论联系实际,针对性、实用性、操作性强,既可作为广大考生复习备考的参考用书,也可供相关从业人员和高校师生学习参考。

图书在版编目(CIP)数据

公路工程技术与计量 :2015 年版 / 交通运输部职业资格中心组织编写. — 北京 : 人民交通出版社股份有限公司, 2014.9

公路工程造价人员资格考试用书

ISBN 978-7-114-11749-7

Ⅰ. ①公… Ⅱ. ①交… Ⅲ. ①道路工程—工程技术—资格考试—自学参考资料②道路工程—计量—资格考核—自学参考资料 Ⅳ. ①U415.13

中国版本图书馆 CIP 数据核字(2014)第 223137 号

公路工程造价人员资格考试用书

书　　名: 公路工程技术与计量(2015 年版)
著 作 者: 交通运输部职业资格中心
责任编辑: 孙　玺　黎小东
出版发行: 人民交通出版社股份有限公司
地　　址: (100011) 北京市朝阳区安定门外外馆斜街 3 号
网　　址: http://www.ccpress.com.cn
销售电话: (010) 59757973
总 经 销: 人民交通出版社股份有限公司发行部
经　　销: 各地新华书店
印　　刷: 北京市密东印刷有限公司
开　　本: 787×1092　1/16
印　　张: 22.25
字　　数: 538 千
版　　次: 2014 年 9 月　第 1 版
印　　次: 2016 年 7 月　第 2 次印刷
书　　号: ISBN 978-7-114-11749-7
定　　价: 69.00 元

《公路工程造价人员资格考试用书》(2015年版)

审定委员会

本册编写单位

北京中交京纬公路造价技术有限公司

湖南省交通运输厅交通建设造价管理站

前　言

公路交通是经济社会发展的重要基础性和先导性产业,也是事关国计民生的重要服务性行业。近年来我国的公路交通基础设施建设取得了举世瞩目的成就,为国民经济和社会发展以及人民群众的安全便捷出行做出了贡献。公路工程造价管理是公路建设不可或缺的一项重要工作,对于科学、合理确定和使用公路建设资金,发挥其最大效能具有不可替代的重要作用。培育一支高素质的公路工程造价从业人员队伍,是加强公路建设资金管理的重要保证。

为适应当前公路建设和发展的需要,保障工程质量和安全,解决公路工程造价人员数量与工程建设实际需求不相适应的突出矛盾,交通运输部组织实施了公路工程造价人员过渡考试。考试共2天,设4个科目,即:公路工程造价基础理论及相关法规、公路工程造价的计价与控制、公路工程技术与计量和公路工程造价案例分析。

为方便考生备考,根据《公路工程造价人员资格考试大纲》(2015年版)的相关考试要求,我们组织来自公路工程造价(定额)管理、设计、施工、造价咨询等单位和部分高校的专家对2011年出版的公路工程造价人员考试用书进行了修订。此次修订紧密围绕交通运输部最新颁布和修订的行业标准、规范,体现了公路建设新结构、新设备、新技术、新工艺和新材料的发展对公路工程造价人员管理的新要求,强调了"安全、耐久、节约、和谐"的建设理念。修订后的考试用书仍然包括《公路工程造价基础理论及相关法规》、《公路工程造价的计价与控制》、《公路工程技术与计量》和《公路工程造价案例分析》4册,分别与4个考试科目对应。

修订后的考试用书注重理论联系实际,针对性、实用性和操作性强,既可作为广大考生复习备考的参考用书,也可供相关从业人员和高校师生学习参考。

考试用书修订过程中参考了大量文献资料,交通公路工程定额站以及部分公路工程建设、造价(定额)管理、设计、施工和造价咨询等单位的专家提出了宝贵意见,在此谨致谢意!也借此机会向关心公路工程造价人员资格管理工作的各界人士表示衷心的感谢!

交通运输部职业资格中心

二〇一四年七月

目　录

第一章　绪　　论

公路工程建设必须严格遵守国家各项基本建设程序，勘察设计与组织施工是建设程序中两个极其重要的环节。工程设计与施工是否科学、合理，对工程项目的全寿命周期成本、经济和社会效益以及道路使用者体验都有很大影响。公路工程由路基工程、路面工程、桥涵工程、隧道工程、防护工程、交通工程、绿化工程等单位、分部、分项工程组成，它们各有不同的设计原则和施工方法，其中工程设计对工程造价的影响程度高达75%以上，因此，作为公路工程造价人员，掌握并熟练公路工程技术基本知识是十分必要的。

第一节　公路的基本组成

公路是一种铺筑在地面上主要供车辆行驶的线形工程构造物，主要承受车辆荷载的重复作用和经受各种自然因素的长期影响。因此，公路不仅要有平顺的线形、和缓的纵坡，而且要有稳定坚实的路基、平整耐用的路面、牢固可靠的人工构造物，以及其他必要的防护工程和附属设施。

一、线形组成

所谓线形，是指道路中线在空间的形状。道路中线是一条平面有曲线、纵面有起伏的立体空间曲线，其平面线形由直线和平曲线组成，平曲线包括圆曲线和缓和曲线；纵面线形由纵坡线和竖曲线组成（图1-1）。这条立体空间曲线要平、纵配合，其形态可由平面图、纵断面图和横断面图来表示。

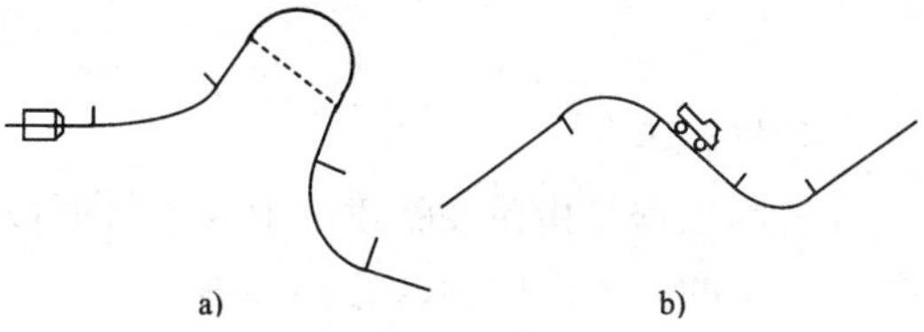

a)　　b)

图1-1　公路的平面与纵面

a）平面；b）纵面

二、公路工程的组成部分

公路是承受荷载及自然因素影响的交通工程构造物，包括路基工程、路面工程、隧道工程、桥涵工程、防护工程，以及交通工程及沿线设施。

1. 路基工程

路基是公路的重要组成部分，它是按照路线位置和一定技术要求修筑的带状构造物，承受由路面传来的荷载，是构成道路的基础，根据其横断面线与原地面线的位置关系可分为路堤、路堑、半填半挖路基等断面形式，如图1-2所示。

2. 路面工程

路面是在路基表面上用各种不同材料或混合料分层铺筑而成的一种层状结构物，通常由

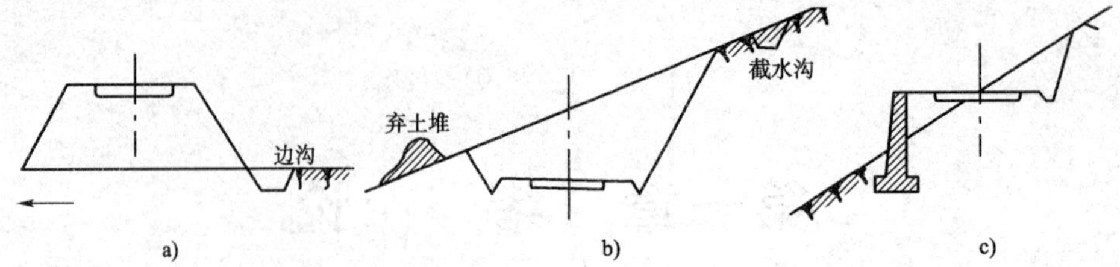

图 1-2　路基的典型断面

a)路堤;b)路堑;c)半填半挖

面层、基层、垫层等组成(图 1-3)。路面是公路上最重要的建筑物,行车的安全、舒适、经久、耐用与经济均取决于路面的合理设计及施工质量。

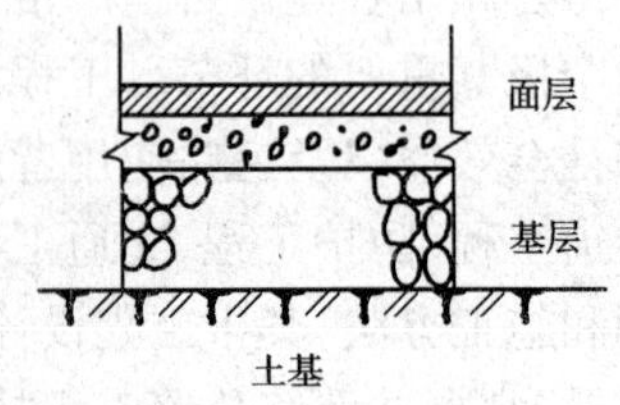

图 1-3　路面结构

3. 隧道工程

隧道一般指在公路建设中为了克服地形和高程上的障碍(如山梁、山脊、垭口等),以改善和提高拟建公路的平面线形和纵坡,缩短公路里程,或为避免山区公路的各种病害(如滑坡、崩坍、岩堆、泥石流等不良地质地段),以保护生态环境,必须修建隧道,如图 1-4 所示。

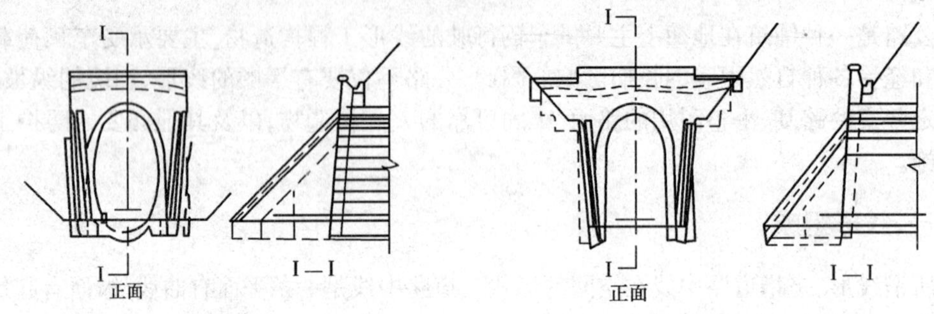

图 1-4　隧道工程

4. 桥涵工程

桥涵工程是指在公路建设中为了保证拟建的公路工程项目连续,跨江河、湖泊、道路、山谷等而建造的人工结构物,如图 1-5 所示。

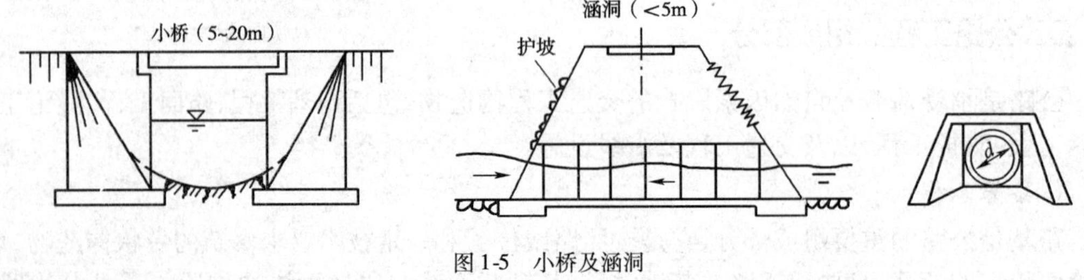

图 1-5　小桥及涵洞

5. 防护工程

防护工程指为保证路基及上下边坡的稳定或行车安全所修筑的工程设施,如支挡结构、边坡防护等,如图 1-6 所示。

图1-6 防护工程

6. 交通工程及沿线设施

照明设施:如灯柱、弯道反光镜、隧道照明等。

安全设施:护栏、隔离栅、路面标线、交通标志。其中,交通标志是指用图形符号和文字传递特定信息,用以管理交通,指挥行车方向,以保证道路畅通与行车安全的设施,适用于公路、道路以及一切专用公路,具有法令的性质,车辆行人都必须遵守。有警告标志、禁令标志、指示标志等。

服务设施:如加油站、服务区、汽车站等。

管理设施:管理处、收费站、管理人员生活区、通信、监控等。

绿化工程:是美化公路、保护环境不可缺少的部分,为道路使用者提供一个安全、舒适的行车环境。

第二节 公路工程设计

工程设计是指从技术上和经济上对拟建工程的特定要求,考虑社会和自然方面的因素,运用科学技术知识,进行全面规划,制订一个完整方案,编制一整套工程建设所需的图纸及说明,它是国家基本建设计划的具体化,是组织工程施工的主要依据。

一、设计阶段

根据《公路工程基本建设项目设计文件编制办法》的规定,在前期阶段结束,也就是工程可行性研究报告经有关部门审批决策后即可进行设计。结合公路建设的技术经济特征,要进行不同深度的阶段设计,即按项目大小和技术复杂程度分为一阶段、两阶段和三阶段设计,其设计内容,包括初步设计、技术设计和施工图设计。

1. 一阶段设计

一阶段设计即一阶段施工图设计。应以批准的可行性研究报告、测设合同和定测、详勘资料编制。

2. 两阶段设计

即初步设计和施工图设计两个阶段。应以批准的可行性研究报告、测设合同和初测资料为依据,编制初步设计文件和工程概算。然后根据批准的初步设计,通过详细测量,编制施工图设计文件和工程预算。初步设计文件一经主管部门批准,其概算就是建设项目投资的最高限额,不得随意突破。

3. 三阶段设计

即在初步设计和施工图设计之间,增加一个设计阶段,称为技术设计,是根据批准的初步设计和初测与定测资料来进行编制的,是对初步设计中有关技术、经济的各项初步规划和决定进一步具体和深化,制订更为完善的设计和施工方案,进一步确定各项工程数量,提供各种必要的数据,以满足编制修正概算的需要。技术设计文件一经批准,其修正概算就是建设项目投资的最高限额,不得随意突破。

目前,公路基本建设项目一般采用两阶段设计。对于技术简单、方案明确的小型项目,可采用一阶段设计。对于技术复杂、基础资料缺乏或不足的建设项目,或建设项目中的特殊大型桥梁、隧道、互通式立体交叉等部分工程,必要时可采用三阶段设计。

二、设计原则

初步设计和技术设计相对而言是比较粗的,而施工图设计是建设项目的最后设计阶段,要求提出完整的施工图表资料,其内容包括确定路线和各种建筑物、构筑物的具体位置、尺寸、结构、用料、设备等。初步设计、技术设计和施工图设计的深度和作用各不相同。但在设计的全过程中,均应体现以下几条主要原则:

(1)要精心设计,坚持从实际出发、因地制宜、安全适用、就地取材的原则,使设计的建设项目,在技术上先进,经济上合理,具有良好的社会综合效益。

(2)要节约用地,尽量少占良田,重视环境保护,要顺应地形、地貌,使公路建筑工程与沿线自然景观有机地融为一体。在有条件的地方,应结合施工,改土造田,注意与农田水利的综合利用,支援农业。在进行方案比选时,应将占地多少作为重要条件之一。

(3)要千方百计节约建设项目的投资,减少资源的占用与消耗,加强技术经济的分析工作,重视经济效益。工程设计要遵循技术与经济相统一的原则,正确处理两者之间的关系。

工程设计是基本建设程序中的一个具有决定性的工作环节,对建设工程的顺利实施,提高投资经济效益,都有着重要影响。设计单位应严格遵守交通运输部《加强重点公路建设项目设计管理工作若干意见》规定,完善项目管理制度和勘察设计工作流程及责任制;应按照标准化管理要求,加强设计标准化管理,制定工程设计标准化指南,重点统一桥涵、隧道等设计标准化;应结合工程实际,推荐有利于标准化施工和组织管理的设计方案。

第三节 公路工程施工

公路工程施工规模大、技术复杂、质量要求高、工期紧,耗费的资源比较多,是一项高度社会化而又十分复杂的物质生产活动。因此,在施工生产中合理组织生产诸要素,严格按施工程序进行操作,科学地做好施工组织工作,对完成公路工程建设任务具有十分重大的意义,为进一步提升工程质量、安全水平和行业文明施工形象,按照交通运输部《关于开展高速公路施工标准化活动的通知》(交公路发[2011]70号文)的要求,制定相关工地标准化、施工标准化、管理标准化实施要求和方案。

一、公路工程施工过程

施工单位接受施工任务后,依次经历开工前的规划组织准备阶段和现场施工条件准备阶段、正式施工阶段、交竣工验收阶段等,按设计要求完成施工任务。各施工阶段的相互关系如图1-7所示。

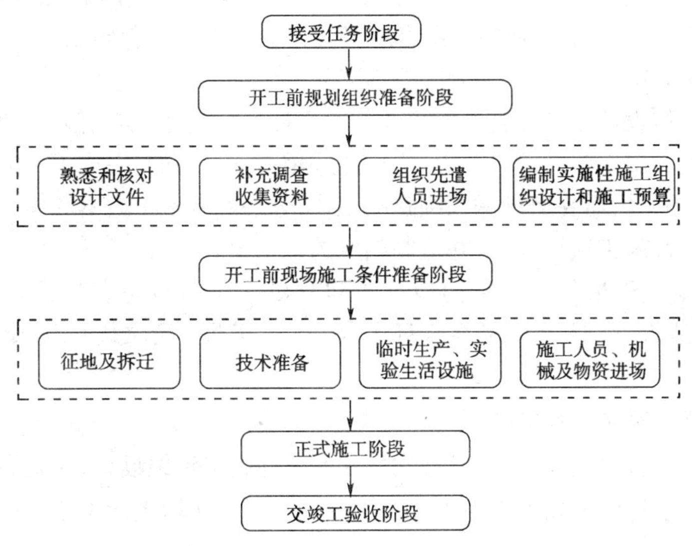

图1-7 公路施工过程示意图

下面就各个阶段的主要工作简要介绍如下:

1. 开工前的规划组织准备

承包人的前期施工准备工作烦琐,涉及面广,必须有计划、按步骤、分阶段地进行,才能在较短的时间内为工程开工创造必要的条件。准备工作的基本任务是:了解施工的客观条件,根据工程的特点、进度要求,合理安排施工力量,从人力、物力、技术和施工组织等方面为工程施工提供一切必要的条件。

开工前的规划组织准备工作分为规划组织和现场条件准备两大部分内容。前者是总体的部署,后者是具体的落实。其主要内容包括以下几个方面:

(1)熟悉和核对设计文件

设计文件是工程施工最重要的依据,组织技术人员熟悉和了解设计文件,是为了明确设计者的设计意图,掌握图纸、资料的主要内容及有关的原始资料。必须对设计文件和图纸进行现场核对。

(2)补充调查收集资料

进行现场补充调查,是为了优化和修改设计、编制实施性施工组织设计、因地制宜地布置施工场地等而收集资料。调查的主要内容有:工程地点的地形、地质、水文、气候条件;自采加工材料场储备、地方生产材料情况、施工期间可供利用的房屋数量;当地劳动力资源、工业生产加工能力、运输条件和运输工具;施工场地的水源、水质、电源,以及生活物资供应状况;当地民俗风情、生活习惯等。

(3)组织先遣人员进场

公路施工需要调用大量人员、材料和机械设备;人员有:建设单位、施工单位、设计单位和监理单位等,都应强化组织、建立健全管理体系、管理制度、落实责任。试验室配备人员应满足交通运输部《公路水运工程试验检测管理办法》文件的要求。施工先遣人员的任务,就是结合施工现场的实际情况,具体落实施工队一旦进入工地后在生产、生活、环境等方面必须解决的问题。对施工中涉及其他部门的问题,做好联系、协调工作,签订相应的会谈纪要、协议书或合同。同时还要及时与当地政府取得联系,积极争取地方政府对工程施工的支持。

(4)编制实施性施工组织设计和施工预算

实施性施工组织设计是指导施工的重要技术文件。公路施工为野外作业,又是线性工程,各地自然地理状况和施工条件差异较大,不可能采用一种定型的、一成不变的施工方案和施工方法,每项工程的施工均需要通过深入细致的工作,分别确定施工方案和施工组织方法,因此,必须认真做好实施性施工组织设计,并编制相应的施工预算。

省级交通运输工程造价管理部门应逐步建立健全全过程造价管理制度,督促各参建单位参与全过程造价管理机制,完善监督手段,逐步实现"优质优价"、全过程造价控制管理理念。

2. 开工前的现场施工条件准备

承包人经过现场核对后,应依据设计文件和实施性施工组织设计,认真做好施工现场的准备工作。包括:征地及拆迁,技术准备工作,建立临时生产、实验生活设施,施工人员、机械及物资进场。

上述各项具体准备工作完成后,即可向项目业主或监理工程师提出开工申请。施工准备工作未做好,不得提出开工申请。

3. 正式施工

在施工准备工作完成、提交开工申请并被批准之后,才能开始正式施工。施工应按照设计图纸进行,如需变更,必须事先按规定程序报经批准。要按照施工组织设计确定的施工方法、施工顺序及进度要求进行施工。各分项工程,特别是地下工程和隐蔽工程,要逐道工序检查合格,做好施工原始记录,才能进入下一道工序的施工。

4. 交竣工验收

建设项目按设计要求建成后,承包人应自行初验,项目建设单位组织交工验收。交工验收合格后,项目进入质量缺陷责任期,通常为两年。质量缺陷责任期满,项目通过国土、审计、质检、环保、档案局等职能部门确认和鉴定,并具备相应的竣工文件资料,应及时报请上级单位组织竣工验收。

根据建设项目的规模大小,分别由交通运输部,或省、自治区、直辖市交通运输行政主管部门组织验收。参加竣工验收的人员,应包括主管部门、公路管理机构、项目法人、竣工验收组代表、质量监督、造价管理、设计、施工、监理、接管养护、当地有关部门代表以及特邀专家。

二、公路工程施工的特点

公路工程施工是一种生产计划和生产管理都比较难的生产形态，属于项目式生产范畴。它与工农业生产相比，具有如下特点：

(1)公路是固定在土地上的构筑物，而施工生产是流动的，所以公路工程施工组织是复杂的，这是区别于工业生产的最根本的特点。

(2)公路工程是根据具体的设计来建造的，而构成公路的各项工程各有不同的功能要求和施工方法，使得各项工程具有各自不同的结构和造型。由于其施工生产的单件性和工程结构的多样性，所以施工组织是多变的。

(3)公路工程规模大、建设周期长，所以施工组织工作是非常艰巨的。由于规模大，需要消耗大量的人力和物力；施工组织工作不仅要做好开工年度的安排，而且要对以后各年度亦应作出统筹部署，同时还要考虑各种不同工程之间的开竣工的衔接，连续且有序的进行。

(4)公路工程是在露天施工，有些是在高空和地下作业，受气候和自然条件的影响与制约，这就决定了公路施工组织工作的特殊性和不能全年连续均衡的进行施工生产。故在施工组织中，要对雨季、冬季和高温季节采取特殊的技术措施和施工方法，在高空和地下作业则要采取必要的防护措施，以确保工程质量和施工安全。

综上所述，公路工程施工的特点，集中表现在施工条件复杂多变，它给施工生产活动带来很大的困难，故要求针对公路工程的不同对象，不同的施工条件，从实际出发，稳妥而科学地做好施工组织工作。

三、标准化施工要求

为推行现代工程管理，促进工程施工管理的标准化、规范化、精细化，确保工程质量和安全，通过开展高速公路施工标准化，建立科学系统的施工标准化体系。充分采用工厂化、集约化的施工措施，优化资源配置，节约工程成本，提高工作效率，落实安全、环保、水保管理理念，提升工程项目管理水平和行业文明施工形象，确保项目工程质量。

开展施工标准化活动的主要内容包括工地标准化、施工标准化和管理标准化。

1. 工地标准化

工地标准化主要包括驻地和施工现场的标准化。按照标准化要求建设施工、监理驻地和试验室及施工便道，改善生产生活环境，提高施工管理效率。按照标准化要求建设各类拌和站、预制加工场地和材料存放场地，实现混合料(混凝土)集中拌制，钢筋、碎石集中加工，构件集中预制，充分发挥集约化施工的优势，规范施工现场管理，保证工程质量。按照标准化要求规范施工现场安全防护设施、安全标识及其他各类临时设施设置，消除隐患，文明施工。工地建设应满足安全、环保、适用、以人为本的要求，统筹规划、合理布局、因地制宜、节约资源。

2. 施工标准化

按照规范要求，结合实际情况，细化路基、路面、桥涵、隧道、绿化及防护、交通安全与机电等各项工程的施工标准化要求，优化施工工艺，严格工艺管理，提高施工效率和实体工程质量。规范质量检验与控制，强化各类验证试验和标准试验，做到检测项目完整齐全、检测频率符合要求、检测数据真实可靠。加强对隐藏工程、关键工序的过程控制和验收,确保工程各项指标抽检合格率达到规范要求。

3. 管理标准化

严格执行公路建设法律法规和强制性标准,在工程管理中查找薄弱环节,健全管理制度,优化管理流程,把技术标准、管理标准、作业标准落实到施工全过程,实现工程进度合理均衡,节能环保措施到位,档案资料收集齐全、整理规范。加强从业人员管理和培训,统一从业人员持证和着装。

第二章　工程材料与工程机械

材料费、施工机械使用费是直接工程费的主要组成部分，直接影响工程造价。本章就公路工程建设使用较多的材料和机械进行简要介绍。

广义的建筑材料是指用于建造建筑物和构筑物的所有材料，是原材料、半成品、成品的总称。狭义的建筑材料是指直接构成建筑物和构筑物实体的材料。公路基本建设工程中使用的各种材料，品种规格繁多，性能各异。按其来源可分为外购材料、地方性材料和自采加工材料三部分；按其在设计和施工生产过程中所起的作用，则又可划分为主要材料、次要材料、辅助材料、周转性材料及金属设备五大类。

施工机械种类较多，按机械的自重可分为特大型、大型、中型、小型等；按作业对象可分为土、石方机械，路面工程机械，混凝土及灰浆机械，水平运输机械，起重及垂直运输机械等；按定额综合范围分为主要机械和小型机具等；按行走装置不同可分为履带式和轮胎式；按驱动力可分为机动和电动等。

第一节　材料的分类

一、按材料来源分

(1)外购材料：承包人在市场上采购的材料。如钢材、水泥、化工材料、五金、燃料、沥青、木材等。

(2)地方性材料：指砂、石、灰、砖、瓦等材料。

(3)自采加工材料：主要是指由承包人自行组织人员进行采集加工的砂、石、黏土等自采材料。

二、按材料在设计和施工生产过程中所起的作用分

(1)主要材料：主要是指公路基本建设工程中使用的构成产品或工程实体的各种量大或昂贵的材料，如钢材、水泥、石油沥青、石灰、砂子、石料等。

(2)次要材料：主要是指相对于主要材料而言，用量较少的各种材料，如电焊条、铁钉、铁丝等。

(3)辅助材料：主要是指有助于产品和工程实体的形成或便于施工生产的顺利进行而使用的材料，它们不构成公路基本建设工程的实体，如油燃料、氧气、脱模剂、减水剂及机械的各种零配件等。

(4)周转性材料：主要是指在施工生产作业过程中，可以反复地多次地周转使用的材料，

如模板、脚手架、支架、拱盔、钢轨、钢丝绳、铁件以及配套的附件等。

(5)金属设备:主要是指公路基本建设工程中,用定型或现场加工制作的金属构件制作拼装而成的常用的可周转使用的金属设备,如单双导梁、跨墩门架、悬臂吊机、悬浇挂篮、提升架等。

三、建筑材料的物理性质

1. 密度

密度指材料在绝对密实状态下,单位体积的质量,按下式计算:

$$\rho = \frac{m}{V} \tag{2-1}$$

式中:ρ——密度(g/cm³、kg/m³);

m——材料在干燥状态的质量(g、kg);

V——材料的绝对密实体积(cm³、m³)。

材料的绝对密实体积是指固体物质所占体积,不包括孔隙在内。密实材料如钢材、玻璃等的体积可根据其外形尺寸求得。

相对密度(比重)是用材料的质量与同体积水(4℃)的质量的比值表示。

2. 表观密度

表观密度指材料在自然状态下,单位体积的质量,按下式计算:

$$\rho_0 = \frac{m}{V_0} \tag{2-2}$$

式中:ρ_0——表观密度(kg/m³);

m——材料质量(kg);

V_0——材料在自然状态下的外形体积(m³)。

3. 堆密度

堆密度也称堆积密度,堆密度是材料在自然堆积状态下单位体积的质量。在堆积自然状态下,粉状或粒状材料的堆积体积包括材料内部孔隙和松散材料颗粒之间的空隙在内的体积。按下式计算:

$$\rho'_0 = \frac{m}{V'_0} \tag{2-3}$$

式中:ρ'_0——堆密度(kg/m³);

m——材料质量(kg);

V'_0——材料的堆积体积(m³)。

常用材料的密度、表观密度和堆密度见表2-1。

常用材料的密度、表观密度和堆密度 表2-1

材　料	密度(g/cm³)	表观密度(kg/m³)	堆密度(kg/m³)
石灰岩	2.6	1 800 ~ 2 600	—
花岗岩	2.6 ~ 2.8	2 500 ~ 2 900	—

续上表

材　料	密度(g/cm^3)	表观密度(kg/m^3)	堆密度(kg/m^3)
碎石	2.6	—	1 400～1 700
卵石	2.6	—	1 500～1 700
黏土	2.6	—	1 600～1 800
普通黏土砖	2.5～2.8	1 600～1 800	—
黏土空心砖	2.5	1 000～1 400	—
水泥	3.1	—	1 200～1 300
普通混凝土	—	2 100～2 600	—
轻集料混凝土	—	800～1 900	—
木材	1.55	400～800	—
钢材	7.85	7 850	—
泡沫塑料	—	20～50	—

4.密实度

建筑工程中常用的材料是固体材料，其体积由固体物质和孔隙体积组成，它们所占的比例均能说明材料的密实程度。

密实度指材料体积内被固体物质所充实的程度，按下式计算：

$$D = \frac{\rho_0}{\rho} \times 100 \tag{2-4}$$

式中：D——密实度(%)；

ρ_0——表观密度(g/cm^3、kg/m^3)；

ρ——密度(g/cm^3、kg/m^3)。

5.孔(空)隙率

孔(空)隙率指材料体积内孔隙体积所占的比例，按下式计算：

$$P = \left(1 - \frac{\rho_0}{\rho}\right) \times 100 \tag{2-5}$$

式中：P——孔(空)隙率(%)；

ρ_0——表观密度(g/cm^3、kg/m^3)；

ρ——密度(g/cm^3、kg/m^3)。

密实度和孔隙率两者之和为1，两者均反映了材料的密实程度，通常用孔隙率来直接反映材料密实程度。孔隙率的大小对材料的物理性质和力学性质均有影响，而孔隙特征、孔隙构造和大小对材料性能影响较大。按孔隙的构造分为封闭孔隙(与外界隔绝)和连通孔隙(与外界连通)；按孔隙的尺寸大小分为粗大孔隙、细小孔隙、极细微孔隙。孔隙率小，并有均匀分布闭合小孔的材料，建筑性能好。

6.吸水性

材料吸收水分的能力称为吸水性。吸水性的大小用吸水率表示。吸水率分质量吸水率和体积吸水率。按下式计算材料的吸水率 ω_{W_a}(%)。

质量吸水率：

$$\omega_{W_a}(\%)=\frac{m_1-m}{m}\times 100 \tag{2-6}$$

体积吸水率：

$$\omega_{W_a\cdot 体}(\%)=\frac{m_1-m}{V_0}\times 100 \tag{2-7}$$

式中：m_1——材料吸水饱和后的质量(g)；

m——材料烘干到恒重时的质量(g)；

V_0——干燥材料在自然状态下的体积(cm^3)。

材料吸水率的大小与材料的孔隙率和孔隙特征有关。具有细微而连通孔隙的材料吸水率大，具有封闭孔隙的材料吸水率小。当材料有粗大孔隙时，水分不易存留，这时吸水率也小。

轻质材料，如海绵、塑料泡沫等，吸收水分后的质量远大于干燥时的质量，这种情况下，吸水率一般要用体积吸水率表示。

7. 吸湿性

材料在潮湿空气中吸收水蒸气的能力称为吸湿性。吸湿性的大小用含水率表示，按下式计算材料的含水率$\omega_{W_c}(\%)$：

$$\omega_{W_c}(\%)=\frac{m_{湿}-m}{m}\times 100 \tag{2-8}$$

式中：$m_{湿}$——材料吸收空气中的水蒸气后的质量(g)。

材料含水率的大小，除与材料本身组织、结构和成分有关外，还与周围环境的湿度、温度有关。当温度低、相对湿度大时，材料的含水率也大。材料的含水率与外界湿度一致时的含水率称为平衡含水率。平衡含水率并不是不变的，它随环境中的温度和湿度的变化而改变，当材料吸水达到饱和状态时的含水率即为材料的吸水率。

材料含水会使材料堆密度和导热性增大、强度降低、体积膨胀，故材料吸水或吸湿后对材料的性能一般是不利的。

8. 耐水性

材料长期在饱和水作用下不破坏，其强度也不显著降低的性质称为耐水性。有孔材料的耐水性用软化系数表示，按下式计算材料的软化系数$K_{软}$：

$$K_{软}=\frac{f_{饱}}{f_{干}} \tag{2-9}$$

式中：$f_{饱}$——材料在水饱和状态下的抗压强度(MPa)；

$f_{干}$——材料在干燥状态下的抗压强度(MPa)。

材料的软化系数在0~1波动。因为材料吸水，水分渗入后，材料内部颗粒间的结合力减弱，软化了材料中不耐水成分，致使材料强度降低。所以材料处于同一条件时，一般而言吸水后的强度比干燥状态下的强度低。软化系数越小，材料吸水饱和后强度降低越多，耐水性越差。对重要工程及长期浸泡或潮湿环境下的材料，要求软化系数不低于0.85~0.90。通常把软化系数大于0.85的材料称为耐水材料。

9. 抗冻性

材料在吸水饱和状态下，抵抗多次冻结和融化作用而不破坏，同时也不严重降低强度的性质，称为抗冻性。用“抗冻标号”表示。

冰冻的破坏作用是由材料孔隙内的水分结冰引起的。水结冰后体积增大9%左右，从而对孔壁产生压力而使孔壁开裂。“抗冻标号”表示材料经过规定的冻融次数，其质量损失、强度降低均不低于规定值。

10. 抗渗性

材料抵抗压力水渗透的性质称为抗渗性。用渗透系数表示，按下式计算：

$$K = \frac{Qd}{AtH} \tag{2-10}$$

式中：K——渗透系数[$mL/(cm^2 \cdot s)$]；

Q——渗水量(mL)；

d——试件厚度(cm)；

A——试件表面积(cm^2)；

t——渗水时间(s)；

H——静水压力水头(cm)。

材料的渗透系数越小，其抗渗性能越好。材料抗渗性的好坏，与材料的孔隙率及其特征有密切关系。孔隙率小而且是封闭孔隙的材料，具有较高的抗渗性能。对于常受到压力水作用的地下建筑或水工构筑物，要求材料具有一定的抗渗性。

四、建筑材料的力学性质

1. 强度

强度指在外力(荷载)作用下材料抵抗破坏的能力。当材料承受外力时，内部产生应力，外力逐渐增加，应力也相应增大，直到材料内部质点间的作用力不再能够抵抗这种应力时，材料即破坏，此时的极限应力就是材料的强度。

材料在建筑物中所承受的外力，主要有压、拉、剪、弯四种，因此，材料抵抗外力破坏的强度也分为抗压、抗拉、抗剪、抗弯四种。上述强度都指在静力试验下测得的，又称静力强度，如图2-1所示。

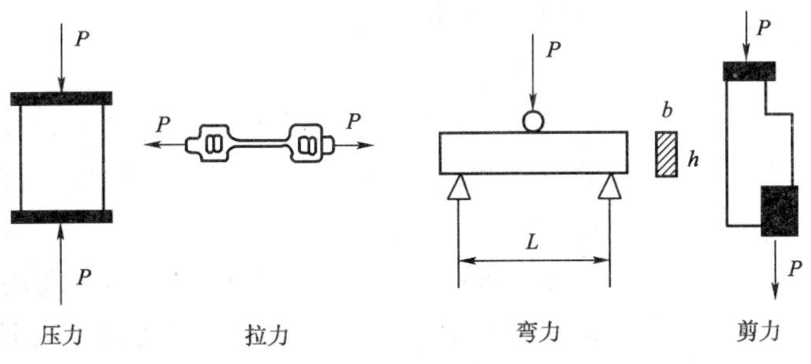

图2-1　材料强度试验示意图

材料抗压、抗拉、抗剪强度按下式计算：

$$f = \frac{P}{F} \tag{2-11}$$

式中：f——强度(MPa)；

P——破坏时最大荷载(N)；

F——受力截面面积(mm^2)。

当外力为作用于构件中央的集中荷载，且构件具有两个支点，材料截面为矩形时，抗弯强度按下式计算：

$$f_m = \frac{3Pl}{2bh^2} \tag{2-12}$$

式中：f_m——材料抗弯强度(MPa)；

P——破坏时最大荷载(N)；

l——两支点之间的距离(mm)；

b——试件截面宽度(mm)；

h——试件截面高度(mm)。

2. 比强度

比强度是按单位质量计算的材料强度，其值等于材料强度对其堆密度的比值，是衡量材料轻质高强性能的重要指标。如普通混凝土C30的比强度(0.012 5)低于Ⅱ级钢筋的比强度(0.043)，说明这两种材料相比混凝土显出质量大而强度低的弱点，应向轻质高强方向改进配置技术。

3. 弹性

弹性是指在外力作用下材料产生变形，外力取消后变形消失，材料能完全恢复原来形状的性质，这种变形属可逆变形，称为弹性变形，见图2-2。变形数值的大小与外力成正比。其比例系数是材料的弹性模量，用符号E表示。在弹性变形范围内，E为常数。即：

$$E = \frac{\sigma}{\varepsilon} \tag{2-13}$$

式中：σ——材料的应力(MPa)；

ε——材料的应变。

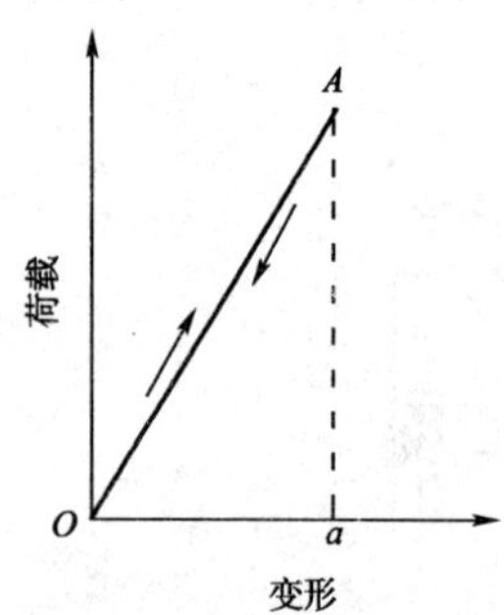

图2-2　材料的弹性变形曲线

弹性模量是衡量材料在弹性范围内抵抗变形能力的指标，E越小，材料受力变形越大。

4. 塑性

塑性是指在外力作用下材料产生变形，外力取消后仍保持变形后的形状和尺寸，但不产生裂隙的性质，这种变形称为塑性变形，见图2-3。

实际工程中，单纯的弹性材料是不存在的，多数材料受力后变形是介于弹塑性变形之间的。当受力不大时，主要产生弹性变形，受力超过一定限度，才产生明显的塑性变形。如混凝土，既具有弹性变形，又具有塑性变形。材料的弹塑性变形见图2-4。

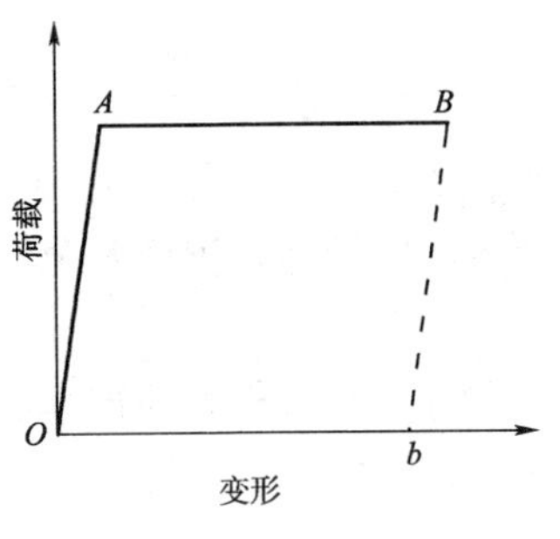

图 2-3　材料的塑性变形曲线

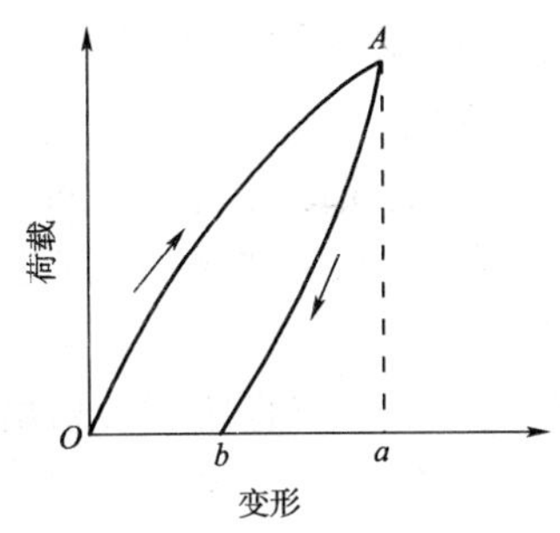

图 2-4　弹塑性的变形曲线

第二节　常用工程材料

本节将对公路基本建设工程中常用的工程材料，如钢材、水泥、木材、沥青、砂石材料的性能、规格和标准作简要描述。

一、钢材

公路建设工程中使用的钢材，主要包括板、管、型材，以及钢筋混凝土中的钢筋、钢丝等。钢材具有良好的技术性质，能承受较大的弹塑性变形，加工性能好，因此被广泛使用。

1. 钢材的分类

(1)按冶炼方法分：平炉钢、氧气转炉钢和电炉钢。

(2)按脱氧程度分：镇静钢(代号 Z)、特殊镇静钢(代号 TZ)(脱氧充分)、沸腾钢(代号 F)(脱氧不充分)和半镇静钢(代号 b)(介于脱氧充分和脱氧不充分之间)。

(3)按化学成分分：碳素钢(含碳量小于 0.25% 的为低碳钢、0.25% ~0.60% 的为中碳钢、大于 0.60% 的为高碳钢)和合金钢(合金元素总含量小于 5% 的为低合金钢、5% ~10% 的为中合金钢、大于 10% 的为高合金钢)。

(4)按用途分：结构钢、工具钢和特殊钢(如不锈钢、耐热钢、耐酸钢等)。

(5)按形状分：板材、管材、线材、型材等。

2. 钢材的力学性能

(1)抗拉性能

抗拉性能是钢材最重要的性能，表征抗拉性能的主要技术指标有：屈服点、抗拉强度及伸长率。它们均与拉伸试验得出的应力—应变图(图 2-5)有关。

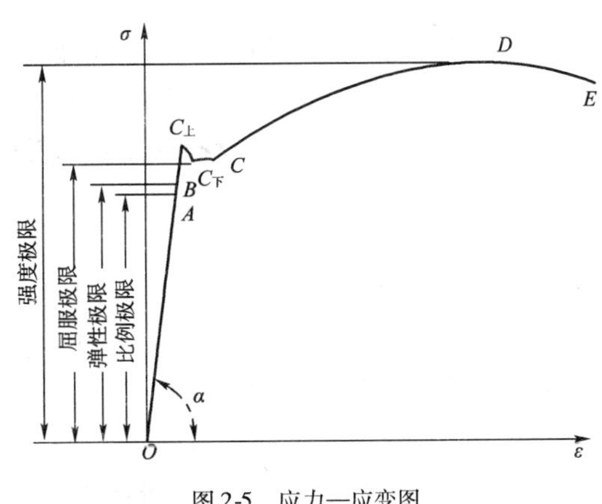

图 2-5　应力—应变图

①屈服点

拉伸进入塑性变形屈服段 BC，称屈服下限 $C_{下}$ 所对应的应力为屈服强度屈服点，记作 σ_s。设计时，一般以 σ_s 作为强度取值的依据。对屈服现象不明显的钢材，规定以产生 0.2% 残余变

形时的应力 $\sigma_{0.2}$ 作为屈服强度。

②抗拉强度

图 2-5 中,曲线最高点对应的应力 σ_b 称为抗拉强度。在设计中,屈强比 σ_s/σ_b 有参考价值。在一定范围内,屈强比小则表明钢材在超过屈服点工作时可靠性高,较为安全。

③伸长率

试件在拉断后,其标距部分所增加的长度与原标距长度的百分比,称为伸长率。试件拉断后标距部分的长度以 L_1 表示,原标距长度以 L_0 表示,则伸长率 $\delta(\%)$ 为:

$$\delta = \frac{L_1 - L_0}{L_0} \times 100 \tag{2-14}$$

δ 表征了钢材的塑性变形能力。δ 值还与试件的 L_1/d_0 值有关(d_0 为试件直径)。常用 $L_0/d_0 = 5$ 及 $L_0/d_0 = 10$ 两种试件,相应 δ 分别记作 δ_5 与 δ_{10},对同一种钢材,$\delta_5 > \delta_{10}$。

(2)冷弯性能

冷弯性能是指钢材在常温下承受弯曲变形的能力,它表征在恶劣变形条件下钢材的塑性,是钢材的一项重要工艺性能,见图 2-6。试件按规定条件弯曲,若弯曲处的外表无裂痕、裂缝或起层,即认为冷弯性能合格。

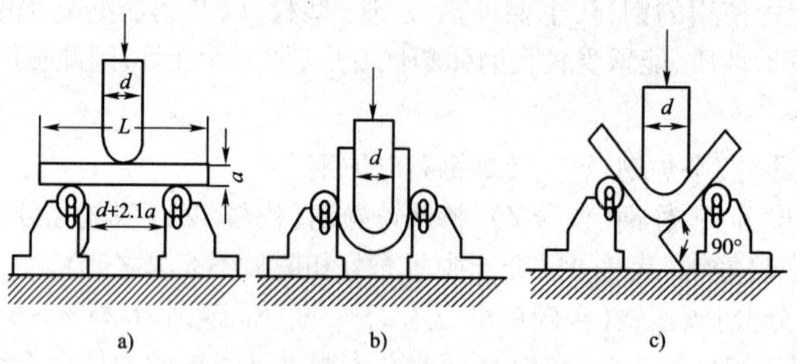

图 2-6 试件冷弯示意图

a)装好的试件;b)弯曲 180°;c)弯曲 90°

(3)冲击韧性

冲击韧性是指钢材抵抗冲击荷载的能力。钢材的化学成分、组织状态、内在缺陷及环境温度等都是影响冲击韧性的重要因素。钢材的冲击韧性随温度的下降而降低,当温度下降到某一范围时,呈脆性断裂,这种现象称为冷脆性。发生冷脆时的温度成为脆性临界温度,其数值越低,说明钢材的低温冲击韧性越好。

(4)抗疲劳性

材料在交变应力作用下,在远低于抗拉强度时突然发生断裂,称为疲劳破坏。疲劳破坏的危险应力用疲劳极限表示,其含义是:试件在交变应力下工作,在规定的周期基数内不发生断裂的最大应力。

(5)可焊性

可焊性主要指焊接后在焊缝处的性质与母材性质的一致程度。影响钢材可焊性的主要因素是化学成分及含量。

3. 常用建筑钢材

建筑钢材按其用途可分为钢结构用材和钢筋混凝土用材两大类。钢结构用材在公路建设工程中使用较少,大量使用的混凝土用钢材,如钢筋、钢板、钢丝等。

(1)碳素结构钢

碳素结构钢指一般的结构钢,以及工程用的热轧板、管、带、型、棒材。

(2)低合金高强度结构钢

低合金高强度结构钢是在碳素结构钢的基础上,少量添加若干合金元素而成,一般合金元素的总量不超过总量的5%。具有如下优点:

①强度较高,可以减轻钢结构的自重,经济效益好。

②具有良好的综合性能,如耐腐蚀、耐低温性好,抗冲击韧性强,使用寿命长等。

③易于加工及施工,良好的可焊性及冷加工性为施工提供方便。

(3)型钢与钢板

在建筑工程中大量使用各种规格与型号的型钢,常用的热轧型钢有:角钢(等边和不等边)、I字钢、槽钢、T形钢、H形钢、Z形钢等。热轧型钢的标记需标出型钢名称、横断面主要尺寸、型钢标准及钢号与钢种标准。如用碳素钢Q235－A轧制的、尺寸为160mm×169mm×16mm的等边角钢,应标示为:

$$\text{热轧等边角钢}\frac{160\times160\times16-\text{GB 9787—88}}{\text{Q235}-\text{AGB700}-88}$$

热轧钢板按厚度可分为中厚板(厚度大于4mm)和薄板(厚度为0.35～4mm)两种,冷轧钢板只有薄板(厚度为0.2～4mm)一种。

(4)钢筋

钢筋是建筑工程中使用量最大的钢材品种之一,其材质包括普通碳素钢和普通低合金钢两大类。常用的有:热轧钢筋、冷加工钢筋以及钢丝、钢绞线等。

①热轧钢筋

钢筋混凝土结构对热轧钢筋的要求是机械强度较高,具有一定的塑性、韧性、冷弯性与可焊性。热轧钢筋按屈服点和抗拉强度分为Ⅰ、Ⅱ、Ⅲ、Ⅳ四个等级,其中Ⅰ级钢筋用碳素结构钢轧制,其余用低合金结构钢轧制。Ⅰ级钢筋强度较低,但塑性及可焊性好,便于冷加工,广泛用作普通混凝土中的非预应力钢筋;预应力钢筋应优先选用Ⅳ级钢筋,也可选用Ⅱ级或Ⅲ级钢筋。

②冷加工钢筋

在常温下对钢筋进行机械加工(冷拉、冷拔、冷轧),使其产生塑性变形,从而达到提高强度(屈服点)、节约钢材的目的,这种方法称为冷加工。经冷加工后,钢筋塑性、韧性均有所下降。

冷拉钢筋强度较高,可用作预应力混凝土结构的预应力筋。冷拉钢筋不宜用于负温及承受冲击或重复荷载的结构,因为冷拉钢筋的塑性、韧性较差,易发生脆断。

常用钢筋每米理论质量见表2-2。

每米钢筋理论质量表 表2-2

钢筋直径(mm)	6	8	10	12	16	20	22	25	30
每米质量(kg)	0.222	0.395	0.617	0.888	1.578	2.466	2.984	3.853	5.549

4.钢材的防锈

当钢材表面与环境介质发生各种形式的化学作用时,就可能遭到腐蚀。如与O_2、SO_2、H_2S等气体作用而被氧化。钢材的锈蚀会降低其性能,使钢结构断面减小,因而承载能力降低,甚至由于局部腐蚀引发应力集中,导致钢结构突然破坏,造成严重后果。

防止钢材锈蚀的方法通常是采用表面刷防锈漆。常用底漆有:红丹、环氧富锌漆、铁红环氧漆等;面漆有:灰铅油、醇酸磁漆、酚醛磁漆等。薄壁钢材可采用热浸镀锌或镀锌后加涂塑料涂层,这种方法防锈效果好,但造价高。

二、水泥

水泥是公路工程中使用广泛的一种粉状水硬性无机胶凝材料。

1.主要技术指标

(1)密度

指水泥在自然状态下单位体积的质量。分松散状态下的密度和紧密状态下的密度两种。松散状态下密度为900~1 300kg/m^3,紧密状态下密度为1 400~1 700kg/m^3,通常采用1 300kg/m^3。

(2)细度

细度表示水泥颗粒的粗细程度。水泥的细度直接影响水泥的活性和强度。

(3)凝结时间

凝结时间分初凝时间和终凝时间。水泥从加水拌和起(调成标准稠度)到水泥浆失去塑性所需的时间,称为初凝时间。水泥从加水拌和起到水泥浆完全失去塑性开始产生强度所需的时间称为终凝时间。初凝时间不宜过短,终凝时间不宜过长。水泥的初凝时间不得早于45min,终凝时间不得迟于6.5h;其他水泥初凝时间不得早于45min,终凝时间不得迟于10h。

(4)安定性

水泥在硬化过程中,体积变化的均匀性称为水泥的安定性。安定性不良会导致构件(制品)产生膨胀性裂纹或翘曲变形,造成质量事故。

(5)强度

水泥强度是指胶砂的强度,而不是净浆的强度,水泥强度的等级按规定龄期的抗压强度和抗折强度来划分。水泥强度的法定计量单位为“兆帕”(MPa)。

(6)水化热

水泥加水后,发生水化作用逐渐凝结硬化放出的热量,称为水泥的水化热。

对大型基础、桥墩等大体积混凝土工程,由于水化热积聚在内部不易发散,使内部温度上升到50~60℃,内外温差引起的应力使混凝土可能产生裂缝,因此水化热对大体积混凝土工程是不利的。

2. 外加剂

水泥可掺入各种外加剂，按其使用功能可以分为减水剂、早强剂、引气剂、膨胀剂、速凝剂、缓凝剂、防锈剂等。

(1)减水剂

减水剂是指在保持混凝土稠度不变的条件下，具有减水增强作用的外加剂。它是一种表面活性剂，加入混凝土中能对水泥颗粒起分散作用，从而把水泥凝聚体中所包含的水释放出来，使水泥达到充分水化。

(2)早强剂

早强剂是指能提高混凝土早期强度，并对后期强度无显著影响的外加剂。通过对水泥水化过程所产生的综合的物理、化学作用，能显著提高混凝土拌和物的工艺性能和硬化混凝土的物理力学性能。早强剂多用于抢修工程和混凝土的冬季施工。

(3)引气剂

在混凝土搅拌过程中加入引气剂，能引入大量分布均匀的微小气泡，阻塞有害的毛细孔通道，从而减少拌和物的泌水离析，改善和易性，提高抗渗性、抗冻性和耐久性。

(4)膨胀剂

膨胀剂是指与水泥、水拌和后经水化反应生成钙矾石、钙矾石和氢氧化钙或氢氧化钙，使混凝土产生膨胀的外加剂。主要用于补偿混凝土收缩，常与减水剂一起配制地脚螺栓灌浆料，设备安装时的坐浆材料及混凝土接头等，还可用于防水工程，防止大体积混凝土的收缩裂缝，也可用于预应力混凝土，调整掺量以控制膨胀值。

(5)速凝剂

速凝剂主要用于冬季滑模施工及喷射混凝土等需要速凝的混凝土工程。

(6)缓凝剂

缓凝剂是指延缓混凝土凝结时间，并对后期强度发展无不利影响的外加剂，主要用于大体积混凝土、炎热条件下施工的混凝土或长距离运输的混凝土和某些在施工操作上需要保持较长处理混凝土时间的项目。

(7)防锈剂

防锈剂又称阻锈剂或缓蚀剂。采用氯化物作早强剂时，需要同时加入防锈剂，防阻对钢筋的锈蚀。

三、木材

木材由树皮、木质部及髓心组成。

1. 木材的分类

(1)按树种分为针叶树材和阔叶树材两类。

(2)按材种分类可分为原条、原木、锯材、枕木。

原条指已经除去皮、根、树梢的木料，但尚未按一定尺寸加工成规定的材类。

原木指已经除去皮、根、树梢的木料，并已按一定尺寸加工成规定直径和长度的材料。

锯材指已经加工锯解成材的木料，如枋料、板料。

枕木指按枕木断面和长度加工而成的成材，主要供铁路用。

2. 木材的物理力学性质

(1)含水率

木材内部所含水分有两种,即吸附水(存在于细胞壁内)与自由水(存在于细胞腔与细胞间隙中)。木材中水分的质量和木材自身质量之百分比称为木材的含水率。木材含水率分为绝对含水率和相对含水率两种,以全干木材的质量为基准计算含水率称为绝对含水率,以湿木材的质量为基准计算的含水率称为相对含水率。

(2)干缩湿胀

木材具有显著的干缩湿胀性,这是由于细胞壁内吸附水含量的变化引起的。

一般来讲,体积密度大,夏材含量高者胀缩性较大。按方向说,顺纹方向胀缩最小,径向较大,弦向最大(可达6% ~12%)。防止胀缩最常用的方法是对木材进行预干燥,达到估计的平衡含水率时再进行加工使用。

(3)强度

木材的强度有抗拉、抗压、抗弯和抗剪四种,而且均具有明显的方向性。抗拉、抗压、抗弯强度均为顺纹方向的强度大于横纹方向的强度,抗剪强度则是横纹方向大于顺纹方向(可达4 ~5倍)。

3. 木材的特性

木材的主要优点是:

(1)质量轻且强度高。木材的体积密度约为550kg/m^3,其顺纹抗拉强度和抗弯强度约为100MPa。因此,木材属轻质高强材料,使用范围可扩展到结构材料。

(2)具有良好的弹性和韧性,抗冲击荷载与振动能力强。

(3)具有良好的保温隔热性能,导热系数多在0.30W/(m·K)左右。

(4)多有美丽的天然纹理,装饰效果好。

(5)耐久性好,在通风干燥条件下,维持千年仍可完好。

(6)易于加工,适于锯、刨、雕刻、钉、粘,可生产多种制品。

木材的主要缺点是:易腐、易燃、各向异性、胀缩变形大,天然疵病多。

四、沥青

沥青按其产源可分为地沥青和焦油沥青两大类。地沥青又分为石油沥青和天然沥青两种。石油沥青是石油原油提炼出汽油等之后的残渣,经过加工而得的副产品;天然沥青是石油在地壳中经过长时间天然因素的影响而形成的产物。焦油沥青,俗称柏油,是由各种有机物(如煤、页岩等)干馏而得到的焦油,经过再加工而获得的副产品,因为有机物的不同,分为煤沥青和页岩沥青等。

乳化沥青是将黏稠的石油沥青加热至流动态,经机械力作用形成细小的微粒,分散在有乳化剂和稳定剂的水中,形成均匀稳定的乳状液。乳化沥青的主要优点是不需要加热可直接用于施工,受低温季节影响较小,常温下洒布均匀;可用于铺筑封层,表层处治、贯入式、沥青碎石、沥青混凝土等路面。其缺点是路面成型时间长,稳定性差。

改性沥青是指掺加了橡胶、树脂类高分子聚合物等改性剂,或对沥青轻度氧化加工改善其性能等措施改善沥青的力学性能,增强其在高温下稳定、耐疲劳和低温抗裂性。

公路路面工程中常用的有石油沥青、煤沥青、乳化沥青和改性沥青。

五、砂石

砂、石材料是公路工程中使用广泛的材料。岩石的地质分类分为火成岩、水成岩和变质岩三种，其造岩矿物主要是由石英、长石、云母、深色矿物、高岭土、碳酸钙、碳酸镁、白云石和石膏等所组成。

天然石材主要有花岗岩、石灰岩、砂岩、大理岩等几种，公路工程中用的主要有粗料石、细料石和片、块石等。

1. 碎石

碎石一般采用花岗岩、砂岩、石英岩、玄武岩等，经人工或机械破碎而成。碎石的颗粒形状对混凝土的质量影响甚为重要，最好的颗粒形状是接近正方形的小立方体石块，片状或针形者都不宜用以拌制高强度等级混凝土。

路面用碎石最大粒径常用1.5cm、2.5cm、3.5cm、5cm、6cm、7cm、8cm，桥梁等结构物用碎石最大粒径常用2cm、4cm、6cm、8cm。

碎石的表观密度一般为2.5～2.7g/cm^3；处于气干状态时的堆密度一般为1 400～1 500kg/m^3；在堆积状态下的空隙率为45%。

2. 砂

砂（即通常所指的普通砂）系指自然山砂、河砂、海砂。它是由坚硬的天然岩石经自然风化逐渐形成的疏散颗粒的混合物。砂的主要用途是作为细集料与胶凝材料（包括水泥、石灰等）配制成砂浆或混凝土使用。

砂按细度模数区分为粗砂、中砂、细砂和特细砂。粗砂的细度模数 M_x 为3.7～3.1，中砂的 M_x 为3.0～2.3，细砂的 M_x 为2.2～1.6，特细砂的 M_x 为1.5～0.7。

在编制定额时，对于天然砂、天然净砂、净干砂的概念不得混淆。否则将一种状态下的砂，换算为另一种状态下的砂，或将一种状态下砂的体积换算为另一种状态下砂的质量时，往往会产生错误。

天然砂系指从砂坑开采的未经加工（过筛）而运至施工现场的砂，含有少量的泥土、石子、杂质和水分。

天然净砂系指将天然砂过筛后，筛掉石子、杂质含量的砂。

净干砂系指将天然净砂经过烘干后的砂。

砂的密度一般为2.6～2.7g/cm^3；干燥状态下的堆密度一般约为1 500kg/m^3；处于干燥状态下的空隙率一般为35%～45%。

其质量要求如下：

①颗粒坚硬洁净；

②黏土、泥灰、粉末等含量不得超过3%；

③云母含量不得超过2%；

④轻物质含量不得超过1%；

⑤三氧化硫（SO_3）含量不得超过1%。

第三节　土石方机械

一、土石方机械的分类、应用及性能

1. 推土机

(1)推土机的分类

推土机是一种自行铲土运输机械,具有操作灵活、运转方便、所需工作面小等特点。按照行走装置的不同,可分为履带式和轮胎式两大类;按照推土板(或称铲刀)安装方式的不同,可分为固定式和回转式两种;按照推土板操纵方式的不同,可分为机械式操纵和液压式操纵两种;按照发动机额定功率的不同,可分成小型、中型、大型和特大型四种等级。

(2)推土机的应用

公路施工,季节性较强,工程量比较集中,施工条件较差,多采用大中型履带式推土机,主要进行50~100m短距离推运土方、石渣等作业,如开挖填筑路基土石方、基坑开挖集渣,填筑堤坝、围堰、开挖河床、渠道、平整场地、砍伐树木、清除树根、填平壕堑和堆集砂砾石等集料作业,此外还可进行局部碾压,给铲运机助铲和预松土,以及牵引各种拖式土方机械等作业。推土机的主要作业方式如下。

①直铲作业:是推土机经常采用的主要作业方法,用于土壤、石渣的向前铲推和场地平整作业。推运的经济运距,小型履带式推土机一般为50m以内,中型推土机一般为50~100m,最远可达150m。上坡推土时采用最小经济运距,下坡推土时则采用最大经济运距。轮胎式推土机的推运距离一般为50~80m,最远可达150m。

推土机的经济运距选择合适,能发挥推土机的最大效能。正常情况下,推土机在运距100m以内生产率较高,超过100m生产率将大幅度下降。在经济运距内,推土机比铲运机有着更高的生产效率。

②斜铲作业:主要用于傍山铲土、单侧弃土或落方推运。推土铲刀的水平回转角一般为左右各25°。作业时能一边切削土壤,一边将土壤移至一侧。斜铲作业的经济运距,比直铲作业时短,生产率也低。

③侧铲作业:主要用于在坡度不大的坡上铲削硬土以及掘沟作业,推土铲刀可在垂直面内上下倾斜90°。

④松土器的劈松作业:一般大型履带式推土机的后部均悬挂有液压松土器,松土器有多齿和单齿两种。多齿松土器铲挖力较小,主要用于劈开较薄的硬土、冻土层等。单齿松土器有着较大的铲挖能力。除了能疏松硬土、冻土外,还可劈松具有风化和有裂缝或节理发达的岩石。

(3)推土机生产率的计算

①推土机直铲进行铲推作业时生产率:

$$Q = \frac{3\,600 \times q \times K_b \times K_y}{T} \tag{2-15}$$

式中:Q——生产率(m^3/h);

q——推土机推移土料的体积(m^3);

K_b——时间利用系数，一般取0.8～0.85；

K_y——坡度影响系数。平地时取1.0；上坡时（坡度5%～10%）取0.5～0.7；下坡时（坡度5%～15%）取1.3～2.3；

T——每一工作循环所需时间（s）。

当推土机进行斜铲连续作业时，与平地机的作业方式相似，其生产率可参照平地机生产率公式进行计算。

②推土机平整场地时生产率：

$$Q = \frac{3\,600 \times L \times (l \times \sin\varphi - b) \times K_b \times B}{n \times \left(\frac{L}{v} + t_n\right)} \tag{2-16}$$

式中：Q——生产率（m^3/h）；

L——平整地段长度（m）；

l——推土板长度（m）；

φ——推土板的水平回转度角度（°）；

b——两相邻平整地段的重叠部分宽度（m），一般取0.3～0.5m；

K_b——时间利用系数，一般取0.8～0.85；

B——推土板高度（m）；

n——在同一地点的重复平整次数（次）；

v——推土机运行速度（m/s）；

t_n——推土机转向时间（s）。

（4）推土机的人员配备

推土机一般配备两名司机。

2. 铲运机

（1）铲运机的分类

铲运机是一种循环作业式铲土运输机械。按行走方式的不同，可分为拖式和自行式两种。

自行式铲运机按牵引车和动力传递方式的不同，可分为机械式传动、液力机械式传动、电力传动和静液压传动四种；按工作机构操纵方式的不同，可分为液压式铲运机和机械操纵铲运机两种，液压操纵是未来发展的方向；按铲运机卸土方式的不同，可分为强制卸土式、半强制卸土式和自动卸土式三种；按铲运机的装载方式不同，可分为链板装载式与普通装载式两种，按铲运机的斗容可分为小型、中型、大型和特大型四种。

（2）铲运机的应用

铲运机是一种循环作业式的铲土运输机械，主要用于中距离的大规模土方转移工程。它能综合地完成铲土、装土、运土和卸土四个工序；能控制填土铺筑厚度和进行平土作业，对卸下的土壤进行局部碾压。

铲运机的经济运距和行驶道路坡度是铲运机选型的重要依据之一。一般来说，运距短、坡度大、路面松软，以选择拖式铲运机为宜。如果运距较长、坡度大，宜采用双发动机驱动的自行式铲运机比较经济。路面较平坦则选用单发动机驱动的自行式铲运机较为经济。总之，铲运机适用于中等运距（100～600m）和道路坡度不大条件下的大量土方转移工程，如果运距太短

(100m 以内)采用铲运机是不经济的,而采用推土机或轮胎式装载机自装自运较为适宜,运距太长(600m 以上)则宜采用自卸汽车、机动翻斗车等较为经济。

(3)铲运机生产率的计算

$$Q = \frac{60 \times V \times K_b \times K_h}{t \times K_p} \tag{2-17}$$

式中:Q——生产率(m^3/h);

V——铲斗的几何斗容量(m^3);

K_b——时间利用系数,一般取 0.8~0.85;

K_h——土壤的充满系数,见表 2-3;

t——铲运机每一工作循环所用的时间(min);

K_p——土壤的松散系数。干砂取 1.0~1.2;砂黏土、黏砂土取 1.2~1.4;重砂黏土、黏土取 1.2~1.3。

土壤的充满系数 表 2-3

装载方式	砂质土	黏砂土和中等砂黏土	重砂黏土和黏土
不用推土铲助铲	0.5~0.7	0.8~0.9	0.6~0.8
用推土铲助铲	0.8~1.0	1.0~1.2	0.9~1.2

(4)铲运机的人员配备

铲运机一般配备两名司机。

3. 单斗挖掘机

(1)单斗挖掘机的分类

单斗挖掘机是用一个刚性或挠性连续铲斗,以间歇重复的循环进行工作,是一种周期作业自行式土方机械。按行走装置的不同,单斗挖掘机可分为履带式、轮胎式、汽车式三种;按动力装置的不同,可分为内燃机驱动、电力驱动和复合驱动三种;按传动方式的不同,可分为机械传动、液压传动和混合传动三种;按工作装置的不同,可分为正铲挖掘机、反铲挖掘机、拉铲挖掘机、抓斗挖掘机四种。

正铲挖掘机的挖土特点是:前进向上,强制切土。挖掘力大,生产率高,可开挖停机面以上的Ⅰ~Ⅳ类土。

反铲挖掘机的挖土特点是:后退向下,强制切土。挖掘力比正铲小,可开挖停机面以下Ⅰ~Ⅱ类土,深度在 4m 左右的基坑、基槽、管沟,也可用于地下水位较高的土方开挖。

拉铲挖掘机的挖土特点是:后退向下,自重切土。其挖土深度和挖土半径均较大,可开挖停机面以下的Ⅰ~Ⅱ类土,但不如反铲挖掘机动作灵活准确。适用于开挖大型基坑及水下挖土。

抓斗挖掘机的挖土特点是:直上直下,自重切土。挖掘力较小,只能开挖Ⅰ~Ⅱ类土,用于开挖窄而深的独立基坑和基槽、沉井,适用于水下挖土,是地下连续墙施工挖土的专用机械。

(2)单斗挖掘机的应用

单斗挖掘机具有挖掘能力强、通用性好、能适合不同作业要求的特点。在公路工程施工中,单斗挖掘机主要用来进行挖掘土料、剥除采石的覆盖层及在料场进行装载作业等。单斗挖掘机与运输车辆配合作业可获得最好的经济效果，汽车数量可按运输距离所需的运转循环时间和挖掘机的作业循环时间来确定，数量不宜过多，以保证生产率最高，成本最低为标准。

（3）挖掘机生产率的计算

$$Q = q \times n \times \frac{K_m}{K_p} \times K_b \tag{2-18}$$

式中：Q——生产率（m^3/h）；

q——铲斗的几何斗容量（m^3）；

n——工作循环次数（次/h）；

K_m——铲斗的装满系数，见表2-4；

K_p——土壤的松散系数。见表2-5；

K_b——时间利用系数，一般取0.7～0.85。

铲斗的装满系数　表2-4

铲斗形式	轻质黏软土	轻质黏性土	普通土	重质土	爆破后岩石
正铲	1～1.2	1.15～1.4	0.75～0.95	0.55～0.7	0.3～0.5
拉铲	1～1.15	1.2～1.4	0.8～0.9	0.5～0.65	0.3～0.5
抓铲	0.8～1	0.9～1.1	0.5～0.7	0.4～0.45	0.2～0.3

土壤的松散系数　表2-5

斗容量（m^3）	土壤级别					
	Ⅰ	Ⅱ	Ⅲ	Ⅳ	Ⅴ和Ⅵ	
					爆破好的	爆破不好
0.2～0.75	1.12	1.22	1.27	1.35	1.46	1.50
1.0～2.0	1.10	1.20	1.25	1.32	1.44	1.48

（4）单斗挖掘机的人员配备

单斗挖掘机一般配备两名司机。

4.装载机

（1）装载机的分类

装载机按工作装置作业形式的不同，可分为单斗式、挖掘装载式及斗轮式三种；按动臂形式的不同，可分为全回转式、半回转式和非回转式三种；按本身结构特点的不同，可分为刚性式和铰接式两种；按行走机构特点的不同，可分为轮胎式和履带式两种。

（2）装载机的应用

装载机常用于公路工程施工中土、石方铲运，以及推土、起重等多种作业。在运距不大或运距和道路坡度经常变化的情况下，如采用装载机与自卸汽车配合装运作业，会使工效下降，费用增高。在这种情况下，可单独采用装载机作为自铲运设备使用。根据经验总结，如果整个采装运作业循环时间少于3min时，则把装载机作为自铲运设备使用，是经济合理的。

轮胎式装载机与自卸汽车配合采运土石方的合理运距见表2-6。

轮胎式装载机与自卸汽车配合采运土石方的合理运距　　表2-6

年生产量(万t)	10	30		50		80		100以上	
装载机斗容(m^3)	2.25	2.25	4	2.25	4	2.25	4	2.25	4
汽车载质量(t)	10	10	27	10	27	10	27	10	27
装载机载质量(t)	装载机合理运距(m)								
2	470	170	260	110	160	80	110	71	65
4	760	280	450	190	280	130	190	118	108
5	920	350	540	240	340	170	230	155	143

轮胎式装载机与自卸汽车配合作业时的合理运距与设计年土石方生产量、设备斗容量和装载量有关,加大装载机容量就可增加合理的运距。

装载机的斗容量与自卸汽车的车箱容积相匹配,通常以3~5斗装满车为宜。

(3)装载机生产率的计算

$$Q=\frac{3\,600\times T\times E_s\times K_b\times K_h'}{t\times K_p}\tag{2-19}$$

式中:Q——实际生产率(m^3/台班);

T——每班工作时间(h);

E_s——装载机额定斗容量(m^3);

K_b——时间利用系数,一般取0.75~0.85;

K_h'——铲斗装满系数,装砂时取0.9~1.2;装砾石时取1~1.2;装破碎岩石时取0.7~1.0;

t——装载一斗所需循环作业时间(s);

K_p——货物松散系数。

(4)装载机的人员配备

履带式装载机一般配备两名司机,$2m^3$及以内的轮胎式装载机一般配备一名,$3m^3$及以上的轮胎式装载机一般配备两名。

5. 平地机

(1)平地机的分类

平地机是一种装有以铲土刮刀为主,配有其他多种可换作业装置,进行土地平整和整形连续作业的筑路机械。

按行走方式的不同,可分为拖式和自行式两类,拖式因机动性差,操作费力,已很少使用。自行式平地机具有轮胎行走装置,机动灵活,生产率高,被广泛采用。自行式平地机根据轮胎的数目,可分为四轮和六轮两种;根据车轮驱动情况有后轮驱动和全驱动之分,根据车轮转向情况,又分为前轮转向和全轮转向;根据刮刀长度或发动机功率还可分为轻、中、重型三种;根据工作装置(刮刀)和行走装置的操作方式,可分为机械操纵和液压操纵两种。目前自行式平地机多采用液压操纵。

(2)平地机的应用

平地机主要用于修筑路基横断面,帮刷边坡,开挖边沟及路槽,平整场地等,还可用来在路基上拌和路面材料，摊铺材料，修整和养护土路，推土、疏松土壤、清除杂草、石块和积雪等。

(3)平地机生产率的计算(平地机平整场地的生产率)

$$Q = \frac{60 \times L \times (l \times \sin\varphi - 0.5) \times K_b}{n \times \left(\frac{L}{v} + t\right)} \tag{2-20}$$

式中：Q——生产率(m^3/h)；

L——平整地段长度(m)；

l——刮刀长度(m)；

φ——刮刀的平面角度(°)；

K_b——时间利用系数；

n——平整好这一段所需要行程数(次)；

v——平整时的行驶速度(m/min)；

t——掉头一次所需时间(min)。

(4)平地机的人员配备

自行式平地机一般配备两名司机。

6. 拖拉机

(1)拖拉机的分类

按行走装置不同，可分为履带式拖拉机和轮胎式拖拉机两大类；按照传动方式不同，可分为机械传动，静液压传动和电力传动三种；按发动机的额定功率大小，可分为小型(75kW)、中型(75～170kW)、大型(170～375kW)、特大型(≥375kW)四种，公路建设中，一般多使用中型拖拉机。

(2)拖拉机的应用

拖拉机主要用途如下：

①牵引拖式土方机械，如松土机、平地机、铲运机、碾压机械等，进行土方施工作业。在牵引作业的同时，还可输出动力，以对上述机械进行操纵。

②作为基础车与各种悬挂装置组成推土机、装载机、除荆机、拔根堆集机等工程机械。

③牵引挂车进行短距离运输作业。

④进行局部碾压作业。

⑤作为临时动力站，输出动力，驱动发电机、水泵等机械。

⑥与拖式起重机组合作为起重装卸设备。

(3)拖拉机的人员配备

履带式拖拉机一般配备两名司机，轮胎式拖拉机一般配备一名。

7. 压路机

(1)压路机的分类

按照压实力的作用原理，可分为静作用碾压机械、振动碾压机械和夯实机械三类。

按照碾压轮的材料和表面形状不同，静作用碾压机械和振动碾压机械都可分为钢制光轮和钢制带羊脚碾轮两种。

(2)压路机的应用

①光轮压路机:光轮压路机可分为自行式(简称压路机)和拖式(简称平碾)两种。压路机的单位直线压力较小,压实深度也浅,而且压实不均匀。因此,不适用于对水工建筑物,如土坝、河堤、围堰等的碾压,主要用于筑路工程。压路机可通过增减配重物的办法在一定范围内调整其单位直线压力。压路机按质量分类的应用范围见表2-7。

压路机质量分类应用范围 表2-7

按质量分类	加载后质量(t)	单位直线压力(kg/cm^2)	应用范围
特轻型	0.5~2.0	8~20	压实人行道和修补黑色路面
轻型	≥2~5	≥20~40	压实人行道、简易沥青混凝土路面、公园小道、体育场和土路路基
中型	≥5~10	≥40~60	压实路基、砾石、碎石铺砌层、黑色路面、沥青混凝土路面和土路基础
重型	≥10~15	≥60~80	压实砾石、碎石路面或沥青混凝土路面的终压作业以及路基或路面底层
特重型	≥15~20	≥80~120	压实大块石堆砌基础和碎石路面

平碾也有类似压路机的一些缺点,在大中型土方填筑工程中采用不多。由于平碾结构简单,易于制造,一般还用来压实设计干重度要求较低的黏性土、高含水率黏土、砂砾料、风化料、冲积砾质土等。平碾按质量分类的应用范围见表2-8。

平碾质量分类应用范围 表2-8

按质量分类	碾重(t)	砾质砂	砂	砂壤土	壤土	黏土
轻型	<5	○	○	△	×	
中型	≥5~10	△	×	△	○	△
重型	≥10	×	×	×	△	○

注:○表示适用;△表示尚适用;×表示不适用。

②羊脚压路机(简称羊脚碾):羊脚碾有较大的单位压力(包括羊脚的挤压力),压实深度大而均匀,并能挤碎土块,因而有很好的压实效果和较高的生产率,广泛用于黏性土料的分层碾压。羊脚碾由于有上述优点,同时还可通过增减配重的办法来调整羊脚的单位压力,在土坝施工中常常用来碾压不透水黏性土料。羊脚碾对于非黏性土料和高含水率黏土的压实效果不好,不宜采用。

③轮胎压路机(简称轮胎碾):轮胎碾由于轮胎具有弹性,在碾压时土与轮胎同时变形。轮胎碾的接触压力主要取决于轮胎的内压力,荷重增加轮胎的变形使其接触面积增大,而这个面上的接触压力改变并不大,也可以近似地看作接触压力不变。接触面积与压实深度有密切关系,为了得到较大的接触面积,增加压实深度,一般在轮胎允许变形范围内可尽量增加轮胎碾的负荷。刚性的碾轮由于受到土壤极限强度的限制,机重不能太大,而轮胎碾没有这个缺点,所以轮胎碾适于压实黏性土及非黏性土,如壤土、砂壤土、砂土、砂砾料等。

④振动压路机(简称振动碾):振动碾可分为光轮和羊脚轮两类。以适用于不同土质条件,它与静作用碾压机械相比,具有以下优点:

a.单位直线压力大,压实深度可比同类型质量级的静作用碾压机械大1.5~2.5倍。因此碾压厚度增加,碾压遍数减少。

b. 结构质量轻，外形尺寸小。与作用碾压机械相比，在相同的压实效果时，它的质量只有静作用碾压机械的 1/5 ~ 1/3。

光轮振动碾适宜于压实非黏性土壤（砂土、砂砾石）、碎石、块石、堆石和沥青混凝土，其效果远非其他碾压机所能相比。但对黏土和黏性较强的土壤压实效果不好。摆振式振动碾还可用于大体积干硬性混凝土的捣实作业。

羊脚振动碾是一种新型的碾压机械，它既可以压实非黏性土壤，又可以压实含水率不大的黏性土壤和细颗粒砂砾石，以及碎石与土壤的混合料。

振动碾的最大缺点是它的高频振动易使操作人员过度疲劳，影响它的推广使用。目前振动碾采用了轮胎减振、铰接式机架、静液压传动等多种新型结构，减振问题已基本得到解决，在国内外土石坝施工中较多采用 5 ~ 15t 振动碾来进行压实。

振动碾的应用范围见表 2-9。

振动碾的应用范围

表 2-9

碾子质量和形式	块石	砂、砾石		粉土、粉质土、冰碛土		黏　　土	
		优良级配	均匀粒级	粉质砂、粉质砾石、冰碛土	粉土、砂质粉土	低、中强度黏土	高强度黏土
3t 以下振动平碾		△	△	△	△		
3 ~ 5t 振动平碾		○	○	△	△	△	
5 ~ 10t 振动平碾	△	○	○	○	△	△	△
10 ~ 20t 振动平碾	○	○	○	○	△	△	△
振动凸块碾			△	△	○	○	○
振动羊足碾			△	△	△	○	○

注：○表示适用；△表示可用。

⑤夯实机械：夯实机械可分为振动夯实机械和夯实机械两类，主要用于狭窄工作面的土层压实。振动夯实机适用土质条件与振动碾相似，主要用于非黏性砂质黏土、砾石、碎石的压实，而夯实机械主要适宜于黏土、砂质黏土和灰土的夯实。

⑥压实机械的发展趋势：随着计算机技术、传感技术、信号与通信技术、微电子信息技术、智能检测技术的发展，压实技术也在向智能化管理系统的方向发展。智能压实机械是一种将压实机械、卫星定位技术、压实检测技术结合起来的综合压实设备。

智能压实振动压路机通常包括以下几个部分：a. 测量钢轮运动过程的加速度传感器；b. 用来记录压实过程、传感器输出的刚度的机载电子信号分析处理单元；c. 根据实测刚度调整频率、振幅或是激振力的反馈控制装置；d. 用来记录机器处位置和时间的软件；e. 本地存储和无线通信系统的数据传输设备。压实度测定仪和加速度传感器通常安装于钢轮内或是接近于钢轮的地方，以便于监测当前的激振力、频率和被压实材料的响应状态。从这些仪器的读数可以确定压实过程的有效性，而对于被压实材料的响应有专门的测定方法，路基、路面结构的响应可以用压实度值或刚度来描述。对于压实沥青路面的智能压路机，需要有额外的温度测定仪用来监测沥青路面材料的表面温度，这是在一定温度范围内克服振动压实产生不利影响的关键。

智能压实设备具有一套完整的收集、处理和分析实时测得数据的系统至关重要。钢轮的位置、碾压遍数、累积的压实功与被压实材料响应的相互关系,都需要以彩色编码的图片形式实时显示给操作者。反馈控制系统不断调整钢轮的激振力和频率,以最大限度地提高压实效率和压实效果。当压实度达到目标设定值时系统应该报警提醒司机,以免造成不必要的压实,甚至过压实。对于某些特殊区域,如果进一步压实仍然不能达到理想的压实度,系统需要提示司机注意,这些地区将被记录并作进一步分析。因此,智能压实机械可以充分、有效、经济地保证路基路面的压实质量。

(3)压路机生产率的计算

静作用碾压机的生产率,可按下式计算:

$$Q = \frac{3\,600 \times (b - c) \times L \times h \times K_b}{n \times (\frac{L}{v} + t)} \tag{2-21}$$

式中:Q——生产率(m^3/h);

b——碾压带宽度(m);

c——碾压带搭接宽度(m),一般取0.15~0.25m;

L——碾压段长度(m);

h——铺土层压实后厚度(m);

K_b——时间利用系数,一般取0.8~0.9;

n——碾压遍数;

v——碾压机行驶速度(m/s);

t——转弯掉头或换挡时间。转弯一般取15~20s,换挡一般取2~5s。

(4)压路机的人员配备

光轮压路机配备一名司机,拖式羊足碾、拖式振动碾及振动压路机配备两名。

8. 凿岩穿孔机械

凿岩穿孔机械包括凿岩机、穿孔机及其辅助设备,它们都是钻凿炮孔的石方工程机械,凿岩机适用于钻凿小直径炮孔,穿孔机适用于穿凿大直径的炮孔。

公路建设中常用的是凿岩机,与大型的土方机械相比,凿岩机只能算是小型机具,因此在公路工程定额中是以将其费用计入小型机具使用费中,不作为主要机械列出。此处只简单的介绍一下几种凿岩机的分类。

凿岩机是按照工作动力分类的,分为风动凿岩机(公路工程中常用)、液压凿岩机、电动凿岩机和内燃凿岩机四种。

二、土石方机械的选型配套

土石方机械的选型配套见表2-10。

土石方机械的选型配套 表2-10

<table>
<tr><th rowspan="2">路基形式及其修筑方法</th><th rowspan="2">路堤或路堑高(m)</th><th rowspan="2">土壤类别</th><th rowspan="2">运土距离(m)</th><th rowspan="2">工作段最小长度(m)</th><th colspan="2">选择施工机械设备</th></tr>
<tr><th>主要机械</th><th>辅助机械</th></tr>
<tr><td>从路基两侧取土坑取土填方(在平地上)</td><td rowspan="2"><1</td><td rowspan="8">Ⅰ~Ⅳ</td><td><15</td><td>500</td><td>自动平地机</td><td>松土器(Ⅳ类土必要时使用),推土机,轮胎压路机或羊脚碾</td></tr>
<tr><td rowspan="2">从路基一侧或两侧取土填方</td><td><30</td><td>不限制</td><td>推土机</td><td>松土器(Ⅳ类土必要时使用),自动平地碾,轮胎压路机、羊脚碾</td></tr>
<tr><td>1~2</td><td><50</td><td>50</td><td>推土机
铲运机($6m^3$)</td><td>松土器,自动平地机,轮胎压路机、羊脚碾</td></tr>
<tr><td rowspan="5">自路堑取土填筑路堤(移挖作填)</td><td rowspan="3"><3</td><td><100</td><td rowspan="2">不限制</td><td>推土机</td><td>松土器,自动平地机,轮胎压路机、羊脚碾</td></tr>
<tr><td>100~500</td><td rowspan="2">铲运机(<$10m^3$)</td><td>推土机,松土器,轮胎压路机、羊脚碾</td></tr>
<tr><td>500~1 000</td><td>100</td><td>推土机,重型压路机,轮胎压路机、羊脚碾</td></tr>
<tr><td rowspan="2">>3</td><td>>1 000</td><td rowspan="2">在一个工作段内5 000m^3</td><td rowspan="2">装载机
挖掘机
自卸汽车</td><td>推土机,自动平地机,轮胎压路机、羊脚碾</td></tr>
<tr><td>Ⅴ~Ⅵ</td><td>>500</td><td>空气压缩机,凿岩机,推土机</td></tr>
<tr><td rowspan="2">自专用借土坑取土填筑路堤(取土填方)</td><td rowspan="3">不限制</td><td rowspan="4">Ⅰ~Ⅳ</td><td><500</td><td>50</td><td>铲运机(6~$10m^3$)</td><td>推土机,轮胎压路机,羊脚碾</td></tr>
<tr><td>>500</td><td>100</td><td>铲运机($10m^3$)
装载机
自卸汽车</td><td>推土机,自动平地机,轮胎压路机、羊脚碾</td></tr>
<tr><td>纵向运土的斜坡填方</td><td><500</td><td>50</td><td>铲运机($6m^3$)
万能推土机</td><td>自动平地机,轮胎压路机、羊脚碾</td></tr>
<tr><td rowspan="2">傍山半挖半填</td><td>山坡<20°</td><td rowspan="2"><30</td><td rowspan="3">100</td><td>万能推土机</td><td>铲运机(斗容量$6m^3$),轮胎压路机</td></tr>
<tr><td rowspan="2">山坡>20°</td><td>Ⅴ~Ⅵ</td><td>挖掘机</td><td>万能推土机,空气压缩机,凿岩机</td></tr>
<tr><td>将土推往弃土堆(挖方)</td><td>Ⅰ~Ⅳ</td><td><50</td><td>推土机</td><td>自动平地机,重型压路机</td></tr>
</table>

第四节 路面工程机械

路面工程机械主要有稳定土拌和机及厂拌设备、沥青乳化机及乳化设备、石屑撒布机、液态沥青运输车、沥青洒布机械、沥青混合料拌和设备、沥青混合料摊铺机及水泥混凝土摊铺机等。

一、稳定土拌和机及厂拌设备

1. 稳定土拌和机

(1)稳定土拌和机的分类

稳定土拌和机按行走装置可分为履带式和轮胎式两种;按工作装置在拌和机上的位置可分为前置式、中置式、后置式三种,后置式较为常用;按转子的旋转方向可分为正转和反转两种,正转式稳定土拌和机适用于拌和松散的稳定材料,反转式稳定土拌和机适用于量大且又密集的稳定材料;按传动方式不同可分为机械式和液压式。

(2)稳定土拌和机的应用

稳定土拌和机是把无机结合料(石灰、粉煤灰、水泥)、土(或碎石土、砾石土、天然料)、细料(砂、土)、集料(碎砾石、炉渣)、水等材料按照施工配合比在路上直接拌和的机械。更换工作装置后,还可进行铣削旧沥青路面和路基的工作。

(3)稳定土拌和机的人员配备

稳定土拌和机一般配备2人。

2. 稳定土厂拌设备

稳定土厂拌设备是将土(或碎石土、砾石土、天然料)、碎石、砾石、碎砾石和无机结合料(水泥、石灰、粉煤灰)、水等材料按施工配合比,在固定地点拌和均匀的专用设备。

二、沥青乳化机及乳化设备

1. 沥青乳化机

沥青乳化机是将沥青破碎成微小的颗粒,稳定而均匀地分散到含有乳化剂的水溶液中,形成水包油液体的机械,沥青乳化机同时也是沥青乳化设备的关键部分。

根据所采用的力学作用原理不同,沥青乳化机的构造形式不同,常用的有搅拌式、胶体磨式、喷嘴式三种。

2. 沥青乳化设备

沥青乳化设备是对完成从原料投入到产品储存这一连续作业过程中所需的成套沥青乳化机械的总称。

沥青乳化设备根据沥青和乳化剂进入乳化机时的状态不同,分为开式系统和闭式系统两种连接方式。

(1)开式系统的特点是用节门控制流量,沥青和乳化剂靠自重流入乳化机的漏斗。其优点是比较直观,工作完成后乳化机容易清洗;缺点是容易混入空气,产生气泡。

(2)闭式系统的特点是不用乳化机漏斗接液,而用两个匹配好的泵直接把沥青和乳化剂水溶液经管路泵入乳化机内,靠流量斗指示流量。具优点是不易混入空气,便于自动化控制,可以提高产量;缺点是清洗较麻烦。闭式系统适宜于大量生产。

三、石屑撒布机

石屑撒布机是一种专门撒布石屑的路面基层修筑机械。主要用于均匀地撒布粒径在一定范围内的石屑,亦可用于泥结碎石路面撒布石屑。

石屑撒布机分为自行式、拖式和悬挂式三种,自行式常见。自行式石屑撒布机由于自身装有动力装置,机动性较好,可以在大面积的作业场合进行石屑撒布。

四、液态沥青运输车

液态沥青运输车是运输液态沥青、乳化沥青、煤焦油的专用设备。该车具有保温、加热、机械抽吸、排放、内部循环等功能。液态沥青运输车的结构形式有汽车式、半挂汽车列车式、拖式三种。半挂汽车列车式使用最多,其他两种目前很少使用。

五、沥青洒布机械

沥青洒布机械是一种以喷洒液态沥青为主,并具有运输液态沥青能力的沥青路面修筑机械。它用于贯入法或表面处置法修筑沥青路面。还可在路面基层上喷洒液态沥青结合料的透层油,在沥青混合料路面、水泥混凝土路面上喷洒液态沥青结合料黏层油。

沥青洒布机械按沥青喷洒方式,分为气压洒布式和泵压洒布式,按行走方式分为自行式和拖式两种。

六、沥青混合料拌和设备

沥青混合料拌和设备是一种对集料进行掺配、加热、干燥,并与沥青拌和,以生产沥青混合料的专用设备。

1. 沥青混合料拌和设置的分类

(1)根据设备生产率大小,可将沥青混合料拌和设备分为小型(<45t/h)、中型(45~120t/h)、大型(120~300t/h)、超大型(>300t/h)四种。

(2)根据移动性能不同,可分为固定式、半固定式和移动式三种。固定式拌和设备规模较大,适合于工程量集中且大规模的路面铺筑。半固定式拌和设备,用于工程量较大的公路施工工程,也可用于公路养护。移动式拌和设备,多用于中小型公路施工或养护工程。大型及超大型为固定式,中型多为半固定式,小型为移动式。

(3)根据沥青混合料的拌和方式不同,可将拌和设备分为强制式和滚筒式两种。所谓强制式沥青混合料拌和设备是先将集料粗配、烘干、加热、然后再筛分、精确称量,最后加入矿粉和沥青,强制搅拌成沥青混合料的工艺方式,缺点是在工作过程中产生大量粉尘,造成环境污染。另外,设备的组成部分较多,结构复杂,设备庞大。滚筒式拌和设备是将集料在滚筒中烘干、加热,同时将沥青通过流量斗被送入滚筒,滚筒的旋转使其中的砂石自行跌落,被沥青裹敷,使产生搅拌作用,从而按稳定的流程连续生产出热拌沥青混合料。其优点是对空气污染少,设备组成工艺简单,其缺点是集料的加热采用顺流式,热利用率低,拌制好的混合料有较多的残余水分,强度也较低。

2. 沥青混合料拌和设备生产率的计算

$$Q = \frac{60 \times G \times K_b}{1\,000 \times t} \tag{2-22}$$

式中:Q——生产率(t/h);

G——搅拌器内的料重(kg);

K_b——时间利用系数,一般取0.8~0.9;

t——拌和时间(混合料在搅拌容器内的停留时间)(min)。

七、沥青混合料摊铺机

1. 沥青混合料摊铺机的分类

摊铺机按行走方式不同分为履带式、轮胎式和拖式三种;按动力传动系统的不同分为机械式和液压式两种;按摊铺宽度不同分为小型、中型、大型和超大型四种;按熨平板的加热方式有电加热、丙烷气和燃油加热三种。公路施工中常用燃油加热的摊铺机。

2. 沥青混合料摊铺机的应用

沥青混合料摊铺机是将拌制好的沥青混合料均匀地摊铺在已修整和平整路面基层上的专用设备。其原理是利用螺旋输送器将混合料铺开,然后由振捣梁对铺开的料层进行初步捣实,有熨平装置完成加热熨平整型工作。

3. 沥青混合料摊铺机生产率的计算

$$Q = h \times B \times v \times P \times K_b \quad (2\text{-}23)$$

式中:Q——生产率(t/h);

h——铺层厚度(m);

B——摊铺带宽度(m);

v——摊铺工作速度(m/h);

P——沥青混合料密度(t/m^3);

K_b——时间利用系数,一般取0.75~0.95。

八、水泥混凝土摊铺机

1. 水泥混凝土摊铺机的分类

水泥混凝土摊铺机按施工方法不同可分为轨道式和滑模式。

轨道式水泥混凝土摊铺机是靠固定在路基上的轨道、模板来控制摊铺厚度和平整度的。一般由布料机、振实机、整平机、表面抹光机等组成。

滑模式摊铺机是将各作业装置装在同一机架上,通过位于模板外侧的行走装置随机移动滑动模板,就能按照要求使路面板挤压成型,并可实现多种功能的摊铺,如路肩、路牙等。

2. 水泥混凝土摊铺机的应用

水泥混凝土摊铺机是将水泥混凝土均匀地摊铺在路面基层上,然后经过振实、整平等作业程序,完成水泥混凝土路面铺筑的路面机械。

3. 水泥混凝土摊铺机生产率的计算

$$Q = 1\,000 \times h \times B \times v \times K_b \quad (2\text{-}24)$$

式中:Q——生产率(m^3/h);

h——铺层厚度(m);

B——摊铺带宽度(m);

v——摊铺工作速度(km/h);

K_b——时间利用系数(参照相关标准)。

第五节　混凝土及灰浆机械

一、混凝土搅拌机

1. 混凝土搅拌机的分类

混凝土搅拌机按其搅拌原理分为自落式(滚筒式)和强制式两大类;按其搅拌容量可分为大型、中型、小型三种;按安装方式分为固定式和移动式;按搅拌机的原动力可分为机动和电动两种。

2. 混凝土搅拌机的应用

混凝土搅拌机是将一定配合比的水泥、砂、石集料和水及外掺剂等拌制成混凝土的机械,它是制备混凝土的基本手段,与人工拌制混凝土相比既能提高生产率、加快工程进度,又能减轻劳动强度和提高混凝土质量。

3. 混凝土搅拌机生产率的计算

$$Q=\frac{n\times V\times K_b}{1\ 000} \tag{2-25}$$

式中:Q——生产率(m^3/h);

n——搅拌机每小时出料次数(次/h);

V——搅拌机出料容量(L);

K_b——时间利用系数。

二、水泥混凝土搅拌站

1. 水泥混凝土搅拌站的分类

按安装方式可分为装配式搅拌站、整体移动式搅拌站、汽车式搅拌站;按搅拌主机的不同可分为锥形反转出料混凝土搅拌站、锥形倾翻出料混凝土搅拌站、强制漏浆式混凝土搅拌站、强制行星式混凝土搅拌站、强制单卧轴式混凝土搅拌站、强制双卧轴式混凝土搅拌站。

2. 水泥混凝土搅拌站的应用

混凝土搅拌站是一种将水泥、砂、石、外掺剂和水按一定的配合比周期地和自动地拌制塑性和流态混凝土的成套机械。在混凝土工程量大,浇筑强度高、施工周期长、施工地点集中的大中型工程中被广泛应用。

三、散装水泥车

1. 散装水泥车的分类

根据卸料方式的不同,散装水泥车可分为倾卸式、机械卸料式、气压卸料式三种类型。根据装灰金属容器形式可分为立式罐形容器和卧式罐形容器两种,卧式罐形容器较常用。

2. 散装水泥车的应用

散装水泥车是专为运输散装水泥而设计制造或改装的专用汽车,气卸散装水泥是目前应用最广泛的一种散装水泥运输车辆。

四、混凝土搅拌运输车

1. 混凝土搅拌运输车的分类

混凝土搅拌运输车按行走方式不同,可分为自行式和拖式两种形式,其中自行式又根据机构特性不同分为飞轮取力式、前端取力式、单独驱动式、前端卸料式、带皮带输送机式、带自行上料装置式、带臂架混凝土泵式、带拌筒倾翻机构式八种。自行式较常见。

2. 混凝土搅拌运输车的应用

混凝土搅拌运输车是搅拌与运输合一的混凝土施工机械,适用于大中型公路工程机械化施工。它的运输方式有以下两种:

(1)在短距离时,只作运输工具使用。即将搅拌好的混凝土直接送至施工地点。在运送途中为防止混凝土离析,让搅拌筒做低速回转,使混凝土不致离析及凝固。

(2)在运路较长时,则作运输兼搅拌用,即先在混凝土供应基地将干料——砂、碎石和水泥等按配合比装入搅拌鼓筒内,并将水注入配水箱,开始只作干料运送,然后在到达使用地点前10~15min时,由驾驶员起动搅拌鼓筒回转,并向拌筒内注入定量的水,这样在途中边运输、边搅拌成混凝土,送至施工地点后卸出。

五、混凝土输送泵及混凝土输送泵车

1. 混凝土输送泵及混凝土输送泵车的分类

混凝土输送泵分为固定式、拖式、车载式三种。

混凝土输送泵车分整体式臂架混凝土泵车、半挂式臂架混凝土泵车、全挂式臂架混凝土泵车三种。

2. 混凝土输送泵及混凝土输送泵车的应用

混凝土输送泵是输送混凝土的专用设备。它配有特殊管道,可以将混凝土输送到一定距离,沿水平方向能达200~700m,沿垂直方向达115m,如果运输距离很长,可串联装置两个或更多的混凝土输送泵进行多级泵送,其特点是运输工效高。可沿着水平与垂直方向连续将混凝土送至浇筑地点,占地面积小,不受运输线、地形不平、积水与狭窄的影响。

混凝土泵车功率大、机动性好,效率高,省劳力,适用于现场狭窄和有障碍物的施工现场以及大体积混凝土结构和高层建筑物施工,该车与混凝土搅拌输送车配套使用,利用其组织机械化施工,从而给混凝土施工工艺带来一场变革。

3. 混凝土输送泵生产率的计算

$$Q = 60 \times F \times S \times n \times a \times K_e \tag{2-26}$$

式中:Q——生产率(m^3/h);

F——活塞断面积(m^2);

S——活塞行程(m);

n——活塞每分钟循环次数(次/min);

a——混凝土输送泵缸体数;

K_e——容积效率,一般取0.6~0.9。

六、预应力拉伸机及张拉设备

预应力拉伸机按工作情况不同分为单作用、双作用和三作用三种形式。按基本构造特点则又可分为拉杆式、穿心式、锥锚式三种形式。公路工程中常用穿心式预应力拉伸机。

第六节　水平运输机械

一、载货汽车

1. 载货汽车的分类

载货汽车的分类较多,我们常见的是根据载质量的大小可分为超轻型载重汽车(吨位<0.75t)、轻型载重汽车(吨位0.75~2.5t)、中型载重汽车(吨位3~5t)、重型载重汽车(吨位5~15t)、超重型载重汽车(吨位>15t),根据载货汽车动力装置所耗用的能源分为汽油车、柴油车、煤油车、电动车等。公路建设中多采用中型和重型的载货汽车。

2. 载货汽车的应用

载重汽车在国民经济建设中应用十分广泛,载重汽车起动迅速、机动性大;可以将建筑材料由料场、供应地点、仓库等各个地方直接转运到使用地点,并适用于各种建筑材料,载重汽车适用路面能力强,较少受到道路条件的限制。

二、自卸汽车

1. 自卸汽车的分类

按载质量分轻型(吨位<2t)、中型(吨位2.5~8t)、重型(吨位>15t)、超重型(吨位20t);按车箱倾卸方向分为后倾卸式、侧倾卸式、三面倾卸式、底卸式;按发动机分为汽油发动机、柴油发动机、电动机。

2. 自卸汽车的应用

自卸汽车的车身坚固,机动性和越野性能好,爬坡能力强,它装有金属车箱,在举升机构的顶推作用下,可将在箱载的物料一次倾卸干净,卸载迅速,节省劳力,在公路建设中被普遍采用。

在公路建设中,选择使用自卸汽车应注意以下几点:

(1)自卸汽车的车箱容积或承载吨位与工程选用的装载机械配套。自卸汽车车箱容积应为装载机械斗容的2~4倍为宜。

(2)按照实际情况和经济效益,合理选择车型。如道路条件好的平原地区和施工地开阔的山区,可以选用中型或重型自卸汽车;山区、峡谷、河床宜选用中、轻型自卸汽车。在卸料场地狭长处,宜选用侧卸式、底卸式自卸汽车。另外从技术管理、物资供应、设备维修和技术培训等方面来考虑,选用的车辆型号规格越少越好。

(3)根据工程量大小,工期和施工强度、运距远近等确定自卸汽车的需用量。从机械化施工的合理配套考虑,应充分发挥挖掘(或装载)机械的效能,又不造成汽车排队待装为原则,一般以每台装载机前始终有1~2辆自卸汽车待装为佳。在工程量大、工期紧、场地大、施工强度高而条件许可的地方,尽可能选用大一些的自卸汽车。

轻型自卸汽车是养路道班常用的养路材料运输车,在进行道路修补作业时,用它运输各种散装材料,既节省劳力,又有较好的经济效益。

中型自卸汽车除进行短途运输外,还可长途运输,它与装料机械配合,可连续、高效地完成各种散装物料的转运,广泛应用于中等规模的建设工程中。

重型自卸汽车的生产率比中、小型自卸车高,在大规模工程中效益显著,所以它在大型公路工程等建设项目中有着广泛的应用前景。

三、平板拖车组

公路建设中常用的平板拖车组多用来运输预制构件,普通平板拖车组可以运输零散的材料、货物及较大的管材,也是公路工程施工单位转移较长、较大筑路器材的有效设备;低平板拖车组四周无拦板,为低平板状,且有跳板,宜于大型自行式工程机械装卸,是大、中型工程机械装运的理想设备,也是运送大型设备构件的理想设备。

四、运油加油汽车

由于公路建设工地均远离城镇,动力机械的用油主要靠运油加油汽车来运输。运油汽车装有油罐、消电装置、通气阀、灭火器和输油管等。可用于装运煤油、汽油和柴油等油料。

运油加油汽车按油罐容量分小型(<8 000L)、中型(8 000~16 000L)、大型(>16 000L)。公路建设中多用小型运油加油汽车。运油加油汽车具有装卸方便、节省劳力、安全可靠、减少环境污染、机动性大等特点。

五、洒水汽车

工程洒水车是路面基层施工中稳定土质或路基填筑土方所必需的机械。在公路养护工作中它可用于道路冲洗、防尘、降温等。

工程洒水车根据结构不同可分为汽车式、半挂汽车列车式和拖式三种形式。公路建设中多用汽车式洒水车。

第七节 起重及垂直运输机械

一、起重机械

1.起重机械的分类

起重机按其底座及行走装置,可分为汽车式起重机、轮胎式起重机、履带式起重机、塔式起重机、吊管起重机、桅杆起重机、缆索起重机等。公路建设中主要的起重机为汽车式起重机、轮胎式起重机、履带式起重机及塔式起重机。

2. 起重机械的应用

起重机械是一种对重物能同时完成垂直升降和水平移动的机械,单一地进行重复周期的工作。汽车式起重机具有良好的机动性和灵活性,能够迅速地从一个工作地点转移到另一个工作地点,利用率高,广泛应用于公路建设工地。轮胎式起重机灵活机动,起重量大,作业方便,稳定性好,一定荷载范围内可吊重行驶,广泛应用于建筑工地的装卸和安装工作。履带式起重机适合在施工场地不平以及松软的地面上行走和工作。塔式起重机是一种本身能自升竖立的全回转臂式起重机,具有高而竖立的塔架和较大的作业半径。吊装灵活,用来吊装建筑材料、安装施工机械设备、金属构件、钢筋混凝土预制构件和进行混凝土浇筑等。

汽车起重机优点是具有汽车的行驶性能,机动灵活,操作方便,转移到作业场地后能迅速投入工作。缺点是吊重物时必须用支腿,因此不能负荷(吊重)行驶。按最大额定总起质量大小,可分为小型(小于16t)、中型(16~40t)、大型(大于40t)、特大型(大于等于100t);按传动方式可分为机械式、液压式和电动式三种。

二、卷扬机

1. 卷扬机的分类

卷扬机是一种简单的起重机械,按驱动方式可分为手摇式卷扬机、电动卷扬机、内燃机卷扬机、气动卷扬机。按传动装置的种类可分为摩擦传动卷扬机、齿轮传动卷扬机、蜗杆传动卷扬机、螺杆齿轮传动卷扬机以及齿轮摩擦传动卷扬机。按卷筒的数量可分为单筒卷扬机、双筒卷扬机和三筒卷扬机。

2. 卷扬机的应用

公路工程施工中,电动卷扬机主要用来提升预制构件或建筑材料,以及安装机械设备等工作中。

第八节　打桩、钻孔机械

一、打桩机械及打桩锤

1. 柴油打桩机

柴油打桩机由打桩锤和桩架两部分组成,按照桩锤的动作特点和桩架的结构形式不同,可分为导杆式和轨道式两种。导杆式柴油打桩机由导杆式柴油打桩锤、简易金属桩架和绞车等组成,特点是整机质量轻,运输和安装方便,适用于打小型木桩、板桩、钢板桩及钢筋混凝土预制桩。轨道式柴油打桩机是由柴油打桩锤和多能桩架组成,构造先进,打桩能量大,工作效率高,能打各种类型的桩,适合于大面积、多桩位基础工程的施工。

2. 蒸汽打桩机

蒸汽打桩机按汽锤的动作原理,可分为单作用式和双作用式两种;按桩架结构形式可分为直式、塔式、万能式、起重式和简易式多种。

3. 振动打拔桩机

振动打拔桩机按振动锤的振动方式可分为机械振动打拔桩锤和液压振动打拔桩锤两种。公路建设中多用机械振动打拔桩机,它具有施工速度快,使用方便,施工费用低,施工噪声小,没有其他公害污染,结构简单,维修保养方便,可同时进行打桩和拔桩作业。

二、钻孔机械

钻孔机械按其破碎岩石方法的不同,可分为冲击钻机、回旋钻机两种;其中,回旋钻机根据钻头的结构形式及辅助设备不同,又可分为潜孔钻机、回旋钻机、牙轮钻机、全套管式钻机等。钻孔机械是桥梁基础灌注桩的主要施工机械。

近年来国外研发了一种新型的钻孔设备称为旋挖机,又称旋挖钻机,是一种综合性的钻机,它可以用短螺旋钻头进行干挖作业,也可以用回转钻头在泥浆护壁的情况下进行湿挖作业,还可以配合冲锤钻碎坚硬地层后进行挖孔作业。如果配合扩大头钻具,可在孔底进行扩孔作业。旋挖机采用多层伸缩式钻杆,钻进辅助时间少、劳动强度低、施工速度快、不需要泥浆循环排渣,节约成本,无污染,特别适合于城市建设的基础施工。旋挖机成孔时用等螺距螺旋钻直接挖土,然后提升到孔口排出。所用泥浆不循环合作,即静止使用方式。泥浆的主要作用是固壁和润滑冷却钻具,不再用来输送钻渣,这种钻进工法在国内外的应用已相当普遍,适用于铁路、公路桥和市政高架桥等的钻孔灌注桩施工,可以在土层、砂卵石和风化岩等地质条件下旋挖桩孔施工,钻机用凯式钻杆钻机,最大钻孔深度 50m,最大钻孔直径大于 1.8m,可在海拔 2 000m以上,环境温度 -20 ~ +40℃的条件下施工。使用球齿钻头可以进行单轴抗压强度超过 100MPa 的坚硬岩石的施工。

第九节 其他机械

一、泵类机械

泵类机械主要包括:离心泵、潜水泵、砂浆泵、砂泵等。

离心泵按其叶轮的个数可分为单级泵和多级泵;按动力形式可分为机械式和电动式。

潜水泵是将泵和电动机制成一体浸入水中进行提升和输送水的一种泵,可分为干式、半干式、充油式和湿式几种类型。

二、金属、木、石料加工机械

金属加工机械是用于制作各种钢筋和钢筋骨架的机械,主要包括:钢筋调直机、钢筋切断机、钢筋镦头机、钢丝缠束机、电焊机、对焊机、点焊机、气焊设备等。

木工加工机械是用于加工各种木材、板材的专用机械,包括木工圆锯机、带锯机、平刨床、压刨床、木工榫头机、打眼机、裁口机、榫槽机等。

石料加工机械是加工破碎石料的专用机械,包括破碎机、筛洗石子机、筛分机、振动筛等。

三、动力机械

动力机械主要包括:柴油发电机组、变压器、空气压缩机、工业锅炉等。

在建设工程远离电力网的情况下,常建立柴油发电站作为动力及照明的独立电源,供工程施工用,在有系统电源供应之后,亦常用柴油发电机组作为临时动力或作为固定备用电源。

空气压缩机按其驱动方式可分为电动式和机动式两种。按排气量可分为大型(60 ~ $100m^3/min$)、中型(10 ~ $40m^3/min$)、小型(< $10m^3/min$)之类。空气压缩机广泛应用于各种类型的凿岩机、装岩机、潜孔钻等工作中。

四、工程船舶

公路建设桥梁施工中多用船舶和拖轮运输建筑材料、机械和机具设备。拖轮是动力船,用于拖曳没有自航能力的驳船,直接进行生产作业。

第三章　施工组织设计

第一节　概　　述

公路工程施工组织设计是指对拟建工程项目提出科学的实施计划,从工程项目实际出发,确定合理的施工组织及施工方案,科学安排施工进度计划、施工平面、施工现场的规划,并作为编制工程造价和指导施工的依据。

一、施工组织设计的概念与作用

1. 施工组织设计的概念

施工组织设计是指导工程投标、签订承包合同、施工准备和施工全过程的全局性的技术经济文件。施工组织设计的含义包括:

(1)施工组织设计是根据工程承包组织的需要编制的技术经济文件。它是一种管理文件,具有组织、规划(计划)和据以指挥、协调、控制的作用。

(2)施工组织设计是全局性的文件。"全局性"是指工程对象是整体的,文件内容是全面的,发挥作用是全方位的(指管理职能的全面性)。

(3)施工组织设计是指导承包全过程的,从投标开始,到竣工结束。

2. 施工组织设计的作用

(1)指导工程投标与签订工程承包合同,作为投标书的内容和合同文件的一部分。

(2)指导施工前的一次性准备和工程施工的全过程。

(3)作为项目管理的规划性文件,提出工程施工中进度控制、质量控制、成本控制、安全控制、现场管理、各项生产要素管理的目标及技术组织措施,提高综合效益。

二、施工组织设计的分类和内容

1. 施工组织设计的分类

根据公路工程施工组织设计阶段的不同,施工组织设计可以划分为两类:一类是投标前编制的施工组织设计(简称"标前设计"),另一类是签订工程承包合同后编制的施工组织设计(简称"标后设计")。两类施工组织设计的区别见表3-1。

标前设计与标后设计的区别　　表3-1

类　别	服务范围	编制时间	编制者	主要特征	追求主要目标
标前设计	投标与签约	投标书编制前	经营管理层	规划性	中标和经济效益
标后设计	施工准备至验收	签约后开工前	项目管理层	作业性	施工效率和效益

按施工组织设计的工程对象的不同，可以分为三类：施工组织总设计、单项（或单位）工程施工组织设计和分部工程施工组织设计。施工组织总设计是以整个建设项目或群体工程为对象编制的，是整个建设项目或群体工程施工准备和施工的全局性、指导性文件。单项（或单位）工程施工组织设计是施工组织总设计的具体化，以单项（或单位）工程为对象编制，用以指导单项（或单位）工程准备和施工全过程；它还是施工单位编制月旬作业计划的基础性文件。

对于施工难度大或者施工技术复杂的工程项目，在编制单项（或单位）工程施工组织设计之后，还应编制主要分部工程的施工组织设计，用以指导各分部工程的施工。

2. 施工组织设计的内容

（1）标前设计的内容。由于标前设计的作用是为编制投标书和进行签约谈判提供依据，故它应包括以下内容：

①施工方案。包括施工程序、施工方法选择，施工机械选用、劳动力和主要材料、半成品投入量等。

②施工进度计划。包括工程开工日期，竣工日期，分期分批施工工程的开工、竣工日期，施工进度控制图及说明。

③主要技术组织措施。包括保证质量的技术组织措施、保证安全的技术组织措施、保证进度的技术组织措施、环境污染防治的技术组织措施等。

④施工平面布置图。包括施工用水量计算、用电量计算、临时设施需用量及费用计算、施工平面布置图。

⑤其他有关投标和签约需要的设计。

（2）施工组织总设计的内容。

①工程概况。包括建设项目的特征、建设地区的特征、施工条件、其他有关项目建设的情况。

②施工部署和施工方案。包括施工任务的组织分工和安排、重要单位工程施工方案、主要工种工程的施工方法及"三通一平"规划。

③施工准备工作计划。包括现场测量，土地征用，居民拆迁，障碍物拆除，掌握设计意图和进度，编制施工组织设计和研究有关技术组织措施，新工艺、新材料、新技术、新设备的试用和试验工作，大型临时设施工程，施工用水、电、路及场地平整工作的安排，技术培训，物资和机具的申请和准备等。

④施工总进度计划。用以控制总工期及各单位工程的工期和搭接关系。

⑤各种需要量计划。包括劳动力需要量计划，主要材料及加工品需用量、需用时间及运输计划，主要机具需用量计划，大型临时设施建设计划等。

⑥施工总平面图。对建设空间（平面）的合理利用进行设计和布置。

⑦技术经济指标分析。目的是评价上述设计的技术经济效果，并作为考核的依据。

（3）单项（或单位）工程施工组织设计的内容。与施工组织总设计类似，其内容主要有以下几项：

①工程概况。包括工程特点、建设地点的特征、施工条件三个方面。

②施工方案。包括确定施工程序和施工流向、划分施工段、主要分部分项工程施工方法的

选择和施工机械选择、技术组织措施。

③施工进度计划。包括确定施工顺序,划分施工项目,计算工程量、劳动量和机械台班量,确定各施工过程的持续时间并绘制进度计划图。

④施工准备工作计划。包括技术准备,现场准备,劳动力、机具、材料、构件加工半成品的准备等。

⑤编制各项需要量计划。包括材料需用量计划、劳动力需要量计划、构件加工半成品需用量计划、施工机具需用量计划。

⑥施工平面图。表明单项(或单位)工程施工所需施工机械、加工场地、材料、构件等的设置场地及临时设施在施工现场的配置。

(4)分部工程施工组织设计的内容。分部工程施工组织设计的内容应突出作业性,主要进行施工方案、施工进度作业计划和技术措施的设计。

三、施工组织设计的编制依据

1. 标前设计的编制依据

(1)招标文件和工程量清单。

(2)施工现场踏勘情况。

(3)进行社会、市场和技术经济调查的资料。

(4)可行性研究报告、设计文件和各种参考资料。

(5)企业的生产经营能力。

2. 施工组织总设计的编制依据

(1)计划文件,包括国家批准的基本建设计划文件、单位工程项目一览表、分期分批投产的要求、投资指标和设备材料订货指标、建设地点所在地主管部门的批件、施工单位主管上级下达的施工任务等。

(2)设计文件,包括批准的初步设计或技术设计、设计说明书、总概算或修正总概算、可行性研究报告等。

(3)合同文件,即施工单位与建设单位签订的工程承包合同。

(4)建设地区的调查资料,包括气象、地形、地质和其他地区性条件等。

(5)定额、规范、建设政策法令、类似工程项目建设的经验资料等。

3. 单项(或单位)工程施工组织设计的编制依据

(1)工程承包合同、施工图的要求等。

(2)施工组织总设计和施工图。

(3)年度施工计划对该工程的安排和规定的各项指标。

(4)劳动力配备情况,材料、构件、加工品的来源和供应情况,主要施工机械的生产能力和配备情况;水、电供应情况。

(5)设备安装进场时间和对土建的要求以及对所需场地的要求。

(6)建设单位可提供的施工用地,临时房屋、水、电条件。

(7)施工现场的具体情况:地上、地下障碍物,交通运输道路,水准点,地形、水文、地质、气候等自然资料。

(8)建设用地征购、拆迁情况,国家有关规定、规范、规程及定额等。

四、施工组织设计的编制原则和步骤

1. 编制原则

公路工程施工组织是指按照国家批准的公路基本建设计划、设计文件、招标承包合同的各项规定和要求,对拟建的公路建设项目的施工进度、质量、造价、安全等各方面作出最优的计划安排,合理配置资源,制订节约和综合利用资源的目标与措施,规定合理的施工程序,使公路工程施工具有科学性,以保证公路工程施工的顺利进行,从而提高投资效益。

编制施工组织设计时,要充分考虑施工生产过程中的连续性、平行性、协调性和均衡性的相互关系,它是公路工程施工作业的基本组合方式,是作为计算分析和合理配置各种资源的重要依据。

(1)连续性

指施工生产过程中的各阶段、各工序之间在时间上是紧密衔接的,不发生任何不合理的中断现象,这是提高劳动效率的重要条件。

(2)平行性

指施工生产过程中的各项施工生产活动,在时间上和空间上应尽可能地平行进行,这是充分利用工作面的有效途径。

(3)协调性

指施工生产过程中的各阶段、各个工序之间在人员和设备上要保持适当的比例关系,不致发生不配套、不平衡,相互脱节的现象,从而充分调动职工的生产积极性,不断提高设备的利用率。

(4)均衡性

指在整个建设工期及其各个施工生产环节中,任务完成平衡,工作负荷相对稳定,不出现时松时紧、忙闲不均、赶工突击等现象。

2. 注意事项

严格遵守工期定额和合同规定的工程竣工及交付使用期限。

(1)合理安排施工程序与顺序。公路施工有其本身的客观规律,按照反映这种规律的程序组织施工,就能够保证各项施工活动相互促进、紧密衔接,避免不必要的重复工作,加快施工速度,缩短工期。在安排施工程序时,通常应考虑以下几点:

①要及时完成有关的施工准备工作,为正式施工创造良好条件。

②正式施工前,应先进行平整场地、铺设管网、修筑道路等全场性工程及可供施工使用的永久性建筑物,然后再进行各个工程项目的施工。

③对于单个构筑物的施工顺序,既要考虑空间顺序,也要考虑工种之间的顺序。

(2)用流水作业法和网络计划法安排施工进度计划。

(3)恰当地安排冬、雨季的施工项目。对于那些必须进入冬、雨季施工的工程,应落实季节性施工措施,以增加全年的施工天数,提高施工的连续性和均衡性。

(4)采用先进合理而又可行的施工方法,贯彻执行技术规范和操作规程,确保工程质量和安全施工,降低工程成本。

(5)尽量利用正式工程、原有或就近的已有设施,以减少各种临时设施;尽量利用当地资源,合理安排运输、装卸与存储作业,减少物资运输量,避免二次搬运;精心进行施工场地规划布置,节约施工临时用地,不占或少占农田。

(6)实施目标管理。各类施工组织设计的编制均应实行目标管理原则。

(7)与施工项目管理相结合。进行施工项目管理,必须事先进行规划,使管理工作按规划有序地进行。

3.编制步骤

(1)标前设计的编制步骤。学习招标文件→进行调查研究→编制施工方案并选用主要施工机械→编制施工进度计划(确定开工日期、竣工日期、分期分批开工与竣工日期、总工期)→绘制施工平面图→确定标价及钢材、水泥等主要材料用量→设计保证质量和工期的技术组织措施→提出合同谈判方案,包括谈判组织、目标、准备和策略等。

(2)标后设计的编制步骤。进行调查研究,获得编制依据→确定施工部署→拟定施工方案→编制施工进度计划→编制各种资源需要量计划及运输计划→编制供水、供热、供电计划→编制施工准备工作计划→设计施工平面图→计算技术经济指标。

五、编制施工组织设计的程序

施工程序,是指建筑安装工程施工阶段或施工过程中,必须遵守时间上的先后和空间方向的顺序,以及工序之间的衔接等要求。

(1)施工过程中建设工程的施工程序。如公路工程中路面工程应在路基土石方和桥涵等工程完成并经验收合格后,方能进行铺筑;交通工程等其他沿线设施,一般都在路基、路面、桥涵等工程完成之后才进行。

(2)工程项目(单位工程)的施工程序。是指路基、路面、桥梁、隧道、涵洞等各项工程中的分部分项工程施工的时间与空间的先后顺序。既要考虑空间上的施工流向顺序,也要考虑各工种工序在时间上的紧密衔接问题,其目的在于保证工程质量、保证工期和安全施工的前提下,各工序之间应相互创造条件,以充分利用工作面,争取时间,缩短工期,节约费用。因此它的合理程序,是先主体工程,后附属工程;先地下工程,后地上工程;先下部工程,后上部工程。如桥梁工程的施工程序,一般应是:防水围堰、基坑开挖、砌筑基础圬工或浇筑混凝土、墩台工程、上部构造,若上部采用预制构件,则构件的预制可与基础、下部工程同时进行,最后是导流设施和竣工场地清理。若系多孔桥梁工程,则各个分部分项工程又可相互交错进行,就能更充分地利用时间和空间,更快更好地完成施工任务。

六、公路施工组织的研究对象

公路施工组织是研究公路建筑产品(一个建设项目或单位工程)生产(即施工)过程中诸要素之合理组织的学科。

要进行生产,就必须要有一定的劳动力、劳动资料和劳动对象,这就是生产的诸要素。生产(施工)就是具有一定生产经验与生产技能的人借助于生产工具以改变劳动对象使之符合人类需要的过程。在这个过程中,人们一方面同自然对象和自然力发生关系,另一方面人们彼此之间也发生一定的关系,即生产力和生产关系。生产诸要素的组织问题,也就是生产力的组织问题。

归纳起来说,施工组织研究的是如何根据公路建设的特点,从人力、资金、材料、机械和施工方法这五个主要因素进行科学合理的安排,使之在一定的时间和空间内,得以实现有组织、有计划、均衡地施工,使整个工程在施工中达到时间上耗费少、工期短;质量上精度高、功能好;经济上资金省、成本低的目的。

公路施工组织的具体任务是:

(1)确定开工前必须完成的各项准备工作;

(2)计算工程数量、合理部署施工力量,确定劳动力、机械台班、各种材料、构件等的需要量和供应方案;

(3)确定施工方案,选择施工机具;

(4)安排施工顺序,编制施工进度计划;

(5)确定工地上的设备停放场、料场、仓库、办公室、预制场地等的平面布置;

(6)制订确保工程质量及完全生产的有效技术措施。

第二节　公路施工组织设计

一、施工组织设计要求

1. 严格执行基本建设程序和施工程序

要严格遵守合同签订的或上级下达的施工期限,按照基建程序和施工程序的要求,保质保量完成施工任务。

2. 科学安排施工顺序

按照公路工程施工的客观规律安排施工程序,可将整个项目划分为几个阶段,例如施工准备、基础工程、主体结构工程、路面工程、附属结构物工程等。

3. 采用先进的施工技术和设备

在条件允许的情况下,尽可能采用先进的施工技术,不断提高施工机械化、预制装配化程度,以减轻劳动强度,提高劳动生产率。

4. 应用科学的计划方法制订最合理的施工组织方案

根据工程特点和工期要求,因地制宜地采用快速施工,尽可能采用流水作业施工方法,组织连续、均衡且有节奏的施工,保证人力、物力充分发挥作用。对于复杂的工程,应用网络计划技术找出最佳的施工组织方案。

5. 落实季节性施工的措施,确保全年连续施工

恰当地安排冬、雨季施工项目,增加全年连续施工日数,应把那些确有必要而又不因冬、雨季施工而带来技术复杂和造价提高的工程列入冬、雨季施工,全面平衡人工、材料的需用量,提高施工的均衡性。

6. 确保工程质量和施工安全

贯彻施工技术规范、操作规程,提出确保工程质量的技术措施和施工安全措施,尤其是采

用国内外先进的施工新技术和本单位较生疏的新工艺时更应注意。

7. 节约基建费用,降低工程成本

合理布置施工平面图,节约施工用地;充分利用已有设施,尽量减少临时性设施费用;尽量利用当地资源,减少物资运输量;尽量避免材料二次搬运,正确选择运输工具,以节约能源,降低运输成本,提高经济效益。

二、施工组织设计内容

在公路工程设计和施工各个阶段,必须编制相应的施工组织设计文件,即深度、内容由粗到细的“施工方案”、“修正施工方案”、“施工组织计划”、“实施性施工组织设计”。

施工组织设计按所起作用的不同分为两大类:一类是属于设计文件的组成部分,其中按设计阶段之不同,可分为一阶段施工图设计或两阶段设计中初步设计阶段的“施工方案”,三阶段设计中技术设计阶段的“修正施工方案”和两阶段设计或三阶段设计中的施工图阶段的“施工组织计划”。另一类是属于指导施工的技术经济文件,即“实施性施工组织设计”或称为施工组织设计,其中又可分为“施工组织总设计”和“分部分项工程施工组织设计”。

施工组织设计又是施工方案、修正施工方案、施工组织计划和实施性施工组织设计等施工组织文件的统称。

施工方案、修正施工方案和施工组织计划由勘测设计单位负责编制,并编入相应的设计文件,按规定上报审批。实施性施工组织设计则完全由施工单位根据批准的初步设计或施工图设计中的施工方案或施工组织计划,综合施工时的自身和客观具体条件进行编制,报监理人审批。

1. 施工方案

(1)施工方案说明。施工方案说明列入初步设计的总说明书中,其主要内容是:

①施工组织、施工力量和施工期限的安排;

②主要工程、控制工期的工程及特殊工程的施工方案;

③主要材料的供应,机具、设备的配备及临时工程的安排;

④下一阶段应解决的问题及注意事项。

(2)人工、主要材料及机具、设备安排表。

(3)工程概略进度图(根据劳动力、施工期限、施工条件以及施工方案进行概略安排)。

(4)临时工程一览表。

2. 修正施工方案

采用三阶段设计的工程,在技术设计阶段应提出修正的施工方案。修正施工方案应根据初步设计的审批意见和需要进一步解决的问题进行编制。修正施工方案解决问题的深度和提交文件的内容,介于施工方案和施工组织计划之间。

3. 施工组织计划

不论采用几阶段设计,在施工图阶段都应编制施工组织计划,其内容如下:

(1)说明。主要包括以下几点:

①初步设计(或技术设计)审批意见的执行情况;

②施工组织、施工期限，主要工程的施工方法、工期、进度及措施；

③劳动力计划及主要施工机具的使用安排；

④主要材料供应、运输方案及临时工程安排；

⑤对缺水、风沙、高原、严寒等地区以及冬季、雨季施工所采取的措施；

⑥施工准备工作的意见（如拆迁、用地、修建便道、便桥、临时房屋、架设临时电力、电信设施等）。

(2)工程进度图（包括劳动力计划安排）。

(3)主要材料计划表（包括型号、规格及数量）。

(4)主要施工机具、设备计划表。

(5)临时工程表（包括通往工地、料场、仓库等的便道、便桥及电力、电信设施等）。

(6)重点工程施工场地布置图：绘出仓库、工棚、便道、便桥、运输路线、构件预制场地、沥青（或水泥）混凝土拌和场地、材料堆放场地等工程和生活设施的位置。

(7)重点工程施工进度图。

4. 实施性施工组织设计

在施工阶段，由施工单位编制的施工组织设计称为实施性施工组织设计。此时，施工图设计已获批准，所有施工原则和总方案已定，施工条件明确。因此，这一阶段的施工组织设计十分具体，对各分项工程各工序和各施工队都要进行施工进度的日程安排和具体操作的设计。

施工阶段施工组织设计即实施性施工组织设计。它是根据设计阶段施工组织计划和设计资料及确定的工期要求、承包人的具体情况，以施工定额或历年统计资料整理的定额为依据而编制的。

三、公路施工前的调查

为了做好施工组织设计，必须事先进行施工组织调查工作。所谓施工组织调查，就是为编制施工组织文件所进行的收集和研究有关资料的活动。为编制设计阶段的施工组织文件所进行的施工组织调查活动是在勘察设计阶段进行的，为编制施工阶段的施工组织文件所进行的施工组织调查活动是在开工前的施工准备阶段完成的。

1. 勘察

所谓勘察，是指对施工现场进行勘察，在设计阶段是在外业勘测中，由勘测队的调查组来完成；在施工阶段是在开工前组成专门的调查组来完成。勘察的对象主要是路线、桥位、大型土石方地段。

2. 施工组织设计资料的收集

施工组织调查收集资料的基本要求是：座谈有纪要，协商有协议，有文件规定的要索取的书面资料。资料要确实可靠，措辞严谨，手续健全，符合法律要求。一般调查收集以下资料：

(1)施工单位和施工组织方式。在勘察阶段，如未明确施工单位，则应向建设单位调查落实施工单位，并明确是专业队伍施工还是军工或民工建勤施工方式。对实行招标、投标的工程，在设计阶段一般不能明确施工单位，设计单位应从设计角度出发，提出最为合理的意见，作为编制概、预算的依据。

(2)气象资料。在勘测中或施工前应与工程所在地气象部门联系,抄录工程所在地的气温、季风、雨量、积雪、冻深、雨季等有关资料。

(3)水文地质资料。可向工程所在地的水文地质部门或向本测量队的桥涵组、地质组抄录下列主要内容:地质构造、土质类别、地基土承载能力、地震等级;地下水位、水量、水质、洪水位。

(4)技术经济情况:

①施工现场(沿线)附近可以利用的场地,可供租用的房屋等情况。在勘测中或施工前,通过调查并与地方主管部门(如乡政府等)签订协议,解决施工期间住宿办公等用房。

②对工程所需的外购材料应进行详细调查,并填写"调查证明",由提供材料单位盖章证明。

③自采加工材料的料场、加工场位置、供应数量、运距等情况。

④当地能够雇用或支援建设的劳动力数量以及技术水平。

(5)运输情况。关于材料运输方面,除应分别了解施工单位自办运输及当地可提供的运力(指可能参加施工运输的运力,包括汽车、拖拉机、兽力车等)状况外,还应对筑路材料的运输途径、转运情况、运杂费标准等进行调查。除车辆调查外,尚应对施工便道情况进行调查。

(6)供水、供电、通信情况。了解施工用水水源、供水量、水压、输水管道长度。了解供电线路的电容量、电压、可供施工用的用电量及接线位置,对临时供电线路和变电设备的要求等。对于供电,应与当地电业部门签订用电协议书。通过调查确定施工动力类别的构成。

(7)生活供应与其他。了解粮、煤、副食品供应地点;调查医疗保健情况等。

通过上述实地勘察和资料收集,既可对施工总体部署做到心中有数,据此对施工过程进行空间组织和时间组织;同时也是确定施工方案、选择施工方法的重要依据之一。

四、资源组织计划

1.劳动力需要量计划

根据已确定的施工进度计划,可计算出各个施工项目每天所需的人工数,将同一时间内有施工项目的人工数进行累加,即可计算出每日人工数随时间变化劳动力的需要量。同时还可编制劳动力需要量计划,附于施工进度图之后,为劳动部门提供劳动力进退场时间,保证及时调配,搞好平衡,以满足施工的需要。如现有劳动力不足或多时,应提出相应的解决措施,或者增开工作面,以按时或提前完成任务。劳动力需要量计划见表3-2。

劳动力需要量计划表 表3-2

序号	工种名	需要人数及时间										备注
		年										
		一季度	二季度	三季度	四季度	合计	一季度	二季度	三季度	四季度	合计	
1	2	3	4	5	6	7	8	9	10	11	12	13

编制: 复核:

2.主要材料计划

主要材料包括施工需要的由专业厂家生产的材料、地方供应和特殊的材料,以及有关临时设施和拟采取的各种施工技术措施用料，预制构件及其他半成品亦列入主要材料计划中。

材料的需要量，可按照工程量和定额规定进行计算，然后根据施工项目的施工进度编制年、季、月主要材料计划表（表3-3）。主要材料（包括预制构件、半成品）计划应包括材料的规格、名称、数量、材料的来源及运输方式等。材料计划是为物资部门提供采购供应、组织运输和筹建仓库及堆料场的依据。

主要材料计划表　　表3-3

序号	材料名称及规格	单位	数量	来源	运输方式	年					年					备注
						一季度	二季度	三季度	四季度	合计	一季度	二季度	三季度	四季度	合计	
1	2	3	4	5	6	7	8	9	10	11	12	13	14	15	16	17

编制：　　　　　　　　　　　　　　　　　　　　　　　　复核：

3. 主要施工机具、设备计划

在确定施工方法时，已经考虑了各个施工项目应选择何种施工机具或设备。为了做好机具、设备的供应工作，应根据已确定的施工进度计划，将每个项目采用的施工机械种类、规格和需用数量，以及使用的具体日期等综合起来编制施工机具、设备计划表（表3-4），以配合施工，保证施工进度的正常进行。

主要施工机具、设备计划表　　表3-4

序号	机具名称及规格	数量		使用期限		年								备注
		台班	台辆	开始日期	开始日期	一季度		二季度		三季度		四季度		
						台班	台辆	台班	台辆	台班	台辆	台班	台辆	
1	2	3	4	5	6	7	8	9	10	11	12	13	14	15

编制：　　　　　　　　　　　　　　　　　　　　　　　　复核：

主要施工机具、设备需要量包括基本施工过程、辅助施工过程所用的主要机具、设备，并应考虑设备进、出厂（场）所需台班以及使用期间的检修、轮换的备用数量。

4. 临时工程计划

临时工程包括：生活房屋、生产房屋、便道、便桥、电力和电信设施以及小型临时设施等，其表格如表3-5所示。

临时工程计划表　　表3-5

序号	设置地点	工程名称	说明	单位	数量	工程数量							备注
1	2	3	4	5	6	7	8	9	10	11	12	13	14

编制：　　　　　　　　　　　　　　　　　　　　　　　　复核：

5. 技术组织措施计划

技术组织措施计划，应根据企业下达的要求和指标，按表3-6编制。

技术组织措施计划表　　表3-6

措施名称及内容摘要	经济效果(元)	计划依据	负责人	完成日期
1	2	3	4	5

编制：　　复核：

五、平面组织计划

施工平面图设计是施工过程空间组织的具体成果,亦即根据施工过程空间组织的原则,对施工过程所需的工艺路线、施工设备、原材料堆放、动力供应、场内运输、半成品生产、仓库、料场、生活设施等进行空间的特别是平面的科学规划与设计,并以平面图的形式加以表达。这项工作就叫做施工平面图设计。

1.施工平面图设计的依据、原则和步骤

(1)施工平面图设计的依据

①工程平面图;

②施工进度计划和主要施工方案;

③各种材料、半成品的供应计划和运输方式;

④各类临时设施的性质、形式、面积和尺寸;

⑤各加工车间、场地规模和设备数量;

⑥水源、电源资料;

⑦有关设计资料。

(2)施工平面图规划设计的原则

施工平面布置是一项综合性的规划课题,在很大程度上决定于施工现场的具体条件。平面图规划设计应遵循下列原则:

①在保证施工顺利的前提下,少占农田并考虑洪水、风向等自然因素的影响,所有临时性建筑和运输线路的布置,必须便于为基本工作服务,并不得妨碍地面和地下建筑物的施工。

②力求材料直达工地,减少二次搬运和场内的搬运距离,并将笨重的和大型的预制构件或材料设置在使用点附近,所有货物的运输量和起重量必须减至最小。

③加工等附属企业基地应尽可能设在原料产地或运输集汇点(如车站、码头)。

④附属企业内部的布置应以生产工艺流程为依据,并有利于生产的连续性。

⑤应符合安全和消防的要求,要慎重考虑避免自然灾害(如洪水、泥石流、山崩)的措施。

⑥施工管理机构的位置必须有利于全面指挥,生活设施要考虑工人的休息和文化生活。

⑦场地布置应与施工进度、施工方法、工艺流程和机械设备相适应。

⑧场地准备工作的投资最经济。

(3)施工平面图设计的步骤

①分析有关调查资料。

②合理确定起重、吊装、运输机械的布置(它直接影响仓库、料场、半成品制备场的位置和水、电线路以及道路的布置)。

③确定混凝土、沥青混凝土搅拌站的位置。

④考虑各种材料、半成品的合理堆放。

⑤布置水、电线路。

⑥确定各临时设施的布置和尺寸。

⑦决定临时道路位置、长度和标准。

2. 施工平面图的类型及主要内容

(1)施工总平面图

施工总平面图是以整个工程为对象的施工平面布置方案,道路工程施工总平面图应包括以下内容:

①原有河流、居民点、交通路线(公路、铁路、大车道等)、车站、码头、通信、运输点等及工地附近与施工有关的建筑物;

②施工用地范围和工程主要项目,沿线大中桥、隧道、渡口、交叉口、集中土石方等的位置;道班房、加油站等运输管理服务建筑物位置;

③将施工组织设计的成果,如采料场、附属工厂和基地、仓库、临时动力站(如抽水站、发电所、供热站等)、临时便道、便桥、电源线路、变压器位置以及大型机械设备的停放、维修场直接标在图上;

④施工管理机构,如工程局、工程处、施工队及工程指挥系统的驻地;

⑤其他与施工有关的内容,如地质不良地段、国家测量标志、气象台、水文站、防洪、防风、防火、安全设施等需要表示的内容。

(2)单项工程、分部分项工程施工平面图

该类平面图的布置有两种情况,一种是在施工总平面图的控制下进行布置;一种是以施工总平面图为依据,即基本上按照施工总平面有关内容进行布置。但不论哪一种,都应比施工总平面图更加深入、更加具体。

重点工程施工场地布置图。一般说来,大桥、隧道、立交枢纽等都是重点工程,其施工场地布置图应在有等高线的地形图上按比例绘制。图上应详细绘出施工现场、辅助生产、生活等区域的布置情况,绘出原有地物情况。

其他单项局部平面布置图。对于大型项目,因施工周期长,管理工作量大,附属、辅助企业多,必要时应绘制其他的平面布置图。这类图主要有以下几种:

①沿线砂石料场平面布置图;

②大型附属企业如沥青混合料拌和厂、预制构件厂、主要材料加工厂(木工厂、机修厂)等平面布置图;

③临时供水、供电、供热基地及管线分布平面图;

④主要施工管理机构的平面布置图。

六、施工组织设计对造价的影响

施工是把设计图纸付诸实现的重要阶段。尽管在设计确定后,施工对整个建设项目投资的影响不大,但其本身是形成固定资产的重要过程,与工程造价有着密切的关系。在施工生产中应当正确处理技术先进与经济合理的关系,把造价控制的观念渗透到各项施工管理中。

1. 施工组织设计与施工图预算的关系

施工组织设计是初步设计阶段施工方案的具体和深化,是编制施工图预算的指导性技术文件,施工图预算的编制过程也是施工组织设计的过程。施工组织设计中的施工计划决定着施工图预算,反过来,施工图预算又制约着施工组织设计,两者是辩证统一的关系,是相辅相成的。

从施工图预算的组成来分析,其主要是由建筑安装工程费,设备、工具、器具及家具购置费,工程建设其他费用,预留费等项组成。与施工组织设计关系最大的是建筑安装工程费,在建筑安装工程费中,直接费又是主要的费用,它的高低基本决定了建筑安装费的高低,故施工组织设计对施工图预算的影响主要也即是对直接费的影响。

2. 施工调查对造价的影响

工程施工原始资料的调查是编制施工组织设计的基础,对拟建的公路工程现场进行充分调查,在具体分析施工条件的基础上提出优选的施工组织、施工方法及施工技术措施等。

而原始资料的一点差错可能会导致施工建设的损失。通过施工调查可以合理布置施工总平面图,选择施工用地,估算平整场地的土方量,以及拟定地基处理方案和基础施工方法等。通过施工调查可以准确地选用冬、雨季施工方法,确定工地排水,防洪防雷措施;通过施工调查可以正确布置临时设施、高空作业及吊装措施,对地基及结构工程按照不同的震级规程施工。

3. 施工方案、方法对工程造价的关系

在施工中,施工方案是很重要的组成部分,不论在技术方面或组织方面,通常都有多种可行的方案选择,所以可以对施工方案进行优化。优化的方法有定性分析和定量分析两种,通常采用定量分析法。如路基工程需要施工大量的土石方,其施工方式不同,造价会有明显的差别。由于每种施工机械都有相应比较经济的运距,在选择施工机械时,应予以合理组织,尽量发挥各种机械的优势,可以降低工程造价。

如某高速公路为连续梁特大桥,主跨155m,墩高近70m。原设计大桥桥墩与水流方向成25°夹角,对水流整体流态、流向及行洪有一定影响,主桥0号块箱梁原方案采用高墩临时钢管支架现浇混凝土。施工时综合考虑难度、造价、水利各方因素,维持原桥跨布置,通过优化上下部构造,将桥墩顺水流方向布设,主墩由箱形墩,减小墩柱宽度,连续梁采用斜交正做方案,墩顶采用牛腿钢结构支架浇筑0号块箱梁,节省临时高墩钢管支架近2 000多吨钢材,以达到减小阻水率的目的。该方案比原设计方案节省约1 200万元。

4. 材料的采购运输对工程造价的影响

基础建设工程需要大量的原材料,尤其是地产材料,即砖、瓦、石灰、砂子、碎石、片石,一般其运杂费比本身的出厂价还要高,所以地产材料的采购运输对工程造价有显著影响。这样就必须在施工之前经过现场详细调查取得各个供应点的供货和价格,以及距施工现场运距,从而综合确定比较经济可行的供货运输方案。

运输组织不仅直接影响施工进度,而且在很大程度上也影响了工程造价。一般需要达到以下要求:运输距离最短,运输量最小;减少运转次数,力求直达工地;装卸迅速,运转方便;尽量利用原有交通条件,减少临时运输设施的投资;充分发挥运输工具的载运条件。

5. 统筹兼顾,确定合理施工顺序

由于大的基本建设工程,其特点为工作量大、工程项目多、建设周期长,此类工程施工需要修建临时工程和附属工程。这就要求在施工中必须做好各种方案的比较和通盘考虑，以免造成浪费。建设工程要合理确定工期，避免盲目压缩工期，在进度安排上注意其均衡性。应根据实际情况安排各项单位工程的施工周期，做到建设工作分期分批地进行，避免过分集中，有效地削减高峰工作量，减少临时设施，避免劳力、机械和材料的大进大出，保证工程建设按计划有节奏地进行。

6. 科学安排工期，注意进度的合理性

根据建设工程的实际情况，合理确定施工工期及进度计划，对工程质量和预算造价都会有极大的影响。如路基土石方施工在填方路段的自然沉陷一般需要1～2年，混凝土施工达到标准强度的时间一般为28d左右，所以，在施工中应按合理的工期进行劳动力安排，材料的供应和机械设备的配置。以预制安装30m预应力T形梁为例，对于大型预制构件平面底座的个数，必须根据施工进度计划可能周转使用次数取定；预制厂的门架需要按照施工作为计价依据；设备的使用期也需要根据施工计划使用期来调整设备的摊销费。

7. 抓好安全质量，减少返工费用

施工中应该建立和完善的安全、质量保证体系。要坚持安全第一，质量为本的原则。要加强施工过程中的中间检查和技术复检，搞好质量控制，使每一道工序、每一个环节都确保工程质量，做到一次达标创优，尽量减少或避免返工损失。

8. 施工现场平面布置对预算的影响

施工现场平面布置是施工组织设计在空间上的综合描述，是施工组织设计的重要组成部分。在施工中应精心进行平面布置，一般来说，都是结合地形、地貌，在满足施工的前提下，选择交通便利、运输条件好、材料供应方便的地方，尽可能利用荒山、荒地少占家居农田和利用场地平整工程量小的地点布置。

第三节　安全管理文明施工

一、安全管理

安全管理是为施工项目实现安全生产开展的管理活动。施工现场的安全管理，重点是进行人的不安全行为与物的不安全状态的控制，落实安全管理决策与目标，以消除一切事故、避免事故伤害、减少事故损失为管理目的。

安全生产是施工项目重要的控制目标之一，也是衡量施工项目管理水平的重要标志。同时，安全技术措施和安全制度也是编制施工组织设计时一项必不可少的重要内容。

1. 安全管理的范围

预防和杜绝工伤事故，保证施工生产的安全；预防和消灭职业病；保护施工手段和施工对象即施工设施、设备和结构物的安全。

2. 安全管理的原则

(1)预防为主，综合考虑

要搞好安全管理，应坚持预防为主的原则，防患于未然，着眼于事先控制。从施工开始，就要将人、财、物综合加以考虑,要有专门机构和人员负责抓安全工作,要相应地安排安全设备和必要的安全设施。

(2)安全管理应贯穿于施工全过程

施工安全问题要贯穿于整个施工全过程,事先要做充分的调查研究,针对现场实际情况,对施工中可能遇到的安全问题和不安全因素加以认真分析,制订施工方案,采取对策措施。

(3)全员管理,安全第一

在安全管理中,要树立安全第一的思想,“生产必须安全,安全为了生产”。

(4)管生产者必须同时管安全

安全寓于生产之中,并对生产起促进与保证作用。管生产同时管安全,不仅要对各级领导人员明确安全管理责任,同时也向一切与生产有关的机构和人员明确业务范围内的安全管理责任。

3. 安全管理措施

(1)建立安全保证体系

施工项目应设立安全管理机构,工地设立专职安全员,班组设兼职安全员,从而形成一个健全的安全保证体系。

安全管理机构主要负责贯彻执行国家有关安全施工的方针政策、法令、规章制度和上级有关规定,协助领导在“安全第一、预防为主”的方针指导下组织和推动施工中的安全工作。

工地专职安全员的职责是认真贯彻执行上级有关安全施工的规定,推动和组织施工中的安全工作,在业务上接受上一级安全管理部门的领导。

班组兼职安全员协助班组长组织安全活动,进行现场安全检查,模范遵章守纪,对违章作业者进行批评教育,组织学习安全规程、制度及上级颁发的有关文件,指导班组人员正确使用个人防护用品等。

(2)落实安全责任,实施责任管理

根据“全员管理、安全第一”的原则,建立各级人员安全生产责任制,明确规定各级领导、职能部门、工程技术人员和生产工人在施工生产中的安全责任。

(3)强化安全教育与训练

进行安全教育与训练,能增强人的安全生产意识,提高安全生产知识,有效防止人的不安全行为,减少人的失误。

(4)安全检查

安全检查是发现不安全行为和不安全状态的重要途径,是消除事故隐患,落实整改措施,防止事故伤害,改善劳动条件的重要方法和措施。

安全检查的形式有普遍检查、专业检查和季节性检查等。

(5)作业标准化

在操作者的不安全行为中,不知正确的操作方法,为了干得快而省略必要的操作步骤,以及坚持自己的操作习惯等原因所占比重很大。

(6)施工设计应考虑安全技术的因素,并对操作者进行交底

各分部、分项工程在施工进行之前,根据工作的具体情况和结构特点所做的施工设计、操

作方案等,应充分考虑安全因素,方案应有必要的安全防护措施,以保证施工过程中的人身、设施设备和结构物的安全。

(7)优化安全技术组织措施

包括以改善施工劳动条件、防止伤亡事故等为目的的一切技术措施:

①开展以机械化、自动化为中心的技术革新,积极改进施工工艺和操作方法,改善劳动环境条件,减轻劳动强度,消除危险因素,保证安全生产。

②机械设备应有安全装置。

③设置安全设施,如在施工现场设置安全围栏、防火设施,坚持使用高空作业的安全网、安全带、安全帽措施等。

(8)建立健全各种切实可行的规章制度

施工安全制度主要有:安全生产责任制度、安全生产教育制度、安全检查制度、安全技术措施制度、安全交底制度、事故分析和处理制度等。

二、文明施工

文明施工是指在施工现场管理中,要按现代化施工的客观要求,使施工现场保持良好的施工环境和施工秩序。

文明施工的措施主要有:

1.组织管理措施

(1)建立健全管理组织机构。施工现场应成立以项目负责人为组长,生产、技术、质量、安全、消防、保卫、材料、行政卫生等管理人员为成员的文明施工管理组织;

(2)健全管理制度,包括:个人岗位责任制、经济责任制、检查制度、奖惩制度、会议制度和各项专业管理制度等;

(3)健全管理资料;

(4)开展竞赛;

(5)加强教育培训工作;

(6)积极推广应用新技术、新工艺、新设备、新材料和现代化管理方法,提高机械化作业程度。

2.现场管理措施

(1)开展"5S"活动。"5S"活动是指对施工现场各生产要素(主要是物的要素)的所处状态不断地进行整理(Seiri)、整顿(Seiton)、清扫(Seiso)、清洁(Seiketsu)以及员工素养(Shitsuke)的培养。

(2)合理定置。是指将全工地施工期间所需要的物在空间上合理布置,实现人与物、人与场所、物与场所、物与物之间的最佳结合,使施工现场秩序化、标准化、规范化,体现文明施工水平。

(3)目视管理。目视管理就是用眼睛看的管理,亦可称之为"看得见的管理"。它是利用形象直观、色彩适宜的各种视觉感知信息来组织现场施工生产活动,达到提高劳动生产率,保证工程质量,降低工程成本的目的。

三、施工现场环境保护

环境保护是我国的一项基本国策。施工现场的环境保护，是指按照国家、地方法规和行业、企业要求，采取措施控制施工现场的各种粉尘、废水、废气、固体废弃物以及噪声、振动等对环境的污染和危害。

保护和改善施工环境是保证人们身体健康、消除外部干扰保证施工顺利进行的需要，也是现代化大生产的客观要求。

环境保护的措施一般有以下几条：

(1)实行环保目标责任制；

(2)加强检查和监控工作；

(3)对要保护和改善的施工现场环境，进行综合治理；

(4)要有技术措施，严格执行国家的法律、法规；

(5)制订有效措施防止大气污染、水源污染和噪声污染。

第四节　临　时　工　程

一、临时工程的概念

临时工程只是起着参与永久性工程形成的作用，公路建成交付使用后，必须拆除使其恢复原状。它与辅助工程有相同的性质，不同点在于临时工程一般不单作专一的服务对象。现行公路工程概、预算定额规定，临时工程有汽车便道、临时便桥、临时码头、临时轨道铺设、临时电力线路、临时电信线路六项。

二、临时工程内容及其规定

1.汽车便道

应予修建的便道有两种情况，一是专供汽车运输建筑材料用的，二是专供大型施工机械进场用的便道。这两种便道的性质是一样的，只是修建标准有所差异。

便道有双车道和单车道两种标准，双车道的路基宽度为7.0m，单车道为4.5m，一般是根据运输任务的大小来确定。如果是常年使用的便道，为保证晴雨畅通，还应加铺路面，同时，应根据使用期的长短，计入养护维修所需的费用。若只要求晴通雨不通，或一次性的使用便道，如只供大型施工机械进场用的便道，或运输任务不大的便道，则可修建为单车道并不铺设路面。

凡预制场、拌和场及生活区内部通行的汽车便道，均不能计入汽车便道的数量内。其项目属于现场经费中的临时设施内容，修建施工现场已包括场内道路，不能再重复计算。

2.临时便桥

是指便道在跨沟涉河处必须修建的桥梁，有时在修建大型桥梁时，为两岸运输建筑材料等的需要，也要修建临时用桥，若达不到通行汽车的标准，则不能列入便桥项目内计入工程造价，是属于现场经费中的临时设施费范围的内容。

为了贯彻以钢代木，节约木材的目的，公路工程概算、预算定额只规定了钢便桥一种结构形式。即利用公路装配式钢梁桁节(贝雷桁架)组成,在编制工程造价时,必须贯彻执行,不得变更定额内容或进行抽换。

3. 临时码头

当建设工程处在通航地区,为利用水上运输工具进行建筑材料的运输,或桥梁水下施工需要工程拖轮和工程驳船运送材料和构件时,必须修建临时码头才能进行装卸工作。临时码头有重力式石砌码头和装配式浮箱码头的两种结构形式。一般应结合当地的实际情况在经济合理的原则下选定。

浮箱码头是由多个以钢板做成的浮箱拼组而成的,并用钢筋混凝土锚碇进行固定。

4. 临时轨道铺设

是指在进行大型混凝构件的预制时,铺设在预制场内的轨道,预制场至桥头和桥面上应铺设的轨道,以及供龙门架行走的轨道,专供大型混凝土预制构件的出坑、运输、堆放和运至桥上安装之用。按钢轨的质量分为11kg/m、15kg/m、32kg/m三种不同的标准,一般根据预制构件的单件质量确定。

5. 临时电力线路

是指在公路工程施工过程中,当工程用电使用工业电源时,需要安设由高压输电线路到工地变电站之间的电力线路。至于变电站或自发电的厂房至施工现场各个作业用电点的线路,是一种低压线路,属于现场经费中的临时设施费的范围内容,就不得计入临时电力线路内。

此外,在修建大型桥梁时,由于工程用电的需要,必须敷设水下电缆,可结合建设工程的实际情况,参照电力部门的有关规定和要求确定,计入临时电力线路项目内,作为编制工程造价的依据。接高压线路或变电站接线处至工地变压器之间的距离作为输电线路计算长度。变压器或自备发电机房至现场用电点的距离不得计入输电线路内。

6. 临时电信线路

是指施工现场各施工点与驻施工现场的管理机构,以及与外界的通信联系而需架设的电话线路。一般是按从当地附近的电信局连接到工地各施工点的线路长度作为编制工程造价的依据。在实际工作中,不论施工单位今后将采用何种通信方式,一般可按公路的修建长度,作为编制工程造价的依据。

上述临时工程在项目竣工时,不需办理工程验收和工程点交手续,只需将费用纳入竣工决算,但其必须予以拆除,恢复生态环境。值得注意的是,为生产、生活而修建的现场临时设施,如办公室、宿舍、仓库、加工房、机械工棚等临时房屋、生活区内的汽车便道、便桥,变压器或发电房到施工现场和生活用电线路,施工和生活用的输水线路,架子车和机动翻斗车行驶的便道,施工机械搁置场地以及临时围墙等,按现行公路工程造价编制办法规定,综合为其他工程费中的临时设施费,按费率计算,不得将上述内容归入临时工程。

第五节　辅 助 工 程

一、辅助工程含义及其规定

辅助工程,是相对于主体工程而言的,它有具体的服务工程对象,但在施工过程中只起辅助性的作用,不构成主体工程的实体,通常是将其费用综合在相应的使用对象的工程造价内,除个别外,一般都不单独反映这些辅助工程的内容,亦不得作为计量支付的依据。

辅助工程虽然不构成永久性工程的实体,只是辅助其形成,却又有它的具体要求和一定的适用范围及其施工技术规定。例如,在水中建造桥梁基础工程时,必须修筑围堰辅助工程,其结构形式因水深而异,没有围堰基础工程主体就无法施工,主体工程完成后,辅助工程应及时予以拆除。一般来说,辅助工程没有统一的计算工程数量的标准,必须根据工程项目实际情况逐项分析研究才能确定其工程量。

在公路工程造价编制中,有些临时工程设施,如混凝土的模板、砌石工作的脚手架等,就其性质而言,也属于辅助工程范畴,但它与圬工体积直接相关,为了简化工程造价的编制工作,将其综合在相应的定额中,不单独计算这些临时工程设施所需的费用。而另外一些辅助工程必须根据公路工程设计文件的规定及要求,编制施工组织设计时,应合理确定辅助工程的工程量。如以下路基、路面、桥涵和隧道工程中,辅助工程量都必须计算。

(1)路基工程有以下几项应予增加的数量,并计入填方内计算。清除表土或零填方地段的基底压实,耕地填前夯实,回填至原地面高程的土石方数量;路基沉陷需要增加的土石方数量,或进行路堤预压需增加的填料数量;为保证路基边缘的压实度需加宽填筑时,需要增加的土石方数量,其填方数量计价不计量,即将所需数量发生的填方费用摊入填方单价内,为保证路基填方在接近最佳含水率时进行碾压,应结合工程实际情况和计划在最干季节完成的工程量,计算所需的洒水量;对路基土石方的综合利用,作出必要的安排,如改土造田,利用开山石方作为构造物和路面用料等。

(2)路面工程一般对设计有次高级或高级路面的工程项目,才考虑拌和设备的安拆和拌和场地的修建等辅助工程。当路面基层的混合料采用集中拌和时,应计入稳定土拌和设备的安拆,拌和场地可按工程规模大小确定其面积;当面层为沥青混凝土或水泥混凝土采用集中拌和时,应计入拌和设备的安拆,拌和场地也按工程量大小确定面积,应注意所选设备的生产能力与设计工程量及计划工期相适应,根据拌和设备设置情况,用加权平均层计算混合料的平均运距。对挖出的路槽废方,提出处理意见,需外运时应确定其平均运距。

(3)桥涵工程由于结构形式多,地形及水文地质情况复杂,施工方法及施工技术也有所不同,考虑的辅助工程内容也很多。因此,应根据实际情况逐项计算分析并确定合理的辅助工程数量。例如,水中围堰结构形式;埋设钻孔灌注桩的护筒;墩、台、塔等的模板及施工电梯;支架及拱架形式;预制台座数量;预制场的面积;吊装设备;混凝土场内运距,基础开挖弃方运距;蒸汽养护的建筑面积等工程量的确定,均应按技术先进、安全可靠、经济合理的原则进行分析计算。

(4)隧道工程应根据围岩情况,提出临时钢支撑的数量和用于周转施工的次数。

二、辅助工程的种类

除了上述辅助工程外,还有许多大型的辅助工程,现扼要介绍如下。

1. 平整场地

是指专为大型混凝土预制构件预制和路面混合料集中拌和等而必须修建的场地。同时,对场地范围由材料运进和半成品运出的道路等地段,应铺筑能保证运料车通行足够强度的路面,其铺筑面积一般可按平整场地中实际地质和车辆情况进行计算。

平整场地面积的大小,应根据拌和路面混合料和预制大型混凝土构件的任务大小和采用拌和设备的类型确定,一般应考虑各种材料的堆放、安放拌和设备、大型预制构件的底座、半成品堆放、场内各种道路,以及警卫、施工人员用房等所需的面积,并通过必要的分析计算确定,它是大型拌和站的配套设施。

《公路工程基本建设项目概算预算编制办法》是将平整场地工作归列在其他工程及沿线设施项目中,只在编制施工图预算时,方能计算这项费用,编制设计概算时,就不计算,因为已综合在相关工程项目的工程定额内。

2. 大型拌和站

根据工程质量和任务要求,在公路建设工程中,需要设置的大型拌和站,有厂拌稳定土拌和站、沥青混合料拌和站、水泥混凝土拌和站三种,其拌和设备的生产能力,是以每小时 t 或 m^3 来划分的。因此,在设置拌和站时,要解决的首要问题就是如何选定拌和能力及其型号。一般应根据施工任务量,在保证总工期要求的前提下,尽可能做到满负荷的施工生产而留有必要的余地,科学合理地选定拌和设备的型号,这是设置拌和站的一个重要工作环节。

(1)稳定土拌和站

是指按路面施工技术规范的规定,为保证路面工程质量,路面基层中的水泥碎石、石灰粉煤灰碎石等基层,应采用集中拌和进行铺筑,故必须设置拌和站。这种稳定土厂拌设备的生产能力有 50 ~400t/h 等多种型号。

(2)沥青混合料拌和站

沥青混合料有沥青碎石和沥青混凝土两种。一般都采用拌和设备进行拌和。其生产能力有 30 ~320t/h 等多种型号,60t/h 以上的拌和设备其生产过程全由计算机进行控制管理,自动化程度高,是一种比较先进的机械设备产品。在组织生产时,除要修建拌和设备和锅炉的混凝土基座外,还要设置储油(沥青)池和沉淀池、砌筑上料台等。

这种设备的一次安装费用一般都比较高,所以应合理设置拌和点,考虑到混合料运输、保温能力,一般最佳供应范围宜在 30 ~50km,这是在实际工作中不可忽视的一些因素。

3. 水泥混凝土拌和站

混凝土用量大的工程,要求集中拌和,其设备的生产能力一般是 15 ~$60m^3/h$。在组织施工生产时,应依据混凝土的数量、构造物的分布等情况具体确定。

设置上述各种拌和站,除要注意合理选定拌和设备的型号外,尚须配置相应的运输设备及车辆,还应经过科学的分析计算,务须使之能协调而又能均衡地进行连续生产,避免互相脱节,在某些环节上产生延滞、停误。

4. 混凝土蒸汽养生设施

是指在混凝土的施工过程中,为了在冬季施工缩短混凝土的养生期,使之尽快达到设计强度的要求,及在严寒季节,为避免混凝土受冻损坏,常采用蒸汽养生的办法来解决。

蒸汽养生室的建筑面积,应根据单件预制构件的大小和每次需要预制的根数来确定。

5. 大型预制构件场

是指钢筋混凝土和预应力混凝土 T 形梁、I 形梁、箱形梁等桥梁上部构造,当采用构件预制时,要求设置预制场。预制场中设置足够数量的预制构件底座,分为平面底座和曲面底座两种。一般是按工期要求,计划可以周转的次数,确定需要修建的座数,将其费用综合在大型预制混凝土构件的造价内。

各种底座的计量单位以面积计,按工程定额中规定的计算公式执行。在预制场中尚须布置存梁区,运输及吊建设备,拌和站及预制场在有条件时可设在一起,减少运料距离。

6. 钢桁架栈桥式码头

是指为大型预制混凝土构件装船用的一种设施,实际是属于临时工程的性质,由于它有具体的服务工程对象,故在桥梁工程定额中单独列为一个定额子目,而没有将其归类临时码头内。

栈桥式码头的上部构造,是采用万能杆件组拼而成的。

7. 先张法预应力钢筋张拉、冷拉台座

张拉台座是预应力混凝土预制构件在制作之前,对预应力钢筋进行张拉的一种设施,一般采用900kN预应力拉伸机来进行张拉,它应具有足够的抗拒张拉力能力,一般都采用高强度等级的钢筋混凝土制成。冷拉台座是一种在构件预制之前,按设计要求先行冷拉的设施。

8. 船上混凝土搅拌台及泥浆循环系统

当大型桥梁在江河中进行水上、水下混凝土施工时,一个极为重要的关键环节,就是如何解决水上混凝土的运输供应问题。比较行之有效的方法,就是配置船上混凝土搅拌台,用钢筋混凝土锚碇将其固定在水上施工现场,一般是采用90kW和150kW以内的内燃拖轮及100t和150t的工程驳船等船只组成为一个大型拌和场地,将拌和设备和各种建筑材料分别安放和堆放在船上,以利进行混凝土的拌和与供应。因此,在编制工程造价时,要另行计算搅拌台的安装拆除和在船上拌和混凝土的相应费用。

当在江河中采用回旋钻机或潜水钻机修建桥梁钻孔灌注桩基础时,一般要配置泥浆循环系统,包括泥浆池和沉渣池,以利回收利用泥浆和进行钻渣处理。这种循环系统,是采用45kW和90kW以内的内燃拖轮与50t及100t的工程驳船等船只组成,它是进行深水钻孔灌注桩施工的一项专用设施。

9. 施工电梯

施工电梯是在修建较高的桥墩和索塔时,为使施工人员快速安全的进入高空施工现场和返回地面,并供运输各种建筑材料等专用的一种电动垂直输送设施。当桥梁索塔的高度较高或当墩高超过40m时,为确保施工安全,加快施工进度,方便施工,宜选用施工电梯作为人员上下的提升设备。结合建设工程的实际情况,在编制工程造价时,可以另行计列这种施工电梯的费用。

10. 大型预制场吊移工具设备的选择

大型预制场具有这样一些特点和要求:一是预制构件的体积一般都比较大,相应也较重,移动难度大;二是都要设置平面或曲面大型预制构件底座;三是为了尽可能提高底座的周转利用率,节约底座的费用,相应就要设置预制构件的堆放场地和配备吊移工具;四是混凝土的拌和地点与底座之间的距离,应尽可能的短,以减少混凝土的场内运输任务,以利于构件的浇筑,节约费用。常用的方法是设置龙门架和铺设轨道,以50kN以内的单筒慢速卷扬机或轨道拖车头来牵引轨道平车，进行预制构件的出坑、运输和码放工作。

就一个公路建设工程项目而言，这种大型预制场地设施，除独立的大型桥梁外，在实际工作中总是少数，而大量的是一般的和小型的混凝土预制构件，诸如矩形板、空心板、通道和涵洞盖板，以及人行道、栏杆、拱上立柱和盖梁等。虽不存在需要设置专用底座、龙门架和铺设轨道等情况，但仍然存在有预制构件的出坑、运输和码放工作。因此，也需要选配相应的吊移工具设备，对建立正常的施工秩序，是有直接影响的一个重要因素。

这些构件的特点是，结构简单，体积小，质量轻，移动方便。一般可根据预制构件的形状、大小，分别选用如下合适的吊移工具设备：

(1)手推车

凡单件预制构件质量在 300kg 以内的，可采用双轮胶轮手推车运输，它使用灵活方便，装卸也比较容易。

(2)A 形小车

是用木料或钢材做成的，起重和运输能力为 200 ~ 1 000kg，如图 3-1 所示。在进行运输时，将车架前端抵住构件，抬高车柄使 A 字架而前倾斜，吊钩钩住构件后，压下车柄，使构件离开地面并靠在 A 字架上，然后推动小车行走。回空时，则可将车轮移至后面的轴座上，推走时就更省力。

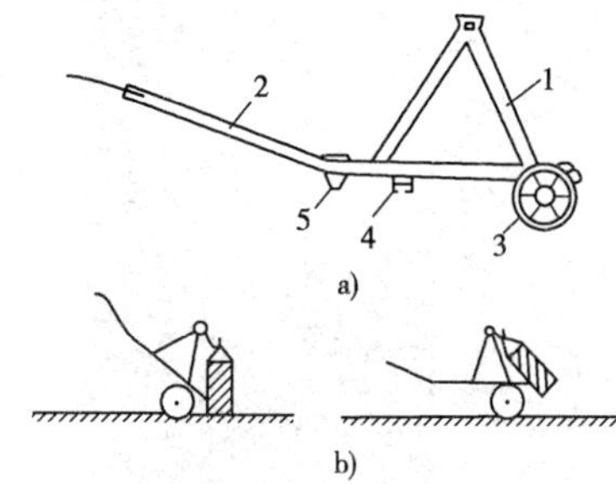

图 3-1　A 形小车

a)构造示意；b)使用方法

1-A 字架；2-车架；3-车轮；4-轴座；5-支腿

(3)垫滚子绞运

是水平滚移重物的一种方法，常用于单件质量在 5 ~ 15t 构件的短距离搬运，如图 3-2 所示。走板一般采用木板，滚子可采用木滚筒或钢管滚筒。

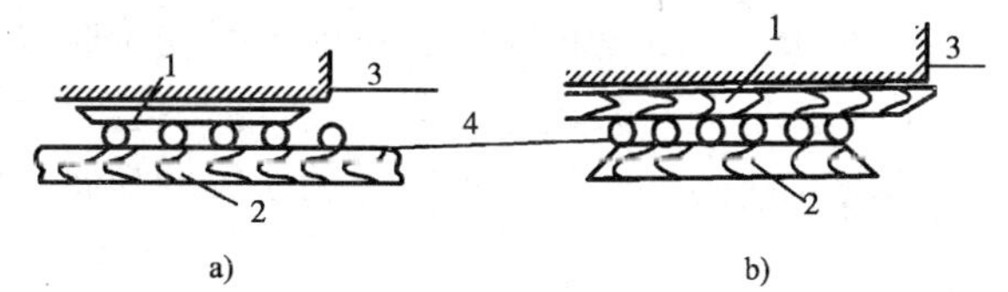

图 3-2　滚移装置

a)用短上走板，通长下走板的滚移；b)用通长上走板、短下走板的滚移

1-上走板；2-下走板；3-行走方向；4-填入滚轴方向

以上所述，通常称为场内运输。除大型预制混凝土构件，如 20m 及以上长度的梁板结构，分节预制的大跨径的箱梁、箱拱等，因搬运难度大，故一般都采用在桥位附近设置预制场进行预制，而将预制的轨道连续铺至桥头或桥面上进行构件的运输工作，也就是说，预制场范围以外的运距一般都比较短，就不再考虑内、外场运输因素的不同，而一般的和小型预制混凝土构件的使用地点大都是分布于公路全线，为了便于现场管理，保证质量，则多采用集中预制的方法，因此，就产生了比较长的场地范围以外的构件运输工作，称为场外运输。场外运输就不能采取上述的一些场内运输方法来进行构件的运输工作。

预制混凝土构件的场外运输，常采用载重汽车和平板拖车，一般适宜运输质量在 25t 以内的构件，并可根据构件的大小，分别采用人工、手摇卷扬机、龙门架和起重机等不同起吊方法配合装卸车作业。

11. 装配式混凝土桥梁的上部构造安装工具设备的选择

装配式混凝土桥梁是将预制构件在现场安装的桥梁,不同于现场浇筑的各种混凝土及预应力混凝土桥。目前广泛使用的,有各种能量的架桥机及扒杆、导梁、跨墩门架、悬臂吊机、缆索、履带式和汽车式起重机等。这些安装工具设备,各有其适用范围和条件,在第七章桥涵工程中,结合各种不同的桥梁上部构造有必要的说明。

图3-3 格架人字扒杆

(1)架桥机

一般用于多跨桥梁安装,有100t、150t、200t、300t等各种规格,由钢桁架组成,有架、换移功能,对构件有起吊、运构件前进及横移功能。

(2)扒杆

在长期的公路桥梁施工中,常用的有人字扒杆、三角扒杆、摇头扒杆、格架人字扒杆和钢管独脚摇头扒杆等多种形式。格架人字扒杆(图3-3)是采用型钢或万能杆件组拼的,起重量可达40t。钢管独脚摇头扒杆,一般采用外径152~426mm的钢管制成,起重量可达30t。上述其他三种扒杆,一般都采用木料制成,只适用于13m及以下长度的梁板预制混凝土构件或单件构件质量较轻的安装工作。

(3)导梁

有单导梁和双导梁两种,一般采用万能杆件等钢构件组拼而成。《公路工程预算定额》中规定的导梁全套设备的质量资料,是按2孔半确定的,以利平衡移动过墩,它只能用于3孔及以上的多跨桥梁的安装。若小于3孔的梁板式桥而采用导梁安装时,应按实计算确定导梁的需要质量,并采用扒杆等其他方法,先行架设好导梁,然后再安装梁板构件。单导梁只限用于20m及以下跨径的桥梁。双导梁则适用于25m及以上的桥梁的安装工作,如图3-4所示。

(4)跨墩门架

一般只适宜用于桥墩高度不大于15m的无常流水的干涸而又平坦的河床的梁板式桥梁的安装工作,因为需要在桥的两侧铺设轨道,作为移动跨墩门架和预制混凝土构件之用。它适用于跨径30m及以下的梁板式桥梁的安装,常采用万能杆件等钢构件组拼而成,如图3-5所示。

图3-4 顶推梁导梁

图3-5 跨墩门架

(5)悬臂吊机

主要用于大跨径的箱梁(如连续梁、T构、斜拉桥箱梁)和桁架梁等的悬拼工作,也是利用万能杆件等钢构件来组拼的。一般都是将悬臂吊机安设在大桥墩上,故先要浇筑墩顶零号块,除T构外,应将零号块与桥墩进行临时固结,避免产生应力不平衡的现象,以确保施工安全,如图3-6所示。

图3-6 桥面悬臂安装吊机

(6)缆索吊装设备

是由缆索、索塔和地锚等所组成的,索塔一般多采用万能杆件或公路装配式钢梁桁节(贝雷桁架)等钢构件来组拼,地锚则用钢筋混凝土或型钢做成,如图3-7所示。

这种吊装设备适用于大跨径的双曲拱、箱形拱、桁架拱和刚架拱等拱式桥梁的安装工作,不宜用于梁式桥梁的安装,因为这种吊装设备的造价比较高,是不经济的,而且《公路工程预算定额》中的缆索设备是按照钢筋混凝土拱式桥梁的要求来制定的,不得将其作为梁式桥的安装工具。

(7)起重机械

常用的起重机械有履带式和汽车式两种,在地形条件适于起重机工作的情况下,一般适用于单件重量较轻的混凝土预制构件,如矩形板、空心板等桥梁的安装工作,如图3-8所示。

图3-7 缆索吊装

图3-8 起重机械

为了更系统地了解上述各种安装工具设备的适用范围,现分类列表见表3-7。

上述各种安装工具设备,在实际使用时,除所述的主体结构外,尚需很多的配套件,如绳索、拴吊用具、滑车、链滑车、锚碇等。这些配套件,根据建设工程的历史资料,采取综合的方法,已摊入相应的吊装工具设备的工程定额内,故在编制工程造价时,就不得另行计算其费用。

12. 现浇混凝土梁式桥上部构造

现浇混凝土梁桥上部构造,一般采用满堂式和桁构式钢或木支架、满堂式轻型钢支架、钢木混合支架、万能杆件和装配式公路钢桥桁节(贝雷桁架)拼装支架、墩台自承式支架、模板车式支架等多种不同的结构形式。

装配式混凝土桥上部构造安装工具设备适用范围　　表 3-7

桥梁结构形式		安装工具设备名称							
		木扒杆	起重机	单导梁	双导梁	跨墩门架	悬臂吊机	缆索吊装设备	架桥机
矩形板		√	√						√
空心板		√	√						√
少筋微弯板		√							
连续板		√	√	√					
I 形梁		√	√						
T 形梁(跨径,m)	10、13	√							
	16、20			√					
	10~30					√			√
	25~50				√				√
预应力空心板(跨径,m)	10~16	√	√						
	16~20			√					√
组合箱梁(跨径,m)	16、20			√					
	16~30					√			√
	25~40				√				√
预应力箱梁					√				√
连续梁、T 构、斜拉桥、桁架梁							√		
双曲拱		√						√	
桁架拱、刚架拱、箱形拱								√	

(1)满堂式木支架

主要适用于桥位处的水位不深的桥梁,有排架式、人字撑和八字撑等不同结构形式,如图 3-9 所示。排架式结构简单,由排架和纵梁等部件所组成,其纵梁为抗弯构件,故跨径一般不宜大于 4m。人字撑和八字撑的结构复杂,跨径可达 8m,其纵梁须加设人字撑或八字撑,是一种可变形结构。因此,在浇筑混凝土时,要保持均匀、对称地进行,以免发生较大的变形,影响工程质量。

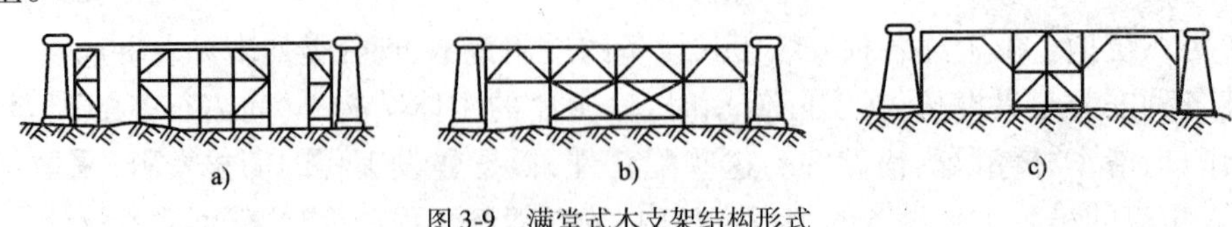

图 3-9　满堂式木支架结构形式

a)排架式;b)人字撑;c)八字撑

在满堂式支架排架的地梁(枕木)以下,应设置圬工或桩基等基础,基础须坚实可靠,以保证排架的沉陷值不超过规定。这种支架,一般适用于墩台高度在 12m 以下。当排架较高时,为保证支架的横向稳定,除排架上应设置撑木外,尚须在排架的两端外侧加设斜撑或斜立柱,以确保施工安全。

(2)桁构式木支架

是用木料做成的桁构式纵梁，只在墩台两旁设立支撑排架，但在拼装和拆除时，须在中间设临时支撑架。它适用于墩台高度在12m以内和跨中地质情况较差的桥梁。

(3)满堂式轻型钢支架

是用工字钢、槽钢或钢管加工制成的，斜撑和联结系等则采用角钢。桥位地面较平坦，又有一定的承载能力的桥梁，为节约木材，宜采用这种轻型钢支架，如图3-10所示。其排架应设置在混凝土或钢筋混凝土枕木上，或以木板作支承基底。为防止冲刷，支承基底须埋入地面以下适当的深度。它适用于墩台高度在10m以下的桥梁。

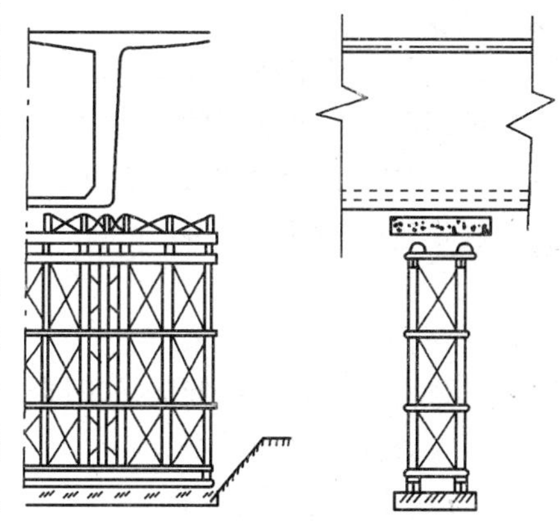

图3-10　满堂式轻型钢支架

(4)钢木混合支架

是由木排架和工字钢纵梁组成的，如图3-11所示。当设计的跨度达10m时，应改用木框架结构作支架，以加强支架的承载力和稳定性。

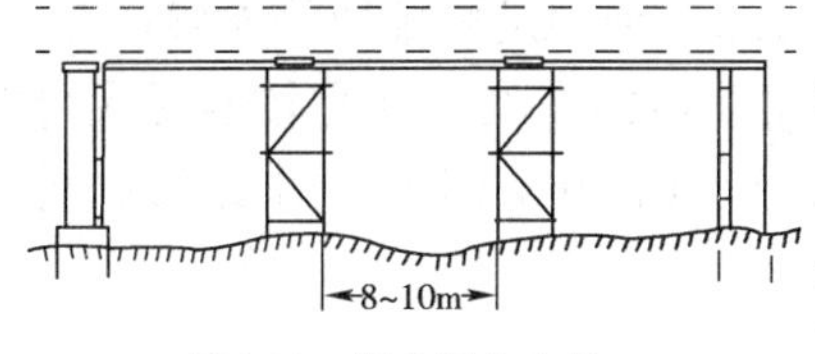

图3-11　钢木混合支架

(5)万能杆件和装配式公路钢桥桁节(贝雷桁架)拼装支架

前者可拼装成各种跨度和高度的支架，其柱高除柱头和柱脚外应为2的倍数，即2m、4m、6m及以上的各种不同高度，柱与柱之间的距离应与桁架之间的距离相同。后者则可拼装成桁架梁和塔架，为加大桁架梁的跨径和利用墩台作支承，也可拼装成八字斜撑以支撑桁架梁。

这种支架结构，在荷载作用下的变形都比较大，因此，应考虑预压，其预压质量应相当于浇筑混凝土的质量。

(6)墩台自承式支架

在墩台上设置承台预埋件，以利安装横梁及架设工字钢或槽钢纵梁，即构成模板的支架。

(7)模板车式支架

是将模板与支架整体安装在铺设的轨道上，可以前后移动的一种支架，如图3-12所示。它适用于桥跨不大，桥墩为双柱式的多跨桥梁的施工。须在桥位处铺设临时轨道。移动时，须将斜撑取下，将插入式钢梁节段推入中间钢梁节段内，并将千斤顶放松，使模板与混凝土脱离开。由于这种支架需要在桥位处铺设临时轨道，故只能用于干涸平坦的河床的桥梁施工。

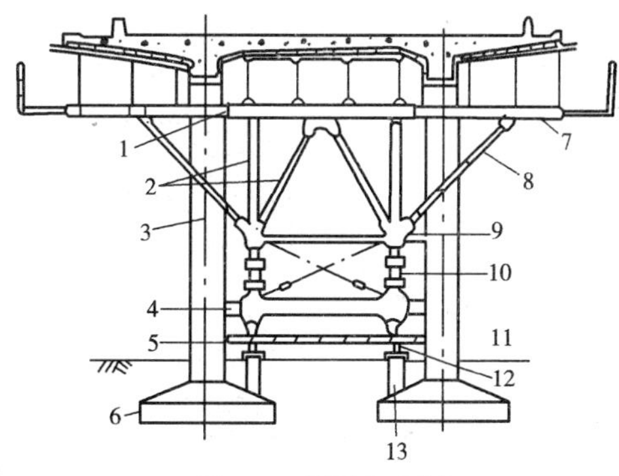

图3-12　模板车式支架

1-钢架；2-钢支撑；3-立柱；4-轮轴架；5-轨道；6-基脚；7-插入式钢梁；8-斜撑；9-楔块；10-调整千斤顶；11-枕木；12-钢底梁；13-混凝土支墩

现行《公路工程预算定额》中，只有上述前

三种支架的定额资料,在编制施工图预算时,当采用其他支架结构时,则应编制补充定额作为编制依据。

现浇混凝土梁式桥上部构造的模板,因已综合在相应的各种桥型结构的工程定额内,不存在选择的问题。各种支架的工程定额,是按照正常的施工条件和最大可能的周转使用次数制定的,在编制施工图预算时,当实际达不到规定的周转使用次数时,可以按实际使用的次数将材料消耗量进行换算。

(8)挂篮

对大跨径跨江河不能采用支架施工的上部现浇混凝土施工,例如T形刚构、变截面连续梁,一般采用挂篮施工,挂篮需按不同质量专门设计,挂篮应有足够的强度及刚度,其质量不宜超过浇筑混凝土质量的40%。

13. *石砌拱桥的拱盔支架*

拱盔是指拱桥的起拱线以上部分,在拱圈砌筑过程中起支承拱圈圬工作用的一种设施,有满堂式和桁架式木拱盔、钢拱架等不同结构形式。

木拱盔一般适用于各种跨径的拱桥,跨径较大的拱桥,则宜采用钢拱架,以节约木材。桁架式拱盔,适用于经常性通航,桥位处水较深或墩台较高的桥孔,如图3-13所示。其他拱盔构造形式,已在第七章桥涵工程内作了必要的介绍,此处不再赘述,桁架拱盔和钢拱架,一般都是在墩台上预留支承处,或设置预埋件,作为安放固定拱盔之用,故无须设置排架等支架。

各种形式的拱盔定额,都已将底模综合在内,同时,也跟前述的支架一样是按照最大可能周转使用的次数制定的。故当实际达不到规定的周转使用次数时,在编制施工图预算时,可以将定额中的材料消耗量进行换算。

14. *斜拉贝雷钢拱架支架*

1939年英国唐纳德工程师设计米字形桁架钢桥,即装配式"贝雷钢桥",为英美联军的军用桥梁使用主体。在第二次世界大战期间,大量用于欧洲和远东(中国、缅甸公路)战场。中国于20世纪60年代定型生产,称其为"321"公路钢桥(与英国贝雷架相似,但尺寸为公制,两者不能混用)。每片长3m,高1.5m,这些"贝雷架"设备在中国抢险救灾和工程建设中使用广泛。如图3-14所示为湖南五强溪水电站沅水大桥,首创133m斜拉贝雷钢桁拱架上分段分条组拼预制箱拱梁。

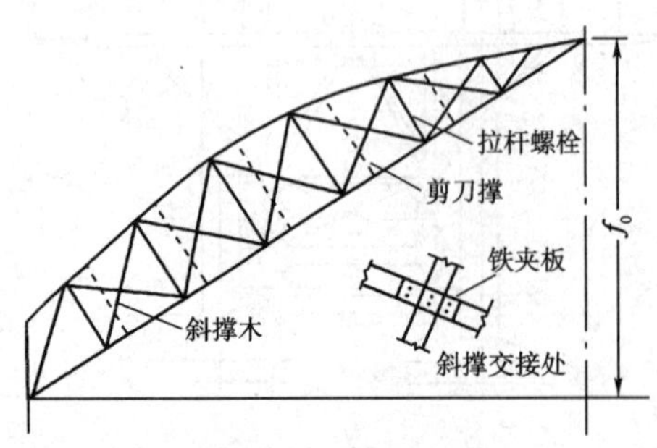

图3-13 三铰木桁拱架($L=40\sim60\text{m}$)

图3-14 拉索—贝雷桁拱架

第四章　路 基 工 程

第一节　概　　述

一、基本要求

路基是公路工程的重要组成部分，它是按照线路位置和一定技术要求修筑的带状构造物，既是路线的主体，又是路面的基础。路基的强度和稳定性是保证路面强度和稳定性的先决条件，在保证路基强度和稳定性的前提下，可以适当减薄路面结构层厚度，从而达到降低工程造价的目的。路基应满足下列基本要求：

1. 足够的整体稳定性

路基是在天然地面上填筑或挖去一部分而建成。路基修建后，改变了原地面的天然平衡状态，当地质不良时，修建路基可能加剧原地面的不平衡状态，从而发生沉陷、滑坍、崩塌等病害，造成路基损害。

2. 具有足够的强度

路基强度是指在行车荷载作用下路基抵抗变形的能力。为保证路基在外力及自重作用下，不致产生超过容许范围的变形，要求路基应具有足够的强度。

3. 具有足够的水温稳定性

路基在地面水和地下水作用下，其强度将会显著降低。特别是在季节性冰冻地区，由于水温的变化，路基会发生周期性冻融作用，形成冻胀与翻浆，应采取措施确保路基在不利的水温状况下强度不致显著降低，这就要求路基应具有一定的水温稳定性。

二、路基组成

公路路基部分主要由路基本体、排水设施、防护设施、加固工程、附属设施（取土场、弃土堆、护坡道、碎落台）等构成。各部分主要特点如下：

1. 路基本体

路基是在天然地面表面按照路线位置和设计断面的要求填筑或开挖形成的岩土结构物。路基横断面形式一般有：路堤、路堑、半填半挖路基三种基本形式，如图 4-1 所示。

路堤是高于原地面的填方路基，其作用是支承路面体。路堤在结构上分为上路堤和下路堤，上路堤是指路面底面以下 0.8～1.50m 范围内的填方部分；下路堤是指上路堤以下的填方部分。路面底面以下 0.8m 范围内的路基称为路床。

路堑是低于原地面由开挖所形成的路基。挖方边坡坡度，应根据边坡高度、土石种类与性质(密实程度、风化程度等)、地面水情况及施工方法等因素综合分析确定。

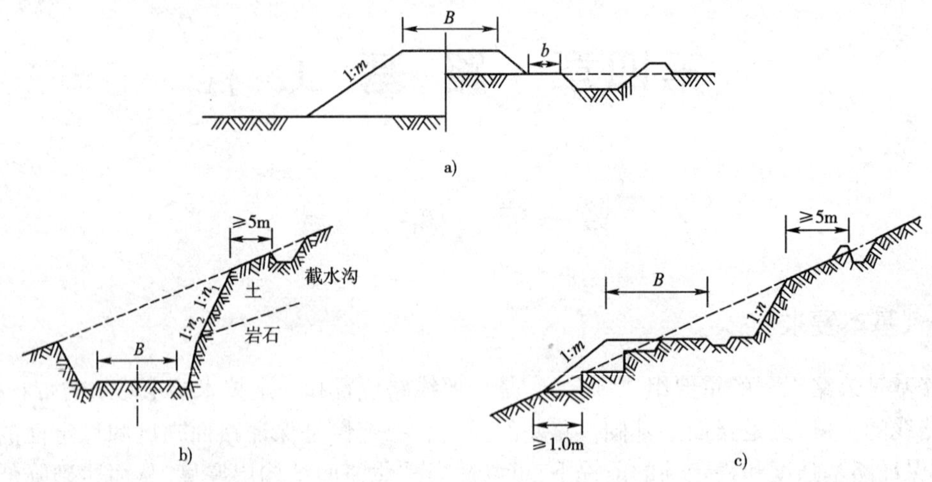

图 4-1 主要路基形式

a)路堤;b)路堑;c)半填半挖路基

半填半挖路基是一部分路基由填筑而成,一部分路基由开挖形成的路基结构。

2. 排水设施

路基工程排水设施分为地表排水设施和地下排水设施两类,其中,地表排水设施主要有边沟、截水沟、排水沟等。地下排水设施主要有暗沟、渗沟、渗井、仰式排水斜孔等。

(1)边沟是在路基两侧设置的纵向水沟,用以汇集和排除路面、路肩及边坡的流水,如图 4-2 所示。

(2)截水沟(又称天沟)是指设置在挖方路基边坡坡顶以外或山坡填方路基上侧适当位置的截水设施,用以汇集并排除路基边坡上侧的地表径流,如图 4-3 所示。

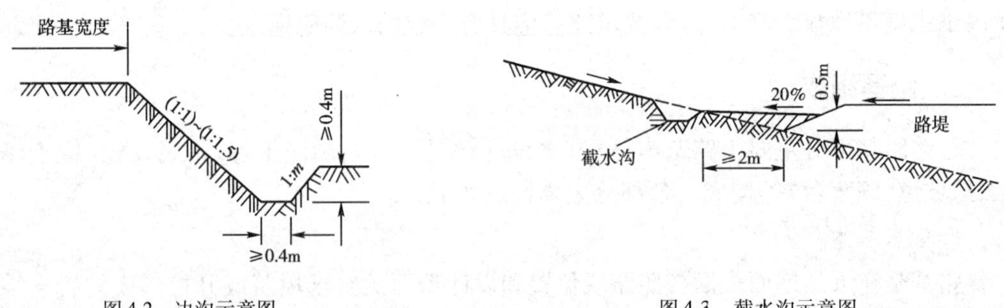

图 4-2 边沟示意图

图 4-3 截水沟示意图

(3)排水沟的作用是将边沟、截水沟、取土坑、边坡和路基附近积水引排至桥涵或路基以外的洼地或天然河沟。

(4)暗沟是设置在地面以下用以引导水流的沟渠,它本身没有渗水或汇水作用,而是把路基范围以内的泉水或渗沟汇集的水流排除到路基范围以外,防止水在土中扩散危害路基。

(5)渗沟是一种常用的地下排水沟渠,用以降低地下水位或拦截地下水。渗沟按排水层的构造可分为填石渗沟、管式渗沟和洞式渗沟,如图4-4所示。它们的构造基本相同,底部为排水层,顶部设封闭层,排水层与沟壁之间设置反滤层。

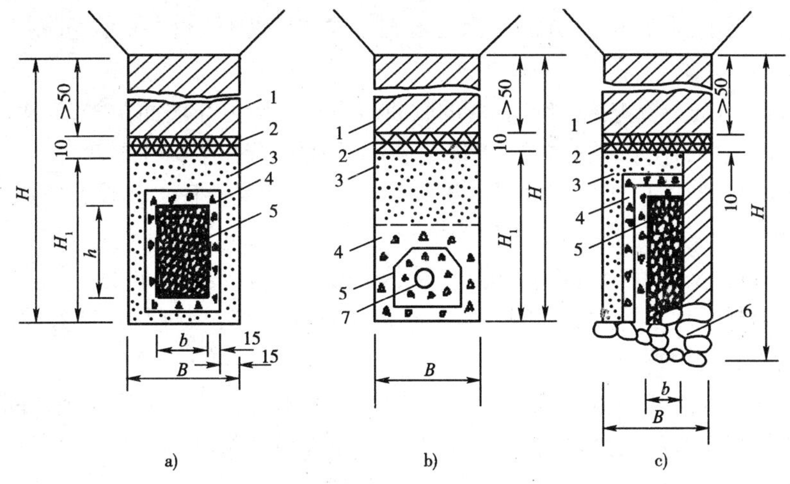

图4-4 渗沟构造

a)填石渗沟;b)管式渗沟;c)洞式渗沟

1-黏土夯实;2-双层反铺草皮;3-粗砂;4-石屑;5-碎石;6-浆砌片石沟洞;7-混凝土预制管

(6)渗井是一种立式地下排水设施。当路基附近的地表水或浅层地下水无法排除影响路基稳定时,可设置渗井,将地表水或地下水经渗井通过不透水层流入下层透水层中排除,以疏干路基。

3. 防护设施

根据防护的目的或重点不同,路基防护一般可分为坡面防护和冲刷防护两类。坡面防护主要是保护路基边坡坡面。冲刷防护可采用直接防护也可采用间接防护,或两种方式组合使用。

(1)坡面防护

坡面防护用以防护易受自然因素影响而破坏的土质和岩石边坡。坡面防护的几种常用措施如下:

①植物防护:包括种草、铺草皮、植树等。

②网格防护:可采用混凝土、浆砌片(块)石、卵(砾)石等做骨架,网格内宜采用植物防护或其他辅助防护措施。

③封面防护:包括抹面、捶面、喷浆、喷射混凝土等形式。

④勾缝防护是防止雨水沿裂缝侵入岩层内部而造成病害的一种有效方法。它适用于较坚硬的、不易风化的、节理多而细的岩石挖方边坡。勾缝可用水泥砂浆或水泥石灰砂浆,砂浆嵌入缝中,与岩体牢固结合。

⑤护面墙:护面墙是一种浆砌片(块)石的被面覆盖层,适用于防护易风化或风化严重的软质岩石或较破碎岩石的挖方边坡以及坡面易受侵蚀的土质边坡。护面墙除自重力外不承受墙后的侧压力,故被防护的挖方边坡不宜陡于1:0.5,并应符合极限稳定边坡的要求。

(2)冲刷防护

沿河公路路基直接受到水流侵害,冲刷防护就是为了防止水流危害岸坡,保证路基稳固而设置的。冲刷防护主要有两种形式:一种是加固岸坡的直接防护;另一种是采用导流构造物以改变水流性质的间接防护。前者有砌石防护、抛石防护和石笼防护三种;后者有丁坝和顺坝两种。

①砌石防护:在土质边坡或严重剥落的软质岩石边坡上可作坡面防护;当用于浸水路堤或受水流冲刷的岸坡时,作为冲刷防护。砌石防护分干砌片石和浆砌片石两种。

②三种抛石防护:类似在坡脚处设置护脚,适用于经常浸水且水深较大的路基边坡或坡脚以及挡土墙、护坡的基础防护,一般多用于抢修工程。

③石笼防护:是采用铁丝、竹料等编织成框架,内填石料,设于防护处。

④丁坝也称挑水坝,是指坝根与岸滩相接,坝头伸向河槽,坝身与水流方向成某一角度能将水流挑离河岸的结构物。

⑤顺坝为坝根与岸滩相接,坝身大致与堤岸平行的结构物。它适用于河床断面较窄、基础地质条件较差的河岸或沿河路基防护,可调整流水曲线和改善流态。

4. 加固工程

公路的修建改变了地层原来的受力状态,可导致公路边坡滑动,因此需要对边坡进行支挡和加固。传统的加固工程主要是各种重力式挡土墙,随着技术发展,又出现了加筋土挡土墙、锚杆加固、抗滑桩及桩板墙等各种支挡结构。

5. 附属设施

同路基工程有关的附属设施,除排水及防护与加固工程外,还有护坡道、碎落台、堆料坪及错车道等。特殊地区的路基工程,相应还有一些特定的附属设施,例如:多年冻土地区的保温护道和护脚,沙漠地区的阻沙障和聚风板,雪害地区的防雪林和防雪栅,泥石流路段的拦渣坝和停淤场,以及翻浆地区或盐渍土地段等地的保温防水隔离层。

三、路基横断面组成

1. 路基横断面形式

公路路基横断面一般由行车道、路肩(土路肩、硬路肩)、中间带、边坡、护坡道、边沟等组成,见图4-5。

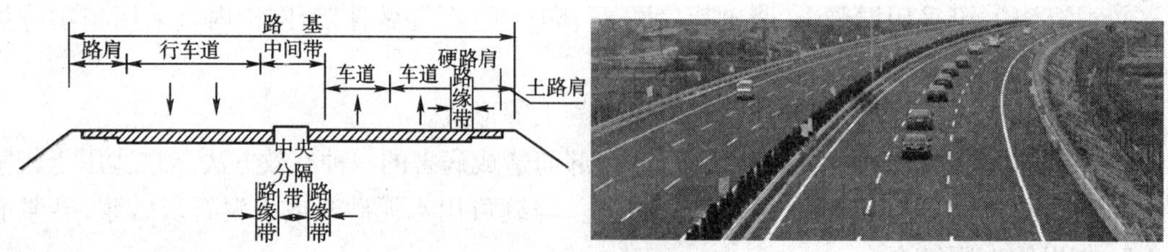

图4-5 路基横断面组成

各级公路路基标准横断面见图4-6。

各级公路车道宽度一般规定见表4-1。

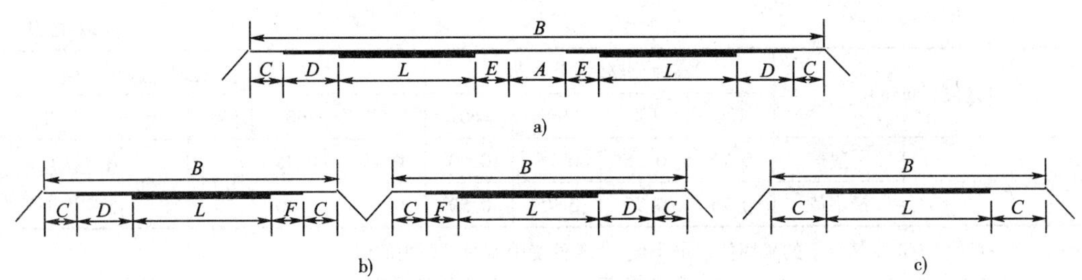

图4-6 路基标准断面图

a)整体式断面;b)分离式断面;c)双车道断面

B-路基宽度;*L*-行车道宽度;*D*-硬路肩宽度;*E*-左侧路缘带宽度;*F*-分离式路基左侧硬路肩宽度;*C*-土路肩宽度;*A*-中央分隔带宽度

公路车道宽度 表4-1

设计速度(km/h)	120	100	80	60	40	30	20
车道宽度(m)	3.75	3.75	3.75	3.50	3.50	3.25	3.00 (单车道时为3.50)

注:高速公路为八车道,当设置左侧硬路肩时,内侧车道宽度可采用3.50m。

高速公路、一级公路整体式断面必须设置中间带。中间带由两条左侧路缘带及中央分隔带组成。其各部分宽度见表4-2。

中间带宽度 表4-2

设计速度(km/h)		120	100	80	60
中央分隔带宽度(m)	一般值	3.00	2.00	2.00	2.00
	最小值	2.00	2.00	1.00	1.00
左侧路缘带宽度(m)	一般值	0.75	0.75	0.50	0.50
	最小值	0.75	0.50	0.50	0.50
中间带宽度(m)	一般值	4.50	3.50	3.00	3.00
	最小值	3.50	3.00	2.00	2.00

注:"一般值"为正常情况下的采用值;"最小值"为条件受限时可采用的值。

高速公路、一级公路以及二级公路的连续上坡路段,当通行能力、运行安全受到影响时,应设置爬坡车道,其宽度为3.5m。高速公路、一级公路互通式立体交叉、服务区、停车区、公共汽车停靠站、管理设施等的出入口处,应设置加(减)速车道。各级公路路肩宽度,一般规定见表4-3。

各级公路路肩宽度 表4-3

设计速度(km/h)		高速公路、一级公路				二级公路、三级公路、四级公路				
		120	100	80	60	80	60	40	30	20
右侧硬路肩宽度(m)	一般值	3.00或3.50	3.00	2.50	2.50	1.50	0.75	—	—	—
	最小值	3.00	2.50	1.50	1.50	0.75	0.25			

续上表

设计速度(km/h)		高速公路、一级公路				二级公路、三级公路、四级公路				
		120	100	80	60	80	60	40	30	20
土路肩宽度(m)	一般值	0.75	0.75	0.75	0.50	0.75	0.75	0.75	0.50	0.25(双车道) 0.50(单车道)
	最小值	0.75	0.75	0.75	0.50	0.50	0.50			

注:1."一般值"为正常情况下的采用值;"最小值"为条件受限制时可采用的值;

2.设计速度为120km/h的四车道高速公路,宜采用3.50m的右侧硬路肩;六车道、八车道高速公路,可采用3.00m的右侧硬路肩。

高速公路和一级公路右侧硬路肩宽度小于2.50m时,应设置紧急停车带。紧急停车带的宽度应为3.50m,有效长度不应小于30m,设置间距不宜大于500m。

2.路基几何要素

(1)路基宽度

公路路基宽度为车道宽度与路肩宽度之和。当设有中间带、变速车道、爬坡车道、紧急停车带、错车道等时,尚应包括这些部分的宽度。各级公路路基宽度一般规定见表4-4。

整体式路基宽度 表4-4

公路等级		高速公路、一级公路								
设计速度(km/h)		120			100			80		60
车道数		8	6	4	8	6	4	6	4	4
路基宽度(m)	一般值	45.00	34.50	28.00	44.00	33.50	26.00	32.00	24.50	23.00
	最小值	42.00	—	26.00	41.00	—	24.50	—	21.50	20.00

公路等级		二级公路、三级公路、四级公路					
设计速度(km/h)		80	60	40	30	20	
车道数		2	2	2	2	2或1	
路基宽度(m)	一般值	12.00	10.00	8.50	7.50	6.50 (双车道)	4.50 (单车道)
	最小值	10.00	8.50	—	—	—	

注:1."一般值"为正常情况下的采用值;"最小值"为条件受限制时可采用的值;

2.八车道高速公路路基宽度"一般值"为设置左侧硬路肩、内侧车道采用3.50m时的宽度;八车道高速公路路基宽度"最小值"为不设置左侧硬路肩、内侧车道采用3.75m时的宽度。

二级公路因交通量、交通组成等需要设置慢车道的路段,设计速度为80km/h时,其路基宽度可采用15.0m;设计速度为60km/h时可采用12.0m。四级公路宜采用双车道路基宽;交通量小的路段,可采用单车道4.50m路基宽。

(2)路基高度

路基高度的设计,应使路肩边缘高出路基两侧地面积水高度,同时要考虑地下水、毛细水和冰冻的作用,不致影响路基的强度和稳定性。

路基设计高程,无中央分隔带的公路,应为路基边缘高度;有中央分隔带的公路,应为中央分隔带外侧边缘的高度;在设置超高加宽路段,则为设置超高加宽前的路基边缘高度。

沿河及受水浸淹的路基设计高度,应高出按表4-5规定的设计洪水频率的计算水位加壅水高度、波浪侵袭高度和0.5m的安全高度。

路基设计洪水频率 表4-5

公路等级	高速公路	一级公路	二级公路	三级公路	四级公路
设计洪水频率	1/100	1/100	1/50	1/25	按具体情况确定

在水文及水文地质条件不良地段，路基最小填土高度应考虑路基土的性质、土体干湿状态、冰冻作用、并结合地形及排水条件确定。如受设计高程限制难以达到最小填土高度时，应采取其他工程措施（如设隔离层、排水层等）来保证路基的稳定。一般地段路基最小填土高度为：砂性土0.3~0.5m，黏性土0.4~0.7m，粉性土0.5~0.8m。

(3)路基边坡坡度

路基边坡坡度是指路基边坡的倾斜程度，一般用边坡的高度与水平距离的比值来表示。一般土质边坡的坡度应根据边坡高度、土的湿度、密实程度、地下水、地表水的情况、土的成因类型及生成时代等因素综合分析确定。岩石边坡的坡度应根据岩性、地质构造、岩石的风化破碎程度、边坡高度、地下水及地表水等因素综合分析确定。岩石挖方边坡应注意岩体结构面的情况，如受结构面控制的挖方边坡，则应按结构面的情况设计边坡。当岩层倾向路基时，应避免设计高的挖方边坡。

第二节 施 工 准 备

路基工程施工，尤其是路基土石方的开挖及填筑，是公路工程施工过程最前期所开展的工程。其准备工作包括组织准备、物质准备和技术准备三个方面。组织准备包括建立健全施工组织机构，制定施工管理、工程监理的规章制度等；物质准备包括材料、机具的购置、配置、运输、储存及供水、供电、通信等；生产、生活设施的布设及修建等。技术准备包括现场调查、核对设计文件、恢复路线、清理现场、路基放样等技术性工作。

一、复测及放样

恢复和固定路线包括中线及高程的复测、水准基点复测及增设、横断面的检查与补测等。放样指按图纸要求现场定出路基轮廓，以便施工，包括路基边缘、坡口、坡脚、边沟、护坡道、借土场、弃土场的具体位置。对深挖高填路段，每挖填3~5m或者一个边坡平台（碎落台）应复测中线、高程和宽度。

复测及放样的费用在承包人其他工程费项下的施工辅助费中开支，不予计量及支付。但当承包人复测及放样过程中引发其他重大变更设计方案的勘察设计工作，其费用则不应由承包人承担。

二、土样试验

路基施工前，应对沿线及借土场挖取有代表性的土样进行天然密实度、含水率、液限、塑性指数等试验。用于填方的土样应测定其最大干密度与最佳含水率。

1. 击实试验

击实试验的目的是用标准击实方法测定土的含水率与干密度的关系，从而确定土的最大干密度和相应于最大干密度时土的最优含水率。

2. 液塑限试验

黏性土随着含水率变化,其物理状态和力学性质发生明显的变化。液、塑限测定可以采用液、塑限联合测定仪法。

3. 颗粒分析试验

土是由固体颗粒、液体水和气体三部分组成,称为土的三相组成。工程上使用的粒径级配的分析方法有筛分法和水分法两种。

4. 加州承载比(CBR)

加州承载比是早年由美国加利福尼亚(California)提出的一种评定土基及路面材料承载能力的指标。承载能力以材料抵抗局部荷载压入变形的能力表征,并采用高质量标准碎石为标准,以它们的相对比值表示 CBR 值。

CBR 值按下式计算:

$$CBR = \frac{p}{p_s} \times 100 \tag{4-1}$$

式中:p ——对应于某一贯入度的土基单位压力(kPa);

p_s——相应标准碎石贯入度的标准压力(标准碎石)(kPa)。

土样试验费用在承包人其他直接费项下的施工辅助费中开支,不予计量与支付。

三、场地疏干

路基施工应保持场地干燥,地表水及地下水应始终处于良好的排疏状态。因此开工前就应因势利导地设置一些纵横排水沟渠或砂、砾、碎石垫层,形成临时排水系统,以确保施工场地不积水和不受冲刷损坏。临时排水设施应与永久性排水设施相结合,其费用视其性质而定:若该项设施将成为永久性工程,应按建筑安装项目予以计量与支付;若该项设施仅系"临时"性质,则应在承包人临时设施费中开支,不予计量与支付。

四、临时道路及桥涵

路基施工,一般都要破坏原有现场与地貌。因此,组织施工时,应充分考虑维护施工期间的场内、外交通,保证机具、材料、人员和给养的送运,修筑必要的临时道路及桥涵。修建、维护及拆除临时道路及桥涵,根据施工工程中已完成的分别以总额计量。

五、场地清理

公路用地范围内的既有耕地表层有机土、有机杂质、淤泥、泥炭、软土、盐渍土及各种溶穴、水井、池塘均应妥善处置,对历史文物、自然保护区应妥善保护。路基施工范围内的树木、灌木丛等应予清除、运走。原地面的表土(100~300mm)、腐殖土、草皮、农作物根系应按设计要求的深度和范围清除。路基填土之前,应将路基范围内的树墩、竹根、树根全部挖除,场地清除仅在填方范围(坡脚之外 50cm 为界)进行。一般耕地的清除范围为 0.20~0.30m,池塘的清除范围为 0.80~1.00m,在相应的项目中支付,对再深的及其他特别处理如软基等另外计量支付。

施工场地清理的计量应按现场实地测量，按平面投影面积以平方米计量。现场清理路基范围内的所有垃圾、灌木、竹林及胸径（离地面 1.3m 高处的直径）小于 100mm 的树木、石头、废料、草皮的铲除与开挖，取（借）土场的场地清理与拆除（包括临时工程）均应列入土石方工程的综合单价之内，不另行计量。

对于使用爆破法开挖的路段，应先查明空中缆线、地下管线的平面位置、埋置深度或高度。

挖除旧路面应按不同结构类型以平方米计量；拆除原有公路结构物应分别按结构物的类型：钢筋混凝土结构、混凝土结构、砖石及其他砌体以立方米计量；标志、标牌以座计量，包含基础、立柱等的拆除、搬移；拆除隔离栅以米计量；拆除金属构件以构件质量计量。

六、拆迁

公路用地范围及其附近因施工影响的既有房屋、道路、河沟、水利设施、通信及电力设施、上下水管道、坟墓及其他建筑物应拆除、迁移或加固。对地下构筑物应以不影响新结构物为原则，按设计要求的深度、厚度、宽度予以拆除。该项工作一般由地方或有关单位及施工单位承担。拆迁工作由施工单位负责完成的，按其所完成的工程量，依建筑安装工程的定额及有关规定予以计量及支付（赔偿费除外）；拆迁工作由业主负责完成的，其费用在工程建设其他费用中开支。

七、驻地建设

承包人驻地建设是指承包人为了工程的有效实施和管理，应结合所承包的工程规模及工期要求等因素，自行选址建设、管理和维护所必需的生活和生产用的临时建筑物、构筑物，如办公室、宿舍、食堂、试验室、仓库、工棚、储料场等房屋及其他临时设施等。

承包人驻地建设费用在设计阶段编制概、预算文件时，系包括在建筑安装工程费的其他工程费中的临时设施费中，不单独列出；在施工实施招标阶段，应依据《公路工程标准施工招标文件》（2009 年版）、《公路工程国际招标文件范本》及招标文件工程量清单 100 章总则中“承包人驻地建设”的相关规定及具体要求，并结合编制办法的有关规定进行取舍。

八、临时公用设施

临时公用设施指通信、供电、供水、污水及垃圾处理、取暖、防火、急救及医疗服务等内容。路基施工前，应做好通信、通电、通水等各项有关准备工作，以保证工程顺利开展。

第三节　路基土石方工程

一、挖方路基

1. 路堑开挖注意事项

（1）开挖土石方不得乱挖超挖。严禁掏洞取土。在不影响边坡稳定的情况下采用爆破施工时，应经过设计审批，一般禁止采用爆破法施工。石方爆破开挖应以光面爆破、预裂爆破技术为主。拉槽法开挖应自拉槽的两端首先起爆，形成数个临空面，然后采用深孔梯段爆破向拉槽中部推进,拉槽施工必须采用竖孔爆破方式,严禁采用平孔爆破方式。在距设计坡面线3~5m范围内,必须采用光面爆破。石质路堑靠近路床顶面时,宜使用密级小型排炮施工炮眼底高程宜低于设计高程10~15cm;石质路床有裂隙水时,应采用横向渗沟连通边沟下的主渗沟,横向渗沟宽不宜小于30cm,沟底流水坡度不宜小于1%。

(2)路堑开挖前应首先处理好排水,路床施工前应先开挖两侧排水边沟(纵坡不小于1%),及时将雨水排出路基外。根据断面的土层分布、地形条件、施工方法,以及土方的利用和废弃情况等综合考虑,力求做到运距短、占地少。

(3)注意边坡稳定,及时设置必要的支挡工程。开挖时必须按横断面自上而下,依照设计边坡逐层进行,防止因开挖不当导致塌方;在开挖至边坡线时,应预留30cm厚度以便刷坡;开挖至路床部位时,应尽快进行路床施工,如不能及时进行,应在路床顶面以上预留至少30cm厚的保护层,待路床施工前挖除;在地质不良拟设支挡构造物的地段,应考虑在分段开挖的同时,分段修建支挡构造物,以保证安全。

(4)有效地扩大工作面,以利提高生产效率,保证施工安全。

(5)开挖中应避免超挖。超挖数量不予计量及支付,路床面发生超挖,承包人还需自费回填并压实。

(6)开挖中,对适用的土、砂、石等材料,在经济合理的前提下,应尽量利用作混凝土集料、路面材料、填方填料及施工砌筑料等。路基开挖所产生的利用料,既不应随意丢弃,也不得重复计算利用料的开采费用。

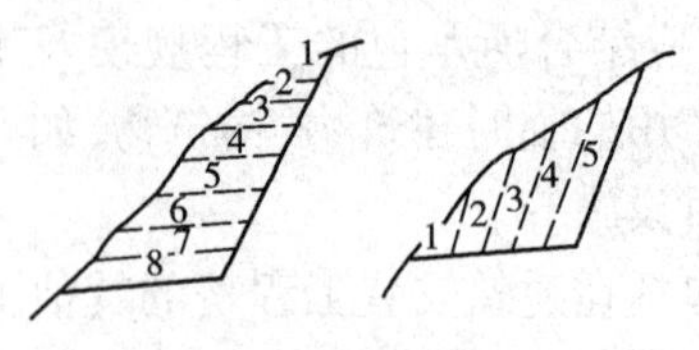

图4-7 分层纵挖法

2. 路堑开挖方案

路堑开挖方案的选择,应考虑当地地形条件、工程量大小、施工工期及能采用的机具等因素。此外,尚须考虑土层分布及其利用、废弃等情况。一般傍山开挖或半挖半填的路基,可采用分层纵挖法(图4-7)。路堑开挖可根据具体情况采用横挖、纵挖法或混合式开挖法,如图4-8所示。

(1)横挖法

从路堑的一端或两端按横断面全宽向前开挖,称为横挖法,适用于短而深的路堑。当路堑深度不深时,可以一次挖到设计高程,称单层横挖法[图4-9a)];路堑较深时,可分成几个台阶进行开挖,称分层横挖法[图4-9b)]。分层开挖的台阶高度应视施工操作的方便和安全施工而定,用人力开挖一般宜为1.5~2m,用机械开挖每层台阶高度可增加到3~4m。

图4-8 路堑开挖

(2)纵挖法

纵向开挖可分为分段纵挖法、分层纵挖法和通道纵挖法。

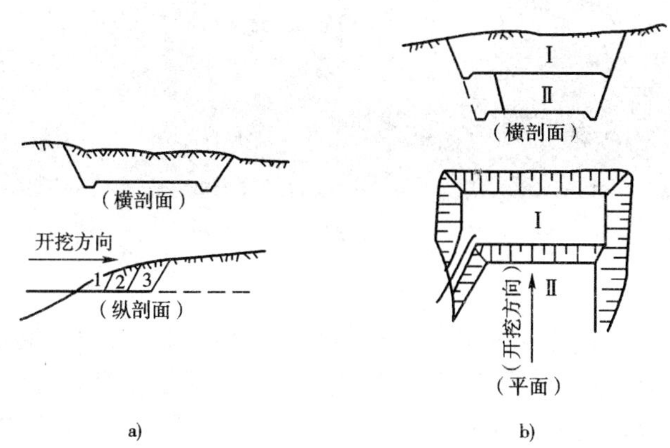

图 4-9　横挖法

a）单层横挖法；b）分层横挖法

分段纵挖法适用于路堑较长且运距过远，但一侧堑壁有条件挖穿（俗称开马口），把长路堑分成几段同时开挖的路段[图 4-10a）]。

分层纵挖法是沿线路全宽，以深度不大的纵向分层开挖，开挖顺序如图 4-10b）所示。

通道纵挖法是先沿纵向挖出通道，然后开挖两旁，如路堑较深，可分几次进行。在路幅较宽、开挖面较大的重点土石方工程量集中地段，这是加快施工进度的有效开挖方法，如图 4-10c）所示。

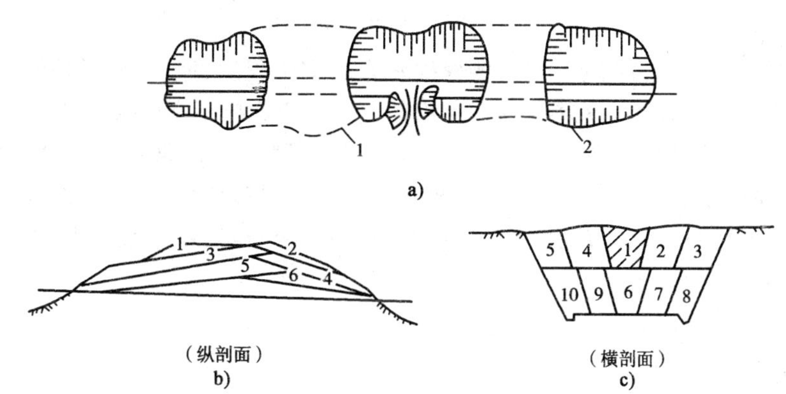

图 4-10　纵挖法

a）分段纵挖法；b）分层纵挖法；c）通道纵挖法

（3）混合式开挖法

混合式开挖法是将横挖法、通道纵挖法混合使用，即先顺路堑方向挖通通道，然后沿横向坡面挖掘，以增加开挖坡面。在较大的挖方地段，还可沿横向再开劈工作面。

3. 土方机械作业

土方挖掘及运输作业中，应视工程具体情况选备适宜的挖掘机械、装运机械、平整机械和压实机械，最大限度地发挥机械施工的效率和功能，如图 4-11 所示。

图4-11 土方挖掘及运输机械

4. 石方开挖

路基石方除软石的松软部分可用大功率推土机松动,或人力使用撬棍、十字镐、大锤松动开挖外,软石的紧密部分及次坚石、坚石通常采用爆破法开挖。有条件时宜采用松土法开挖,局部情况亦可采用破碎法开挖。松土法及破碎法均属于非爆破开挖石方的施工方式。

(1)爆破法(图4-12)

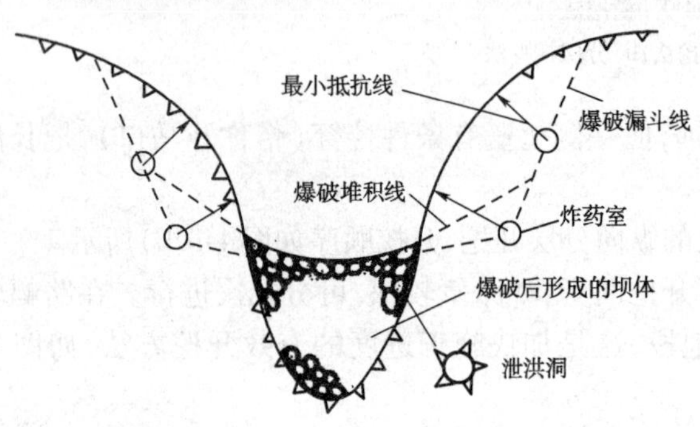

图4-12 爆破法施工

开挖路基石方所采用的爆破方法,要根据石方的集中程度、地质、地形条件及路基断面形状等具体情况而定,一般可分为小炮和洞室炮两大类。小炮指钢钎炮、葫芦炮、猫洞炮等;洞室炮则随药包性质、断面形状和地形的变化而不同。炸药用量在1 000kg以上为大炮,以下为中小炮。承包人应根据地形、地质、开挖断面及施工机械配置等情况,采用能保证边坡稳定的施工方法,应以小型及松动爆破为主,不允许过量爆破,未经批准,不得采用大、中型爆破。石方爆破方法主要有:

①浅孔爆破(钢钎炮)

浅孔爆破又称钢钎炮,炮孔直径小于75mm,深度不超过5m。浅孔爆破操作简便,对设计边坡外的岩体震动损害小。

②深孔爆破

深孔爆破是指孔径大于75mm,深度5m以上的爆破,其炮孔多采用冲击式钻机和潜孔钻机打成,配合挖运机械,可实现石方施工机械化,可以成为高速施工的一个发展途径。

③光面爆破和预裂爆破

光面爆破是在开挖界限的周边,适当排列一定间隔的炮孔,在有侧向临空面的情况下,用控制抵抗线和药量的方法进行爆破,使之形成一个光滑平整的边坡面。预裂爆破是在开挖界限处按适当间隔排列炮孔,在没有侧向临空面和最小抵抗线的情况下,用控制炸药用量的方法,预先炸出一条裂缝,使拟爆体与山体分开,作为隔震减震带,以保护开挖界限以外的山体或建筑物,减弱爆体爆破造成的破坏作用。

④微差爆破

相邻药包或前后排药包以毫秒的时间间隔(一般15~75ms)依次起爆,称微差爆破,亦称毫秒爆破。

⑤药壶炮(葫芦炮)

药壶炮又称葫芦炮,是指将炮眼底部扩大成葫芦形,以便将炸药基本集中埋置于炮眼底部的扩大部分,以提高爆破效果的一种炮型。

⑥猫洞炮

猫洞炮是将集中药包直接放入直径为0.2~0.5m、炮眼深2~6m的水平或略有倾斜的炮洞中进行爆破的一种炮型。

⑦洞室炮(药室法)

洞室炮又称大爆破施工,是采用导洞和药室装药,用药量在1 000kg以上的爆破。

(2)松土法

开挖岩石除了采用爆破法之外,松土法也越来越被广泛采用。松土法是充分利用岩体自身存在的各种裂面和结构面,用推土机牵引的松土器将岩体翻碎,再用推土机或装载机与自卸汽车配合,将翻松的岩块搬运出去。

非爆破法开挖路基石方的施工方式,除松土法作业外,还有破碎法开挖。这种方法是用破碎机凿碎岩块,凿子装在推土机或挖掘机上,利用活塞的冲击作用,使凿子产生冲击力,因此其破碎岩块的能力取决于活塞的大小。

二、填方路基

1.路基填料

(1)路基土分类

土的分类方法很多,目的不同,方法各异,有地质分类、工程分类等。根据现行《公路土工试验规程》规定,按土的粒径分为巨粒组、粗粒组和细粒组。巨粒组包括漂石(块石)、卵石(碎石);粗粒组包括砾石(粗、中、细)、砂(粗、中、细);细粒组包括粉粒、黏粒。

公路土的工程分类为巨粒土、粗粒土、细粒土和特殊土,分类总体系如表4-6所示。

路基土分类体系 表4-6

土　类	土　名
巨粒土	漂石土、卵石土
粗粒土	砾类土、砂类土
细粒土	粉质土、黏质土、有机质土
特殊土	黄土、膨胀土、红黏土、盐渍土、冻土

(2)土石分类

为安排施工及土石方工程计价,常按土石开挖难易程度进行分级。现行公路工程定额采用六级分类,一般土木工程采用十六级分类。公路工程定额土石分类与十六级分类对应关系见表4-7。

公路土、石分类对照　　表 4-7

公路工程定额分类	松土	普通土	硬土	软石	次坚石	坚石
十六级分类	Ⅰ~Ⅱ	Ⅲ	Ⅳ	Ⅴ~Ⅵ	Ⅶ~Ⅸ	Ⅹ~ⅩⅥ

公路工程定额分类及十六级分类“开挖难易程度”的开挖方法是针对常规人力施工及爆破作业而言。随着我国公路工程机械化施工水平的提高,开挖难易程度的概念随之发生变化。交通运输部发布的《公路工程标准施工招标文件》(2009 年版)对土石划分的规定为:“在公路路基土石挖方中用不小于 112.5kW(150 匹马力)推土机单齿松动器无法松动,须用爆破或用钢楔大锤或用气钻方法开挖的,以及体积大于或等于 $1m^3$ 的孤石为石方,余为土方。”

按照《公路工程标准施工招标文件》(2009 年版)的规定,显然,公路工程定额中的软石(Ⅴ~Ⅵ类)是有可能被 112.5kW 推土机单齿松动器所松动的。这样,土方、石方的概念就将发生变化。因此,大型土、石方机械化程度提高后,土、石分类的主要因素是“爆破与否”,需要爆破的称石方,不需要爆破的称土方(包括带松土器的大型推土机先松动后推走的软石、破碎的石方在内,软石需要爆破的仍称为石方)。

(3)路基填料要求

一般的土和石都可用作路堤填料。卵石、碎石、砾石、粗砂等透水性良好的填料,只要分层填筑、压实,可以不控制含水率;用黏性土等透水性不良的填料,应在接近最佳含水率的情况下分层填筑与压实。高速公路、一级公路路基填料最大粒径,根据设计规范的要求,路床底面以下 40cm 范围内,填料最大粒径应小于 15cm,路床填料最大粒径应小于 10cm。

泥炭、淤泥、沼泽土、冻土、有机土、含草皮土、生活垃圾、树根和含有腐朽物质的土不得用作路堤填料。泥页岩、千枚岩等不宜用作路基填料。如果条件受限,须通过 CBR 等试验确定,并应填筑在原地面 1.5m 以上、路床顶面 1.5m 以下范围内,其上下周边应有完善的封闭措施,以防止雨水渗入。

液限大于 50%、塑性指数大于 26 的细粒土,透水性很差,且干时坚硬难挖、湿时具有较大的可塑性、黏结性和膨胀性,毛细现象显著,能长时间保持水分,承载能力很低,不得直接用作路基填料;如非用不可时,除要求在接近最佳含水率的情形下充分压实外,并应设置完善排水设施,也可采取改良土性的其他技术措施。

含水率超过规定的土,不得直接作为路基填料,需要应用时,必须采取满足设计要求的技术措施,经检查合格后方可使用。当采用细粒土填筑,CBR 值不满足规范要求时,宜掺用石灰、水泥、粉煤灰等无机结合料进行改良。

含盐量超过规定的强盐渍土和过盐渍土不能用作高等级公路路基填料;膨胀土除非表层用非膨胀土封闭,一般也不宜用作高等级公路路基填料。

工业废渣可用作路基填料,但应先进行试验及检验有害物质含量,以免污染环境。

2. 施工要求

(1)填料含水率控制

路基填土的压实应在接近最佳含水率的状态下进行。天然土通常接近最佳含水率,分层填铺后应及时进行碾压。路堤应水平分层填筑压实,用透水性不良的土填筑路堤时,应严格控制其含水率在最佳含水率 ±2% 以内。土的含水率过大时,应翻晒晾干至符合要求的含水率再整平压实。碾压前,应检测填料含水率。

达到最佳含水率所需要的加水量按下式计算:

$$V = (w_0 - w) \times \frac{Q}{1 + w} \tag{4-2}$$

式中:V——所需加水率(t);

w——天然土的含水率,以小数计;

w_0——最佳含水率,以小数计;

Q——需加水的土的质量(t)。

用公式计算出的加水量,如机械化加水施工时,尚应根据气候温度和运输远近情况,考虑水分自然蒸发因素适当加大水的用量。

路堤填料的加水或洒水费用应摊入填方单价中,包括洒水汽车吸水、运水、洒水、空回的费用。若吸水需交纳水费,水费也应摊入填方单价之中。

(2)路基超宽控制

填筑路堤时,为保证路基边缘有足够的压实度,一般在施工时需超出设计宽度填筑。采用机械碾压时,路堤每边加宽的填筑宽度视路堤填筑高度而定,通常在20~50cm,高速公路要求超宽压实宽度不小于0.5m。超填部分设计中已考虑,不再单独计量。

填筑路堤完成后是否清除加宽填筑部分,应结合路基稳定及环境美化等多种因素综合考虑。当保留加宽填筑部分更有利于路基稳定,对路容、环境、景观也无碍大局,利大于弊时,一般也可不予清除,但要求平顺、美观。

(3)填料摊铺

用开山土石混合料填筑路堤时,如土石易于分清时,宜分段填筑;如不易分清时,可混合填筑,不得乱抛乱填。分层填筑时,石块最大粒径应小于层厚的2/3。

土方路堤采用机械压实时,分层的最大松铺厚度可按机械压实吨位而定:高速公路、一级公路不应超过30cm;其他公路,按土质类别、压实机具功能、碾压遍数等,经过试验确定,但最大松铺厚度不宜超过50cm。填筑到路床顶面最后一层的最小压实厚度,不应小于10cm。

填石路堤的分层松铺厚度:不宜大于50cm,不均匀系数宜为15~20,填石路堤倾填前,路堤边坡坡脚应用粒径大于30cm的硬质石料码砌。当设计无规定时,填石路堤高度小于或等于6m时,其码砌厚度不应小于1m;当高度大于6m时,码砌厚度不应小于2m。边坡码砌石料强度不低于30MPa,最小边尺寸应大于30cm,块形规则。填石路基由于石块间空隙较大,故要求嵌紧,用重型机械碾压,否则很易下沉。

土石路堤不得采用倾填方法,均应分层填筑,分层压实,每层铺填厚度应根据压实机械类型和规格确定,不宜超过40 cm。土石混合料中,当石料含量超过70%时,为填石路堤,应先铺大块石料,且大面向下,摆放平稳,再铺小块石料、石渣或石屑嵌缝找平,然后碾压;当石料含量小于70%而大于30%时,土石可混合铺填,但应避免硬质石块(特别是尺寸大的硬质石块)集中;当石料含量小于30%时,为填土路堤。

填石路堤的路床顶面以下40cm范围内,填料最大粒径不大于15cm;其他公路填筑砂类土厚度为30cm,最大粒径不大于15cm。

实际施工中,沿线土质经常发生变化,应特别注意避免不同性质的土任意混填而造成路基病害,正确的填筑方式应满足下述要求:

①根据现行《公路路基施工技术规范》,同一水平层路基的全宽应采用同一种填料,不得混合填筑。各标段、各作业段之间填筑层衔接时,每层搭接长度不得小于 2m。

②性质不同的填料,应水平分层、分段填筑,分层压实。同一水平层路基的全宽应采用同一种填料,不得混合填筑。路堤施工应按路基横断面整幅填筑,禁止半幅施工。每种填料的填筑层压实后的连续厚度不宜小于 500mm。填筑路床顶最后一层时,压实厚度不应小于 100mm。

③潮湿式冻融敏感性小的填料应填筑在路基上层,强度较小的填料应填筑在下层。

④在透水性差的压实层上填筑透水性较好的填料前,应在其表面设 2% ~4% 的双向横坡,并采取相应的防水措施,不得由透水性较好的填料所填筑的路堤边坡上覆盖透水性不好的填料。

⑤地面自然横坡陡于 1:5 时或纵坡陡于 12% 时,应将原地面挖成台阶,台阶宽度应满足摊铺和压实设备的操作需要,且不得小于 2m,台阶顶一般做成向内并大于 4% 的内倾斜坡。砂类土上则不挖台阶,但应将原地面以下 200 ~300mm 的表土翻松。

(4)压实作业

实践证明,经过压实的土体,其塑性变形、渗透系数、毛细水作用及隔温性能等都有明显改善。压实工作的组织应以压实原理为依据,以尽可能小的压实功能获得良好的压实效果为目的。压实作业中应注意以下要点:

①压实机具应先轻后重,以便能适应逐渐增长的土基强度。

②碾压速度宜先慢后快,以免引起疏松土推挤拥起。

③压实机具的运行线路一般直线段应从路缘向路中心,以使形成路拱。弯道设有超高坡度时,由低一侧向高一侧碾压,以便形成单向超高坡度。碾压时,相邻轮迹(轮或印)应重叠 1/3左右(15 ~20cm),对振动压路机一般重叠 40 ~50cm,使各点都得到压实,避免土基产生不均匀沉陷。压路机的碾压行驶速度不得超过 4km/h。

④经常注意并检查土的含水率及压实度,并视需要采取相应措施。最佳含水率约控制在无塑性土的塑限含水率的 0.65 倍;塑性土可用相当于塑性限度的含水率。

⑤对于高速公路和一级公路零填挖路床顶面以下 0 ~800mm 范围内的压实度,不应小于 96%;对于二级公路,不应小于 95%;对于三、四级公路零填挖及挖方路床顶面以下 0 ~300mm 范围内的压实度,不应小于 94%,但当三、四级公路采用沥青混凝土或水泥混凝土路面时,其路床顶面以下 0 ~800mm 范围内的压实度不应小于 95%。

压实机具可分为静力式、夯击式和振动式三大类。不同的压实机具对不同土质的压实效果不同,如对砂性土以振动式机具效果最好,夯击式次之,碾压式较差;对黏性土则以碾压式和夯击式较好,而振动式较差,甚至无效。石灰土路基宜采用拖式振动碾压设备压实,如施工条件受限制,可采用自行式羊足碾。

此外,压实机具的单位压力不应超过土的强度极限,否则会引起土基破坏。选择压实机具时,还应考虑土的状态、层厚及对压实度的要求,当土的含水率小、土层厚、压实度要求高时,应选择重型机具;反之可选轻型机具,如图 4-13 所示。

a)

b)

图4-13 压实机具
a)冲击式压路机；b)自行式羊足碾

(5)台背回填

桥台台背、涵洞两侧及涵顶、挡土墙墙背的填筑，按结构形式不同，填筑时间皆有不同要求。由于场地狭窄，又要保证不损坏构造物，填筑比较困难，而且容易积水。若填筑不良，填土与构造物连接处往往出现沉降差，影响行车舒适与安全，甚至影响构造物的稳定及其安全。所以桥梁台背回填的强度和刚度应低于桥台而高于路基，即近年来提出的桥台—台背回填—路基的“刚柔过渡”理念。刚柔过渡可采用高强硬质透水材料回填台背，也可采用在台背范围打设刚性或半刚性桩。台背回填施工步骤如下：

①填料

除设计文件另有规定外，一般应选用砾石土或砂性土，特别应注意不要将构造物挖基的劣质土混入填料。当采用非透水性土时，应在土中增加外掺剂如石灰、水泥等。

②填筑

桥涵填土的范围：台背填土顺路线方向长度，顶部为距翼墙尾端不少于台高加2m；底部距基础内缘不少于2m；拱桥台背填土长度不应少于台高的3～4倍；涵洞填土每侧不应少于2倍孔径长度。

桥台背后填土应与锥坡填土同时进行。涵洞、管道缺口填土，应在两侧对称均匀分层回填压实；涵顶填土的松铺厚度应符合规定，涵顶填土未达到能允许重型车辆或施工机械通行条件时，应严格禁止这些车辆或机械通行，涵顶面填土压实厚度大于50cm时，方可通过重型机械和汽车；挡墙填料宜选用砾石土或砂类土，墙趾部分的基坑，应及时回填压实，并做成向外倾斜的横坡，整个回填结束后，顶部应及时封闭。

③排水

在施工中要避免雨水流入，对已有的积水应挖沟引出或用水泵排出。地下水可设盲沟引出。当不得不用非渗水土填筑时，应在其上设横向盲沟或用黏土等不透水材料封顶。挡土墙墙背应做好反滤层，使挡土墙墙背后的渗水能从泄水孔顺利流出。

④压实

填土应在接近最佳含水率状态下分层压实或夯实，每层松铺厚度不宜超过20cm，当采用小型夯具时，一级以上的公路松铺厚度不宜大于15cm。为保证压实质量，条件许可时仍应尽量采用大型压实机械。场地狭窄及邻近构造物边缘及涵顶50cm内，应用小型压实机械分层压实或夯实。夯压遍数应通过试验确定,以达到规定的压实度要求为准。适用于“三背”填土压实(或夯实)的小型机械有蛙式打夯机、内燃打夯机、手扶式振动压路机、振动平板夯等。

⑤打沉管挤密桩或半刚性桩

若桥台较高,则可采用在台背打沉管挤密桩或半刚性桩的“刚柔过渡”方法。其回填土可为一般黏土。台背回填压实后,在桥头搭板端部位置路基中打沉管挤密桩或半刚性桩,桩顶浇筑枕梁,枕梁上浇筑桥头搭板。对于高于6m的台背该方法比回填法造价低,质量更可靠,消除桥头跳车的效果非常明显。

(6)基底及零填挖路床处理

①基底处理

填方路堤施工前的原地面,除应按有关规定进行清理外,对其基底,还应按下列规定办理:

a. 应做好原地面临时排水设施,并与永久排水设施相结合。排走的雨水不得流入农田、耕地;亦不得引起水沟淤积和路基冲刷。

b. 路基填筑范围内,原地面的坑、洞、墓穴等,应用原地的土或砂性土回填,并按规定压实。对所有指定为可利用的材料,应有序堆置于指定区域。

c. 路堤基底为耕地或松土时,应先清除有机土、种植土,清除深度应符合设计要求,一般不小于15cm,基底清理后应按规定要求压实。在深耕地段,必要时应将松土翻挖、打碎,再整平、压实。

d. 路基基底原状土的强度不符合要求时应进行换填,换填深度应不小于30cm,并应按照规定要求予以分层压实。高填方路堤应优先采用强度高、水稳性好的材料。对填土高度大于8m的路基,应采用强夯、碎石层等方法加强地基处理,施工过程进行沉降观测。

e. 路基经过水田、池塘、洼地时,应根据情况采用排水疏干,换填稳定性好的土或抛石挤淤、打沙桩、铺垫砂砾石、碎石等处理措施,确保填方基底具有一定的强度和稳定性。

f. 路堤填筑时,应从最低处起分层填筑,逐层压实,每层上料前应用灰线打出方格网,并严格按方格网规定的数量上料,以控制松铺厚度;当原地面纵坡大于12%或横坡陡于1:5时,应按设计要求挖台阶,或设置坡度向内并大于4%,宽度大于2m的台阶。

基底处理中属于场地清理内容的划入准备工作项下计价,属于工程措施的划入排水设施或软基处治项下计价。基底处理中的挖台阶、耕地填前夯(压)实及填前挖松、翻压摊入填方工程单价中。

②零填及挖方路床处理

零填及挖方地段和下路床底面以下0~80cm的原地面天然密实度若达不到路基压实度的要求时,应将原地面翻挖压实,使其压实度达到要求。零填挖路床面若位于特殊土路基上时,且翻挖、晾晒等处理后仍不能降低含水率,压实度难于达到设计要求时,则应采取换填透水性良好的土等技术措施。

零填及挖方地段路床的处理一般不单独计量,挖方路段路床处理费用应摊入挖方单价中,零填挖路段路床处理费用应摊入填方单价中。当路床需采取换填、掺灰等技术措施进行处理时,则需单独计量。

在设计阶段编制概、预算时，路床翻挖、压实一般按翻挖面积以 m^2 为单位计价。若需采取换填等技术措施，则宜改按换填体积以 m^3 为单位计价，计价中包括原土外运及换填好土的挖、装、运、铺、压等作业费用。

三、取土坑、弃土堆、护坡道及碎落台

1. 取土坑

取土坑应有正确形状，以保证排水。

取土坑的开挖费用应摊入填方计价。利用取土坑作蒸发池时，其技术要求应在取土坑设计中予以考虑。

2. 弃土堆

弃土堆应堆成规则形状，其边坡不应陡于1:1.5，顶面应做成向外倾斜的单向横坡，坡度不小于2%。弃土堆高度不宜高于3m。路堑旁的弃土堆，其内侧坡脚与路堑坡顶之间的距离，对于干硬土不应小于3m，对于湿软土不应小于路堑深5m。弃土堆呈带状沿路堆位置时，上坡方面应连续而不中断，并在弃土堆前设置截水沟；在下坡方面应每隔50～100m设不小于1m宽的缺口，以利排水。当沿河弃土时，不得阻塞河流、挤压桥孔或造成河岸冲刷。堆放弃土不得干扰正常交通，并应防止对灌溉沟渠及天然水流的污染和淤塞，任何因弃土污染和淤塞而造成的损失，承包人应自费进行处治。

弃土堆的堆置费用（包括装卸、运输费用在内）应摊入挖方单价。废弃土堆单独设计的截水、排水及支挡设施可按规定在排水工程项下计入。

3. 护坡道

为保证路基稳定，当路基边缘与取土坑底之高差大于2m时，一般应根据填土高度、土质及水文情况等，设置宽1～2m的护坡道。护坡道不单独计量与支付。

4. 碎落台

在易风化岩石、粗砂、中砂、黄土和其他不良土质的路堑中，应视边坡高度和土的性质设置一般不小于1m宽的碎落台，并做成向路倾斜2%的单向横坡，如边坡较低或已适当加固时，可不设碎落台。碎落台不单独计量与支付，其开挖费用在挖方中计入。

5. 路基整修

路基土石方工程基本完成后，应进行路基整修（或整型）工作，将合乎质量要求的路基移交路面施工。路基整修（或整型）工作的费用应摊入路基土石方作业的相关填挖方工程单价内，不单独计量与支付。

四、检测与验收

1. 路基压实度

路堤、路床及路堤基底均应进行压实。压实质量以压实度 K 表示，即工地干密度 r 与最大干密度 r_0 之比。即：

$$K = \frac{r}{r_0} \tag{4-3}$$

土质路堤（含土石路堤）的压实度应不低于表4-8的标准。

路基压实度标准 表4-8

填挖类别	路床顶面以下深度(m)	路基压实度(%)		
		高速公路、一级公路	二级公路	三级公路、四级公路
零填及挖方	0~0.30	—	—	≥94
	0.30~0.80	≥96	≥95	—
填方	0~0.80	≥96	≥95	≥94
	0.80~1.50	≥94	≥94	≥93
	>1.50	≥93	≥92	≥90

注:1. 表列数值以重型击实试验法为准;

2. 特殊气候地区的路基压实度,在保证路基强度要求的前提下,根据试验路的状况表列数值可适当降低;

3. 三、四级公路铺筑沥青混凝土或水泥混凝土路面时,其路基压实度应采用二级公路标准。

压实度的评定以一个工班完成的路段压实层为检验评定单元比较恰当。检验评定段的压实度 K 按下式计算,若 $K \geqslant$ 标准值 K_0,则为合格。

$$K = \overline{K} - \frac{t \times s}{\sqrt{n}} \tag{4-4}$$

式中:$\overline{K}$——检验评定段内压实度算术均值;

t——分布表中随自由度和保证率而变的系数;

s——均方差;

n——检验点数,不应少于8~10点。

2. 路基弯沉测试

路基或路面在荷载作用下应产生竖向永久变形,在荷载作用后弹性变形会恢复,能够恢复的那部分变形量就是弯沉。它是直接反映路面强度的一个重要指标。

五、工程量计算

1. 挖方

按照《公路工程标准施工招标文件》(2009年版)工程量清单的规定,路基挖方按路线中线长度乘以核定的断面面积,以开挖天然密实体积计算,按表4-9所列名称及单位进行计量与支付。

路基挖方工程计量 表4-9

名称		单位	名称		单位
1	挖土方	m^3	3	挖除非适用材料(包括淤泥)	m^3
2	挖石方	m^3			

施工招标文件规定,开挖土方及石方的单价中包括开挖、运输(含利用方及废方)、堆放、分理填料、装卸、弃方和剩余材料的处理,以及路基边坡、边沟(指无铺砌的边沟)、路床的整型、碾压(含挖方路床面以下30cm范围内的翻松)等相关作业的费用。不同的施工方式(如人力施工或机械施工,爆破法或松动法等)应在单价分析中综合考虑。

2. 填方

(1)路基横断面设计图所显示的挖填方工程量,一般称为"断面方"。断面方中包含填方与挖方,填方系按压实后的体积计算,称“压实方”;挖方是按天然密实体积计算,称“天然密实方”。实践表明,天然密实的 $1m^3$ 土体开挖运来填筑路堤,并不等于 $1m^3$ 的压实方。公路工程定额规定:当以填方压实体积为工程量,采用天然密实方为计量单位的定额时,所采用定额应乘以调整系数。由于调整系数的采用,应在路基土石方工程数量的计算及填挖平衡调运过程中充分注意和考虑,不应简单地只按断面方进行调配。天然密实方定额折算为压实方定额的调整系数见表 4-10。

调 整 系 数 表 4-10

公路等级	土方				石方
	松土	普通土	硬土	运输	
二级及以上等级公路	1.23	1.16	1.09	—	0.92
三、四级公路	1.11	1.05	1.00	—	0.84

填筑路堤的土石方数量,应以横断面地面线为基础,按不同来源计价。计价土石方的数量必须通过土石方调配后来确定。其土石方数量关系如下(设计中的填挖数量已考虑松方系数):

设计断面方数量 = 挖方(天然密实方)数量 + 填方(压实方)数量

计价方数量 = 挖方(天然密实方)数量 + 借方(压实方)数量

借方(压实方)数量 = 填方(压实方)数量 - 利用方(压实方)数量

弃方 = 挖方(天然密实方)数量 - 利用方(天然密实)数量

(2)因特殊路基处理的路基填筑改为砂垫层或砂砾垫层等,不应重计相应填土方工程量。

(3)利用土、石填方及土石混合填料的填方,按压实的体积,以 m^3 计量。计价中包括挖台阶、摊平、压实、整型等一切与此有关的作业费用。其开挖、运输作业在路基挖方中计量。承包人不得因为土石混填的工艺、压实标准及检测方法的变化而要求增加额外的费用。

(4)借土填方,按压实的体积,以 m^3 计量。计价中包括借土场(取土坑)中非适用材料的挖除、弃运及借土场的资源使用费、场地清理、地貌恢复、施工便道、便桥的修建与养护、临时排水与防护等和填方材料的开挖、运输、挖台阶、摊平、压实、整型等一切与此有关作业的费用。

(5)粉煤灰路堤按压实体积,以 m^3 计量,计价中包括材料储运(含储灰厂建设)、摊铺、晾晒、土质护坡、压实、整型以及试验路段施工等一切与此有关的作业费用。

(6)结构物台背回填按压实体积,分不同填料以 m^3 计量,计价中包括挖运、拌和、摊平、压实、整型等一切与此有关的作业费用。

(7)锥坡及台前溜坡填土以 m^3 计量。

(8)换填土、换填砂砾或碎石按压实体积以 m^3 计量,计价中包括表面不良土的翻挖、运弃(不计运距)、填料的挖运(或购置)、拌和、摊平、压实、整型等一切与此有关的作业费用。

(9)填砂路基应以横断面地面线为基础按压实体积以 m^3 计量,计价中包括填料(含包边、封层土)的购置、挖运、拌和、摊平、压实、整型等一切与此有关的作业费用。

(10)利用隧道弃渣填筑按压实的体积,以 m^3 计量。计价中包括运输、摊平、压实、整型等一切与此有关的作业的费用。其开挖作业在隧道洞身开挖中计量。承包人不得因为土石混填的工艺、压实标准及检测方法的变化而要求增加额外的费用。

(11)临时排水以及超出图纸要求以外的超填,均不计量。

第四节 排 水 工 程

一、基本要求

水是危害公路的主要自然因素。路基沉陷、冲刷、坍塌、翻浆,沥青路面松散、剥落、龟裂,水泥混凝土路面唧泥、错台、断裂等病害,均不同程度地与地面水和地下水的侵蚀有关。

路基排水系统的设置,是为将可能危害路基稳定的地面水和地下水采用适当的排水设施,使水迅速排出路基范围之外。应注意与农灌沟渠的关系,防止冲毁农田或其他农田水利设施,如图4-14所示。

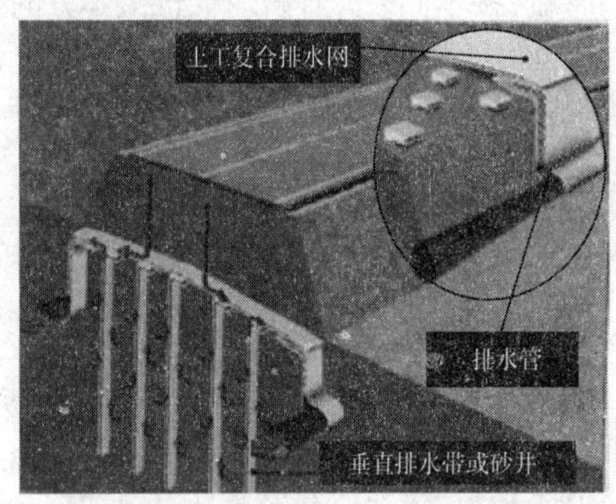

图4-14 排水构造图

路基排水分排地面水和地下水两大类,排除地面水一般可采用边沟、截水沟、排水沟、跌水、急流槽及拦水带等设施;排除地下水一般可采用明沟、暗沟、渗沟等设施。

二、地表排水设施

1. 边沟

边沟设于路基挖方地段和高度小于边沟深度的填方地段。边沟排水应引入桥、涵或路基以外的沟谷,其结合部应妥善设计,以使边沟水流顺畅排走,如图4-15a)所示。

无铺砌的边沟其开挖工程量包含在路基挖方中计量与支付;有铺砌的边沟计价时,包括沟槽土石开挖(指砌体所占部分)、整型、夯实、废方弃运,铺砌材料的采备、供应、加工、运输,砌体砌筑,混凝土现浇或预制、安装、养生等作业的费用(一切与此有关作业的价款,下同)。

2. 截水沟及排水沟

当路基挖方上侧山坡汇水面积较大时,应于挖方坡顶5m以外设置截水沟。图4-15b)所示为边沟与排水沟相接位置。

边沟、截水沟、取土坑或路基附近的积水,均可采用排水沟排至桥涵或路基以外的洼地或天然河沟。排水沟距路基坡脚不宜小于2m。高速公路取土场边缘与路基的距离原则上应不小于30m。

截水沟长度一般不宜超过500m，超过500m时应设置出水口，将水引入河沟，其平、纵转角处应设曲线连接，其沟底纵坡应不小于0.3%。当流速大于土壤容许冲刷的流速时，应对沟面采取加固措施或设法减小沟底纵坡。

a)

b)

图4-15　梯形边沟图

a)梯形边沟；b)边沟与排水沟相接

无铺砌的截水沟、排水沟按其开挖土石方的工程量计价，包括沟槽开挖、整型、夯实、废方弃运等作业费用。有铺砌或加固沟面的截水沟、排水沟，按加固或铺砌类型的圬工工程量计价。计价中，应包含沟槽开挖的土石方工程量。

边沟、截水沟、排水沟的计量单位，《公路工程标准施工招标文件》(2009年版)中规定按长度m计量。实际工作中，由于沟道尺寸难于定型，加固类别的选择范围又较广泛，计量单位仍以体积m^3计较为方便。

3. 跌水与急流槽

跌水与急流槽设于水沟通过陡坡地段，一般采用砌石或混凝土结构，出水口应注意防止冲刷，一般应设置跌水井等消能设施。图4-16为急流槽。

图4-16　急流槽图

跌水与急流槽的计价应包括消力池、消力槛、抗滑平台等附属设施。其计量与支付的内容与有铺砌或加固的边沟、截水沟、排水沟大体相同。

4. 蒸发池

在气候干燥且排水困难地段，可设置蒸发池。取土坑作蒸发池时，其与路基边沟距离不应小于5m，面积较大的蒸发池应不小于20m。高速公路蒸发池距离路基原则上应不小于30m，且必须设置梳形盖板。

5. 油水分离池

污水进入油水分离池前应先通过隔栅和沉砂池处理，且不得由于设置油水分离池而污染当地生态环境。

三、地下排水设施

1. 明沟、暗沟、排水槽、暗管

当地下水位高,潜水层埋藏不深时,可采用明沟或排水槽,截流地下水或降低地下水位,明沟或排水槽必须深入到潜水层。

为排除泉水或地下集中水流,可采用暗沟(图4-17)或暗管。高等级公路的中央分隔带也需要采用纵向、横向的暗沟及暗管将集水排除路基之外。

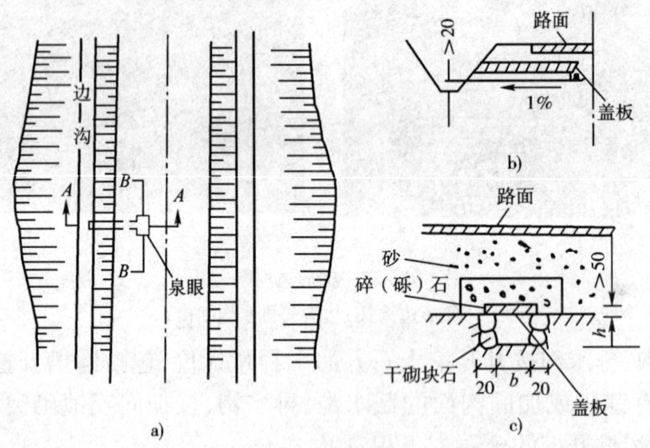

图4-17 暗沟布置及构造(尺寸单位:cm)

明沟、暗沟、排水槽、暗管的计价,一般按构筑物的体积以 m^3 为单位计量与支付,计价内容包括沟槽开挖及砌筑、浇筑或预制、安装等作业的费用。

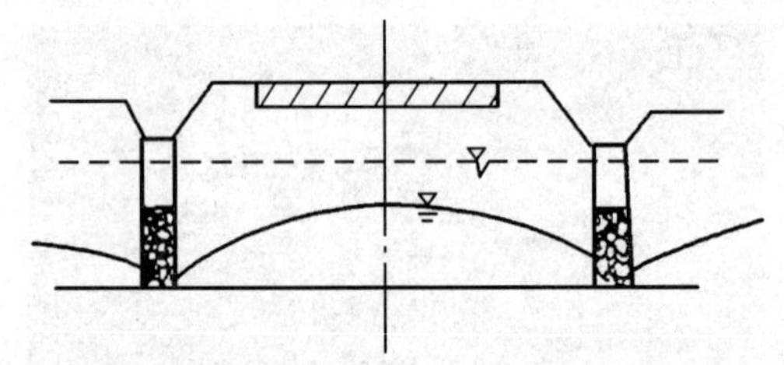

图4-18 设在边沟下的渗沟

2. 渗沟、渗井

为降低地下水或拦截地下含水层中的水流可设置渗沟。渗沟是常见的地下排水沟渠,可视地下水流情况纵、横向设置(图4-18、图4-19、图4-20)。

渗沟与暗沟在构造上差异不大,但其作用则大不相同。渗沟按排水层的构造形式,可分为盲沟式渗沟、管式渗沟及洞式渗沟三类(图4-21)。盲沟一般设在流量不大,渗沟长度不长的地段,排水层采用粒径较大的碎石、砾石填充。

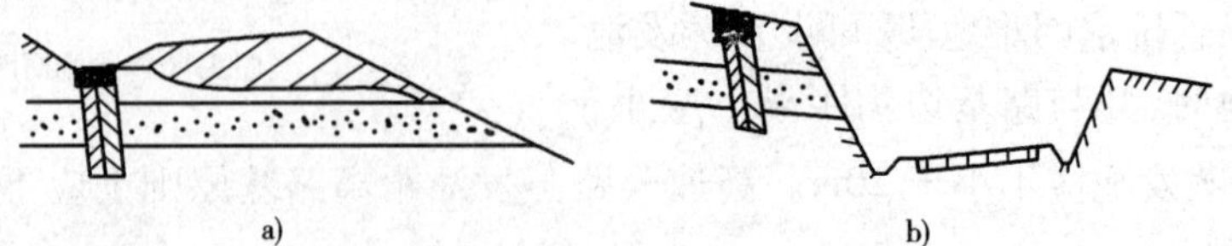

图4-19 拦截山坡储水层向路基的渗沟

a)路堤上方的渗沟;b)路堑边坡上方的渗沟

渗井构造如图4-22所示。

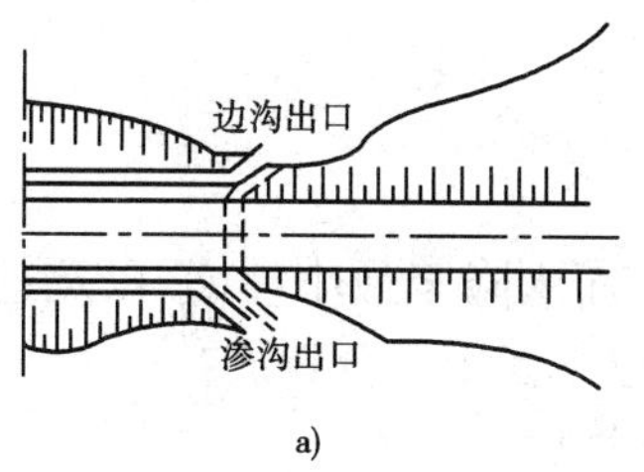

a)

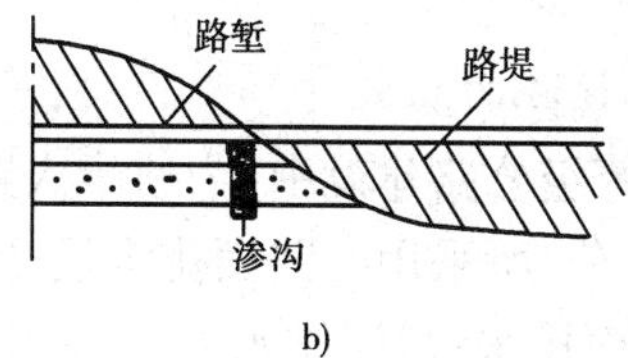

b)

图 4-20 拦截路堑层间水的渗沟

a)平视图;b)侧视图

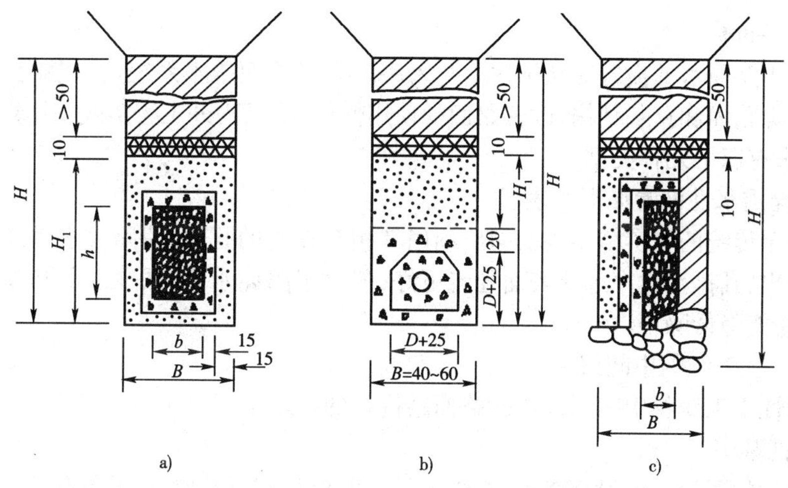

图 4-21 渗沟构造图(尺寸单位:cm)

a)盲沟式;b)管式;c)洞式

渗沟及渗井的计价,《公路工程标准施工招标文件》(2009年版)中规定按修建长度以 m 为单位计量。但由于渗沟的设计尺寸不尽相同,其封闭层、反滤层、填充层的材料变化因素又较多,按长度计量难度较大。实际工作中多按结构类型的不同,按渗沟、渗井的体积以 m^3 为单位计量。不论取定何种计量单位,计价时均应包括沟槽的开挖、整型、夯实、废方弃运、回填压实,材料的采备、供应、加工、运输、沟道或管道的铺设、安装,土工布、反滤层的设置等作业的费用。

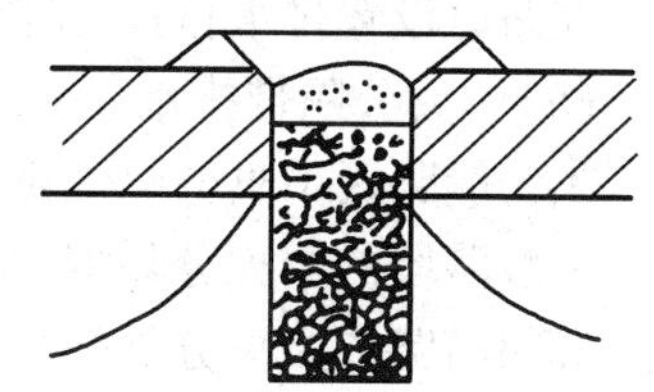

图 4-22 渗井构造图

3. 隔离层

当地下水位高,路线纵面设计难于满足最小填土高度时,可在路基内设置隔离层。隔离层由透水材料或不透水材料筑成。隔离层应设在最高地下水位之上,同时应高出边沟水位0.2m;隔离层至路基边缘的高度视公路等级而定,一般为0.45~0.70m。

隔离层按铺筑类型的不同,可按面积 m^2(如铺土工布)或体积 m^3(如碎石、砾石垫层)计价。

四、路面排水设施

1.路面排水设施的组成

当前,在高等级公路建设中,为使渗入路面的表面水降至最小程度,以及迅速地排除进入路面结构内的水分,所采用的路面排水设施主要由以下四个部分组成:

(1)路面表面排水:漫流排水方式、集中排水方式;

(2)中央分隔带排水;

(3)路面结构内部排水;

(4)桥面铺装体系排水。

2.路面排水措施

防止和减少路面水的损害应从结构本身入手。设置路面排水系统,将积滞在路面结构内的水分迅速排除路面和路基结构,改善路面的使用性能,是国内外工程实践中用得较多的一项措施,综合起来有以下几种类型:

(1)开级配透水性沥青混凝土表层

这种不同于传统的密实型结构的面层利用其相互连通的孔隙,使路表水迅速下渗并在路面结构层内排出,其排水效率远比表面径流更好;消除了路面水膜,减少水漂和喷雾并缓解镜面反射,另外还能降低噪声。

(2)排水性土工织物中间层

设置排水性土工织物中间层以排除路面结构内的积水。

(3)透水性基层

在低渗透性的面层下铺设高渗透性、强度足够的处治碎石基层,迅速排除渗入水是路面结构排水系统的一个很好的发展方向。

(4)路面边缘排水系统

在路肩设置排水盲沟,排除路面结构中渗流到路面边缘的水。

(5)中央分隔带排水

①一般路段中央分隔带排水

一般路段的中央分隔带,其排水系统的主要作用是排除中央分隔带范围内的表面渗水。

②超高路段中央分隔带排水

高等级公路超高路段不允许上侧半幅路面的表面水横向漫流过下侧半幅路面。因此,超高路段的中央分隔带,除应具有一般路段中央分隔带应具有的一切功能和构造要求外,尚应设置明沟拦截上侧半幅路面漫流过来的表面水。

五、工程量计算

排水设施根据其结构的不同,按不同的方法进行工程量计算。对于浆砌片石、现浇混凝土、预制块、钢筋混凝土等材料建造的边沟、截水沟、急流槽,一般按圬工或钢筋混凝土的体积计算。其他的则根据设计图按长度计算,如蝶形沟、暗埋式边沟、PVC 管急流槽、路堑坡体排水、盲沟等。具有排水能力的路面结构(如开级配透水性沥青混凝土、透水基层)则在路面工程中计量。

第五节 防护与加固工程

公路路基在水流、波浪、雨水、风力及冰冻等自然因素影响下,可能导致边坡坍塌、路基损坏等病害。

路基防护与加固工程,按其作用不同,可以分为坡面防护、冲刷防护和支挡构造物三大类。一般把防止冲刷和风化,主要起隔离作用的措施称为防护工程;把防止路基或山体因重力作用而坍滑,主要起支承作用的支挡结构物称为加固工程。

一、坡面防护

坡面防护主要是用以防护易于冲蚀的土质边坡和易于风化的岩石边坡,应根据边坡的土质、岩性、水文地质条件、坡度、高度及当地材料,采取相应防护措施。坡面防护包括植物防护和工程防护。防护工程应按照“安全稳定、植物防护为主、圬工防护为辅”的原则实施。

1.植物防护

植物防护是一种施工简单、费用不高、效果较好的坡面防护措施,如图 4-23 所示。

图 4-23 植物防护

坡面绿化新技术有:客土喷播技术和厚层基材边坡绿化技术等。客土喷播是以团粒剂使客土形成团粒化结构,加筋纤维在其中起到类似植物根茎的网络加筋作用,从而造就有一定厚度的具有耐雨水、风侵蚀,牢固透气,与自然表土相类似或更优的多孔稳定土壤结构。可用于岩石、砂粒等无土表面或无有机质土壤表面的绿化喷播。

TBS 厚层基材边坡绿化技术是指运用专用喷射设备将含有植物种子的有机种植基材喷射到坡面,使坡面迅速恢复自然植被的一种边坡生态防护技术。该技术适用于土质边坡,边坡坡率不陡于 1:1 的中风化或弱风化岩质边坡以及坡面破碎,植被生长较差的松散碎块石且含有较大碎石的不稳定边坡;以及年降雨量大于 600mm,非高寒地区的整体稳定边坡和仅发育块石坠落或风化剥落等不良地质现象的较稳定边坡。当坡度较陡时,缺陷将更加明显,不利于绿化基材固定,容易被暴雨冲刷掉,在坡比陡于 1:1 时慎用。

计价时,对于不设圬工网格的植物坡面防护,种草、铺草皮及种植灌木丛,按铺种面积以

m^2 为单位计量与支付;种植乔木按不同树种以株为单位计量与支付。计价中,包括树木、草皮、草籽的供应、运输、种植、浇水、施肥、铺撒表土、防虫、修剪、管理等作业的费用。

对于圬工网格内的植物坡面防护计价,有两种处理方式:一是把植物坡面防护的工作内容综合进圬工网格工程单价内;二是把圬工网格及植物坡面防护分别按其实际完成的工程量计量与支付。

2. 工程防护

(1)坡面处治

边坡过陡或植物不易生长的坡面,可视具体情况,选用勾缝、灌浆、抹面、喷浆、嵌补、锚固、喷射混凝土等坡面处治措施,如图 4-24 所示。高度小于 20m 的石质边坡,防护时宜选用主动柔性防护形式;高度大于 20m 的石质边坡,防护时宜选用被动柔性防护形式。黄土高边坡应按"多台阶、陡边坡、宽平台、固坡脚"的原则进行防护;膨胀土高边坡应按"缓边坡、宽平台、固坡脚"的原则进行防护,其综合坡率应满足稳定性要求。

图 4-24 坡面处治

坡面处治一般按处治面积计量与支付。但由于处治对象的地形、地质情况变化较大,处治方案的可变因素又较多,按面积计价时的工程含量往往也出入较大,实际工作中也经常得按处治的设计体积以 m^3 为单位计量与支付。

(2)护坡及护面墙

护坡一般用于填方坡面,可用砌石或铺砌混凝土预制块、煤渣空心砖等材料构筑。护坡有满铺式、条式及网格式等多种铺筑形式。

护面墙如图 4-25 所示,有时为使墙面美化,亦可采用拱形。为增加护面墙的稳定性,可分台阶设置,如图 4-26 所示。

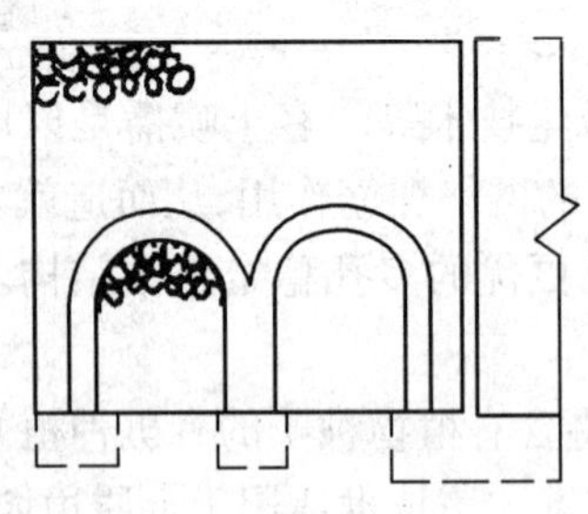

图 4-25 拱形护面墙

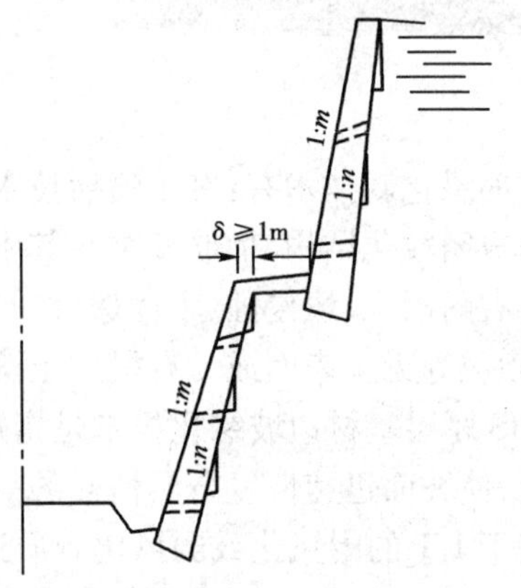

图 4-26 护面墙的平台与错台

护坡及护面墙一般按圬工体积以 m^3 为单位计量与支付。计价中,应包括挖(清)基、备料、搭拆脚手架、砌筑、勾缝、养生等作业的费用。

二、冲刷防护

沿河路基直接承受水流冲刷，为了保证路基稳定坚固，必须采取措施防止冲刷。冲刷防护有两种类型，一种是直接防护，以加固岸坡为主；另一种是间接防护，以改变水流方向，降低流速，减少冲刷为主。各种冲刷防护工程均应加强基础处理，一般应将基础埋置于冲刷深度以下或置于基岩上。

1. 直接防护措施

路基边坡及河岸冲刷防护主要类型如表4-11所示。

路基边坡及河岸冲刷防护工程　　表4-11

防护类型	结构形式	适用条件		注意事项
		容许流速（m/s）	水文地形条件	
植物防护	铺草皮	1.2～1.8	水流方向与路线近乎平行，不受各种洪水主流冲刷的季节性漫水的路堤边坡防护	
	种植防水林、挂柳		有浅滩地段的河岸冲刷防护	
干砌片石护坡	单层干砌厚一般0.25～0.35m 双层干砌厚上层0.25～0.35m 下层0.15～0.25m	2～4	水流方向较平顺的河岸滩地边缘。不受主流冲刷的路堤边坡	应设置垫层。厚度一般为0.1～0.2m
浆砌片石护坡	厚0.25～0.4m 厚0.3～0.6m	4～6 4～8	主流冲刷及波浪作用强烈处的路堤边坡	有冻胀变形的边坡上，应设置垫层
抛石	石块尺寸根据流速波浪大小计算，一般0.3～0.5m	3	水流方向较平顺，无严重局部冲刷地段。已被水浸的路堤边坡及河岸	抛石厚度不应小于石块尺寸之2倍
石笼	镀锌铁丝编织成箱形或圆形笼内填石块	5～6	受洪水冲刷，但无滚石的地段和大石料缺少地区	
浸水挡土墙	浆砌片（块）石或混凝土	5～8	峡谷急流地段，水流冲刷严重地段	基础应埋在冲刷线以下1m，冰冻线以下0.25m。基础前设冲刷防护措施，墙身设泄水孔
混凝土预制块板	平面尺寸一般为0.3～0.5m^2，厚度为0.06～0.25m。当受波浪作用严重的地方，平面尺寸可用2.0～3.0m^2，厚度可用0.5m	3～12	水流急、冲刷严重地段及无石料地区	应设置垫层，厚度一般为0.1～0.2m

表中植物防护及石砌护坡的基本情况同前述坡面防护。石笼防护使用范围比较广泛，可用于防护河岸或路基边坡，同时也是加陡边坡、减少路基占地宽度及加固河床、防止淘刷的常

用措施,石笼可做成多种形式,常见的为箱形、扁长形及圆柱形等。

抛石防护主要用于受水流冲刷的边坡和坡脚,以及挡土墙、护坡的基础等。抛石的石料尺寸,应视水深、流速和波浪情况确定。抛石防护横剖面如图4-27所示。

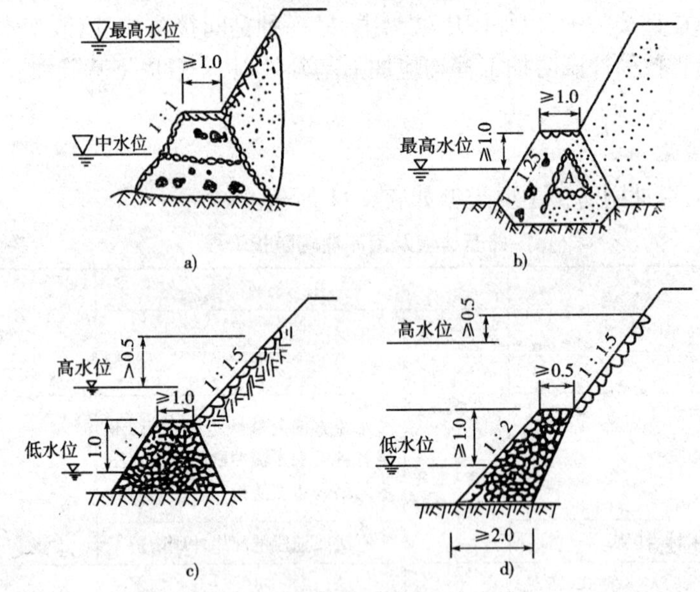

图4-27　抛石防护

计价时,植物防护同前述坡面防护。护坡及护岸挡墙计价除一般常规所包含内容外,还应充分考虑开挖基础中的排水因素,增加围堰及抽水、排水等工作内容。抛石、石笼按抛、堆体积以 m^3 为单位计量与支付,计价中包括材料(石笼含铁丝或钢筋等)的采备、供应、运输、石料抛掷或堆码或石笼的制作、笼内装石、捆扎安放等作业的费用。

2. 间接防护措施(导治构造物)

为调节水流流速及方向,防护路基免受水流冲刷,可设置导治构造物。设置顺坝、丁坝等导治构造物时应注意坝身、坝头、坝根及坝基的冲刷。

导治构造物计价一般按圬工体积以 m^3 为单位计量与支付。计价中包括从挖基开始至圬工完成的一切相关施工作业费用。

三、支挡构造物

支挡构造物用以防止路基变形或支挡路基本身,以保证路基稳定性。常用的支挡构造物类型有各种挡土墙、垄石、填石、石垛等具有支挡侧压力作用的构造物。

1. 普通重力式挡土墙

普通重力式挡土墙依靠墙身自重支撑土压力,一般多采用片块石砌筑,在缺乏石料地区有时也用混凝土修建。

重力式挡土墙应有排水设施,以疏干墙后土体,避免墙后积水形成静水压力,减少寒冷地区回填土的冻胀压力,消除黏性土填料浸水后的膨胀压力(图4-28)。

为避免地基不均匀沉陷引起墙体开裂,应在地质条件变化处设置沉降缝;为防止圬工硬化收缩及温度变化产生裂缝，应设置伸缩缝。沉降缝和伸缩缝可合并设置，一般墙长10～15m设置一道。

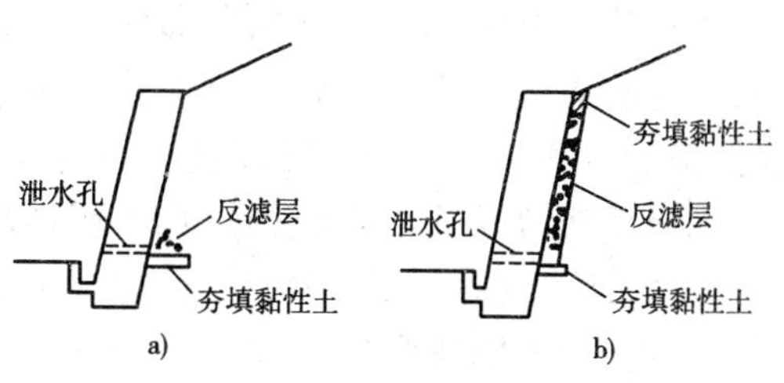

图4-28 墙背排水设施

砌体挡土墙、干砌挡土墙和混凝土挡土墙工程按砂浆强度等级及混凝土强度等级的不同，分别按圬工体积以立方米(m^3)计量。砂砾或碎石垫层按完成数量以立方米(m^3)计量。钢筋按完成数量以千克(kg)计量。嵌缝材料、砂浆勾缝、泄水孔及其滤水层，混凝土工程的脚手架、模版、浇筑和养生、表面修整，基础开挖、运输与回填等有关作业，均作为附属工作，不另行计量。

2. 衡重式挡土墙(图4-29)

衡重式挡土墙利用衡重台上的填料和全墙重心后移增加墙身稳定，减小墙体断面尺寸。衡重式挡墙墙面坡度较陡，下墙墙背又为仰斜，故可降低墙高，减少基础开挖工程量，避免过多扰动山体的稳定。

重力式和衡重式挡土墙计价时，按圬工砌体体积m^3为单位计量与支付，计价中包括挖基、搭拆脚手架、拌运砂浆、砌筑、勾缝、养生等作业的费用。护岸墙及浸水挡土墙还包括挖基及砌筑过程中的围堰、排水费用。

3. 加筋土挡土墙

加筋土挡土墙(图4-30)是由面板、筋带和填料三部分组成的复合结构，依靠填料与筋带的摩擦力来平衡面板所承受的水平土压力，即保持加筋土挡土墙的内部稳定；并以这一复合结构去抵抗筋带后部一般填料所产生的土压力，即起支挡作用，获得加筋土挡墙的外部稳定。

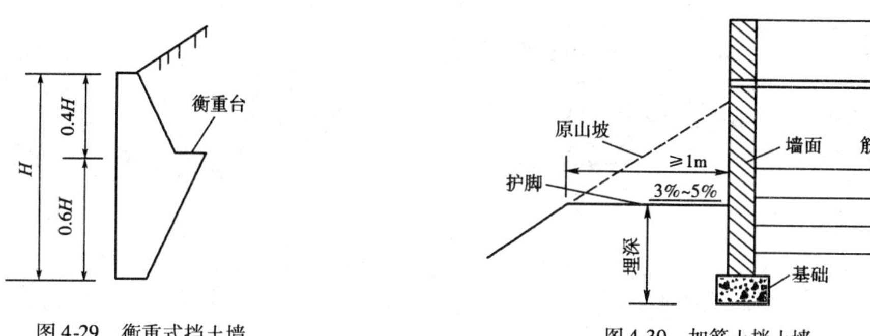

图4-29 衡重式挡土墙

图4-30 加筋土挡土墙

加筋土挡土墙按公路工程定额划分的细目计价。按照《公路工程标准施工招标文件》(2009年版)中的要求，可分为基础、面板、帽石按立方米(m^3)计，路基填料按路基工程计量。铺设聚丙烯土工带，以千克(kg)或长度计量。

4. 锚杆挡土墙

锚杆挡土墙(图4-31)是由钢筋混凝土墙面和锚杆组成的支挡构造物，它依靠锚固在稳定地层的锚杆所提供的拉力来维持挡土墙平衡，多用于具有较完整岩石地段的路堑边坡支挡。

锚杆挡土墙计价时,由于锚杆数量及其埋置深度受地形、地质条件的变化因素影响较大,宜单独以质量 t 为单位计量与支付,锚杆计价内容包括钻孔、灌浆等与锚杆相关的一切工作。除锚杆外的钢筋混凝土肋柱、挡土板以圬工体积以 m^3 为单位计量,计价内容包括混凝土块件(含钢筋)的预制、安装等工作。锚杆挡土墙墙后填土或填料,不应作为锚杆挡土墙的相关项目计入,应在路基土石方作业中计价。混凝土挡板和立柱按混凝土强度等级不同以立方米(m^3)为单位计量,钢筋及锚杆以千克(kg)为单位计量。

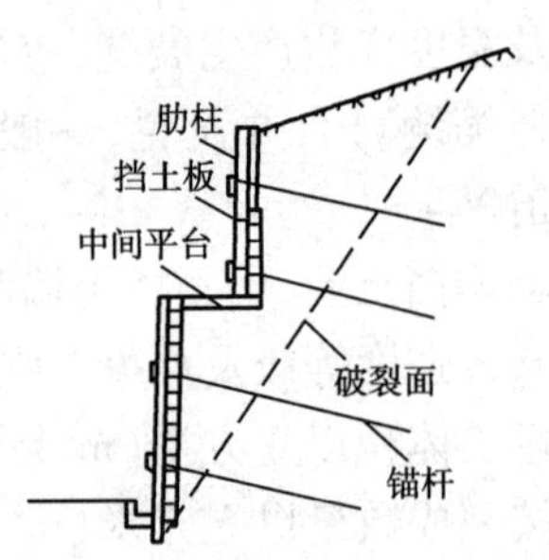

图 4-31 两级柱板式锚杆挡土墙结构示意图

锚孔的钻孔、锚杆的制作和安装、锚孔灌浆、钢筋混凝土立柱和挡土板的制作安装、墙背回填、防排水设置及锚杆的抗拔力试验等,以及一切未提及的相关工作均为完成锚杆挡土墙及锚定板挡土墙所必需的工作,均含入相关支付子目单价之中,不单独计量。

5. 锚定板挡土墙

锚定板挡土墙(图 4-32)是一种适用于填方的轻型支挡结构物,由墙面系、钢拉杆、锚定板组成,依靠埋置于填料中的锚定板所提供的抗拔力来维持挡土墙的稳定,其主要特点是结构轻、柔性大。

锚定板挡土墙的计价原则与加筋土挡土墙相同。

6. 钢筋混凝土悬臂式与扶壁式挡土墙

钢筋混凝土悬臂式、扶壁式挡土墙(图 4-33)依靠墙身自重和底板上填料及车辆荷载的重力来维持挡墙稳定,也是一种轻型支挡结构物,适用于石料缺乏及地基承载力较低的填方地段。

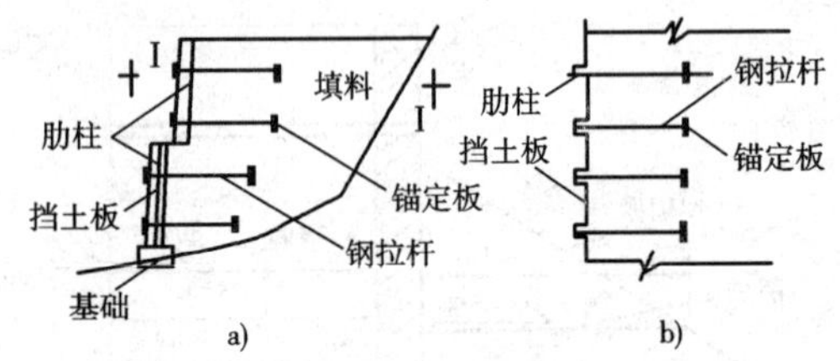

图 4-32 肋柱式锚定板挡土墙结构示意图
a)横剖面;b)平剖面 I — I

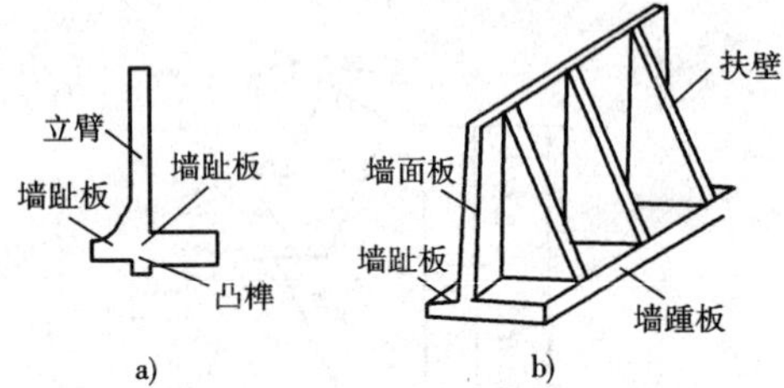

图 4-33 悬臂式挡土墙和扶壁式挡土墙结构示意图
a)悬臂式;b)扶壁式

悬臂式墙高一般不大于 6m,当墙高大于 4m 时,宜在臂前设置加劲肋。

钢筋混凝土悬臂式及扶壁式挡土墙的计价可按圬工体积以 m^3 为单位计量与支付,计价内容包括挖基及混凝土浇筑、养生等一切相关费用。钢筋可按《公路工程标准施工招标文件》(2009 年版)规定,按不同级号的质量以 kg 为单位计量,计价中包括钢筋的供应、运输、除锈、加工、焊(搭)接、绑扎、安装等作业的费用。墙面板后填料按要求应分层夯实,其计价应归入路基土石方作业中计价。

7. 护肩及砌石

(1)护肩

陡山坡上的半填半挖路基,填方边坡不易填筑时,可以修筑护肩(图4-34)。

(2)砌石

陡山坡上的半挖半填路基,填方边坡不易填筑时,可采用砌石(图4-35)。

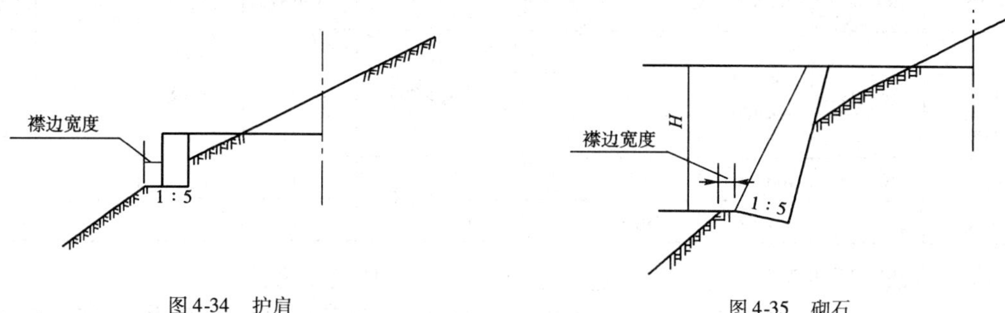

图4-34 护肩

图4-35 砌石

护肩和砌石一般设于石方路段或距生产石料地点较近之处,分析工程造价时,可应用砌石挡土墙定额区分干砌、浆砌分别计价。计价时,应特别分析其所用石料与一般构造物所用石料的价格构成因素差异(如只需检清、不需开炸、运距较近等)区别对待。

8. 垒石、填石、石垛

山区公路在生产石料及石方开挖地段,因地制宜设置垒石、填石或石垛等支挡构筑物,既能保证路基稳定,又能节约工程投资。

垒石、填石、石垛按设计的断面尺寸,以堆砌体积 m^3 为单位计量与支付。由于垒石、填石、石垛的石料一般系利用开山石方,故工程所需的堆砌石应不作价或少许作价,这是垒石、填石、石垛等此类支挡构筑物与干砌片块石挡土墙、护肩及砌石等干砌工程的主要差异。

四、改移河道

为防止沿河路基被冲毁,原河道被路基侵占,或减少路基防护工程,有条件时可采取改移河道措施。改河工程的土石方作业可比照路基土石方作业计价。改河工程中设置的拦河坝、石砌护坡、河床铺砌、导流构造物等附属工程,按其相近的公路工程定额计价。

第六节 软弱地基处理

一、软土地基

所谓软土,从广义上说,就是强度低、压缩性高的软弱土层。以孔隙比及有机质含量为主,结合其他指标,可将软土划分为软黏性土、淤泥质土、淤泥、泥炭质土及泥炭五种类型。通常把软黏性土、淤泥质土、淤泥总称软土,把有机质含量很高的泥炭质土、泥炭总称泥沼。

泥沼比软土具有更大的压缩性,但它的渗透性强,承受荷载后能够迅速固结,工程处治比较容易。软土分类及其物理力学特征见表4-12。

软土分类及其物理力学特征 表 4-12

<table>
<tr><th rowspan="2">类型</th><th rowspan="2">天然
重度
(kN/m^3)</th><th rowspan="2">含水率
w
(%)</th><th rowspan="2">空隙比
e</th><th rowspan="2">有机质
含量
(%)</th><th rowspan="2">压缩系数
$a_{0.1\sim0.3}$
(MPa)</th><th rowspan="2">渗透系数
K
(cm/s)</th><th colspan="2">快 剪 强 度</th><th rowspan="2">标准
贯入值
$N_{63.5}$</th></tr>
<tr><th>c_u
(kPa)</th><th>φ_u
(°)</th></tr>
<tr><td>软黏性土</td><td rowspan="3">16~19</td><td rowspan="3">$w_1 < w$
<100</td><td>>1.0</td><td><3</td><td rowspan="3">>0.3</td><td rowspan="3">$<10^{-6}$</td><td rowspan="3"><20</td><td rowspan="3"><10</td><td rowspan="5"><2</td></tr>
<tr><td>淤泥质土</td><td>1.0~1.5</td><td rowspan="2">3~10</td></tr>
<tr><td>淤泥</td><td>>1.5</td></tr>
<tr><td>泥炭质土</td><td>10~16</td><td>100~300</td><td>>3</td><td>10~50</td><td rowspan="2">>2.0</td><td>$<10^{-3}$</td><td rowspan="2"><10</td><td rowspan="2"><20</td></tr>
<tr><td>泥炭</td><td>10</td><td>>300</td><td>>10</td><td>>50</td><td>$<10^{-2}$</td></tr>
</table>

我国各地不同成因的软土都具有近似相同的共性,主要表现为:

(1)天然含水率高、孔隙比大。含水率为≥35%,天然孔隙比≥1.0,饱和度一般大于95%,液限一般为35%~60%,塑性指数13~30,天然重度为15~19kN/m³。

(2)透水性差。大部分软土的渗透系数为$10^{-8}\sim10^{-7}$cm/s。

(3)压缩性高。压缩系数为0.005~0.02,属高压缩性土。

(4)抗剪强度低。其快剪黏聚力在10kPa左右,直剪内摩擦角宜小于5°,十字板剪切强度<35kPa。

(5)具有触变性。一旦受到扰动,土的强度明显下降,甚至呈流动状态。

(6)流变性显著。其长期抗剪强度只有一般抗剪强度的0.4~0.8倍。

二、软土地基处治要求

在未经处治的天然软土地基单位面积荷重达到天然地基极限承载力时,能够填筑的路堤高度称为极限高度。均质厚层软土地基上路堤极限高度H可按下式估算:

$$H = 5.52 \times \frac{c_u}{\gamma} \tag{4-5}$$

式中:c_u——软土的快剪单位黏聚力;

γ——填土的密度。

1. 沉降标准

沉降标准按我国国情并参考国外软基上修建高等级道路的有关规定,用容许工后沉降路面设计使用年限内的剩余沉降来控制,见表4-13。

容 许 工 后 沉 降 表 4-13

公 路 等 级	容 许 工 后 沉 降 (m)		
	桥头路堤	与涵洞、箱形通道相邻路堤	一般路段路堤
高速公路、一级公路	≤0.1	≤0.2	≤0.3
二级公路(采用高级路面)	≤0.2	≤0.3	≤0.5

2. 影响沉降的主要因素

根据软土地基在荷载作用下的变形特征,地基总沉降的发生可分为瞬时沉降、主固结沉降和次固结沉降三部分。瞬时沉降是紧随着加压之后地基即时发生的沉降,地基土在外荷载作用下其体积还来不及发生变化，主要是地基土的畸曲变形，也称畸变沉降、初始沉降或不排水沉降；主固结沉降是由于荷载作用或地下水力压力的变化导致的超孔隙水压力的消散、有效应力的增长而产生的；次固结沉降被认为与土的骨架蠕变有关，它是在超孔隙水压力已经消散、有效应力增长基本不变之后仍随时间而缓慢增长的压缩。

三、常用处治措施

路基的整体稳定性必须等于或大于容许稳定安全系数，而沉降量则要求在路面设计使用年限内的工后沉降必须小于容许工后沉降，否则应进行地基处理。

软土地基处治时应遵循以下原则：投资少、效益高、少占农田和安全实用的技术经济政策；密切结合当地工程地质条件、材料供应、施工力量和工期要求，因地制宜，达到技术上先进、经济上合理；积极采用新材料、新工艺、新结构，提高劳动生产率，降低成本，缩短工期。

软土地基处理的方法有换填法、水平排水固结法、预压法、竖向排水固结法、水平增强体法、竖向增强体法、双向增强法以及综合处治法等。各种方法的原理如下。

(1)换填法：是采用强度高的材料将地基中的软土全部或部分换除，起到提高地基强度和刚度的作用，该方法适用于浅层软弱土地基。

(2)水平排水固结法：为设置于路堤填土与软弱土地基之间的透水性垫层，可起排水的作用，从而保证填土荷载作用下地基中孔隙水的顺利排出，既加快了地基的固结，还可以保护路堤免受孔隙水浸泡。垫层的材料有砂垫层、碎石垫层等。

(3)预压法：是通过在软弱土地基表面或内部加载，使软基中的水分排出达到提高地基强度的目的。预压法有堆载预压和真空预压两种。

(4)竖向排水固结法：是为了提高预压的效果，在软弱土地基中打入竖向排水体，缩短土中水分排出的路径，从而提高地基固结的速度。竖向排水固结法一般与预压法、水平排水固结法结合使用。竖向排水固结法有塑料排水板法、砂井法、袋装砂井法。常用的碎石桩法也具有竖向排水作用。

(5)水平增强体法：是通过在软弱土地基表面或路基内部铺设水平增强材料，如土工格栅、土工格室等材料，增强路基的整体性。该方法可起到防止路基的整体滑坡的作用。

(6)竖向增强体法：是通过在软弱土地基中打入竖直的增强材料，如粒料桩、加固土桩、混凝土桩、CFG 桩等材料，与原地基土共同变形共同承载，起到增强地基的作用。

(7)双向增强法：是将水平增强法和竖向增强法结合起来应用的综合处治方法，即：在地基中打入粒料桩、CFG 桩、预应力管桩等竖向增强材料；然后在桩顶设置一层或多层土工格栅、土工格室等水平增强材料，形成水平和竖向增强的综合性处理，大大提高了路基稳定性，减小路基沉降量。该方法适用于沉降要求高、施工速度快的公路、铁路路基地基处理。

(8)综合处治法：是将排水固结、竖向增强、水平增强等各种处理原理的综合、创新性应用得到的方法，如采用先施工塑料排水板形成排水通道，然后施工深层搅拌桩形成竖向增强体，然后在桩顶铺设土工格栅作为水平增强，由此形成排水＋双向增强的处治方法。该方法在沿海深厚、极软地基地区多有应用。

常见的软弱地基处治措施如下：

1. 砂垫层

砂垫层多采用中粗砂，厚度一般0.6～1.0m，宽度比路堤底宽多0.5～1.0m(图4-36)。

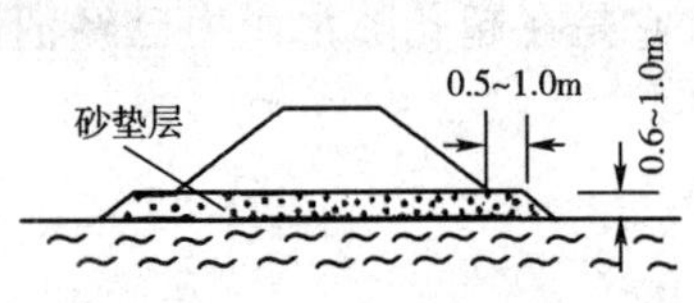

图4-36 排水砂垫层

砂垫层往往还与其他处治措施配合使用，如与塑料排水板、袋装砂井、砂井等加固措施配合设置。

2. 换填法

表层分布有软土且其厚度小于3m时，可采用浅层拌和、换填、抛石等方法进行处治。

浅层拌和添加料可用石灰、水泥等无机结合料；换填材料宜用水稳性好的材料，如砂、砾、卵石、片石等渗水性材料或强度较高的黏性土。要求：碎石粒径为19～63mm，含泥量不大于10%；砂砾为天然级配最大粒径小于100mm，含泥量不大于5%；石渣最大粒径不大于100mm，单轴饱水抗压强度不小于30MPa。换土能根本改善地基，不留后患，效果较好，适用于软土层不厚且易于排水的情况，水塘、河沟和古埋藏沟谷等局部分布的软土常用换土方法予以处理。但因软土地区地下水位一般较高，挖掘困难，换土深度一般不宜超过2m。

抛石挤淤是强迫换土的一种形式，它不必抽水挖淤，施工简便。抛石挤淤多采用不易风化石料，片石大小随软土稠度而定，对于流塑状态的淤泥，片石可稍小些，但一般不宜小于30cm，其含量不得超过20%，片石抛出水面后应用较小石块填塞垫平，以重型机械压实紧密，其上设反滤层后再填路基土。抛石挤淤结构如图4-37所示。

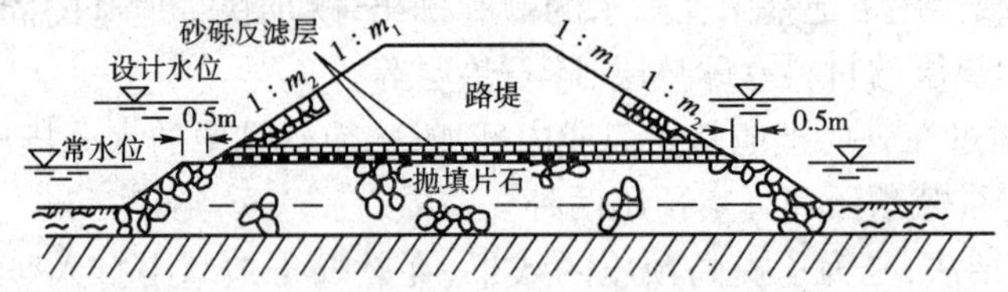

图4-37 抛石挤淤

爆破排淤也是一种浅层处治的换土方式。利用炸药爆炸时的张力作用，使软土扬弃或压缩，然后填以强度较高的渗水土或一般黏性土，达到换土的目的。爆破排淤法的换填深度较深，工效较高，适用于软土层相对较厚、稠度大、路堤较高、施工期紧迫的情况。

爆破排淤可分先填后爆和先爆后填两种施工方法，前者适用于稠度较大，相对不稳的软土或泥沼，先填的路堤随爆随沉，避免回淤；后者适用于稠度小回淤较慢的泥沼或软土。实际施工中，也可以在爆破前备好填料，然后随爆随填，爆破一段，填筑一段。

3. 加筋路堤

加筋路堤指用变形小、老化慢的土工格栅、土工织物等抗拉的柔性材料作为路堤的加筋体，可以减少路堤填筑后的地基不均匀沉降，又可以提高地基承载能力，同时也不影响排水，大大增强路堤的整体性和稳定性。土工织物铺设时，应顺路堤坡脚回折2～3m，为了保护土工织物，上下都应铺设厚0.2～0.3m的砂垫层，如图4-38所示。

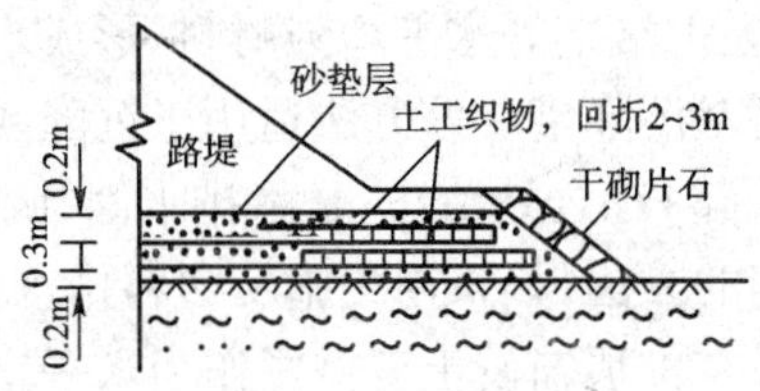

图4-38 土工织物加固软弱土地基

4. 堆载预压法

在软弱土地基上修筑路堤，如果工期不紧，可以先填一部分或全部，使地基经过一段时间固结沉降，然后再填足或铺筑路面；拟建桥涵等构造物处，先填土预压，待地基强度提高到一定程度后，挖去填土，再建构造物，称之为预压。预压分等载预压和超载预压，其目的在于减少工后沉降，提高地基固结度。

5. 竖向排水法

软弱土地基中设置竖向排水体，可大幅度缩短排水距离，再配合预压，可加速地基的固结，明显地提高预压效果，所以当超载预压高度受到稳定性制约时，多应用竖向排水体与预压相结合的处治措施。

常用的地下排水体有砂井、袋装砂井、塑料排水板等。竖向排水体间距不宜过大，以1～2m为宜，可布置成正方形或等边三角形。排水体长度依软土层厚度而定，对较薄软土层宜贯通；对较厚软土层，排水体长度按设计要求而定。

(1)袋装砂井

从理论上讲，砂井井径只要能满足排水要求即可。软黏土渗透系数一般只有砂井渗透系数的1%，袋装砂井直径7～10cm即能满足排出孔隙水的要求。

(2)塑料排水板

塑料排水板是带有孔道的板状物体，插入土中形成竖向排水通道。塑料排水板加固软弱土地基如图4-39所示。

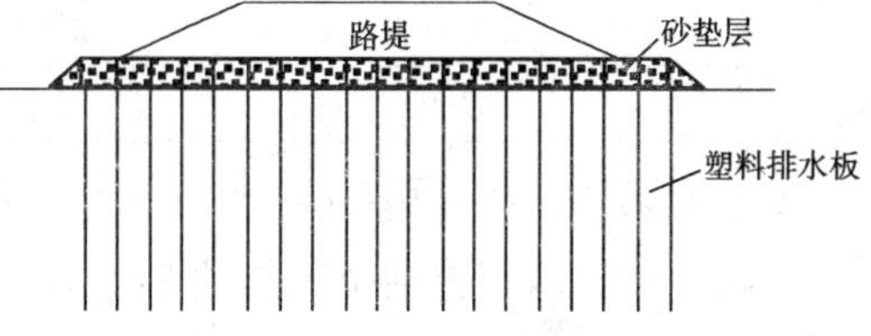

图4-39 塑料排水板加固软弱土地基

6. 粒料桩

粒料桩法可归类于竖向增强体法，也可归类于竖向排水法，是采用砂、砂砾、碎石、废渣等散粒材料，以专用振动沉管机械或水振冲器来成柱，使设有粒料桩的地基土体范围内桩体间土形成加固的复合地基。

粒料桩直径约0.6～0.8m，以冲击或振动方法强力将粒料挤入软弱土地基。砾(碎)石桩施工采用振动沉管法，施工顺序为先外排后里排，隔排隔桩跳打的方法；桩体应连续密实，不得有断桩、缩径、夹砂等缺陷。

7. 加固土桩

加固土桩法为竖向增强体法，是用某种深层拌和的专用机械，将软弱土地基的局部范围用固化材料加以改善、加固，形成加固土桩，使加固土桩与桩间土形成复合地基，有深层搅拌桩、粉喷桩等形式。

8. CFG桩

CFG桩是英文Cement Fly-ash Gravel的缩写，意为水泥粉煤灰碎石桩，由碎石、石屑、砂、粉煤灰掺水泥加水拌和，用各种成桩机械制成的具有一定强度的可变强度桩。CFG桩是一种低强度混凝土桩，可充分利用桩间土的承载力共同作用，并可传递荷载到深层地基中去，具有较好的技术性能和经济效果。

四、工程量计算

软弱地基处治方案较多,有单项或多项综合治理。一般以单项计价为宜。常见处治措施的名称及计量单位见表4-14。工程量计算中,袋装砂井及塑料排水板按不同的直径或规格及深(长)度分别以m为单位计量,砂井由于井径变化,也可按设计体积以m^3为单位计量。计价内容包括材料采备、运输及施工机械的操作,装砂、灌砂、套管沉入、拔出、桩机移位、沉降观测等作业的费用。伸入垫层内的袋装砂井及塑料排水板的长度,不作为工程量计量。

不同处治措施的名称与计量单位　　表4-14

序号	名　称	单位	序号	名　称	单位
1	袋装砂井	m	10	砂桩	m
2	塑料排水板	m	11	碎石桩	m
3	加固土桩	m	12	强夯	m^2
4	土工织物	m^2	13	强夯置换	m^3
5	砂垫层、砂砾垫层	m^3	14	……	
6	灰土垫层	m^3	15	路堤预压填方	m^3
7	碎(砾)石垫层	m^3	16	预压填方及换土填方超运	$m^3 \cdot km$
8	抛石挤淤	m^3	17	移除预压多余填方	m^3
9	换土	m^3	18	……	

土工织物按铺筑面积(单层净面积)以m^2为单位计量,计量时不得将搭接及反包边增加面积计入。计价内容包括土工织物的采备、供应、运输入原地面整平,铺筑土工织物、沉降观测等。

垫层及抛石按设计尺寸的体积以m^3为单位计量。计价内容包括材料采备、运输、摊铺、整平、压实等作业的费用。

换土按换填压实的体积以m^3为单位计量。计价中包括软土的翻挖、运弃,换填好土的挖、运、摊铺、整平、压实、整型,沉降观测等作业的费用。挖除的软土弃置及换填好土的运入,应包含一定距离的免费远距,该免费远距由公路工程定额或招标文件给出。超出免费远距后另计超运费用,以运量单位$m^3 \cdot km$计量,计价按公路工程土石方运输定额中的"增运"计列。

粒料桩(砂桩、碎石桩、石灰砂桩等)按形成桩体的体积以m^3为单位计量,加固土桩(旋喷桩)按注入的加固浆液体以m^3为单位计量。计价内容包括桩机就位、机械作业全过程、桩机移位及清理工作面等作业的费用。

路堤预压填方按预压填筑压实的体积以m^3为单位计量。压实体积根据施工中沉降观测标示的沉降量所绘制的横断面计算。计价中包括以借(取)土的开挖、免费远距以内的运输、摊铺、整平、压实、整型、沉降观测等费用产生超运,按运量单位$m^3 \cdot km$另行计费。移除预压多余填料按量测体积以m^3为单位计量。计价中包括挖除、运弃(含一定远距的免费)等费用。挖除预压多余填料,若产生超运,按运量单位$m^3 \cdot km$另行计费。

第五章　路 面 工 程

第一节　概　　述

一、基本要求

路面直接承受汽车荷载的作用和自然因素的影响，并为汽车提供安全、经济、舒适的服务。现代公路交通运输，不仅要求路面具有足够的强度与稳定性，而且应满足平整、抗滑、耐久等使用要求，同时减少环境污染。

1. 具有足够的强度

车辆行驶时，既对路面产生竖向压力，又使路面承受纵向水平力。由于发动机的机械振动和车辆悬挂系统的相对运动，路面还受到车辆振动力和冲击力的作用，在车轮后面还会发生真空吸力作用。在这些外力的综合作用下，路面会逐渐出现磨损、开裂、坑槽、沉陷和波浪等病害，影响公路使用质量。

2. 具有足够的稳定性

路面的稳定性是指路面保持其本身结构强度的性能，也就是指在外界各种因素影响下，路面强度的变化幅度。变化幅度越小，则稳定性越好。路面稳定性通常分为：水稳定性、干稳定性、温度稳定性和耐久性。

3. 具有足够的平整度

路面平整度是路面使用质量的一项重要指标。路面不平整，行车颠簸，前进阻力和振动冲击力都大，导致行车速度、舒适性和安全性大大降低，机件损坏严重，轮胎磨损和油料消耗都迅速增长。不平整的路面会积水，又加速路面的破坏。

4. 具有足够的抗滑性

车辆行驶时，车轮与路表面间应具有足够的摩阻力，以保证行车的安全性。在陡坡路段或雨季及结冰季节，路面抗滑性对行车安全至关重要。

5. 具有尽可能低的扬尘性

汽车在中、低级路面上行驶时，车轮后面所产生的真空吸力会将路面面层或其中的细料吸起而产生扬尘。

6. 具有足够的防水性

由于路面防水性能差，透水或层中存水，北方结冰膨胀，南方雨水下渗都将导致路面的早期损坏。

二、路面类型

路面类型按路面等级分为铺装路面、简易铺装路面和砂石路面。铺装路面为沥青混凝土路面和水泥混凝土路面,表面处治、沥青碎石、贯入式路面等称为简易铺装路面,砂石路面等计入未铺装路面。砂石路面是以砂、石等为集料,以土、水、灰为结合料,通过一定的配比铺筑而成的路面统称,包括级配碎(砾)石路面、泥结碎(砾)石路面、水结碎石路面、填隙碎石路面及其他料粒路面。路面面层类型的选用应符合表5-1规定。

路面面层类型及适用范围 表5-1

面层类型	适用范围
沥青混凝土	高速公路、一级公路、二级公路、三级公路、四级公路
水泥混凝土	高速公路、一级公路、二级公路、三级公路、四级公路
沥青贯入、沥青碎石、沥青表面处治	三级公路、四级公路
砂石路面	四级公路

按材料分类,路面可分为沥青混凝土、水泥混凝土路面、砂石路面等。

按路面力学特性,可分为柔性、刚性及半刚性路面。

柔性路面的力学特点是:在行车荷载作用下的弯沉变形较大,路面结构本身抗弯拉强度小,在重复荷载作用下产生累积残余变形。路面的破坏取决于荷载作用下所产生的极限垂直变形和弯拉应力。目前我国的公路路面,绝大多数均属柔性路面,如沥青混凝土路面。

刚性路面的特点是:在行车荷载作用下产生板体作用,其抗弯拉强度和弹性模量较其他各种路面材料要大得多,故呈现出较大的刚性。刚性路面在荷载作用下的弯沉变形极小,路面的破坏取决于荷载作用下所产生的疲劳弯拉应力。刚性路面主要指水泥混凝土路面。

半刚性路面是指全用水泥、石灰、粉煤灰等无机结合料稳定类材料(常称半刚性材料)作为基层、底基层的沥青路面结构。这种半刚性基层材料使用前期的力学特性呈柔性,而后期趋近于刚性,其刚性介于柔性路面和刚性路面之间,如水泥或石灰粉煤灰稳定粒料类基层沥青路面。

三、路面结构组成

路面结构一般由面层、基层、底基层与垫层组成。

面层是直接承受车轮荷载反复作用和自然因素影响的结构层,可由1~3层组成。沥青路面的表面层应根据使用要求设置抗滑耐磨、密实稳定的沥青层;中面层、下面层应根据公路等级、沥青层厚度、气候条件等选择适当的沥青结构层。

基层是设置在面层之下,并与面层一起将车轮荷载的反复作用传到底基层、垫层、土基,起主要承重作用的层次。基层可分为无机结合料稳定类(整体型)和粒料类(嵌锁型、级配型)。对高速公路、一级公路,应采用水泥稳定粒料、石灰粉煤灰(二灰)稳定粒料、沥青混合料以及级配碎砾石等材料铺筑,高速公路、一级公路的底基层和二级及二级以下公路基层和底基层,除上述类型材料外,也可采用水泥稳定土、石灰稳定土、石灰粉煤灰稳定土、石灰工业废渣、填隙碎石等或其他适宜的当地材料铺筑。

基层厚度超过20cm时,为保证工程质量分为两层或三层铺筑。当采用不同材料修筑基层时,基层的最下层成为底基层。

垫层是设置在基层与土基之间的结构层,起排水、隔水、防冻、防污等作用。各级公路当需要设置垫层时,一般可采用水稳性好的粗粒料或各种稳定材料铺筑。

第二节 基层、底基层及垫层

一、垫层

1. 垫层的设置原则

处于下列状况的路基应设置垫层,以排除路面、路基中滞留的自由水,确保路面结构处于干燥或中湿状态。垫层常用于以下路段:

(1)地下水位高,排水不良,路基经常处于潮湿、过湿状态的路段。

(2)排水不良的土质路堑,有裂隙水、泉眼等水文不良的岩石挖方路段。

(3)季节性冰冻地区的中湿、潮湿路段,可能产生冻胀需设置防冻垫层的路段。

(4)基层或底基层可能受污染以及路基软弱的路段。

2. 垫层材料

垫层一般分为级配碎石和天然砂砾,其压实厚度不宜超过20cm,当设计厚度超过20cm时,应分层铺筑,每层压实厚度不小于10cm。天然砂砾施工时,对主线单幅每一摊铺、碾压的作业段长度宜控制在50~80m;施工期的日最低气温应在5℃以上,严禁雨天施工。对级配碎石施工集料单个颗粒的最大粒径不应超过37.5mm,可按19~37.5mm、9.5~19mm、4.75~9.5mm及0~4.75mm四种规格备料。级配碎石CBR值应满足设计文件要求,回弹模量应不小于300MPa。级配碎石试验段应在主线选择经验收合格的下卧层上进行,长度为300~400m;采用两种试铺碾压方案,每种方案为100~200m;一般情况下,每天拌和前,混合料的含水率比最佳含水率宜提高0.5%~1%;在气温高、风速大、天气干燥的情况下宜提高1%~2%,早、晚与中午的含水率要有变化。碾压应遵循“先轻后重、先慢后快、横断面从低到高”的原则;一次碾压段长度为50~80m,碾压时应重叠1/3轮宽,还应有10cm的超宽压实。天然砂砾的试验路段长度为200m,其他与级配碎石类似。

垫层材料可选用粗砂、砂砾、碎石、煤渣、矿渣等粒料以及水泥或石灰煤渣稳定粗粒土,石灰粉煤灰稳定粗粒土等。若采用粗砂和砂砾料时,通过0.074mm筛孔的颗粒含量应不大于5%。采用煤渣时,小于2mm的颗粒含量不宜大于20%。

为防止软弱路基污染粒料底基层、基层,或为隔断地下水的影响,可在路基顶面设土工合成材料隔离层。

3. 垫层设置宽度

高速公路、一级公路、二级公路的排水垫层应铺至路基同宽,以利路面结构排水,保持路基稳定。三级公路、四级公路的垫层宽度可比底基层每侧至少宽25cm。

二、基层、底基层

基层是路面结构中的承重部分,主要承受车辆荷载的竖向力,并把面层传下来的应力扩散到垫层或土基。因此基层、底基层应具有足够的强度和稳定性,在冰冻地区还应具有一定抗冻性。高级路面下的半刚性基层应具有较小的收缩(温缩及干缩)变形和较强的抗冲刷能力。

如图5-1所示,一般公路的基层宽度每侧宜比面层宽出10cm,底基层每侧宜比基层宽15cm。在多雨地区,透水性好的粒料基层,宜铺至路基全宽,以利排水。

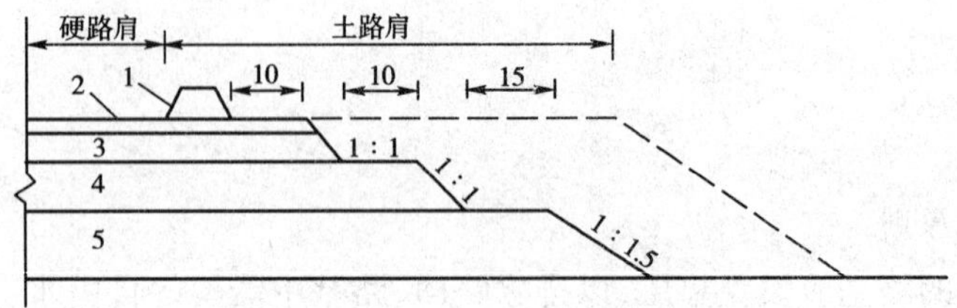

图5-1 高速公路、一级公路的基层宽度

1-路缘石;2-上面层;3-下面层;4-基层;5-底基层

基层可选用无机结合料稳定集料类或沥青混合料、粒料、贫混凝土等材料,底基层应充分利用沿线地方材料,可采用无机结合料稳定细粒土类或料粒类等。

当沥青路面基层采用密级配沥青碎石基层结构时,混合料公称最大粒径应与层厚相适应,压实厚度宜不小于集料公称最大粒径的3倍,其中,ATB-25适宜压实厚度为8~12cm,ATB-30适宜压实厚度为9~15cm。当采用水泥稳定碎(砾)石与石灰、粉煤灰稳定碎石基层结构时,压实厚度不应超过20cm,当设计厚度超过20cm时,宜分层铺筑。沥青碎石基层应在不低于10℃气温下施工,严禁在雨天、路面潮湿的情况下施工,禁止在气温低于5℃状态下施工;气温高于35℃时,应采取特殊措施施工。

密级配沥青碎石的沥青在储罐中的储存温度应控制在130~170℃。暂不使用的沥青可在常温下长期保存;粗集料应采用石质坚硬、清洁、不含风化颗粒、近立方体颗粒的碎石,颗粒粒径大于2.36mm;粗集料宜采用石灰岩等碱性石料,当使用其他种类的粗集料时,如黏附性难以达到要求,可掺加消石灰、水泥或用饱和石灰水处理后使用;必要时可同时在沥青中掺加耐热、耐水、长期性能好的抗剥落剂。细集料应采用坚硬、洁净、干燥、无风化、无杂质并有适当级配的机制砂或石屑。沥青碎石混合料配合比设计宜采用大马歇尔试件的体积设计方法进行,应采用骨架密实形混合料。试验段采用两种或以上的压实方案,每种方案长度不少于250m,包括试拌、试铺两个阶段。宜采用大吨位的运输车辆运输,一般不小于15t,采用数字显示插入式热电偶温度计检测沥青混合料的出厂温度和运到现场温度,温度计插入深度要大于150mm,专用检测孔距车厢底面高度约为300mm。摊铺机的摊铺速度应根据拌和机的产量、施工机械配套情况及摊铺厚度、摊铺宽度确定,摊铺速度根据拌和机生产率按1~2m/min予以调整选择。

沥青混合料的压实应尽可能采用重形压路机,并选择合理的压路机组合方式及碾压步骤。初压应在混合料不产生推移、开裂等情况下,尽量在较高温度下进行;初压宜用钢轮压路机,复压宜采用轮胎压路机,终压宜采用钢轮压路机。压实完成后12h后,方可允许施工车辆通行。

水泥稳定碎石基层应优先采用普通硅酸盐水泥、矿渣硅酸盐水泥、火山灰质硅酸盐水泥，其初凝时间应在3h以上，终凝时间宜在6h以上，宜采用42.5级缓凝水泥，快硬、早强和受潮变质水泥不得使用。水泥稳定碎石底基层摊铺前应清除下卧层表面的浮土、积水等，并将作业面洒水湿润，对于下基层表面，宜喷洒水泥净浆，按水泥质量计，不少于1.0～1.5kg/m^2。洒布长度不大于摊铺机前30～40m。摊铺机的摊铺速度宜控制在1m/min左右。

石灰、粉煤灰稳定碎石基层要求详见《高速公路施工标准化技术指南　第三分册　路面工程》。

基层、底基层厚度应根据交通量大小、材料性能，充分发挥压实机具的功能，以及考虑有利于施工等因素选择各结构层的厚度。为便于施工组织、管理，各结构层的材料不宜频繁变化。各种结构层压实最小厚度与适宜厚度见表5-2，并不得设计小于150mm厚的半刚性材料薄层。

各种结构层压实最小厚度与适宜厚度　　表5-2

结构层类型	压实最小厚度(mm)	适宜厚度(mm)
级配碎石	80	100～200
水泥稳定类	150	180～200
石灰稳定类	150	180～200
石灰粉煤灰稳定类	150	180～200
贫混凝土	150	180～200
级配砾石	80	100～200
泥结碎石	80	100～150

三、无机结合料稳定类基层(底基层)

无机结合料稳定类包括：水泥稳定类、石灰稳定类和工业废渣稳定类。半刚性基层材料的显著特点是：整体性强、承载力高、刚度大、水稳性好，而且较为经济。半刚性材料已广泛用于修建高等级公路路面基层或底基层。

底基层压实厚度不应超过20cm，设计厚度超过20cm时，宜分层铺筑；每个施工段长度以200m为宜；施工期的日最低气温应在5℃以上，在温暖气候养生15d以上，避免雨季施工。

水泥稳定类、石灰粉煤灰稳定类材料适用于各级公路的基层和底基层，但水泥或石灰、粉煤灰稳定细粒土不能用作高级路面的基层。

石灰稳定类材料适用于各级公路的底基层，也可用作二级和二级以下公路的基层，但石灰稳定细粒土不能用作高级路面的基层。

1.对原材料的要求

(1)无机结合料

无机结合料目前最常用的有水泥、石灰、粉煤灰等。水泥应符合规范规定，水泥最小剂量要求详见表5-3；石灰应采用Ⅲ级或Ⅲ级以上，有条件宜采用Ⅱ级或以上；粉煤灰中SiO_2、Al_2O_3和Fe_2O_3的总含量应大于70%，烧失量不应超过20%，比表面积宜大于2500cm^2/g，SO_3含量不大于3.0%。

水泥最小剂量(%) 表5-3

土类＼拌和方法	路 拌 法	集中厂拌法
中、粗粒土	4	3
细粒土	5	4

(2)集料

适宜作水泥或石灰稳定土基层的材料有:级配碎石、未筛分碎石、砂砾、碎石土、砂砾土、煤矸石和各种粒状矿渣等,石灰稳定土上述粒状材料含量应在80%以上,并具有良好的级配。底基层使用的土宜采用塑性指数为12~20的黏土(亚黏土),其有机质含量应不大于10%,硫酸盐含量应小于0.8%;土块粉碎后,最大尺寸不应超过15mm。石灰稳定土、水泥稳定土、用作高速公路和一级公路的底基层或其他公路的基层时,颗粒的最大粒径不大于37.5mm;用作其他公路的底基层时,颗粒的最大粒径不大于53mm,塑性指数、压碎值等应符合规范要求。二灰稳定土的材料、压碎值等也应符合规范要求。

(3)水

凡人或牲畜饮用的水源,均可使用。

2. 混合料配合比设计

混合料组成设计所要达到的目标是:所设计的混合料组成在强度上满足设计要求,抗裂性达到最优且便于施工。设计的基本原则是结合料剂量合理,尽可能采用综合稳定以及有一定级配的集料。沥青碎石基层施工前,应对混合料进行配合比设计,配合比设计分为目标配合比设计、生产配合比设计和生产配合比验证三个阶段。底基层对塑性指数为8~12,液限小于50%、有机质含量不大于10%的粉砂土,可在石灰、粉煤灰土中外加1%~2%的水泥;对塑性指数大于20、自由膨胀率不大于65%、有机质含量不大于10%的高塑性土,根据土的塑性指数,需将土分别掺入一定剂量(3%~5%)生石灰拌匀,闷置7d进行改性,测定其自由膨胀率和塑性指数。正式开工前,应在主线上铺筑底基层试验段,单幅长度不少于150m。

3. 路拌法施工

半刚性基层或底基层路拌法施工的主要工序为:准备下承层→施工测量→备料→摊铺→拌和→整型与碾压→初期养生。

(1)准备下承层与施工测量

施工前,应对下承层(土基或底基层)按质量验收标准进行验收。下承层表面应平整、坚实,具有规定的路拱,没有任何松散的材料和软弱的地点,高程应符合设计要求。

底基层使用的石灰应在使用前一周充分消解,并通过10mm筛孔;在粗平、稳压的粉煤灰土层上用布灰机或打方格人工布灰,布灰量应稍高于设计用量;石灰布料后,应当天拌和碾压成型;土块应打碎,最大尺寸不大于15mm。

(2)备料

所用材料应符合质量要求,并根据各路段基层(底基层)的宽度、厚度及预定的干密度,计算各路段需要的干燥集料数量。检查松铺厚度和混合料的含水率、灰剂量,并按规定取样制备抗压强度试件。夏天作业时,混合料含水率应较最佳含水率高1%~2%。

同一供料路段内应由远而近卸料,卸料距离应严格掌握,避免路段上出现料不够或过多。集料在下承层上的堆置时间不应过长,运送集料只宜比摊铺集料提前数天。

(3)摊铺与拌和

用平地机、推土机或人工,按试验路段所求得的松铺系数进行集料摊铺,摊铺力求均匀。摊铺集料应在摊铺结合料的前一天进行,摊料长度应满足日进度的需要。如图5-2所示。

根据需要在集料层上洒水闷料,洒水要均匀,防止出现局部水分过多现象,严禁洒水车在洒水段内停留和掉头。水泥和石灰综合稳定土应先将石灰和土拌和后一起进行闷料。

a)

b)

图5-2 摊铺与拌和

a)人工摊铺;b)拌和

对人工摊铺的集料层整平后,用6~8t两轮压路机碾压1~2遍,使其表面平整。

(4)整型与碾压(图5-3)

a)

b)

图5-3 整型与碾压

a)整型;b)碾压

混合料拌和均匀后,立即用平地机初步整型和整平。在直线段,平地机由两侧向路中心刮平;在平曲线地段,平地机由内侧向外侧刮平。对于局部低洼处,应将表层耙松后找平。

整型后,当混合料的含水率等于或略大于最佳含水率时,立即用12t以上三轮压路机、重型轮胎压路机或振动压路机在路基全宽内进行碾压。碾压时,应重叠1/3轮迹,一般需碾压6~8遍。用12~15t三轮压路机碾压时,每层压实厚度不应超过15cm;用18~20t的三轮压路机碾压时,每层压实厚度不应超过20cm;每层的最小压实厚度为100mm。采用能量大的振动压路机时,每层的压实厚度根据试验确定。压实厚度超过,应分层铺筑。压实应遵循先轻后重、先慢后快的原则,直线段,由两侧路肩向路中心碾压;平曲线段,由内侧路肩向外侧路肩进行碾压。

(5)初期养生

养生时间应不少于7d。水泥稳定类混合料碾压完成后立即开始养生;二灰稳定类混合料在碾压完成后第二或第三天开始养生。养生宜采用不透水薄膜或湿砂进行,用砂覆盖时厚7~10cm,并保持整个养生期间砂的潮湿状态。也可以用潮湿的帆布、粗麻布、草帘或其他合适的材料覆盖。稍干后,应立即喷洒透层沥青或施作下封层,基层上不铺封层或面层时,不应开放交通。必须临时开放交通时,应采取覆盖、限重、限速(不超过30km)等保护性措施。

一般情况下,路拌法每一流水作业段以200m为宜,但每天的第一个作业段宜稍短些,可为150m(仅指宽7~8m的稳定层),如稳定层较宽,则作业段应再缩短。

4.厂拌法施工

混合料在中心站集中拌和可以采用强制式拌和机、双卧轴桨叶式拌和机等厂拌设备进行。塑性指数小、含土少的砂砾土、级配碎石、砂、石屑等集料也可采用自落式拌和机拌和。

厂拌法施工前,应先调试拌和设备,目的在于找出各料斗闸门的开启刻度(简称开度),以确保按设计配合比拌和。拌和生产中,含水率应略大于最佳含水率,使混合料运到现场摊铺碾压时的含水率不小于最佳含水率。运输过程中,如运距较远,车上混合料应覆盖以防水分损失过多;如有粗细颗粒离析现象,应用机械或人工再充分拌和。

底基层用12t以上压路机碾压1~2遍,再强振1~2遍、弱振1~2遍后,用三轮压路机碾压到规定压实度。一般碾压6~8遍,碾压宽度宜重叠1/3轮宽;养生期一般为7d。

混合料摊铺应采用摊铺机进行。拌和机与摊铺机的生产能力应互相协调,减少摊铺机停机待料情况,以保证施工的连续性。一般公路施工没有摊铺机时,也可以用自动平地机摊铺。摊铺后的整型、碾压、养生与路拌法施工相同。

四、粒料类基层(底基层)

粒料类基层按强度构成原理可分为嵌锁型与级配型。嵌锁型包括泥结碎石、泥灰结碎石、填隙碎石等;级配型包括级配碎石、级配砾石、符合级配的天然砂砾、部分砾石经轧制掺配而成的级配砾、碎石等。

1.级配碎石

(1)级配碎石底基层的最大粒径对高速和一级公路不应超过37.5mm;其他公路不应超过53mm。压碎值对高速和一级公路不应大于30%,二级公路不大于35%,二级以下公路不大于40%;基层的最大粒径对高速和一级公路不应超过31.5mm;其他公路不应超过37.5mm。压碎值对高速和一级公路不应大于26%,二级公路不大于40%,二级以下公路不大于35%。

(2)碎石中不应有黏土块、植物等有害物质,针片状颗粒总含量不应超过20%。

(3)用于二级及以上公路应预先筛分并以石屑组配,其他公路可用未筛分碎石和石屑组配。

(4)颗粒组成和塑性指数符合规范要求。

2. 级配砾石

(1)砾石最大粒径,用于基层时不应超过37.5mm,用于底基层时不应超过53mm。

(2)砾石颗粒中针片状颗粒总含量不应超过20%。

(3)颗粒组成和塑性指数符合规范要求。

(4)用于底基层时,集料的压碎值对高速和一级公路不应大于30%,二级公路不大于35%,二级以下公路不大于40%;用于二级公路的基层时不大于30%,二级以下公路不大于35%。

(5)砾石应在最佳含水率时进行碾压,按重型击实试验法确定压实度,底基层达到96%,基层达到98%以上。

(6)砂砾级配符合规范要求。

3. 施工

级配砾石、碎石施工的工艺流程为:准备下承层→施工放样→备料→集中拌和→摊铺→振动压实

第三节　沥 青 路 面

沥青路面具有行车舒适、噪声低、施工期短、养护维修简便等优点,因此,得到了广泛应用。沥青路面按照材料组成及施工工艺可分为:热拌沥青混合料、冷拌沥青混合料、沥青贯入式、沥青表面处治等。沥青路面应具有坚实、平整、抗滑、耐久的品质,同时,还应具有高温抗车辙、低温抗开裂、抗水损害以及防止雨水渗入基层的功能。

一、一般规定

1. 沥青面层的适用范围

面层类型应与公路等级、使用要求、交通等级相适应。热拌沥青混凝土可用于各级公路的面层。沥青表面处治适用于三级及三级以下公路的面层。沥青贯入式路面适用于三级及三级以下公路的面层,也可作为沥青路面的联结层。冷拌沥青混合料适用于三级及三级以下的公路的沥青面层、二级公路的罩面施工以及各级公路沥青路面的基层或整平层。

2. 沥青层的厚度

各沥青层的厚度应与混合料的公称最大粒径相匹配,沥青混合料的一层压实最小厚度不宜小于混合料公称最大粒径的2.5~3倍。开级配抗滑面层OGFC或沥青玛蹄脂碎石SMA的一层压实最小厚度不宜小于混合料公称最大粒径的2~2.5倍。

各结构层的设计厚度应根据级配类型、结构组合及施工条件等确定。沥青混合料的压实最小厚度与适宜厚度见表5-4。贯入式沥青碎石、沥青表面处治的压实最小厚度与适宜厚度见表5-5。

沥青混合料的压实最小厚度与适宜厚度 表5-4

沥青混合料类型		最大粒径（mm）	公称最大粒径（mm）	符号	压实最小厚度（mm）	适宜厚度（mm）
密级配沥青混合料（AC）	砂粒式	9.5	4.75	AC-5	15	15~30
	细粒式	13.2	9.5	AC-10	20	25~40
		16	13.2	AC-13	35	40~60
	中粒式	19	16	AC-16	40	50~80
		26.5	19	AC-20	50	60~100
	粗粒式	31.5	26.5	AC-25	70	80~120
密级配沥青碎石（ATB）	粗粒式	31.5	26.5	ATB-25	70	80~120
		37.5	31.5	ATB-30	90	90~150
	特粗式	53	37.5	ATB-40	120	120~150
开级配沥青碎石（ATPB）	粗粒式	31.5	26.5	ATPB-25	80	80~120
		37.5	31.5	ATPB-30	90	90~150
	特粒式	53	37.5	ATPB-40	120	120~150
半开级配沥青碎石（AM）	细粒式	16	13.2	AM-13	35	40~60
	中粒式	19	16	AM-16	40	50~70
		26.5	19	AM-20	50	60~80
	粗粒式	31.5	26.5	AM-25	80	80~120
	特粗式	53	37.5	AM-40	120	120~150
沥青玛蹄脂碎石混合料（SMA）	细粒式	13.2	9.5	SMA-10	25	25~50
		16	13.2	SMA-13	30	35~60
	中粒式	19	16	SMA-16	40	40~70
		26.5	19	SMA-20	50	50~80
开级配沥青磨耗层碎石（OGFC）	细粒式	13.2	9.5	OGFC-10	20	20~30
		16	13.2	OGFC-13	30	30~40

贯入式沥青碎石、上拌下贯沥青碎石、沥青表面处治压实最小厚度与适宜厚度 表5-5

结构层类型	压实最小厚度(mm)	适宜厚度(mm)
贯入式沥青碎石	40	40~80
上拌下贯沥青碎石	60	60~80
沥青表面处治	10	10~30

3. 结构组合设计

设计时，应根据公路所在区域的水文地质、气候特点，公路等级与使用要求，交通量及其交通组成等因素,结合当地实践经验,选择适宜的路面结构组合,拟定沥青层厚度。对半刚性基层沥青路面的结构层组合设计,基层与沥青面层的模量比宜在1.5~3;基层与底基层的模量比不宜大于3.0;底基层与土基模量比宜在2.5~12.5。刚性基层沥青路面应采取措施加强沥青层与刚性基层的结合,并提高沥青混合料的抗剪强度。应选用密级配沥青混合料,防止雨、雪水渗入路面结构层,应采取技术措施,加强路面各结构层之间的结合,提高路面结构的整体性,避免产生层间滑移,例如:沥青层之间设黏层;各种基层上设置透层沥青;在半刚性基层上设下封层;新、旧沥青层之间与旧水泥混凝土板之间洒布黏层沥青,宜用热沥青或改性乳化沥青、改性沥青;拓宽路面时,新、旧路面接茬处,喷涂黏结沥青;双层式半刚性材料基层宜采用连续摊铺、碾压工艺,增强层间结合,以形成整层。

二、沥青路面材料

1.沥青

(1)沥青的品种

沥青路面使用的沥青材料有:道路石油沥青、改性沥青、乳化沥青、煤沥青、液体石油沥青等。

①石油沥青是由石油经蒸馏、吹氧、调和等工艺加工得到,主要为可溶于二硫化碳的碳氢化合物的固体黏稠状物质。

②改性沥青是指掺加橡胶、树脂、高分子聚合物、磨细的橡胶粉或其他填料等外掺剂(改性剂),或采取对沥青轻度氧化加工等措施,使沥青或沥青混合料的性能得以改善而制成的沥青结合料。改性沥青的加工温度不宜超过180℃。

改性沥青可采用现场加工或采购成品。现场制备改性沥青可以采用一次掺配法,运用高速剪切设备或胶体磨进行加工。对于成品改性沥青,应有产品名称、代号、标号、运输与存放条件、使用方法、生产工艺、安全须知等说明。

③乳化沥青是石油沥青(或煤沥青)与水在乳化剂、稳定剂作用下经乳化加工制得的沥青产品,也称沥青乳液。乳化沥青可利用胶体磨或匀油机等乳化机械在沥青拌和厂现场制备,乳化剂用量(按有效含量计)宜为沥青质量的0.3%~0.8%。制备现场乳化沥青的温度应通过试验确定,乳化剂水溶液的温度宜为40~70℃,石油沥青宜加热至120~160℃。乳化沥青制成后应及时使用,存放期以不离析、不冻结、不破乳为限度。

用阳离子乳化剂制得带正电荷的称阳离子乳化沥青;用阴离子乳化剂制得带负电荷的称阴离子乳化沥青。

④煤沥青系由煤干馏得到的煤焦油再经蒸馏加工制成。

⑤液体石油沥青系用汽油、煤油、柴油等溶剂将石油沥青稀释而成的沥青产品,也称轻制沥青或稀释沥青。液体石油沥青使用前应由试验确定掺配比例。

(2)沥青的选择

道路石油沥青根据当前的沥青使用和生产水平,按技术性能分为A、B、C三个等级。各个沥青等级的适用范围应符合表5-6的规定。道路石油沥青的质量应符合现行《公路沥青路面施工技术规范》的有关要求。

道路石油沥青的适用范围 表5-6

沥青等级	适用范围
A级沥青	各个等级的公路,适用于任何场合和层次
B级沥青	①高速公路、一级公路沥青下面层及以下的层次,二级及二级以下公路的各个层次 ②用作改性沥青、乳化沥青、改性乳化沥青、稀释沥青的基质沥青
C级沥青	三级及三级以下公路的各个层次

沥青路面采用的沥青标号,宜按照公路等级、气候条件、交通条件、路面类型及在结构层中的层位及受力特点、施工方法等,结合当地的使用经验,经技术论证后确定。对高速公路、一级公路,夏季温度高、高温持续时间长、重载交通、山区及丘陵区上坡路段、服务区、停车场等行车速度慢的路段,尤其是汽车荷载剪应力大的层次,宜采用稠度大、黏度大的沥青,也可提高高温气候分区的温度水平选用沥青等级;对冬季寒冷的地区或交通量小的公路、旅游公路宜选用稠度小、低温延度大的沥青;对温度日温差、年温差大的地区宜注意选用针入度指数大的沥青。当高温要求与低温要求发生矛盾时应优先考虑满足高温性能的要求。当缺乏所需标号的沥青时,可采用不同标号掺配的调和沥青,其掺配比例由试验决定。掺配后的沥青质量应符合现行《公路沥青路面施工技术规范》的要求。

乳化沥青适用于沥青表面处治路面、沥青贯入式路面、冷拌沥青混合料路面,修补裂缝,喷洒透层、黏层与封层等。乳化沥青类型根据集料品种及使用条件选择。阳离子乳化沥青可适用于各种集料品种,阴离子乳化沥青适用于碱性石料。乳化沥青的破乳速度、黏度宜根据用途与施工方法选择。

液体石油沥青适用于透层、黏层及拌制冷拌沥青混合料。根据使用目的与场所,可选用快凝、中凝、慢凝的液体石油沥青。

SMA的纤维稳定剂宜采用木质纤维素,木质纤维素应按沥青混合料总质量的0.3%~0.4%掺入混合料中。

2.粗集料

用于沥青面层的粗集料包括碎石、破碎砾石、筛选砾石、矿渣等。粗集料的粒径规格应符合技术规范规定。

粗集料不仅应洁净、干燥、无风化、无杂质,而且应具有足够的强度和耐磨性以及良好的(近立方体)颗粒形状,粒径大于2.36mm。用于沥青面层的碎石不宜用颚式破碎机加工。沥青面层用粗集料的质量技术要求应符合规范的规定。沥青中下层宜采用石灰岩等碱性材料,上面层宜采用玄武岩、或辉绿岩碎石。

路面抗滑表层粗集料应选用坚硬、耐磨、抗冲击性好的碎石或破碎砾石,不得使用筛选砾石、矿渣及软质集料。用于高速公路、一级公路沥青路面表面层及各级公路抗滑表层的粗集料,应符合规范中关于石料磨光值的要求,但允许掺加粗集料比例总量不超过40%的普通集料作为中等或较小粒径的粗集料。

筛选砾石仅适用于三级及三级以下公路的沥青表面处治或拌和法施工的沥青面层的下面层,不得用于沥青贯入式路面及拌和法施工的沥青面层的中、上面层。三级及三级以下公路可采用钢渣作为粗集料。钢渣沥青混合料的沥青用量必须经配合比设计确定。

酸性岩石的粗集料(花岗岩、石英岩)用于高速公路、一级公路时,宜使用针入度较小的沥青。为保证与沥青的黏附性,应采用下列抗剥离措施:

(1)用干燥的磨细消石灰或生石灰粉、水泥作为填料的一部分,其用量宜为矿料总量的1% ~2% 。

(2)在沥青中掺加抗剥离剂。

(3)将粗集料用石灰浆处理后使用。

3. 细集料

沥青面层的细集料可采用天然砂、机制砂及石屑,其规格应符合规范要求。细集料应洁净、干燥、无风化、无杂质,并由适当的颗粒组成。其质量技术要求应符合规范的规定。

热拌沥青混合料的细集料宜采用优质的天然砂或机制砂。在缺砂地区,也可使用石屑,但用于高速公路、一级公路沥青混凝土面层及抗滑表层的石屑用量不宜超过天然砂及机制砂的用量。细集料应与沥青有良好的黏结能力。黏结能力差的天然砂及用花岗岩、石英岩等酸性石料破碎的机制砂或石屑,不宜用于高速公路及一般公路的面层。必须使用时,应采取与粗集料相同的抗剥离措施。

4. 填料

沥青混合料的填料宜采用石灰岩或岩浆岩中的强基性岩石等憎水性石料经磨细得到的矿粉。矿粉要求洁净、干燥,其质量技术要求应符合规范的规定。

当采用水泥、石灰、粉煤灰作填料时,烧失量应小于 12% ,塑性指数应小于 4% ,粉煤灰的用量不宜超过填料总量的 50% ,并经试验确认与沥青有良好黏结力,沥青混合料的水稳性能得到满足。高速公路、一级公路的混凝土面层不宜采用粉煤灰作为填料,对 SMA 填料一般应加入植物纤维或矿物纤维。

拌和机采的粉尘可作为矿粉的一部分回收使用,每盘用量不得超过填料总量的 25% ,掺有粉尘填料的塑性指数不得大于 4% 。

三、沥青混合料分类

沥青混合料是由矿料与沥青结合料拌和而成的混合料的总称。按材料组成及结构分为连续级配、间断级配混合料,按矿料级配组成及空隙率大小分为密级配(空隙率 3% ~6%)、半开级配(空隙率 6% ~12%)、开级配混合料(排水式、空隙率 18% 以上)。按公称最大粒径的大小可分为特粗式(公称最大粒径等于或大于 31.5mm)、粗粒式(公称最大粒径 26.5mm)、中粒式(公称最大粒径 16mm 或 19mm)、细粒式(公称最大粒径 9.5mm 或 13.2mm)、砂粒式(公称最大粒径小于 9.5mm)沥青混合料。按制造工艺分热拌沥青混合料、冷拌沥青混合料和再生沥青混合料等。

密级配沥青混合料主要有密实式沥青混凝土混合料(AC)和密实式沥青稳定碎石混合料(ATB)两种。密级配沥青混合料按关键性筛孔通过率的不同,又可分为细型、粗型密级配沥青混合料等。

沥青稳定碎石混合料简称沥青碎石,按空隙率、集料最大粒径、添加矿粉数量的多少,分为密级配沥青碎石(ATB),开级配沥青碎石(OGFC 表面层及 ATPB 基层)、半开级配沥青碎石(AM)。

沥青玛蹄脂碎石混合料是由沥青结合料与少量的纤维稳定剂、细集料以及较多量的填料(矿粉)组成的沥青玛蹄脂,填充于间断级配的粗集料骨架的间隙,组成一体形成的沥青混合料,简称SMA。

四、沥青表面处治路面

沥青表面处治是用沥青裹覆矿料,铺筑厚度小于3cm的一种薄层路面面层。其主要作用是保护下层路面结构层,使它不直接遭受行车和自然因素的破坏作用,延长路面使用寿命并改善行车条件。计算路面厚度时,不作为单独受力结构层。

1. 特点及分类

沥青表面处治路面系按嵌挤原则修筑而成,为了保证矿料间有良好的嵌挤作用,同一层的矿料颗粒尺寸应力求均匀。

沥青表面处治路面可采用拌和法或层铺法施工。比较普遍采用的是层铺法,即将沥青材料与矿质材料分层洒布与铺撒,分层碾压成型。拌和法可热拌热铺或冷拌冷铺,热拌热铺的施工工艺按热拌沥青混合料路面的规定执行,冷拌冷铺的施工工艺按乳化沥青碎石混合料路面的有关规定执行。

层铺法施工沥青表面处治路面,按浇洒沥青及撒铺矿料的层次多少,可分为单层式、双层式和三层式,厚度宜为1.0~3.0cm。单层表处的厚度为1.0~1.5cm;双层表处的厚度为1.5~2.5cm;三层表处的厚度为2.5~3.0cm。

拌和法沥青表面处治路面厚度宜为3.0~4.0cm。采用拌和法施工时,基层顶面应洒透层沥青或黏层沥青或做下封层。

2. 材料要求

沥青表面处治采用的集料最大粒径应与处治层的厚度相等,其规格和用量可按规范的规定选用。当采用乳化沥青时,为减少乳液流失,可在主层集料中掺加20%以上的较小粒径集料。沥青表面处治施工后,应另准备5~10mm的碎石或3~5mm的石屑、粗砂或小砾石2~$3m^3/1\,000m^2$作为初期养护用料。

采用道路石油沥青时,沥青用量应按规范中规定的材料用量选定。当采用煤沥青时,可按规范规定的石油沥青用量增加15%~20%。当采用乳化沥青时,乳液用量按其中的沥青含量折算,规范中所列乳液用量适用于沥青含量为60%的乳化沥青。在高寒地区及干旱、风沙大的地区,沥青用量可超出规范规定的高限,再增加5%~10%。

在旧沥青路面、清扫干净的碎(砾)石路面、水泥混凝土路面、块石路面上铺筑沥青表面处治时,可在第一层沥青用量中增加10%~20%,不再另洒透层沥青。

3. 施工机械

沥青表面处治施工应采用沥青洒布车喷洒沥青。小规模施工沥青表面处治可采用机动或手摇的手工沥青洒布机洒布沥青,乳化沥青也可用齿轮泵或气压或洒布机洒布。手工喷洒必须由熟练工人操作,力求均匀洒布。

沥青表面处治压实机械的吨位以能使集料嵌挤紧密又不致使石料有较多的压碎为度,宜采用6~8t、8~10t压路机进行碾压。乳化沥青表面处治宜采用较轻的压实机械进行碾压。

4.层铺法施工

层铺法表面处治施工分先油后料与先料后油两种方法。一般多采用先油后料法施工。当堆放集料地点受限制或临近低温施工为使路面加速反油成型，才采用先料后油法施工，如图5-4所示。

三层式沥青表面处治的施工工艺按下述步骤进行：

(1)在透层沥青充分渗透，或在已作透层或封层并已开放交通的基层清扫后，即可浇洒第一层沥青。沥青的浇洒温度根据施工气温及沥青标号选择：石油沥青130～170℃、煤沥青80～120℃。乳化沥青在常温下洒布，当气温偏低，破乳及成型过慢时，可将乳液加温后洒布，乳液加温不超过60℃。当浇洒出现空白、缺边时，应立即用人工补洒，有积聚时应予刮除。沥青浇洒的长度应与集料撒布机能力相配合，应避免沥青浇洒后等待时间过长。除阳离子乳化沥青外，不得在潮湿的基层(或旧路)或集料上浇洒沥青。

(2)浇洒沥青后(不必等全段洒完)应立即撒布第一层集料。当使用乳化沥青时，集料撒布必须在乳液破乳之前完成。撒布集料后应及时扫匀，达到全面覆盖一层、厚度一致、集料不重叠、沥青不外露的要求。局部缺料处应适时找补，局部积料过多处应扫除多余料。

(3)撒布一段集料后(不必等全段铺完)应立即开始用6～8t钢筒双轮压路机碾压，碾压时每次轮迹重叠约30cm，从路边逐渐移至路中心，然后再从另一边开始移向路中心，以此作为一遍，宜碾压3～4遍。碾压速度开始不宜超过2km/h，以后可适当增加。

(4)第二、三层施工方法和要求与第一层相同，但可采用8～10t压路机。当使用乳化沥青时，第二层除撒布5～10mm碎石作嵌料后尚应增加一层封层料，其规格为3～5mm，用量为$3.5\sim5.5m^3/1\,000m^2$。

双层或单层式沥青表面处治浇洒沥青及撒布集料的次数分别为二次或一次，施工程序及要求与三层式相同。

除乳化沥青表面处治应待破乳后水分蒸发并基本成型后方可通车外，沥青表面处治路面在碾压结束后即可开放交通，但应设专人指挥交通，使路面全部宽度内都能够比较均匀地受到车轮的碾压，见图5-5。

图5-4　层铺法表面处治施工

图5-5　车轮碾压

沥青表面处治应进行初期养护。当发现泛油时，应在泛油处补撒嵌缝料并扫匀。出现其他破坏现象，也应及时补修。

五、沥青贯入式路面

沥青贯入式路面是在初步压实的碎石层上浇灌沥青,再分层撒铺嵌缝料和浇洒沥青,并通过分层压实而形成的一种较厚路面面层,其厚度通常为 4 ~ 8cm,但乳化沥青贯入式路面的厚度不宜超过 5cm。贯入式路面的强度和稳定性主要由矿料的相互嵌挤和锁结作用而形成,属于嵌挤式一类路面。

1. 特点及分类

沥青贯入式路面具有强度较高、稳定性好、施工简便和不易产生裂缝等优点。由于沥青贯入式路面主要取决于矿料间的嵌挤作用,受温度变化影响小,故温度稳定性较好。其缺点是沥青不易均匀洒布在矿料中,在矿料密实处沥青不易贯入,而在矿料空隙较大处,沥青又容易结成块,因而强度不够均匀。

当贯入式上部加铺拌和的沥青混合料时,总厚度宜为 7 ~ 10cm,其中拌和层厚度宜为 3 ~ 4cm。此种结构一般称之为沥青上拌下贯式路面。

沥青贯入式路面是一种多孔隙结构,为了防止表面水的透入,增强路面的水稳性,使路面面层坚固密实,沥青贯入式面层之下应做下封层。

2. 材料要求

集料应选择有棱角、嵌挤性好的坚硬石料,当使用破碎砾石时,其破碎面应符合规范规定。贯入层主层集料中大于粒径范围中值的数量不得少于 50%。细粒料含量偏多时,嵌缝料用量宜采用低限。贯入层的主层集料最大粒径宜与贯入层厚度相同,当采用乳化沥青时,主层集料最大粒径可采用厚度的 0.80 ~ 0.85 倍,数量按压实系数 1.25 ~ 1.30 计算。表面不加铺拌和层的贯入式路面,在施工结束后,应另备 2 ~ 3m^3/1 000m^2 与最后一层嵌缝料规格相同的石屑或粗砂等,以供初期养护使用。

表面加铺拌和层的路面结构,其拌和层部分的材料规格及沥青用量按热拌沥青混合料的有关规定执行。

3. 施工机械

沥青贯入式路面的主层集料可采用碎石摊铺机或人工摊铺。嵌缝料宜采用集料撒布机撒布。应采用沥青洒布车喷洒沥青。

沥青贯入式路面压实机械的吨位以能使集料嵌挤紧密又不致使石料有较多的压碎为度,宜采用 6 ~ 8t、8 ~ 10t 压路机进行碾压,其主层集料宜用钢筒式压路机碾压。

4. 施工

(1)沥青贯入式路面施工前,基层必须清扫干净。贯入式使用乳化沥青时,必须洒透层或黏层沥青。贯入式路面厚度≤5cm 时,也应洒透层或黏层沥青。

(2)撒料。撒主层集料时,应注意撒铺均匀,避免颗粒大小不均,并不断检查松铺厚度和校验路拱。撒布集料后,严禁车辆通行。

(3)碾压。主层集料撒布后,先用 6 ~ 8t 的钢筒式压路机以 2km/h 的初压速度碾压,使集料基本稳定,至集料无显著推移为止,碾压时每次轮迹重叠约 30cm,应自路边缘逐渐移至路中心,然后再从另一边开始移向路中心。然后再用 10 ~ 12t 压路机进行碾压,宜碾压 4 ~ 6 遍,直到主层集料嵌挤稳定,无显著轮迹为止。

(4)浇洒第一层沥青。主层集料碾压完毕后,应立即浇洒第一层沥青。当采用乳化沥青时,为防止乳液下漏过多,可在主层集料碾压稳定后,先撒布一部分上一层嵌缝料,再浇洒主层沥青。

(5)撒布第一层嵌缝料。主层沥青浇洒后应立即均匀撒布第一层嵌缝料。当使用乳化沥青时,嵌缝料的撒布必须在乳液破乳前完成。

(6)再碾压。嵌缝料扫匀后立即用8~12t钢筒式压路机碾压4~6遍,直至稳定为止。碾压时随压随扫,使嵌缝料均匀嵌入。

(7)浇洒第二层沥青,撒布第二层嵌缝料,碾压,浇洒第三层沥青,撒布封层料,最后碾压(宜采用6~8t压路机碾压2~4遍)。

(8)交通控制及初期养护的要求,与沥青表面处治路面相同。

沥青贯入式路面若为加铺沥青混合料拌和层时,应紧跟贯入层施工,使其上下成为一整体。贯入部分若系采用乳化沥青时,应待其破乳、水分蒸发且成型稳定后方可铺筑拌和层,当拌和层与贯入层不能同步连续施工,且需开放交通时,贯入层的第二层嵌缝料应增加用量2~$3m^3/1\,000m^2$,在摊铺拌和层沥青混合料前,应清除贯入层表面的杂物、尘土以及浮动石料,再补充碾压一遍,并应浇洒黏层沥青。拌和层的施工,与热拌沥青混合料路面相同。

六、热拌沥青混合料路面

沥青混凝土的强度是按密实原则构成,采用一定数量的矿粉是其一个显著特点。矿粉的掺入,使沥青混凝土中的黏稠沥青以薄膜形式分布,从而产生很大的黏结力,其黏结力比单纯沥青要大数十倍。因此,黏结力是沥青混凝土强度构成的重要因素,而骨架的摩阻力和嵌挤作用仅只占次要地位。

1. 混合料类型选择

沥青面层可由单层或双层或三层沥青混合料组成,各层混合料的组成设计应根据其层厚和层位、气温和降雨量等气候条件、交通量和交通组成等因素,选用适当的最大粒径及级配类型,并遵循以下原则:

沥青面层的集料最大粒径宜从上至下逐渐增大,中粒式及细粒式用于上层,粗粒式只能用于中下层。砂粒式仅适用于通行非机动车及行人的路面工程。热拌热铺沥青混合料路面应采用机械化连续施工,以确保路面铺筑质量。

2. 配合比设计

沥青混合料组成设计的主要任务,是选择合格的材料、确定各种粒径矿料和沥青的配比。高等级公路沥青混凝土混合料配合比设计以马歇尔试验为主,并通过车辙试验对抗车辙能力进行辅助性检验,沥青混合料60℃、轮压0.7MPa时车辙试验的动稳定度,高速公路应不小于800次/min,一级公路应不小于600次/min。沥青碎石混合料的配合比设计应根据实践经验和马歇尔试验结果,经试拌试铺论证确定。

高速公路和一级公路热拌沥青混合料的配合比设计应遵照下列步骤进行:

(1)目标配合比设计阶段。用工程实际使用的材料进行矿料配合比设计,通过马歇尔试验,确定最佳沥青用量,此目标配合比供拌和机确定各冷料仓的供料比例、进料速度及试拌使用。

(2)生产配合比设计阶段。对间歇式拌和机,必须从二次筛分后进入各热料仓的材料取样进行筛分,以确定各热料仓的材料比例,并取目标配合比设计的最佳沥青用量、最佳沥青用量 ±0.3% 等三个沥青用量进行马歇尔试验,确定生产配合比的最佳沥青用量。

(3)生产配合比验证阶段。采用生产配合比进行试拌、铺筑试验段,并用拌和的沥青混合料和路上钻取的芯样进行马歇尔试验检验,确定标准配合比。

经设计确定的标准配合比,在施工过程中不得随意变更。但生产过程中如进场材料发生变化,矿料级配及马歇尔技术指标不符规定时,应及时调整配合比,确保沥青混合料质量,必要时得重新进行配合比设计。

试验段应选在具有代表性的主线直线段,采用两种或两种以上的试铺碾压方案,每种方案长度不少于150m。

3. 拌制及运输

沥青混合料必须在拌和厂(场、站)采用拌和机械拌制,拌和机械设备的选型应根据工程量和工期综合考虑,而且拌和设备的生产能力应与摊铺能力相匹配,最好高于摊铺能力5%左右。

热拌沥青混合料可采用间歇式拌和机或连续式拌和机。各类拌和机均应有防止矿粉飞扬散失的密封性能及除尘设备,并有检测拌和温度的装置。高速公路和一级公路宜采用间歇式拌和机拌和。

拌和厂的设置除应符合国家有关环境保护、消防安全等规定外,应设置在空旷、干燥、运输条件良好的场地,应有良好的排水设施及可靠的电力供应。固定式沥青混合料拌和厂场地面积可参考表5-7估算。

沥青混合料拌和厂场地面积参考表 表5-7

生产能力(t/h)	搅拌器容量(间歇式)(kg)	场地面积(m^2)
30 ~ 35	500	3 000
35 ~ 40	750	4 500
60 ~ 70	1 000	6 500
90 ~ 110	1 500	9 000
120 ~ 140	2 000	12 000
160 ~ 180	2 500	14 000
240 ~ 260	3 000	18 000
300 ~ 320	4 000	20 000
380 ~ 420	5 000	24 000

沥青混合料拌和时间应以混合料拌和均匀,所有矿料颗粒全部裹覆沥青结合料为度,并经试拌确定。拌成的沥青混合料应均匀一致、无花白料、无结团成块或严重的粗细料分离现象,不符要求的拌和混合料不得使用,并应及时调整。

运输热拌沥青混合料,应采用较大吨位的自卸汽车,一般应不小于15t,车厢应清扫干净。从拌和机向运料汽车上放料时,应每卸一斗混合料前、中、后挪动一下汽车位置,以减少粗细集料的离析现象。运料车应用篷布覆盖,用以保温、防雨、防污染。运输混合料的运量能力应较拌和能力或摊铺速度有所富余,以确保摊铺能够有序地进行。运料车的温度检测应采用数字显示插入式热电偶温度计检测沥青混合料的出厂温度和运到现场温度,温度计插入深度要大于150mm,专用检测孔距车厢底面高度约为300mm。

4. 摊铺

铺筑沥青混合料前,应检查确认下层的质量。当下层质量不符合要求,或未按规定洒布透层、黏层、铺筑下封层时,不得铺筑沥青面层。

热拌沥青混合料应使用摊铺机作业。摊铺前,根据施工需要调整和选择摊铺机的结构参数及运行参数。运行参数主要指摊铺速度、摊铺机作业速度既对其工作效率有影响,更极大地影响摊铺质量。摊铺速度应符合2~6m/min的要求。

沥青混合料的松铺系数应根据实际混合料类型、施工机械和施工工艺流程等因素,参照以往施工经验及实践过程,由试铺试压方法确定。一般参照表5-8及成型后的平均厚度校验,根据铺筑情况进行调整。

沥青混合料松铺系数 表5-8

类 型	机 械 摊 铺	人 工 摊 铺
沥青混凝土	1.15~1.35	1.25~1.50
沥青碎石	1.15~1.30	1.20~1.45

摊铺压实成型后的平均厚度T(cm):

$$T = \frac{100M}{D \cdot L \cdot W} \tag{5-1}$$

式中:D——压实成型后沥青混合料的密度(t/m^3);

L——摊铺长度(m);

M——摊铺的沥青混合料总质量(t);

W——摊铺宽度(m)。

人工摊铺仅可用于路面狭窄部分、平曲线半径过小的匝道或加宽部分,以及小规模工程。

5. 压实及成型

压实是最后一道工序,良好的路面质量最终是要通过碾压来实现。碾压中出现质量缺陷,会导致前功尽弃,因此,必须十分重视压实工作。沥青混合料的分层压实厚度不得大于10cm。应采用重型压路机,双钢轮压路机应不小于12t,轮胎压路机应不小于25t,碾压时驱动轮应朝向摊铺机;碾压路线及方向不应突然改变;压路机起动、停止时必须减速缓行,不得制动;压路机折回位置应呈阶梯状,不在同一横断面。

应选择合理的压路机组合方式及碾压步骤,以求达到最佳效果。压实应按初压、复压、终压(包括成型)三个阶段进行。压路机应以慢而均匀的速度碾压,碾压速度如表5-9。

(1)初压

初压应在混合料摊铺后较高温度条件下进行,不得产生推移、发裂,压路机应从外侧向路中心碾压,碾压带重叠轮宽的1/3~1/2。应采用轻型钢筒式压路机或关闭振动装置的振动压路机碾压2遍,其线压力不宜小于350N/cm。

压路机碾压速度　　表5-9

项　目	初　压		复　压		终　压	
	适宜	最大	适宜	最大	适宜	最大
	碾压速度(km/h)					
钢筒式压路机	2~3	4	3~5	6	3~6	6
轮胎式压路机	2~3	4	3~5	6	4~6	8
振动式压路机	2~3 (静压或振动)	3 (静压或振动)	3~4.5 (振动)	5 (振动)	3~6 (静压)	6 (静压)

注:静压是指关闭振动装置的无振动碾压。

(2)复压

复压应紧接在初压后进行。宜采用重型轮胎式压路机,也可采用振动压路机或钢筒式压路机。碾压遍数应经试压确定,不宜少于4~6遍。

(3)终压

终压应紧接在复压后进行。终压可选用双轮钢筒式压路机或关闭振动的振动压路机碾压,不宜少于3遍,并要求压后无轮迹。路面压实成型的最后温度应符合技术规范的要求。

6.开放交通

热拌热铺沥青混合料路面应待摊铺层完全自然冷却,表面温度低于50℃后方可开放交通。一般在施工完毕后第二天可开放交通。

七、乳化沥青碎石混合料路面

乳化沥青碎石混合料路面的面层宜采用双层式,下层采用粗粒式沥青碎石混合料,上层采用中粒式或细粒式沥青碎石混合料。单层式只宜在少雨干燥地区或半刚性基层上使用。在多雨潮湿地区必须做上封层或下封层。

1.乳化沥青碎石混合料的配合比

乳化沥青碎石混合料的配合比,目前还难于由配合比设计的方法决定。实际施工时,应根据已建道路的成功经验决定,其矿料级配可采用热拌沥青碎石的级配;其乳液用量应根据交通量、气候、石料情况,参照当地经验确定。也可按热拌沥青碎石混合料的沥青用量折算,实际的沥青用量宜较同规格热拌沥青混合料的沥青用量减少15%~20%。

2.施工要求

乳化沥青碎石混合料宜采用拌和厂机械拌和。在条件限制时也可以现场用人工拌制。其施工顺序类同热拌沥青混合料的施工,但因乳化沥青中含有较多水分,黏度较低,破乳过程要经历一定时间,因而又有某些不同之处,主要有:

对拌和法施工,应选择慢裂或中裂乳化沥青,并应使用表面干净石料。当采用阳离子乳液时,还应在干燥石料中加入2%左右的水,使石料表面湿润后再加乳液进行拌和,要求拌和迅速,在1~2min内即将混合料拌匀。

使用乳化沥青施工时,要求暂时中断交通。当不能中断交通时,应在路面混合料摊铺碾压后作一薄层罩面,以保护主层乳液混合料。对于阳离子乳液施工的路面,车速控制不超过

15km/h 的时间至少 2～5h。在气温高、湿度小的天气，控制车速的时间可短些，反之则要长一些。

乳化沥青黏度低，渗透快，用于洒铺路面时，浇洒量不宜过于集中，以免因一次用量太大，形成流失浪费。

3. 碾压

乳化沥青碎石混合料的碾压可与热拌沥青混合料相同，但应注意：

（1）混合料摊铺后，初压应采用 6t 左右的轻型压路机压 1～2 遍，使混合料初步稳定，再用轮胎式压路机或轻型钢筒式压路机压 1～2 遍。初压应匀速进退，不得在碾压路段紧急制动或快速启动。

（2）当乳化沥青开始破乳，混合料由褐色转变成黑色时，用 12～15t 轮胎式压路机或 10～12t 钢筒式压路机复压，复压 2～3 遍后立即停止，待晾晒一段时间，水分蒸发后再补充复压至密实为止。

（3）碾压时，发现局部混合料有松散或开裂时，应立即挖除，补换新料，整平后继续碾压密实。

（4）上封层应在压实成型、路面水分蒸发后方可加铺。

八、透层、黏层、封层

1. 透层

沥青路面的级配砂砾、级配碎石基层及水泥、石灰、粉煤灰等无机结合料稳定土或粒料的半刚性基层上必须浇洒透层沥青。

（1）透层沥青宜采用慢裂的洒布型乳化沥青，也可采用经稀释的中、慢凝液体石油沥青、煤沥青，稠度宜通过透入深度及试洒确定，一般要求透入深度 0.5～1.0cm。

（2）透层沥青宜紧接在基层施工结束，表面稍干后浇洒。当基层完工后时间较长，表面过分干燥时，应将基层清扫干净，在基层表面少量洒水，等表面稍干后浇洒，表层最佳含水率一般为 30%。

（3）高速公路、一级公路应采用沥青洒布车喷洒透层沥青。二级及二级以下公路也可采用手摇沥青洒布机喷洒透层沥青。喷嘴应配置适当，以保证沥青喷洒均匀。

（4）浇洒透层沥青时，对路缘石及人工构造物应适当防护，以防污染。透层沥青洒布后应不致流淌，渗透入基层一定深度，不得在表面形成油膜，铺筑面层前，应清除多余的透层沥青堆积层。

（5）在无机结合料稳定半刚性基层上浇洒透层沥青后，宜立即撒布用量为 2～3m^3/1 000m^2的石屑或粗砂。半刚性基层表面宜喷洒透油层，在透层油渗透入基层后，方可开展下道工序。

（6）透层沥青洒布后应尽早铺筑面层。当采用乳化沥青作透层时，洒布后应待其充分渗透、水分蒸发后，方可铺筑沥青面层，时间不宜少于 24h。

2. 黏层

黏层的作用在于使上下沥青层或沥青层与构造物完全黏结成一整体。黏层应在上覆层施工前 1～2d 进行，因此，符合下列情况之一者，应喷洒黏层沥青：

(1)双层或三层式热拌热铺沥青混合料路面的沥青层之间;

(2)水泥混凝土路面、沥青稳定碎石基层或旧沥青路面层加铺筑沥青面层;

(3)路缘石、雨水口、检查井等构造物与新铺沥青混合料接触的侧面。

黏层沥青材料宜采用快裂或中裂乳化沥青、改性乳化沥青,也可用快、中凝液体石油沥青,气温低于10℃或路面潮湿时,不应浇洒黏层沥青。

3. 封层

符合下列情况之一时,应在沥青面层上铺筑上封层:

(1)沥青面层的空隙较大,透水严重;

(2)有裂缝或已修的旧沥青路面;

(3)需加铺磨耗层改善抗滑性能的旧沥青路面;

(4)需铺筑磨耗层或保护层的新建沥青路面。

符合下列情况之一时,应在沥青面层下铺筑下封层:

(1)位于多雨地区且沥青面层空隙率较大,渗水严重;

(2)在铺筑基层后,不能及时铺筑沥青面层,且须开放交通。

上封层及下封层可采用拌和法或层铺法施工的单层式沥青表面处治,也可采用乳化沥青稀浆封层。稀浆封层的厚度宜为3~6mm。乳化沥青稀浆封层的矿料级配及沥青用量应符合规范规定。透层、黏层及下封层应在干燥和较热的天气进行,气温低于10℃或大风,或即将降雨时,不得施工。

第四节　水泥混凝土路面

水泥混凝土路面可分为普通混凝土、钢筋混凝土、碾压混凝土、钢纤维混凝土及连续配筋混凝土等。本节主要介绍普通水泥混凝土路面。

一、水泥混凝土路面设计

水泥混凝土路面设计以重100kN的单轴—双轮组荷载作为标准轴载,以弹性地基上的薄板理论为基础,采用有限元法计算荷载应力与温度应力。其设计的主要内容包括结构组合设计、板的平面尺寸和接缝构造设计、板厚的确定和配筋、水泥混凝土混合料组成设计等。

1. 路基

水泥混凝土路面下的路基必须密实、稳定和均质。影响路基强度和稳定的地面水和地下水,必须采取拦截或疏导措施,把水流排出路基以外。要求路基应处于干燥或中湿状态,过湿状态或强度与稳定性不符合要求的潮湿状态的路基,必须经过处理。

2. 基层与垫层

为保证水泥混凝土路面的整体强度及耐久性,防止唧泥和错台,基层应具有足够的强度和稳定性。特重和重交通量的公路,基层宜采用水泥稳定砂砾、水硬性工业废渣稳定类或沥青混合料类等;中等和轻交通量的公路,除上述类型外,也可采用石灰土、泥灰结碎石等。其技术要求见本章第二节。

基层宽度应比混凝土面板每侧宽出30cm(采用小型机具或轨道式摊铺机施工)或50cm(采用轨模式摊铺机施工)或65cm(采用滑模式摊铺机施工)。路肩采用混凝土面层,其厚度与行车道面层相同时,基层宽度宜与路基同宽。新建公路的水泥混凝土路面基层的最小厚度一般为15cm。岩石路基上铺筑水泥混凝土面板时,应根据需要设置整平层,其厚度一般为6~10cm。填石路基上铺筑水泥混凝土面板时,填石路基必须稳定、密实,表面平整,并满足水泥混凝土面板对基层强度的要求,如图5-6所示。

图5-6　基层与垫层

原有公路上铺筑水泥混凝土面板时,原有路面应平整密实,符合路拱要求,其顶面的当量回弹模量与新建公路基层顶面的要求相同。若原有路面当量回弹量达不到要求时,应设置补强层。补强层的厚度应经过计算确定,但不得小于结构层最小厚度的规定。

3. 混凝土面板

(1)板的平面尺寸

普通混凝土面板一般采用矩形、纵向和横向接缝应垂直相交,其纵缝两侧的横缝不得互相错位。纵向缩缝间距(即板宽)可按路面宽度和每个车道宽度而定,其最大间距不得大于4.5m。横向缩缝间距(即板长)应根据当地气候条件、板厚和实践经验确定,一般采用4~6m,最大不得超过6m,且板宽与板长之比不宜超过1:1.3,平面尺寸不宜大于25m^2。

(2)板厚设计

板的横断面一般采用等厚,其厚度通过计算确定,但最小厚度为18cm。为便于荷载应力计算,各级交通量的混凝土板初估厚度如表5-10所列。

混凝土板的初估厚度　　表5-10

交通等级	特　重				重			
公路等级	高速	一级		二级	高速	一级		二级
变异水平等级	低	中	低	中	低	中	低	中
面层厚度(mm)	≥260	≥250	≥240		270~240	260~230	250~220	

交通等级	中　等				轻	
公路等级	二级		三、四级	三、四级	三、四级	
变异水平等级	高	中	高	中	高	中
面层厚度(mm)	240~210	230~200		220~200	≤230	≤220

4. 接缝设计

(1)纵缝

混凝土面板的纵缝必须与路线中线平行,纵缝一般分为纵向缩缝和纵向施工缝。一次铺筑宽度大于4.5m时,应增设纵向缩缝。纵向缩缝采用假缝,并应设置拉杆。其构造如图5-7所示。一次铺筑宽度小于路面宽度时,应设置纵向施工缝。纵向施工缝采用平缝,并应设置拉杆。其构造如图5-8所示。

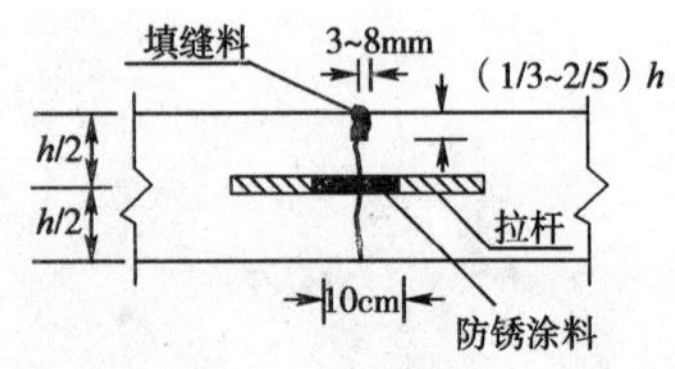

图5-7 纵向缩缝构造

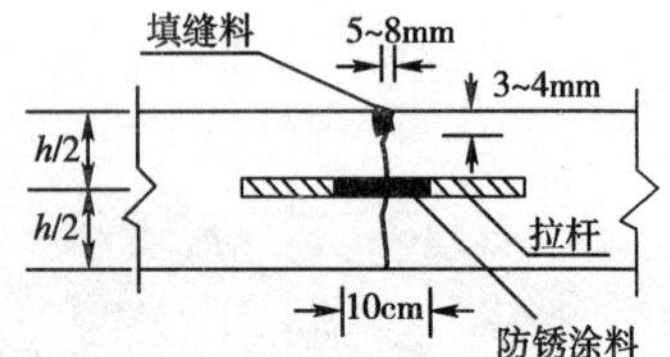

图5-8 纵向施工缝构造

(2)横缝

横向施工缝构造如图5-9所示。横缝一般分为横向缩缝、胀缝和横向施工缝。横向缩缝采用假缝。在特重交通的公路上,横向缩缝宜加设传力杆;其他各级交通的公路上,在邻近胀缝或路面自由端部的3条缩缝内,均宜加设传力杆,其构造如图5-9所示。

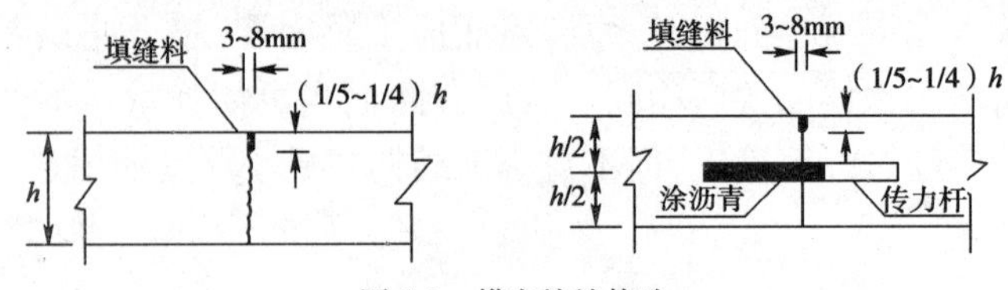

图5-9 横向缩缝构造

在邻近桥梁或其他固定构筑物处、与柔性路面相接处、板厚改变处、隧道口、小半径平曲线和凹形竖曲线纵坡变换处,均应设置胀缝。在邻近构造物处的胀缝,应根据施工温度至少设置2条。除此之外的胀缝宜尽量不设或少设。其间距可根据施工温度、混凝土集料的膨胀性并结合当地经验确定。

胀缝应采用滑动传力杆,并设置支架或其他方法予以固定。其构造如图5-10a)所示。与构筑物衔接处或其他公路交叉的胀缝无法设传力杆时,可采用边缘钢筋型或厚边型。其构造如图5-10b)、c)所示。

每日施工结束,或浇筑混凝土过程中因故中断浇筑时,必须设置横向施工缝。其位置宜设在胀缝或缩缝处。设在胀缝处的施工缝,其构造与图5-10a)相同;设在缩缝处的施工缝应采用平缝加传力杆型,其构造如图5-11所示。

(3)拉杆与传力杆

拉杆应采用螺纹钢筋。传力杆应采用光面钢筋,图5-12a)所示传力杆,其长度的一半再加5cm,应涂以沥青或加塑料套。胀缝处的传力杆,尚应在涂沥青一端加一套子,内留3cm的空隙,填以纱头或泡沫塑料。套子端宜在相邻板中交错布置。

(4)补强钢筋

混凝土面板纵、横向自由边边缘下的基础,当有可能产生较大的塑性变形时,宜在板边缘加设补强钢筋,角隅处加设发针形钢筋或钢筋网。

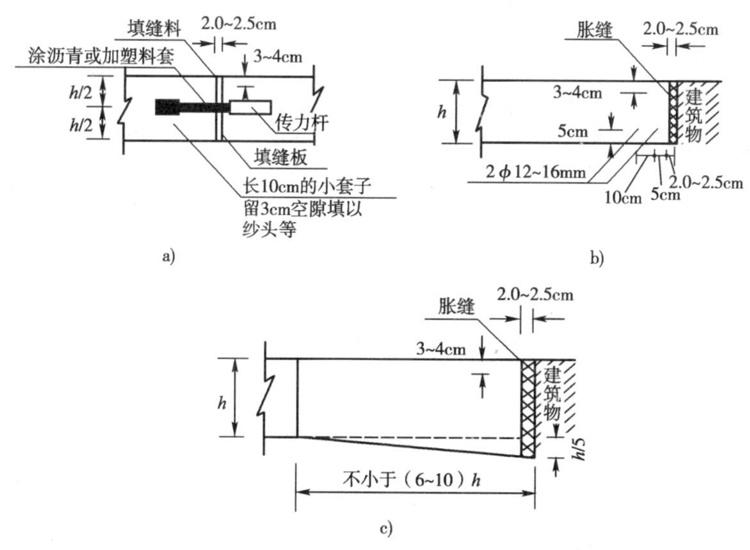

图 5-10 胀缝构造

a)传力杆(滑动)型;b)边缘钢筋型;c)厚边型

混凝土面板边缘部分的补强,一般选用 2 根直径 12 ~ 16mm 螺纹钢筋,布置在板的下部,距底板一般为板厚的 1/4,并应不小于 5cm,间距一般为 10cm,钢筋两端应向上弯起。钢筋保护层最小厚度应不小于 5cm。

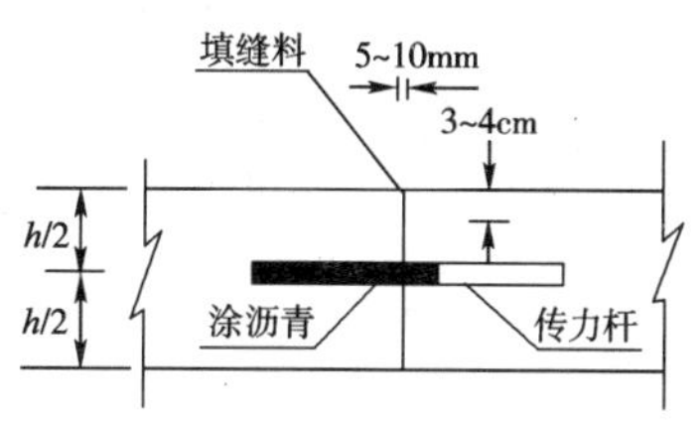

图 5-11 横向施工缝构造

混凝土板的角隅补强,可选用 2 根直径 12 ~ 16mm 螺纹钢筋,布置在板的上部,距板顶应不小于 5cm,距板边一般为 10cm。板角小于 90°时,亦可采用双层直径为 6mm 的钢筋网补强,布置在板的上、下部,距板顶和板底 5 ~ 10cm 为宜。钢筋保护层最厚度应不小于 5cm。

a)

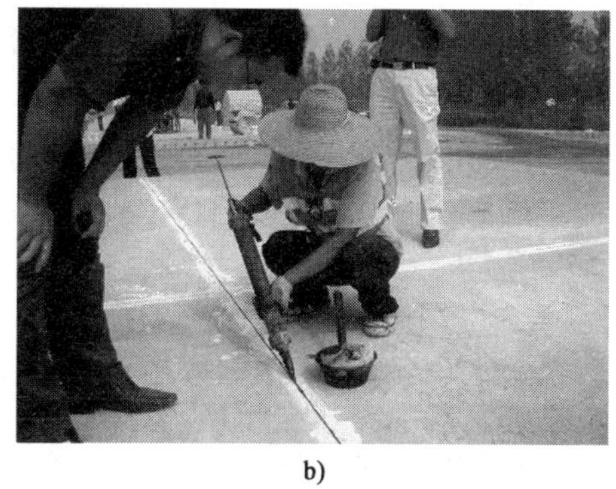

b)

图 5-12 横缝设置

a)传力杆;b)灌缝

二、材料技术要求

1. 混凝土混合料

混凝土混合料由水泥、粗集料、细集料、水与外加剂组成。

特重、重交通路面宜采用旋窑道路硅酸盐水泥,也可采用旋窑硅酸盐水泥或普通硅酸盐水泥和道路硅酸盐水泥,不宜采用早强或早凝水泥。中、轻交通的路面可采用矿渣硅酸盐水泥,低温天气施工或有快通要求的路段可采用R型水泥。混凝土配合比试验,根据其配制弯拉强度、耐久性和工作性选适宜的水泥品种、强度等级。散装水泥的夏季出厂温度:南方不宜高于65℃,北方不宜高于55℃;混凝土搅拌时的水泥温度南方不宜高于60℃,北方不宜高于50℃,且不宜低于10℃。在夏季高温下施工时,混凝土拌和物的初凝时间不得小于3h,冬季低温终凝时间不得大于10h。

粗集料(碎石或砾石)应质地坚硬、耐久、洁净,符合规定级配,最大粒径不应超过31.5mm。细集料(天然砂或石屑)应质地坚硬、耐久、洁净,符合规定级配,碎石中粒径小于0.075mm的石粉含量不宜大于1%。细度模数宜在2.0~3.5。

清洗集料、拌和混凝土及养生所用的水,不应含有影响混凝土质量的油、酸、碱、盐类、有机物等。饮用水一般均适用于混凝土。

2. 接缝材料

接缝材料按使用性能分为接缝板和填缝料两类。接缝板应选用能适应混凝土面板膨胀收缩、施工时不变形、耐久性良好的材料。填缝料应选用与混凝土面板缝壁黏结力强、回弹性好、能适应混凝土面板收缩、不溶于水和不渗水、高温时不溢出、低温时不脆裂和耐久性好的材料。

接缝板可采用杉木板、纤维板、泡沫橡胶板、泡沫树脂板等。接缝板的技术要求应符合规范的规定。

填缝料按施工温度分为加热施工式和常温施工式两种。加热施工式填缝料主要有沥青橡胶类、聚氯乙烯胶泥类和沥青玛蹄脂类等;常温施工式填缝料有聚氨酯焦油类、氯丁橡胶类、乳化沥青橡胶类等。填缝料的技术要求应符合规范的规定。

三、配合比设计

混凝土的配合比应根据设计弯拉强度、耐久性、工作性三项技术要求,其最大水灰比和最小水泥用量为经济性评价标准,并应符合规范要求。选用原材料,通过计算、试验和必要的调整,确定混凝土单位体积中各种组成材料的用量。

混凝土的配合比设计强度f_c,应按下式确定:

$$f_c = k_i \cdot f_{cm} \tag{5-2}$$

式中:f_{cm}——混凝土设计弯拉强度(MPa);

k_i——提高系数。其值为1.10~1.15,可根据施工的技术水平和工程的重要程度确定。

四、施工前的准备工作

1. 材料准备及其性能检验

根据施工进度计划,在施工前分批备好所需要的水泥、砂石料及必要的外加剂,并在实际使用时核对调整。砂料应抽样检测含泥量、级配、有害物质含量、坚固性;对碎石还应抽检其强度、软弱及针片状颗粒含量和磨耗等。

水泥除查验其出厂质量报告单外,还应逐批抽验其细度、凝结时间、安定性及3d、7d、28d的抗压强度等是否符合要求。受潮结块的水泥禁止使用。新出厂水泥至少要存放一个周后方可使用。

外加剂应按其性能指标检验,并须通过试验判定其是否适用。

2. 混凝土配合比的检验与调整

施工前必须检验混凝土配合比设计是否合适。

(1)工作性的检验与调整

按设计配合比取样试拌,测定其工作度,必要时还应通过试铺检验。

(2)强度检验

按工作性符合要求的配合比,成型混凝土抗弯拉及抗压试件,养生28d后测定其强度,强度较低时,可采用提高水泥强度等级、降低水灰比或改善集料级配等措施。

(3)其他检验

除上述检验外,还可以选择不同用水量,不同水灰比,不同砂率或不同集料级配等配制混凝土,通过比较,从中选出经济合理的方案。施工现场砂石料的含水率会经常发生变化,必须及时进行测定,并调整其实际用量。

3. 基层检验与整修

(1)基层质量检验

基层强度应以基层顶面的当量回弹模量值或以黄河标准汽车测定的计算回弹弯沉值作为检验指标,检查结果不得小于设计要求。

基层完工后,应加强养护,控制行车,避免出现车槽,如有损坏,应在浇筑混凝土板前采用相同材料修补压实,严禁用松散粒料填补。对原有公路加宽的部分,新旧部分的强度应一致。

(2)测量放样

应先放出路中心线及路边缘线,将设胀缩缝、曲线起讫点、纵坡变化点等的中心点及一对边桩在实地标明。放样时,基层宽度应比混凝土板每侧宽出25~35cm。主要中心桩应分别固定在路边稳固位置,临时水准点每隔100m左右设置一个,以便施工时就近复核路面高程。

根据放好的中心线及边缘线,在现场核对施工图纸的混凝土分块线,要求分块线距窨井盖及其他公用事业检查井井盖的边线至少1m的距离,否则应适当调整、移动分块线位置。

4. 安装模板及布设钢筋

摊铺混凝土之前,应先将路面边部模板安装完毕(对于滑模摊铺机无此工序)。采用半幅路面施工时,还应安装纵缝处模板。边模高度应与路面厚度相同。模板底面与基层若有空隙,应用石子或木片垫衬,以免振捣时模板下沉。垫衬后的剩余空隙,可用砂填满补实,以免漏浆而使混凝土侧面形成蜂窝。模板安装后应检查其高程是否正确,然后在内侧涂刷肥皂水、废机油等润滑剂以利拆模。

浇筑混凝土前,应按设计要求布设钢筋。钢筋应绑扎好,边缘钢筋可在底部垫放预制的混凝土垫块,或用钢钎插入基层固定,混凝土浇筑捣固后钢钎不再取出;角隅钢筋或全面网状钢筋,可先在下面浇一层混凝土后再予安放,然后再浇筑上面的混凝土。

五、施工技术

1. 混凝土拌制及运送

拌制混凝土时,要准确掌握配合比,特别要严格掌握用水量。每天开始拌和前,应根据天气变化情况,测定砂石含水率,据以调整实际用水量,每盘拌料均应过秤,保证用料精确度控制在规范规定的范围。

每一工班应检查材料量配精度至少两次,每半天检查坍落度两次。拌和机每盘拌和时间为1.5~2.0min,相当于拌鼓转动18~24转。粉煤灰混凝土的净拌时间应比不掺的延长10~15s。混凝土拌和物出料温度宜控制在10~35℃。

采用移动式拌和机时,通常用于推车或小翻斗车运送混凝土。因振动易使混合料产生离析现象,故运距不宜太长,一般以不超过100m为宜。采用拌和站(厂)集中拌和时,通常用自卸汽车或专用的混凝土罐车运送混凝土。自卸汽车车箱应密封,以免漏浆,装载不可过满,天热时需防水分蒸发,通常应不宜覆盖。运距则根据运载容许时间确定,通常夏季不宜超过30~40min,冬季不宜超过60~90min。

2. 混凝土铺摊及捣实

水泥混凝土路面施工常分为小型机具、轨道式摊铺机、滑模式摊铺机、三辊轴摊铺机四种方法,如图5-13所示。

a)

b)

图5-13 水泥路面施工

a)轨道式摊铺;b)滑模式摊铺机施工

(1)小型机具施工

混凝土混合料运送到达工地后应卸在钢板上,以免扰动下承层(尤其在砂质整平层更应注意)。混合料有离析现象时应用铁铲翻拌均匀。摊铺时不宜撒扬抛掷,以免混凝土发生离析。在模板附近,必须用方铲以扣铲法撒铺,并予振捣,使浆水捣出,以免发生空洞蜂窝。人工摊铺混凝土拌和物的坍落度应控制在5~20mm,摊铺后的松散混凝土表面应略高于模板顶面,使捣实后的路面高程及厚度符合设计要求。

(2)轨道式摊铺机施工

轨道式摊铺机施工的整套机械系在轨道上推进,也以轨道为基准控制路面高程。最小摊铺宽度不得小于3.75m。

轨道摊铺时的适宜坍落度应控制在20～40mm，松铺系数k应符号技术规范要求。

混凝土振捣机是跟在摊铺机后面，对混凝土进行一次整平和捣实的机械。

(3)滑模式摊铺机施工

滑模式摊铺机是将各作业装置装在同一机架上，使路面挤压成型。并可实现多种功能的摊铺，如路肩、路牙等。

高速、一级公路宜选配一次摊铺2～3个车道宽度(7.5～12.5m)的滑模摊铺机，二级及以下公路的最小摊铺宽度不得小于单车道设计宽度。

当坍落度在10～50mm时，布料松铺系数宜控制在1.08～1.15，布料机与滑模摊铺机之间施工距离宜控制在5～10m。

滑模摊铺过程中应采用自动抹平板装置抹平，对少量缺料部分，应在挤压板后或搓平梁前补充适量拌和物。

(4)三辊轴摊铺机施工

三辊轴摊铺机的主要技术参数满足施工需要，布料应与摊铺速度相适应。

坍落度在10～40mm时，松铺系数为1.12～1.25，三辊轴机组铺筑作业均应符合规定。

3.表面修整与拆模

精光工序是对混凝土表面进行最后的精细修整，使混凝土表面更加致密、平整、美观，这是混凝土路面外观质量的关键工序。

纹理制作是提高水泥混凝土路面行车安全的重要措施。施工时用纹理制作机对混凝土路面进行拉槽式压槽，在不影响平整度的前提下，具有一定粗糙度。适宜的纹理制作时间以混凝土表面无波纹水迹比较合适，过早或过晚都会影响纹理的质量。

混凝土达到一定强度即可拆除模板，拆模时间视气温而定，一般在浇筑混凝土60h以后拆除。

4.接缝施工

当胀缝与结构物相接，混凝土板无法设置传力杆时，可做成厚边式，即接近结构物一端适当加厚。此时可将木制嵌缝板设在胀缝位置，为便于事后取出嵌缝条，可在邻浇筑混凝土一侧贴一层油毛毡。为减少填缝工作，可用沥青马蹄脂与软木屑混合压制成板放在胀缝位置，不再取出。

当胀缝设置传力杆时，可用软木(或油浸甘蔗板)做成整体式嵌缝板，中部预留穿放传力杆圆孔，混凝土浇筑后不再取出。也可用两截式嵌缝板，下截用软木制成，不再取出；上截用钢材或木材制成，也叫压缝板，浇筑混凝土捣固初凝后取出，然后填缝。

缩缝有压缝及切缝两种做法。压缝法是在混凝土经振捣后，在缩缝位置先用湿切缝刀切出一条细缝，再将压缝板压入混凝土中。切缝法是在混凝土强度达50%～70%时，使用切缝机切割成缝。切缝法便于连续施工，效率高，切缝整齐平直，宽度一致，美观大方。施工中，应尽可能采用切缝机切缝。

平头式纵缝应在其下部已凝固的混凝土侧壁涂以沥青，上部设置压缝板，再浇筑另一侧混凝土。

5. 养生与填缝

养生的目的是防止混凝土中水分蒸发过速而产生缩裂，保证水泥水化过程的顺利进行。养生工作应在抹面2h后，混凝土表面已有相当硬度，用手指轻轻压上没有痕迹时开始进行。养生一般采用麻袋、草席覆盖及铺2～3mm厚砂层，每天均匀洒水2～3次，时间一般为14～21d，具体时间应视气温而定。养生应注意保持接缝内的清洁，以免增加填缝困难。

混凝土路面养生期满后即可进行填缝。填缝也可在混凝土初步硬结后进行。填缝时，缝内必须清除干净，必要时应用水冲洗，待其干燥后在侧壁涂一薄层沥青漆，待沥青漆干燥后再行填缝。

理想的填缝料应能长期保持弹性与韧性，热天缝隙缩窄不软化挤出，冷天缩缝增宽时能胀大而不脆裂。

第五节　工程量计算

一、混合料综合运距

路面结构混凝土的材料来源于多个料场，因此需要确定混合料的平均运距。当公路沿线路面结构类型和料场位置确定之后，首先定相邻两种料场经济供应范围的分界点，然后按各路段的材料用量及运距用加权平均的方法求各个料场和全线路面材料的平均运距。假设路面工程料场的分布情况如图5-14所示，以各运料路段的中心桩号为运料终点，计算各料场的平均运距和全线路面材料的平均运距。

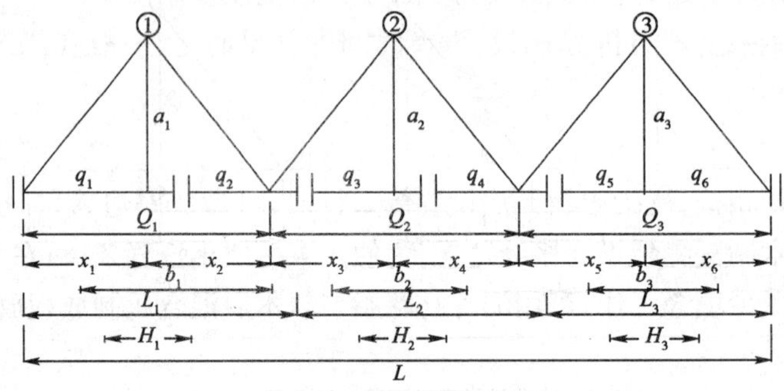

图5-14　路面工程材料分布

计算材料场1的材料平均运距。

料场1的供应路段 $L_{12}=x_1+x_2$；q_1、q_2 分别为 x_1、x_2 路段内材料供应量；$Q_1=q_1+q_2$ 为 L_1 路段内材料供应量。

当 L_1 路段内路面类型一致时，路面厚度 h_1 及宽度 b_1 相同，则材料供应量 q 与路段长度 x 成正比。即

$$q_1 = H_1 b_1' x_1 \qquad q_2 = H_2 b_2 x_2 \tag{5-3}$$

故料场1的材料平均运距 S_1 为

$$S_1 = \frac{q_1\left(a_1 + \frac{x_1}{2}\right) + q_2\left(a_1 + \frac{x_2}{2}\right)}{q_1 + q_2} = \frac{a_1(x_1 + x_2) + \frac{1}{2}(x_1^2 + x_2^2)}{x_1 + x_2} \tag{5-4}$$

同理可求得其他料场的平均运距为

$$S_2 = a_2 + a' \qquad S_3 = a_3 + a_3' \qquad \cdots \qquad S_n = a_n + a_n' \tag{5-5}$$

式中 a'为上路交点至两边供应范围内路面中间点的距离,即

$$a_1' = \frac{1}{2}(x_1 + x_2) = \frac{L_1}{2} \qquad a_2' = \frac{1}{2}(x_3 + x_4) = \frac{L_2}{2} \qquad \cdots \tag{5-6}$$

$$a_n' = \frac{1}{2}(x_{2n-1} + x_{2n}) = \frac{L_n}{2} \tag{5-7}$$

全线路面材料的平均运距为

$$\begin{aligned} S &= \frac{Q_1S_1 + Q_2S_2 + \cdots + Q_nS_n}{Q_1 + Q_2 + \cdots + Q_n} \\ &= \frac{h_1b_1L_1S_1 + h_2b_2L_2S_2 + \cdots + h_nb_nL_nS_n}{h_1b_1L_1 + h_2b_2L_2 + \cdots + h_nb_nL_n} \\ &= \frac{\sum_{i=1}^{n} h_ib_iL_iS_i}{\sum_{i=1}^{n} h_ib_iL_i} \end{aligned} \tag{5-8}$$

当路面宽度不变时,上式可化简为:

$$S = \frac{\sum_{i=1}^{n} h_iL_iS_i}{\sum_{i=1}^{n} h_iL_i} \tag{5-9}$$

二、工程量计算

道路基层、面层工程量计算方法如下:

(1)各类路面基层、底基层分厚度按顶面面积计算。养生不单独计量。桥梁和明涵处的搭板、埋板下变截面石灰稳定土底基层按以体积计量。

(2)透层、黏层以面积计量。沥青混合料面层分厚度以平方米(m^2)为单位计算,对于个别特殊形状的面积,应采用适当的计算方法计量。各类路面按类型分厚度以面积计算。

水泥混凝土、钢纤维混凝土、碾压混凝土面板按不同厚度以平方米(m^2)计量。水泥混凝土路面的补强钢筋及拉杆、传力杆、钢筋网等钢筋以质量计量。应搭接而增加的钢筋作为附属工程不予计量。接缝材料、外掺剂等未列入支付子目中的其他材料均含入水泥混凝土路面单价之中,不单独计算工程量。

第六章　隧道工程

第一节　概　　述

一、隧道及其分类

位于地表以下，一个方向的尺寸远大于另两个方向的尺寸，两端起连通功能的人工建筑物称为地道。横截面较小时称为坑道，横截面较大时称为隧道。

隧道按其所处的位置不同可分为山岭隧道、水下隧道（河底和海底）以及城市隧道等。

隧道按其横断面形状分为圆形、椭圆形、马蹄形、连拱形等，如图6-1、图6-2所示。

图6-1　分离式隧道

图6-2　整体式直中墙连拱隧道

隧道按其用途可分为交通隧道（包括公路隧道、铁路隧道、城市地铁、人行隧道等）和运输隧道（包括输水隧道、输气隧道、输液隧道等）。

公路隧道一般指的是山岭隧道。为了克服地形和高程上的障碍（如山梁、山脊、垭口等），以改善和提高拟建公路的平面线形和纵坡，缩短公路里程，或为避免山区公路的各种病害（如滑坡、崩坍、岩堆、泥石流等不良地质地段），以保护生态环境，必须修建公路隧道。尤其是在高等级公路建设中，为了符合各等级公路的有关技术标准，常常必须修建隧道。

公路隧道按其长度的不同又分为四类，如表6-1所示。这种分类的目的，主要是为了以各种隧道的长度确定有关的设计和施工的技术要求和规定，以及不同的设计深度，从而达到简化的目的。

公路隧道分类　　表6-1

隧道分类	特长隧道	长隧道	中隧道	短隧道
隧道长度 L(m)	$L>3\,000$	$3\,000 \geqslant L>1\,000$	$1\,000 \geqslant L>500$	$L \leqslant 500$

隧道长度，是指进出口洞门端墙之间的水平距离，即两端端墙面与路面的交线同路线中线交点间的距离，并以此作为计量支付的依据。

尽管隧道有各种用途、不同长度及横断面形状，但其构造组成大体相同，均由主体建筑物和附属建筑物两大部分组成。

二、隧道主体建筑物

隧道主体建筑物包括洞口和洞身。

1.洞口

洞口工程是隧道出入口部分的建筑物，包括洞门、洞口通风及排水设施、边仰坡支挡构造物和引道等。

隧道洞口位置的选择也是隧道位置的平纵横断面的最终确定。洞口位置应根据地形、地质、水文条件，并考虑边坡及仰坡的稳定，从保证施工和营运的安全出发，通过技术经济比较综合分析确定，如图6-3所示。

图6-3　隧道洞口施工

洞口应修建洞门，并应尽量与隧道轴线正交。

洞门是为了保证边坡和仰坡稳定，并将仰坡流下的水引离隧道而在洞口修建的建筑物。它是隧道外露的唯一部分，起着保护洞口、保证边坡和仰坡稳定、美化和诱导作用。

隧道洞门有翼墙式、端墙式、柱式、环框式、遮光或遮阳式、削竹式等不同形式，如图6-4所示。公路隧道一般采用翼墙式。

隧道应积极推广“零开挖”进洞理论，遵循“早进洞、晚出洞”施工原则。洞口设有明洞，且洞口地质情况相对较好的隧道，可先进暗洞，由内向外施作洞口明洞模注衬砌，再进行洞身段开挖、初期支护、二次衬砌施工；当洞口围岩条件较差时，应在完成套拱和超前大管棚后，立即进行明洞主体模注衬砌施工，然后再进行暗洞浅埋段施工。隧道二次衬砌原则上施工完成50m（含明洞）后立即进行洞门及边仰坡绿化工程。洞口边、仰坡开挖应尽量保护原生态植被，其排水系统应及时完成，防止地表水渗入开挖面。进洞超前管棚推荐采用履带式潜孔钻机。

洞门正面端墙是洞门的主要组成部分，其作用是承受山体的纵向推力、支撑仰坡。端墙面有垂直式和仰斜式两种，就其与路线中心线的关系分为正交和斜交。端墙顶端构筑女儿墙，墙背后根部设有排水沟，端墙应嵌入路堑边坡内0.3～0.5m。

侧面翼墙的作用有两种，一是加强端墙抵抗山体纵向推力从而减少端墙的厚度；二是可减小洞口、明堑的开挖坡度，从而减少土石方数量。

洞口仰坡坡脚至洞门墙背的水平距离不应小于1.5m，洞门端墙与仰坡之间水沟的沟底至衬砌拱顶外缘的高度不应小于1.0m，洞门墙顶应高出仰坡坡脚0.5m以上。

洞门墙应根据实际需要设置伸缩缝、沉降缝和泄水孔。洞门墙的基础必须置于稳固的地基上，应视地形及地质条件、冰冻深度，埋置足够的深度，保证洞门的稳定性，如图6-5所示。

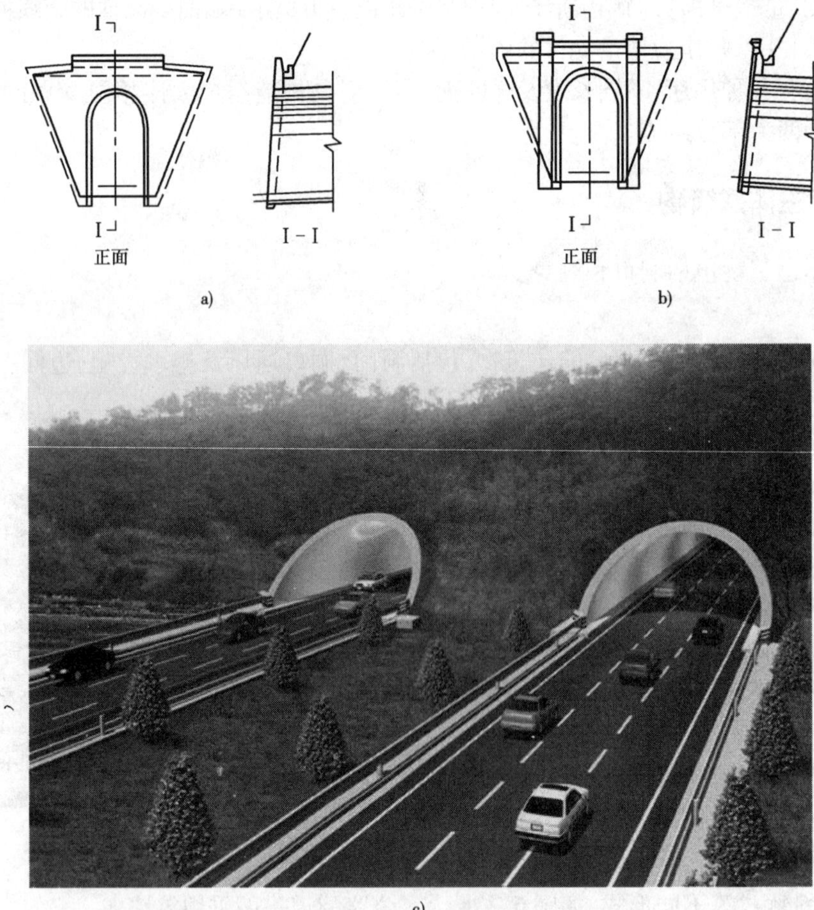

图 6-4　隧道洞门形式

a)端墙式;b)柱式;c)削竹式

图 6-5　洞门位置

构筑洞门常用的材料有混凝土、钢筋混凝土、浆砌片石、镶面块石等。

2. 洞身

洞身是隧道工程的主要组成部分,按其所处地形、地质条件及施工方法的不同,分为隧道洞身、明洞洞身和棚洞洞身。

(1)隧道洞身

根据路线设计高程与地形地质情况,当有足够厚的覆盖层时,应设计成隧道,隧道洞身由暗挖的岩土空间经衬砌而成。

衬砌即随洞内壁承受围岩压力的镶护结构。其作用是支护隧道、防止岩石碎落、风化、保证净空、防水排水。根据地质条件的不同,隧道衬砌按功能分为承载衬砌、构造衬砌和装饰衬砌,按组成可分为整体式衬砌和复合式衬砌(图6-6),就使用材料而言,有喷射混凝土、锚杆、型钢拱形支撑、钢筋格栅支撑、钢筋网或铁丝网、模注混凝土、石料混凝土预制块衬砌及一、二次衬砌间的防水层、排水管等。

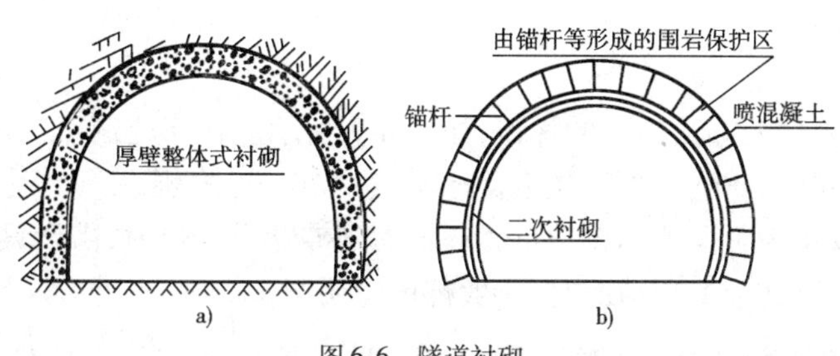

图6-6　隧道衬砌

a)整体式衬砌;b)复合式衬砌

承载衬砌的作用是承受围岩垂直与水平方向的压力,一般由拱顶、边墙和仰拱(无仰拱时做铺底)组成。边墙根据水平压力的大小可做成直墙式或曲墙式。承载衬砌需进行荷载计算和衬砌设计,一般都做成整体式,常用的材料有混凝土、钢筋混凝土或浆砌片石,如图6-7所示。

图6-7　承载衬砌

构造衬砌是指在围岩压力很小,但为了防止岩石局部松动塌落和防止岩石风化而建造的衬砌。其无须进行受力计算。

装饰衬砌是指在山体岩石整体性很好,且在Ⅳ级围岩(Ⅰ～Ⅲ级围岩)以上时,为防止表面岩石风化而做的衬砌。

在衬砌段之间,应根据实际情况设置变形缝,在Ⅲ级及以下(Ⅳ～Ⅵ级)围岩地段,应设置仰拱。

所谓仰拱,是指在两相对的边墙基础之间,设置曲线形的水平支撑结构。一般通过不良的地质和特殊围岩的隧道衬砌,如软弱和膨胀性围岩的隧道,应采用曲墙带仰拱的混凝土或钢筋混凝土衬砌结构,必要时还应设置钢拱支撑混凝土衬砌结构。

设置仰拱的隧道,路面下应以浆砌片石或贫混凝土密实回填。

复合式衬砌也称二次衬砌,由内外两层复合而成。其外层(即与围岩面接触的部分)常称为初次(或初期)柔性支护,有喷射混凝土、锚杆、钢筋网或铁丝网、临时或永久性钢拱支撑等支护形式,可以设置为单一或多项的合理组合;内层常称为二次衬砌,一般采用现浇混凝土,又称为模注混凝土。两次衬砌之间应采用防水夹层措施。隧道开挖后,首先用喷锚作为初期支护,承受围岩的初期变形,待初期变形基本稳定后,再做内层现浇混凝土衬砌。外层喷锚支护与内层现浇混凝土衬砌相互依赖共同来承受围岩的变形和压力。复合式衬砌通常适用于Ⅳ级及以下的软弱破碎围岩。

(2)明洞洞身

明洞是指采用明挖的方法施工的隧道,如图6-8所示。在修建洞口工程时,往往需要修筑一定长度的明洞,即路基或隧道洞口受不良地质、边坡塌方、岩堆、落石、泥石流等危害又不宜避开清理的地段,以及为了保证洞口的自然环境而延伸隧道洞口时,需设置明洞。明洞除常用于洞口内,当隧道位置处于下列情况时,一般都设置明洞:

图6-8　明洞

①洞顶覆盖层薄,不宜大开挖修建路堑而又难于采用暗挖法修建隧道的地段;

②可能受到塌方、落石或泥石流威胁的洞口或路堑;

③铁路、公路、水渠和其他人工构造物必须在拟建公路的上方通过,又不宜采用隧道或立交桥或涵渠跨越的地点。

明洞的结构形式有拱形明洞和箱形明洞两种。拱形明洞整体性好,可承受较大的垂直与水平压力。当边坡塌方量较大、落石较多或基础设置条件较好时,一般都宜采用拱形明洞。当净高、建筑高度受到限制或地基软弱的地段,则宜采用箱形明洞。

明洞衬砌一般采用对称变截面拱圈、直线或曲线墙,内形与洞身一般一致。明洞为防渗水、积水及冰冻危害,一般做外贴式防水层和隔水层。明洞拱圈外模拆除、拱圈混凝土达到设计强度的50%后,应及时按设计规范要求施作防水层及拱脚纵向排水沟、环向盲沟,防水板应向隧道内延伸不小于0.5m,并与暗洞防水板连接良好。

明洞混凝土达到设计强度,拱背防水设施完成后,方可回填拱背土方,明洞顶部回填土方应对称分层夯实,每层厚度不得大于0.3m,两侧回填的土面高差不得大于0.5m,底部应铺填0.5~1.0m厚碎石并夯实;使用机械回填时,拱圈混凝土应达到设计强度,且需先用人工夯填至拱顶以上1.0m后,方可使用机械施工。

明洞基础的埋置深度,一般应符合上述洞门的有关规定和要求。当埋置深度超过路面以下3m时,在路面以下设置钢筋混凝土横向水平拉杆,锚固于内层边墙或岩体中,用锚杆锚固于稳定的岩体中。基岩埋置较浅时,基础可设置于基岩上。当基础位于软弱地基上时,基础可采用仰拱、整体式钢筋混凝土底板等结构。

(3)棚洞洞身

图6-9 棚洞

棚洞是指明挖路堑后，构筑简支的或拱形顶棚架并回填而成的洞身，如图6-9所示，属于明洞范畴的隧道。采用棚洞的条件与明洞大致相似，其结构整体性比明洞差，但由于顶棚与内外墙简支，故对地基的要求相对较低。其适用条件为：

①有少量塌方和落石的地段；

②内外墙底基础软硬差别较大，不适宜修建拱形明洞的地段；

③半路堑外侧地形狭窄或基岩埋深大并有条件设计为桩基的地段。

棚洞随地形、地质条件的不同有多种类型，但其基本构造均有内墙、外侧支撑结构（悬臂式棚洞无此结构）以及顶板三部分组成。内墙一般用浆砌片石砌筑，截面厚度不小于50 cm，内墙顶设顶帽以承托和嵌固顶板。外侧支撑结构根据地形、地质情况的不同可做成刚架式、柱式和墙式。顶板可采用T形梁、I形梁或空心板截面构件。

当棚洞立柱的基础置于路面3m以下时，立柱可在路基平面处加设纵撑和横撑，以与相邻立柱及内边墙相连接，以增强其稳定性。

三、隧道附属建筑物

隧道除了组成其主体结构的洞口、洞门及洞身外，一般还有防水排水系统，通风、照明与供电系统，隧道运营管理设施，辅助坑道等附属建筑物。

1. 防水排水系统

隧道的防水排水要求拱部不滴水，边墙不漏水，路面不冒水、不积水，设备箱洞处不渗水，冻害地区隧道衬砌背后不积水、排水沟不冻结。为达到上述要求，应采取防、截、排、堵综合治理，形成防水排水系统。该系统包括洞顶防水排水、洞门排水、洞内排水和洞内防水四个方面。如图6-10、图6-11所示为隧道内防水排水不良产生的病害。

图6-10 隧道内结冰

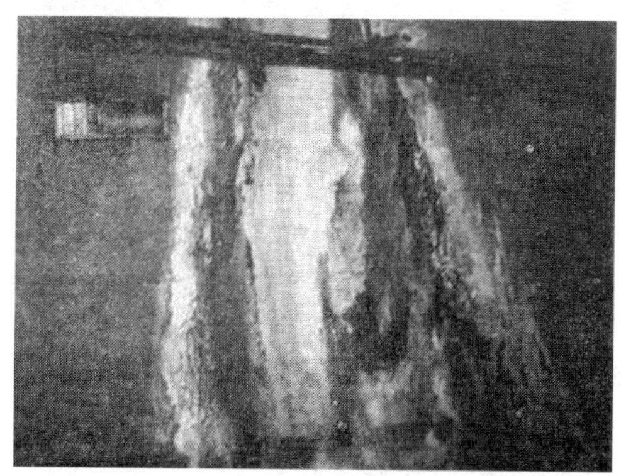

图6-11 隧道渗漏水

2.通风、照明与供电系统

隧道内保持良好的空气是行车安全的必要条件,所以,隧道应具备良好的通风条件,以排出污浊空气,补充新鲜空气,或吹入新鲜空气,稀释污浊空气。隧道的通风方式有机械通风和自然通风两种。交通量小的中、短隧道可采用自然通风,交通量大的长隧道应采用机械通风。采用机械通风时,常采用纵向通风形式,配以射流风机,并按正常通风量的50%配置备用通风机,如图6-12a)所示。

为了保证车辆的正常行驶和交通安全,隧道应设电光照明,隧道的照明要考虑洞内有合理的光过渡。尤其是白天,要避免“黑洞”效应,使之由亮到暗(洞外到洞内)或由暗到亮(洞内到洞外)有个很好的适应过程。对于能通视、交通量较小和行人密度不大的短隧道,可以不设白天照明设施。但长度超过100m的高速公路,一、二级公路的隧道,则仍应设置白天照明设施。照明的光源,一般选用在烟雾中有较好的透视性的低压钠灯或显色性较好的荧光灯,而在隧道的出入口处,则选用小型、大光通量的高压钠灯或高压荧光灯。结合公路隧道营运的特点,则宜选用具有耐腐蚀性、不易老化、防潮和防喷性的灯具,达到节约维修和保养费用的目的,如图6-12b)所示。

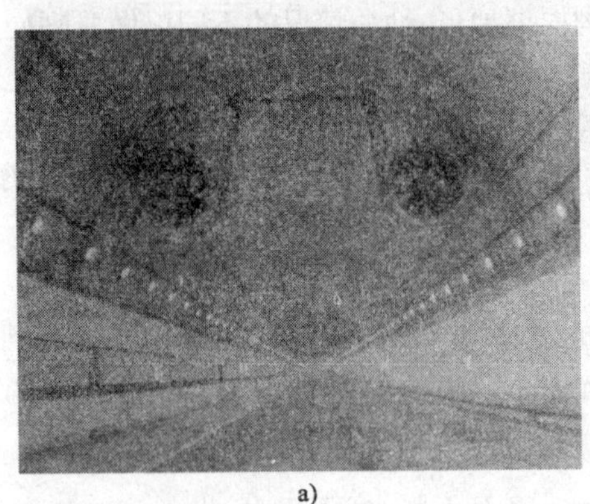

a)

b)

图6-12　隧道通风、照明系统

a)通风系统;b)照明系统

隧道内供电分动力供电和照明供电。供电系统的设计必须执行国家技术经济政策,做到保证安全、供电可靠、技术经济合理。一般采用三相四线供电,供电系统宜采用380/220V交流电和中性接地变压器。

3.隧道运营管理设施

隧道的运营管理设施包括动力网路使用的电缆与电缆槽,通信、信号及标志,消防及救援设施,以及装饰、消声、收费设施等。救援设施包括避人洞及行人横洞和行车横洞。隧道内不设人行道时,除短隧道外,应设置避车洞,避车洞在洞内应两侧交叉布置。相邻双孔隧道之间按规定间距设置供巡查、维修、救援及车辆转换方向用的行人横洞和行车横洞。

长隧道必要时应设置报警、消防及其他应急设施,如图6-13所示。

4.辅助坑道

在隧道建设中,为了增加工作面、提高施工进度、缩短工期以及改善施工条件,可适当增设辅助坑道。辅助坑道有横洞、斜井、竖井和平行导坑几种形式。

横洞多用于傍山线路靠河的一侧,其纵坡向外下坡,出口有河槽或谷地便于排水和堆渣,且有利于正洞的施工通风。横洞既增加了工作面又便于施工管理,是优选方案。

图6-13 隧道中央控制中心

斜井适用于隧道覆盖层较薄,或虽厚但在适宜处旁侧有低洼地形时。利用斜井出渣运输需要有相应的提升设备。为使机具材料运输与人员上下互不干扰,有时按主、副斜井分建,但造价高、工期长,故多数宜建混合井。斜井底部设停车场,提升设备应有可靠的安全装置。

当隧道较长且无设置横洞和斜井的条件,但在洞顶某些地段覆盖层较薄,且地质条件允许时,可设竖井。通常竖井都设在主隧道的一侧。竖井横断面有矩形和圆形,由井颈、井身、井窝和马头门组成。

主隧道较长且覆盖层较厚,不宜采用其他形式辅助坑道时,尤其是在远期规划需增建第二线平行隧道时,采用平行导坑方案具有良好的经济效益。平行导坑可在主隧道一侧或两侧设置,一般都是独头导坑。平行导坑应先于主洞开工,根据工期和施工方法确定由平行导坑开向主洞的横通道数量。平行导坑在施工期间作为增加工作面的进出口和施工通风道,在涌水量大的主隧道运营期间,可作为排水通道起排水沟的作用,如图6-14、图6-15所示。

图6-14 车行横洞与紧急停车带

图6-15 隧道双侧壁导坑法

四、洞内线路构筑物

对于不同种类的隧道,有不同的洞内线路构筑物。例如,铁路隧道的洞内线路构筑物为道床;公路隧道的洞内线路构筑物为路基和路面。

第二节　公路隧道的要求

一、隧道位置选择与线形要求

隧道位置选择的一般要求是:高速公路、一级公路上的隧道和二、三、四级公路上的短隧道,其线形及其与公路的衔接应符合路线布设的规定。二、三、四级公路上的特长及长、中隧道的位置原则上应服从路线走向,路隧综合考虑确定。此外隧道两端洞口的连接线应与隧道的平面线形相协调。

长、特长的双洞隧道,宜在洞口外合适位置设置联络通道,以利于车辆掉头。

对于间隔100m以内的短隧道群,宜整体考虑其平、纵线形技术指标。其连接线的纵坡则应有一定的距离与隧道纵坡保持一致,以满足设置竖曲线和保证各级公路停车或会车视距的需要。

隧道位置应选择在稳定的地层中,尽量避免穿越地质不良地段,若必须通过时,应有切实可靠的工程措施。

毗邻水库区的隧道,其洞口路肩设计高程应高出水库计算洪水位(含浪高和壅水高)不小于0.5m。

隧道内的纵坡一般大于0.3%,以利排泄雨水,但不应大于3.0%,独立的明洞和短于50m的隧道可不受此限制。纵坡的形式一般可设置为单坡,地下水发育的隧道及特长和长隧道可设计为人字坡。隧道内纵坡变更处应设置竖曲线。凸形竖曲线最小半径和最小长度应满足规范要求。

二、横断面

公路隧道的横断面,主要是指隧道的净空断面,即衬砌内轮廓线所包围的空间,也称为内轮廓限界。它包括隧道建筑限界,以及照明、通风等所需的空间断面积。而隧道的建筑限界如图6-16所示,在建筑限界内,不得有任何部件侵入。

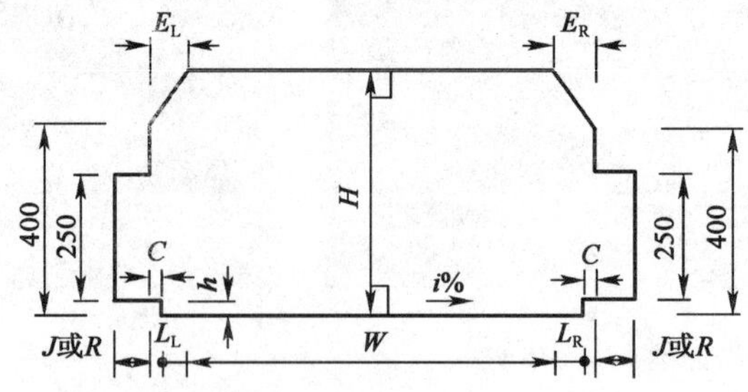

图6-16　隧道建筑限界(单位:cm)

H-建筑限界高度,高速公路、一级公路、二级公路为5.0m,三级公路、四级公路为4.5m;W-行车道宽度;L_L-左侧向宽度,高速公路、一级公路上的短隧道宜取硬路肩宽度;L_R-右侧向宽度,高速公路、一级公路上的短隧道宜取硬路肩宽度;C-余宽,当设置检修道或人行道时,不设余宽;当不设置检修道或人行道时,应设不小于25cm的余宽;J-检修道宽度,高速公路设置0.75m的检修道而不设人行道;R-人行道宽度,其宽度为1.0m或0.75m,四级公路一般可不设人行道;h-检修道或人行道高度;E_L-建筑限界左顶角宽度,$E_L = L_L$;E_R-建筑限界右顶角宽度,$E_R = L_R$

公路隧道的横断面设计除应符合上述建筑限界规定外，还应考虑洞内排水、通风、照明、防火、监控、营运等附属设施所需的空间，以及施工方法等必要的富余量。根据围岩压力和使用要求，确定断面形式和尺寸。

高速公路、一级公路的隧道应设计为上、下分离的独立双洞。分离式独立双洞的最小净距，按两洞结构彼此不产生有害影响的原则，结合隧道平面线形、围岩地质条件、断面形状和尺寸、施工方法等因素确定，一般情况下可按表6-2的规定选用。在隧桥相连、隧道相连、地形条件限制等特殊地段隧道净距不能满足要求时，可采取小净距隧道或连拱隧道形式，但应作出充分的技术论证和比较研究，并制定可靠的技术保障措施，确保工程质量。

两相邻隧道最小净距　　表6-2

围岩级别	Ⅰ	Ⅱ	Ⅲ	Ⅳ	Ⅴ	Ⅵ
最小净距(m)	$1.0\times B$	$1.5\times B$	$2.0\times B$	$2.5\times B$	$3.5\times B$	$4.0\times B$

注：B 为隧道开挖断面的宽度。

三、路面

公路隧道洞内行车道路面宜采用水泥混凝土路面，它能提高照明亮度，并具有耐久使用等优点。当洞内干燥无水、施工方便时，也可采用沥青混凝土路面。采用水泥混凝土路面时，应按设计要求在相应位置设置必要的变形缝。

四、防水与排水

防水与排水设施，是隧道工程重要的组成部分。公路隧道施工防排水设施应与营运防排水工程相结合；防排水施工应遵循“防、排、截、堵相结合，因地制宜，综合治理”的原则进行施工。应结合隧道衬砌采用可靠的防水和排水措施，使洞内外形成一个完整的畅通的防排水系统。衬砌背后的排水设施施工应根据隧道的渗水部位和开挖情况适当选择排水设施位置，并配合衬砌进行施工；隧道侧沟、横向盲沟等排水设施亦应配合衬砌等进行施工。公路隧道防水，首要是做好堵水和截水。堵水，就是在围岩破碎和涌水易坍地段，直接向围岩体内压水泥浆或化学浆液，堵塞裂隙水和渗涌水孔。截水，则主要是防止地表水的下渗，其措施有铺砌、勾补、抹面，以及坑穴、钻孔等的填平、封闭等。

公路隧道衬砌的防水方法很多，应首先采取引排措施，如设置盲沟、排水管等，将水引至水沟内排出，然后敷设聚氯乙烯塑料板或合成树脂防水卷材，以及防水混凝土等内、外贴衬砌防水层。当采用复合式衬砌时，则宜设置夹层防水层。

隧道衬砌中的施工缝、变形缝等处，应采用专门的止水条(带)嵌塞措施，以防止渗漏。

公路隧道的排水设施，包括洞内和洞外两个部分。

洞口和明洞顶，应设置截水沟、排水沟等排水设施，洞口边坡、仰坡应采取防护措施，如铺砌、抹面等，以防止地表水的下渗和冲刷。要注意防止洞外雨水流入洞内，当洞口外路堑为上坡时，应在洞口外设置反排水沟或截流涵洞。对于反坡排水的隧道施工，可根据距离、坡度、水量和设备等因素布置排水管道，或一次或分段接力将水排出洞外，接力排水时应在掌子面设置临时集水坑，并每隔200m设置集水坑。

为确保隧道营运期间有良好的防水效果，高速公路隧道防水卷材不宜使用复合片，可采用均质片加无纺土工布的防水结构形式或直接采用点黏片。

洞内一般要设置纵向排水沟、横向排水沟式或横向排水暗沟、盲沟等排水设施。水沟位置应远离边墙,宜距边墙基脚不小于1.5m。均质片、点黏片的母材厚度(不包括无纺土工布)不宜小于1.5mm;无纺土工布规格不低于300g/m^2。防水板宜选用高分子材料,一般幅宽为2~4m,耐刺穿性好、柔性好、耐久性好。

五、照明、通风与供电

1.照明

照明设计路面亮度总均匀度(U_0),路面亮度纵向均匀度(U_1)均应符合规范要求。

中间段亮度、过渡段、出口段的照明应满足规范有关要求。

当隧道不设电光照明时,则宜设置车道分离设施(如隔离墩、分离块)和配置诱导视线的反光标志。此外,凡在隧道内设置紧急停车带时,其停车处的亮度应按基本照明亮度的1.5~2.0倍设计确定。

2.通风

公路隧道当隧道较长,而交通量又较大时,汽车所排出的一氧化碳(CO)和柴油车所排出的烟雾,会直接危害司机和旅客的健康,而烟雾、尘土等又会使能见度降低,从而影响行车速度和行车安全。

根据现行《公路隧道设计规范》的规定,隧道通风应符合以下要求:

(1)单向交通的隧道设计风速不宜大于10m/s,特殊情况下可取12m/s;双向交通的隧道设计风速不应大于8m/s;人车混合通行的隧道设计风速不应大于7m/s。

(2)风机产生的噪声及隧道中废气的集中排放均应符合环保的有关规定。

(3)确定的通风方式在交通条件发生变化时,应具有较高的稳定性,并能适应火灾情况下的通风要求。

(4)隧道内营运通风的主流方向不应频繁变化。

公路隧道的通风方式,有机械通风和自然通风两种。

3.供电

公路隧道的照明与通风所需的原动力,主要是电力,所以应设置完善的供电系统,做到保证人身安全、供电可靠、技术经济合理。凡设照明、通风的高速公路、一级公路的隧道,应设置独立的备用电源,以防意外的断电事故,并确保交通运输的安全,避免造成不应有损失。

六、救援及消防设施

为了便于消防及紧急救援,凡设计为眼镜形的双孔隧道,其两隧道之间,宜按表6-3的规定,设置供巡查、维修、救援及车辆转换方向用的行人横洞和行车横洞。

横洞间距及尺寸(m) 表6-3

名　称	间　距	尺　寸	
		宽	高
行人横洞	250~500	2.0	2.5
行车横洞	750~1 000	4.0	5.0

当隧道长度在 400 ~ 600m 时,可在隧道中间设置一行人横洞;当隧道长度在 800 ~ 1 000m 时,可在隧道中间设置一行车横洞,凡小于上述下限值的则不设横洞。在 500m 以上的高速公路和一级公路的隧道,宜单独设置存放专用消防器材等的洞室。横洞及各种专用洞室的衬砌,一般应与隧道内相应部位衬砌类型相同,行人横洞的底面应与人行道或边沟盖板顶面平齐。行人横洞两端则应与路缘带顺坡,并设半径不小于 5m 的转弯喇叭口。

七、装饰

公路隧道装饰,不仅可起到美化作用,而且还可减少噪声,提高隧道亮度和照明的效果,但除高速公路、一级公路的隧道外,一般不考虑进行内装饰。

在进行隧道内装饰时,应经济耐用,易于保养清洗,并适当考虑美化、提高亮度和尽可能减少噪声的原则,进行综合分析确定。

第三节 公路隧道施工

一、隧道施工方法概述

隧道施工是修建隧道及地下洞室的施工方法、施工技术和施工管理的总称。

隧道施工方法的选择主要依据地质、地形、环境条件及埋置深度,并结合隧道断面尺寸、长度、衬砌类型、隧道的使用功能和施工技术水平等因素综合考虑确定。根据隧道穿越地层的不同情况和目前隧道施工技术的发展,隧道施工方法可按以下方式分类。

山岭隧道的支护方法有:矿山法、新奥法、掘进机法,如图 6-17 所示。

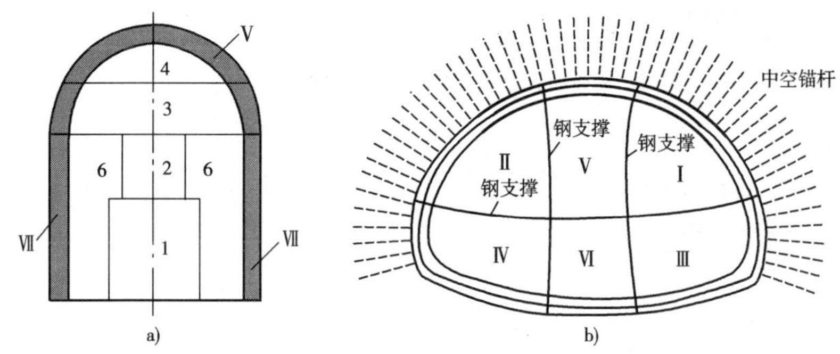

图 6-17 隧道施工支护方法

a)矿山法;b)新奥法

浅埋及软土隧道的施工方法有:明挖法、地下连续墙法、浅埋暗挖法、盾构法。

水底隧道的施工方法有:沉埋法、盾构法。

隧道施工有以下特点:

(1)受工程地质和水文地质条件的影响较大。

(2)工作条件差,工作面小而狭窄,工作环境差。

(3)暗挖法施工对地面影响较小,但埋置较浅时,可能导致地面沉陷。

(4)有大量废渣,需妥善处理。

埋置较浅的工程,施工时先从地面挖基坑或堑壕,修筑衬砌后再回填,这种施工方法称明挖法。当埋置深度超过一定限度后,明挖法不再适用,而要改用暗挖法,即不开挖地面,采用在地下挖洞的方式施工。

暗挖法施工最初是采用矿山开拓巷道的方法,故称为矿山法。隧道开挖后受爆破影响,造成岩体破裂形成松弛状态,随时都有可能坍落,因此施工中按分部顺序采取分割式一块一块的开挖,边挖边撑以求安全,所以支撑复杂,木料耗用多。现在应用越来越少。

随着岩体力学的发展,在结合现场经验的基础上,20 世纪中叶创建了新奥法。

二、公路隧道围岩分类及施工要点

隧道的土壤岩面统称为围岩,它与土壤岩面有不同的分类方法和标准。公路隧道的围岩分级见表 6-4。

公路隧道的围岩分级 表 6-4

<table>
<tr><th>围岩级别</th><th>围岩或土体主要定性特征</th><th>围岩基本质量指标 BQ 或
修正的围岩基本质量指标[BQ]</th></tr>
<tr><td>Ⅰ</td><td>坚硬岩,岩体完整,巨整体状或巨厚层状结构</td><td>>550</td></tr>
<tr><td>Ⅱ</td><td>坚硬岩,岩体较完整,块状或厚层状结构;
较坚硬岩,岩体完整,块状整体结构</td><td>550～451</td></tr>
<tr><td>Ⅲ</td><td>坚硬岩,岩体较破碎,巨块(石)碎(石)状镶嵌结构;
较坚硬岩或较软硬岩层,岩体较完整,块体状或中厚层结构</td><td>450～351</td></tr>
<tr><td rowspan="2">Ⅳ</td><td>坚硬岩,岩体破碎,碎裂结构;
较坚硬岩,岩体较破碎～破碎,镶嵌碎裂结构;
较软岩或软硬岩层互层,且以软岩为主,岩体较完整～较破碎,中薄层状结构</td><td>350～251</td></tr>
<tr><td>土体:
(1)压密或成岩作用的黏性土及砂性土;
(2)黄土(Q_1、Q_2);
(3)一般钙质、铁质胶结的碎石土、卵石土、大块石土</td><td>-</td></tr>
<tr><td rowspan="2">Ⅴ</td><td>较软岩,岩体破碎;
软岩,岩体较破碎～破碎;
极破碎各类岩体,碎、裂状,松散结构</td><td>≤250</td></tr>
<tr><td>一般第四系的半干硬至硬塑的黏性土及稍湿至潮湿的碎石土、卵石土、圆砾、角砾土及黄土(Q_3、Q_4)。非黏性土呈松散结构,黏性土及黄土呈松软结构</td><td></td></tr>
<tr><td>Ⅵ</td><td>软塑状黏性土及潮湿、饱和粉细砂层、软土等</td><td></td></tr>
</table>

注:本表不适用于特殊条件的围岩分级,如膨胀性围岩、多年冻土等。

修建公路隧道时,除要进行开挖外,还要进行衬砌,要修建洞门、路面、防排水结构、交通工程及管理设施等。而在隧道设计中,开挖和衬砌是两个主要的工作环节。

1. 供电

隧道的供电，必须满足动力和照明的需要，并确保施工的安全。施工作业地段每平方米应不小于15W，已开挖成洞至弃渣处的运输地段都应设照明电灯，要求灯光充足均匀，不得闪耀。

若采用工业电力时，应修建由高压输电线路至工地变电站的电力线路。

2. 供气

隧道的供气，一是为风动工具提供原动力，二是为洞内施工人员送入新鲜空气或吸出污浊空气，常称为通风。除短隧道可采用自然通风外，其余各类隧道一般都采用管道通风，根据实践经验资料，每人约需新鲜空气$3m^3/min$。

空气压缩机站的生产能力，应能满足施工需要的风量，同时应使开挖面的风压不小于0.5MPa。机组宜选用固定式的电动空压机，若采用机动空压机，则配合的风量应比电动空压机增加20%。除按必需的风量选配机型外，一般还应考虑适当的备用量。

3. 供水

隧道的供水主要用于以下几个方面：①凿岩机钻孔用水；②喷雾防尘；③冲洗围岩面和石渣；④衬砌用水。

供水的水压应满足用水点的要求，应尽量利用高山水源筑池蓄水，水池应有一定的储水量和高程，以保证隧道工作面水压不小于0.3MPa。严寒地区要注意保温。

三、新奥法

新奥法即奥地利隧道施工新方法（New Australian Tunnelling Method），是奥地利学者腊布希维兹首先提出的。它是以喷射混凝土和锚杆作为主要支护手段，通过监测控制围岩的变形，便于充分发挥围岩的自承能力的施工方法，如图6-17b）所示。

锚喷支护技术与传统的钢木构件支撑技术相比，不仅仅是手段上的不同，更重要的是工程概念的不同，是人们对隧道及地下工程问题的进一步认识和理解。由于锚喷支护技术的应用和发展，导致隧道及地下洞室工程理论步入到现代化理论的新领域，也使隧道及地下洞室工程的设计和施工更符合地下工程实际，即设计理论—施工方法—结构（体系）工作状态（结果）的一致。因此，新奥法作为一种施工方法，已在世界范围内得到了广泛的应用。

1. 理论依据

新奥法的基本理论依据，就是利用围岩本身所具有的承载效能的前提下，采用毫秒爆破和光面爆破技术，进行全断面开挖施工，并以复合式内外两层衬砌形式来修建隧道的洞身，即以喷混凝土、锚杆、钢筋网、钢支撑等为其外层支护形式，称为初次柔性支护，系在洞身开挖之后必须立即进行的支护工作，如图6-18所示。

2. 设计特点

公路隧道的设计与其他结构设计相比，具有以下两个难点：

①难以求得其真实的围岩体的物理参数和初始地应力，由于地质构造的离散性和不可预见性，地质钻探难以全面、准确地获得地质信息。

②难以确定荷载系统。作用在隧道上的荷载有两种，即作用在隧道围岩上的荷载和作用在支护结构上的荷载。前者是随隧道开挖产生再分配而引起的，而这种应力再分配的特性，则

受隧道的断面形式、开挖程序、支护方法和围岩形变特性所支配，很难用一个模式将其确定，后者主要是由围岩体的变形引起的，它同样也受上面几种因素的影响而难以确定。

图 6-18 隧道施工

因此，采用新奥法施工时，一个完整的隧道工程设计由初始设计和修正设计两部分组成。初始设计难以反映围岩体和支护结构的真实受力状况，故新奥法要求在开挖过程中，认真做好量测工作，并不断地反馈到初始设计中，以利及时修改支护参数和施工方案，使其更经济、合理。

(1)基于围岩的分级设计

这种方法是根据勘测钻探所提供的围岩分析信息资料，预先确定出对于各级围岩的设计开挖断面和设计支护形式，然后据以计算出每米的开挖工程量、锚杆的质量等。

新奥法的横断面形式，一般设计为弧形，对于隧道开挖断面的设计尺寸及其面积的计算方法，现以Ⅳ级围岩为例介绍如下。

Ⅳ级围岩(软石)的横断面设计开挖尺寸，如图 6-19 所示。

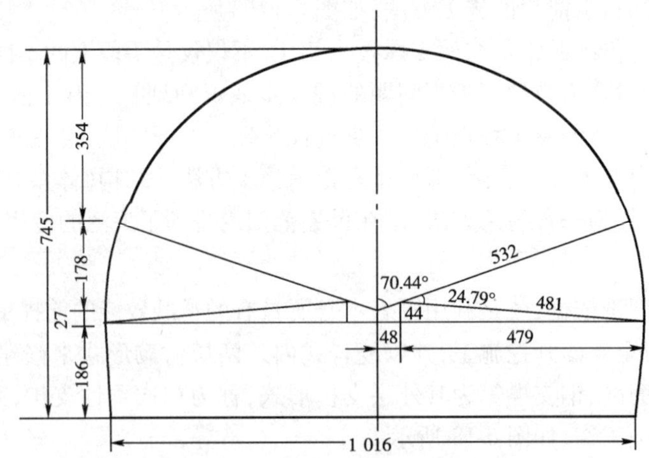

图 6-19 Ⅳ级类围岩(软石)横断面设计(尺寸单位:cm)

有关横断面面积的计算方法是：

拱部弧长：

$$L_1 = 2 \times 5.32 \times \pi \times 70.44 \div 180 = 13.08(\text{m})$$

边墙弧长：

$$L_2 = 4.81 \times \pi \times 24.79 \div 180 = 2.08(\text{m})$$

全部面积：

$$\sum A = 13.08 \times 5.32 \div 2 + [4.81 \times 2.08 \div 2 + (0.27 + 0.44) \div 2 \times 0.48 + 4.79 \times 0.44 \div 2 + (5.27 + 5.08) \div 2 \times 1.86] \times 2 = 66.5(\mathrm{m}^2)$$

上半部面积：

$$A = 13.08 \times 5.32 \div 2 - 5.32 \times \sin 70.44° \times 5.32 \times \cos 70.44° \times 2 \div 2 = 25.86(\mathrm{m}^2)$$

(2)基于以往经验和工程类比的设计

这种方法是根据以往工程的实际施工经验资料，即参照当地已建成的隧道的地质情况和断面形状，以及支护形式等，与拟建设计项目类比进行设计。

由于影响隧道设计的因素很多，故很难从已建成的隧道工程中找到地质情况到支护形式等完全与拟建设计项目相一致的情况，所以实际工作中较少采用。

(3)基于理论分析和数值解析的设计

当地质情况特别复杂，尤其是埋置很浅的隧道，以及所经路线附近又有其他人工构造物，或有其他特殊要求时，一般可考虑采用解析的方法解析设计。如用有限元法分析隧道开挖时(间)空(间)效应的三维问题等。

因此，新奥法的设计特点主要体现在两个方面。一是不必进行严格计算，围岩分级与工程类比是其设计的重要依据；二是结构设计与施工设计紧密结合，在根据初始设计进行开挖的过程中，应认真量测围岩，监控施工，修改设计。

3. 施工

新奥法的施工程序可用图 6-20 所示框图表示。

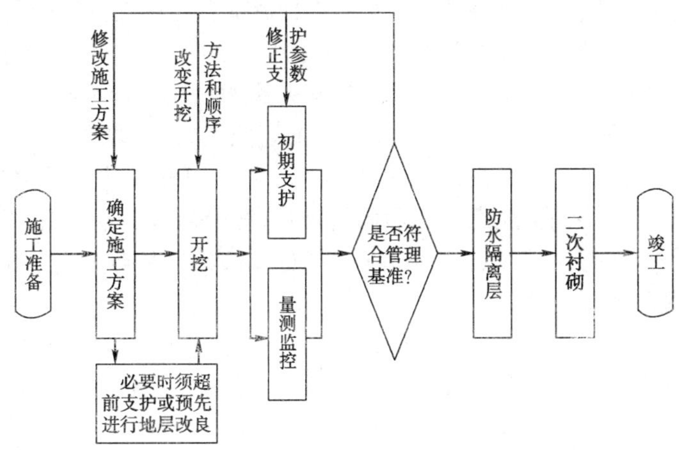

图 6-20 新奥法施工程序

根据新奥法的施工技术要求和施工顺序，可划分为：开挖、喷锚(初期支护)、模注混凝土(二次衬砌)和装饰四个过程。其施工过程主要是开挖、喷锚、模注混凝土三大工序的循环式流水作业。装饰是整个隧道贯通之后才进行的。

(1)开挖

开挖或称掘进，是先导工作，是龙头，在整个隧道的施工过程中至关重要，故专业分工比较细，通常设有量测划线组、钻孔组、爆破组和清渣等班组，在一般情况下，一个循环的工作时间约为 20h，生产人员约 53 人，施工机械配有空压机、风动凿岩机、大吨位自卸汽车、轮式装载机，以及通风和照明等设备。每一个工作循环的进尺在 2m 左右。

对围岩条件好，隧道开挖一般有全断面法和台阶法两种不同的方法，其台阶的长度以 4 ~ 8m 为宜。隧道开挖必须与支护、衬砌施工相协调。两车道土质和类土质、含水率高、承载力低的隧道宜采用中隔壁法（CD 法）或交叉中隔壁法（CRD 法）施工；三车道土质围岩和石夹土的松散石质围岩、地下水丰富的隧道应按中隔壁法、交叉中隔壁法或双侧壁导坑法施工。采用上下台阶法施工的隧道，台阶分界线不得超过起拱线；上台阶长度不得过长，应不大于 30m，下台阶马口落底长度不大于 2 榀钢拱架的间距，应一次落底，尽快封闭成环。严格控制欠挖，拱、墙脚以上 1m 内断面严禁欠挖。

此外，对围岩条件较差的隧道开挖方法还有环形开挖留核心土法、连拱隧道的中导洞开挖法等。

新奥法对隧道洞身的开挖爆破，是以毫秒爆破和光面爆破技术，必要时采用预裂爆破，辅以装载机装渣和大吨位的自卸汽车运渣来进行的。

双向开挖隧道的贯通宜选择在围岩较好的地段；当两端开挖面间的距离为 15 ~ 30m 时，应改为单向开挖，双洞开挖时，应根据两洞的轴线间距，确定好两洞的开挖时间差和距离差，防止后行洞开挖对先行洞周壁产生不良影响。

围岩横断面的各部设计开挖尺寸，是按照高速公路隧道建筑限界标准加上复合衬砌厚度等确定的设计开挖线，边沟、电缆沟及边墙基础应同时开挖，也就是进行编制工程造价和计量支付的计价线，超挖量的问题是隧道工程施工过程中不可避免的，采用新奥法爆破施工的超挖量一般在 15cm 以内。但因公路工程隧道的概、预算定额，已将清除这部分超挖量工作的工料消耗综合在工程定额内，故不能再将其作为编制工程造价和计量支付的依据。

从算出的各类围岩的横断面积来看，其设计开挖面积的大小是不一样，以致必须衬砌的厚度有所不同，故设计开挖面积就有差异。根据统计资料分析，新奥法的开挖断面约比矿山法少 4.7% ~ 10.0%，其回填量约减少 50%，因为传统的施工方法的超挖在 30cm 以上，而且往往还难以控制。

新奥法最基本的特点是，要求在施工过程中，每一循环开挖工序完成之后，在对下一循环中的炮位设计和支护工作之前，注意做好洞内的观察、测量研究分析工作，常简称为"量测"。然后综合围岩体开挖后的实际情况和所取得的各项科研数据，对初始设计作进一步完善和改进，作为组织下一循环施工的依据。

量测，并不是一般用花杆和皮尺去丈量或检验一下现场，而是因隧道地质的复杂性和不可预见行性，初始设计未必完全符合客观实际情况，所以，在施工过程中应边开挖边监测，对地质情况作出预报，据以调整支护形式和施工方案，是隧道施工过程中极为重要的一个工作环节。

(2)初期支护

洞身开挖前，首先在进洞口设置管棚（先钻孔，再放导管，后注浆），加固围岩（一般长度 10 ~ 45m），再根据围岩情况进行开挖，并决定开挖长度，接着喷浆，设置各种锚杆，设置钢拱支撑、钢丝网、联结钢筋，最后喷射混凝土，完成初期支护。

软弱围岩地段施工必须坚持"先支护（强支护）、后开挖（短进尺、弱爆破）、快封闭、勤量测"的施工原则，初期支护紧跟掌子面。

喷锚支护指初期柔性支护，一般在开挖后的渣堆上即开始进行，在开挖后围岩自稳时间的

1/2 时间内完成。喷锚施工一般设有喷射混凝土和锚杆两个班组,这项工作常分为两次进行,一次是在爆破后,经找顶,进行初步清渣和初步喷锚支护,在清渣工作全部结束后,按设计要求完成锚杆、挂钢筋网或铁丝网、喷射混凝土的全部工作。生产人员约 29 人,每一工作循环约需 8h,需要配备混凝土喷射机和凿岩机等设备。隧道开挖后应及时初喷,硬岩地段复喷作业距离掌子面不得大于 60m,软岩地段初期支护应紧跟掌子面。

公路隧道衬砌已经普遍采用喷锚技术,即复合式中的外层衬砌工艺。"喷锚"是喷射混凝土、喷射混凝土与锚杆、钢筋网或铁丝网喷射混凝土与锚杆等类型的支护或衬砌的总称。

喷射混凝土有干法喷射和湿法喷射两种。其施工顺序如图 6-21、图 6-22 所示。根据施工实践经验,在喷射过程中,其回弹量可高达 50% 左右,故应注意做好材料的回收利用,这是一个重要的问题。

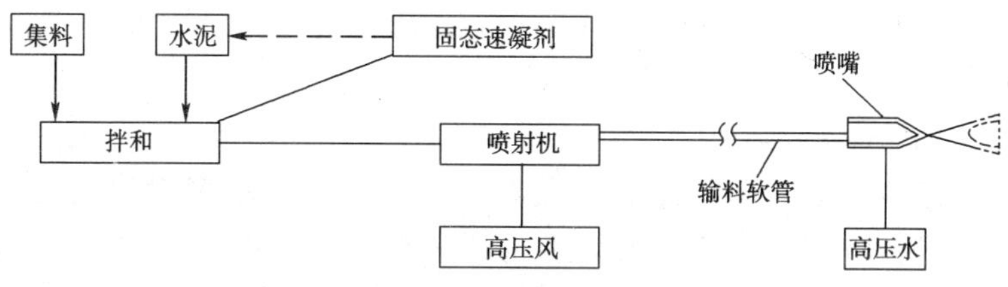

图 6-21 干法喷射施工顺序

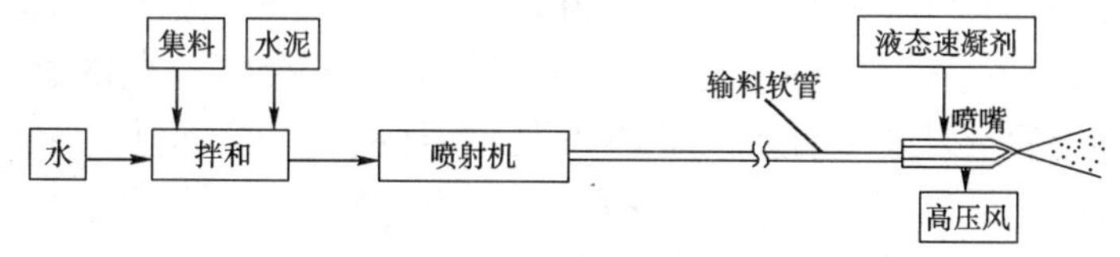

图 6-22 湿法喷射施工顺序

喷射混凝土应分段、分片由下而上顺序进行喷射,每段长度不应超过 6m。一次喷射的厚度,如不掺速凝剂,拱部为 3 ~ 4cm,边墙为 5 ~ 7cm。如掺速凝剂,拱部为 5 ~ 6cm,边墙为 7 ~ 10cm。当分多次喷射时,后一层喷射应在前层混凝土终凝后进行。喷射混凝土作业需紧跟开挖面时,下次爆破距喷射混凝土作业完成时间的间隔不小于 4h;喷射混凝土作业的温度不应低于 5℃。

当隧道处于下列情况时不宜采用喷锚衬砌:

①大面积淋水地段。

②膨胀性地层、不良地质围岩,以及能造成衬砌腐蚀的地段。

③严寒和寒冷地区有冻害的地段。

根据建设实践经验,喷锚衬砌,一般适用于下列情况:

①围岩良好、完整、稳定的地段,可以采用喷射混凝土衬砌。

②在层状围岩中,如硬软岩石互层、薄层或层间结合差,或其状态对稳定不利且可能掉块时,可以采用锚杆喷射混凝土衬砌。

③当围岩呈块(石)碎(石)状镶嵌结构,稳定性较差时,可以采用挂钢筋网或铁丝网的锚杆喷射混凝土衬砌。

锚杆一般采用Ⅱ级钢筋做成,其类型和用途比较多,它与喷射混凝土等共同形成永久性支护。根据施工实践,按新奥法施工的隧道,爆破对围岩扰动的影响范围,最大不会超过 1.5m,

所以,锚杆的长度一般不应小于1.5m。钻孔深度不应小于锚杆杆体有效长度,但深度超长值不应大于100mm;锚杆孔深允许偏差为±50mm;锚杆用的各种水泥砂浆不应低于M20。

(3)二次衬砌模注混凝土

在初期支护之后,接着铺设防水层(防水层之外设置各种排水管),之后开始二次衬砌。复合衬砌中的二次衬砌,大都采用现浇混凝土,为有别于喷射混凝土,故习惯称之为模注混凝土,应采用定型装配式的活动钢模板组织施工,衬砌的内轮廓线应一致,这也是钢模板制造和美观的要求。隧道洞口段二衬必须及时施作,掘进超过50m时,必须停止开挖进行二衬施工,一般情况下二衬施工距铺底作业面为30m,距矮边墙作业面为50m,距掌子面不得超过200m。

隧道衬砌工作中的另一个重要环节是回填。在开挖过程中因爆破造成超挖,一般约为设计开挖工程量的4%。因此,当按照设计要求在做初次喷锚支护时,拱部和边墙处存在不同程度的空隙,要求采用现浇混凝土或石砌圬工将空隙回填密实,使各部衬砌与围岩紧密地结合起来,共同承受荷载。

(4)新奥法施工的基本原则

新奥法施工的基本原则可以归纳为“少扰动、早支护、勤量测、紧封闭”。

少扰动是指在进行隧道开挖时,尽量减少对围岩的扰动次数、扰动强度、扰动范围和扰动持续时间。因此要求能用机械开挖的就不用钻爆法开挖;采用钻爆法开挖时,要严格地进行控制爆破;尽量采用大断面开挖;根据围岩级别、开挖方法、支护条件选择合理的循环掘进进尺;自稳性差的围岩,循环掘进进尺应短一些;支护要尽量紧跟开挖面,缩短围岩应力松弛时间。

早支护是指开挖后及时施作初期喷锚支护,使围岩的变形进入受控状态。这样做一方面是为了使围岩不致因变形过度而产生坍塌失稳;另一方面是使围岩变形适度发展,以充分发挥围岩的自承能力。必要时可采取超前预支护措施。

勤量测是指以直观、可靠的量测方法和量测数据来准确评价围岩(或围岩加支护)的稳定状态,或判断其动态发展趋势,以便及时调整支护形式、开挖方法,确保施工安全和顺利进行。按规范规定:量测主要指周边传移量测、拱顶下沉量测、锚杆内力及抗拔力量测、地表下沉量测。

紧封闭一方面是指采用喷射混凝土等防护措施,避免围岩因长时间裸露而致使其强度和稳定性的衰减,尤其是对于易风化的软弱围岩;另一方面更重要的是指要适时对围岩施作封闭形支护,这样做不仅可及时阻止围岩变形,而且可使支护和围岩能进入良好的共同工作状态。

四、矿山法

矿山法是一种传统的施工方法,是人们在长期的施工实践中发展起来的。它是以木或钢构件作为临时支撑,待隧道开挖成型后,逐步将临时支撑撤换下来,而代之以整体式厚衬砌作为永久性支护的施工方法。

木构件支撑由于其耐久性差和对坑道形状的适应性差,支撑撤换工作既麻烦又不安全,且对围岩有所扰动,因此,目前已很少使用。

钢构件支撑具有较好的耐久性和对坑道形状的适应性等优点,施工中可以不撤换,也更安全。日本隧道界将以钢构件作为临时支撑的矿山法称为“背板法”。

钢木构件支撑类似于地上的“荷载—结构”力学体系。它作为一种维持坑道稳定的措施,是很直观和奏效的,也容易被施工人员理解和掌握。

矿山法的基本理论依据是,隧道开挖后受爆破影响,造成围岩体破裂形成松弛状态,随时都有可能坍落。基于这种松弛荷载理论依据,其施工方法是采取分割式按分部顺序一块一块的开挖,并要求边挖边撑以策安全,所以支撑复杂,材料耗用多。由于这种施工方法,因其工作面小,不能使用大型的凿岩钻孔设备和装卸运输工具,故施工进度慢,建设周期长,机械化程度低,耗用劳力多,难以适应现代公路建设工期的需要。

1. 施工程序及基本原则

矿山法施工程序可用图6-23所示框图表示。

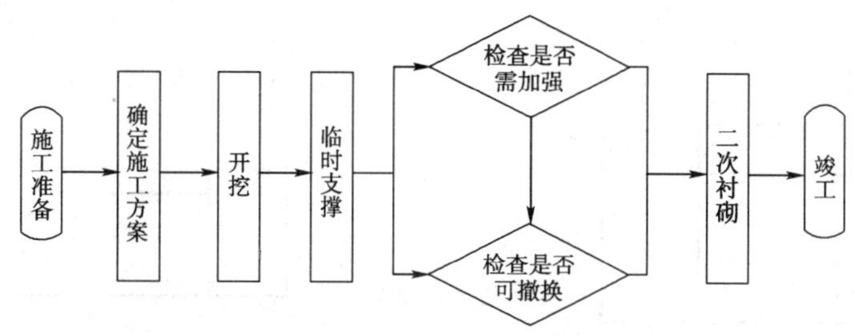

图6-23 矿山法施工程序

矿山法施工的基本原则可以归纳为"少扰动、早支撑、慎撤换、快衬砌"。

少扰动是指在进行隧道开挖时,尽量减少对围岩的扰动次数、扰动强度、扰动范围和扰动持续时间,这与新奥法施工的要求是一致的。采用钢支撑,可以增大一次开挖断面跨度,减少分部次数,从而减少对围岩的扰动次数。

早支撑是指开挖后及时施作临时构件支撑,使围岩不致因变形松弛过度而产生坍塌失稳,并承受围岩松弛变形产生的压力——早期松弛荷载。

慎撤换是指拆除临时支撑而代之以永久性模注混凝土衬砌时要慎重,即要防止撤换过程中围岩坍塌失稳。使用钢支撑作为临时支撑,则可以避免拆除支撑的麻烦和危险。

快衬砌是指拆除临时支撑后要及时修筑永久性混凝土衬砌,并使之尽早承载参与工作。若采用的是钢支撑又不必拆除,或无临时支撑时,亦应尽早施作永久性混凝土衬砌。

2. 开挖方法

矿山法的开挖方法比较多,公路隧道常用上下导洞开挖法和下导洞扩大开挖法两种。它具有施工安全、机具设备简单等优点,但施工干扰大,通风、排水、运输条件差。

(1)上下导洞开挖法,如图6-24所示,将设计开挖断面划分为六个部位,按编码由小到大,顺序进行开挖,它适用于各类围岩的隧道,现按顺序说明如下。

①首先开挖下导洞,并从工作面铺设轻便轨道至弃渣处,配以斗车,以人力推运出渣,或用手推车运输出渣。轻便轨道则随洞身的延伸陆续向前接长。

②当下导洞开挖到一定的深度之后,即开始进行上导洞的开挖工作。在上导洞开挖到适当的深度之后,则在上下导洞之间挖一个80cm×80cm的方形漏渣孔,以便出渣,将上导洞开挖出来的石渣通过漏渣孔落入下导洞内所敷设的轻便轨道上的斗车内,运弃于洞外。

③当上下导洞都开挖到适当的深度之后,就开始将拱部扩大部分挖除,其开挖长度宜控制在20~30m内,经检查符合设计要求时,即可进行拱部衬砌。

④在拱部衬砌到一定长度之后,才能分段(2~4m)间错将中槽和马口两部分挖掉,随之将边墙衬砌好,常称为先拱后墙法。

矿山法认为围岩体呈松弛状态,要求当上述每一部位在爆破并进行排烟、找顶工序作业之后,应立即做好以木料为主的各部位的临时支撑工作,以免发生岩石坍落。

(2)下导洞扩大开挖法,如图6-25所示,将设计横断面划分为三个部位,它适用于围岩条件较好的隧道。显然各个部位的开挖面积比上下导洞开挖法要大,因此开挖的效率要好,但它的基本要求和施工程序,与上下导洞开挖法相似,不再赘述。

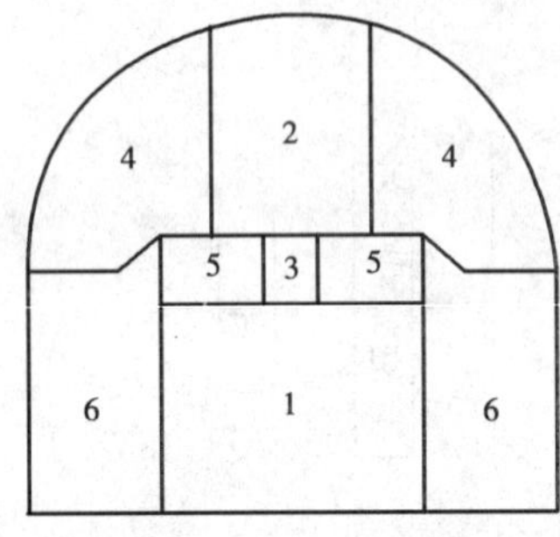

图6-24 上下导洞开挖法

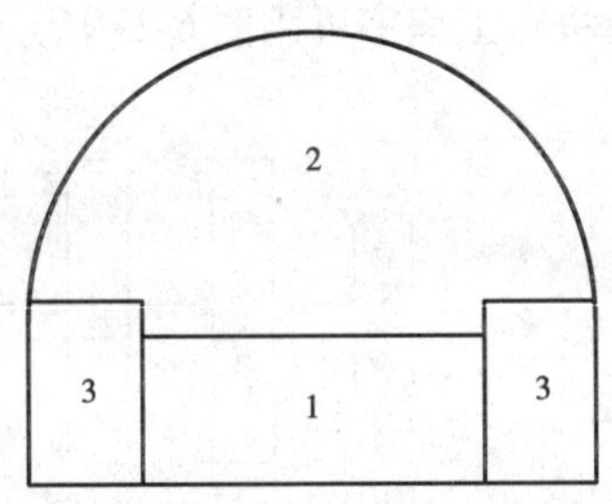

图6-25 下导洞扩大开挖法

3.临时支撑的架设和加强

开挖轮廓要尽量平顺,开挖后要及时架设支撑。架设支撑前应清除周边危石,防止落石伤人,称为找顶。

对所架支撑应经常检查,发现支撑变形严重、倾斜、沉降及楔块松脱时,必须立即予以加强或顶替。支撑的顶替应先顶后拆,以免引起围岩的进一步松弛甚至坍塌。

4.整体式衬砌的施工及回填压浆

按松弛荷载理论设计的隧道永久性模注混凝土衬砌,其厚度较厚,刚度较大,故相对于复合式衬砌称为整体式衬砌。整体式衬砌的施工应注意以下几点:

(1)模注混凝土衬砌时,若需拆除临时支撑应慎重进行,以免围岩坍塌失稳。原则上只允许钢构件留在混凝土中。

(2)整体式衬砌的设计中一般并未计入钢支撑的承载作用。

(3)采用先拱后墙法施工时,应注意处理好墙顶和拱脚连接处的封口,以保证其整体刚度不严重降低。马口开挖应遵循马口开挖原则进行。

(4)矿山法施工,其衬砌背后空隙较多,尤其是拱部有较多背板未拆除时,对于衬砌的受力状态是不利的。因此,应在衬砌混凝土达到一定强度后进行压浆处理。浆液材料多采用单液水泥浆。

(5)整体式衬砌混凝土的拆模时间,应根据衬砌的受力条件,自重大小及混凝土的强度增长情况由现场试验确定,以保证不会因拆模而导致衬砌变形开裂,一般应符合下列要求:

①不承受外荷载的拱、墙,应在混凝土强度达到5.0MPa或拆模时混凝土表面和棱角不致被破坏,并能承受自重时方可拆模。

②承受围岩压力较大的拱、墙,应在封口和封顶混凝土强度达到设计强度的100%时方可拆模。

③承受围岩压力较小的拱、墙,应在封口混凝土达到设计强度的70%时方可拆模。

五、明挖法

明挖法是指挖开地面,由上向下开挖土石方至设计高程后,自基底由下向上顺序施工,完成隧道主体结构,最后回填基坑或恢复地面的施工方法。公路隧道施工中,明洞和棚洞都是采用明挖法施工的。以下以明洞施工为例加以简要介绍。

明洞的施工方法,有先墙后拱法、先拱后墙法和拱墙交替法三种。

1. 先墙后拱法

根据围岩条件,其开挖方法有路堑式、拱部明挖边墙拉槽(或挖井)和侧壁导坑法先做内墙,如图6-26所示。它们分别适用于下列不同情况。

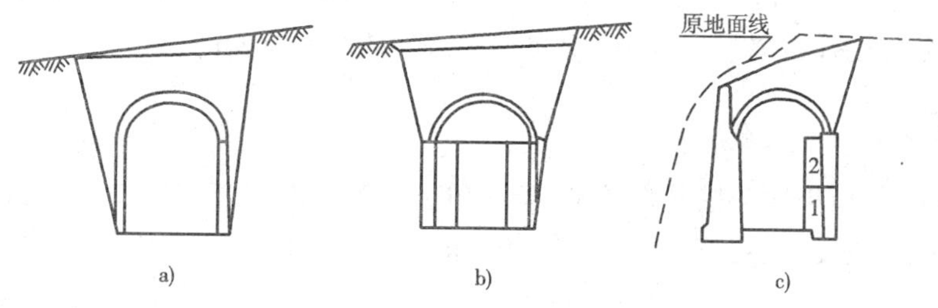

图6-26　明洞先墙后拱施工法

a)路堑式开挖;b)拱部明挖边墙拉槽;c)侧壁导坑

(1)在施工过程中,临时开挖的边坡能保持稳定时,宜采用路堑方法开挖,即明挖直至基底高程,按设计要求先做好边墙后,安设拱架,修建拱圈。

(2)在土质松软或岩石破碎的地层中施工,如临时边坡不大,开挖后又能保持稳定时,则可采用拱部明挖边墙拉槽的方法开挖。即开挖到拱脚后,从边墙顶到基础底挖成直立的基槽或竖井来修建边墙,待拱圈完成后,再挖洞内全部土石方。

(3)在隧道的一侧覆盖层较薄,土质松散,侧压力较大,则宜采用侧壁导坑先做内墙的方法。即先开挖衬砌内边墙,为避免导洞过高,可分为两次进行,然后明挖衬砌外边墙,最后修建拱圈。

2. 先拱后墙法

实际上仍是属于上述路堑式的明洞施工方法,因边坡稳定性差,但拱脚地层又有一定的承载能力,即可采用先拱后墙法施工。即将拱部明挖后,随之衬砌好拱圈,然后挖出洞内土石方修建边墙,如图6-27所示,但应分段并左右交错地进行边墙的衬砌,以策安全。

3. 拱墙交替法

是隧道所在位置原地面坡度很陡,一侧处悬空状态。因地形限制不能先砌拱圈或地层松散等情况,先做拱圈可能产生较大沉陷时,则宜采用拱墙交替法进行施工,即先将悬空面的边墙做好,然后明挖修建拱圈,最后再修建另一侧的边墙,如图6-28所示。

明洞顶部的填土厚度,应根据实际确定,为防护一般的落石、崩坍危害时,填土的厚度不宜小于2.0m,当保护洞口的自然环境,则应按山坡的自然坡度填土。

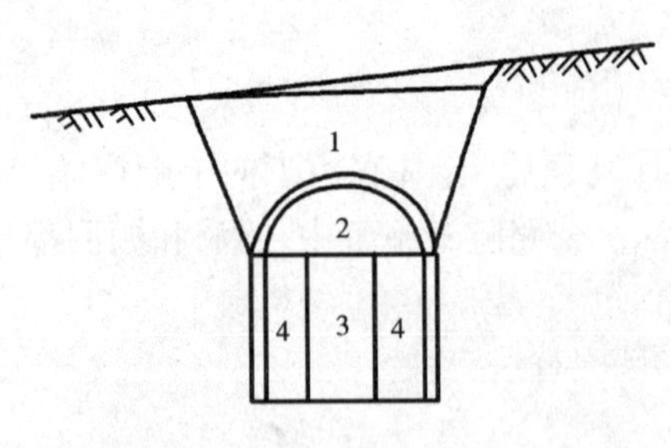

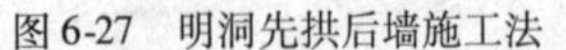

图 6-27　明洞先拱后墙施工法

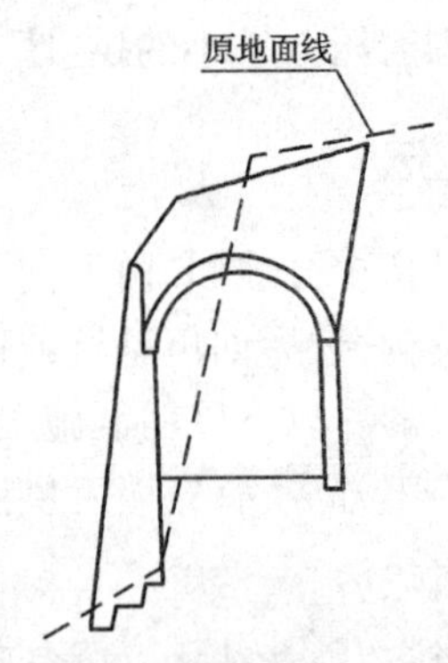

图 6-28　明洞拱墙交替施工法

在明洞施工过程中,要注意做好明洞的拱背和墙背的回填工作,拱脚处应用贫混凝土,边墙背后超挖部分宜用片石混凝土或 M7.5 水泥砂浆浆砌片石紧密回填。

六、辅助坑道

当隧道稍长时,应采取开挖平行导洞、横洞和竖井等辅助坑道来增加工作面,便于施工出渣、进料,加快施工进度,达到缩短施工工期的目的,当然工程费用也相应要增多。其开挖断面一般为 4 ~6m^2。

1. 平行导洞

一般适用于深埋的山岭隧道,或当不宜采用其他辅助坑道、地质条件比较复杂和有大量地下水的隧道,它能起到探测地层变化,了解掌握围岩情况,遇到塌方和涌水等情况时,还可起安全通道和通风的作用。

2. 横洞

一般适用于沿河隧道,具有出渣、进料运距短等优点,但洞身应向洞外设置不少于 0.3% 的下坡,以利出渣运输和排水。

3. 竖井

一般适用于埋置深度浅、地质条件好,而又无开挖横洞等辅助坑道条件的隧道,宜设在隧道一侧的适当距离处,虽能增加工作面,加快进料进度,但出渣受到限制,因要垂直吊运出渣,费工费时。

七、公路隧道施工新方法

铣挖机(图 6-29)的出现,给隧道施工提供了一种新的选择,铣挖机采用世界领先的尖端技术生产,可安装在任何类型的液压挖掘机上,高效替代挖斗、破碎锤、液压剪等通用配置,可应用于露天煤矿、隧道掘进及轮廓修正、渠道沟槽铣掘、沥青混凝土路面铣刨、岩石冻土铣挖、树根铣削等多个领域,铣挖机为隧道开挖提供了一种崭新的施工方法。

其优点是:

(1)铣挖范围广:在中低硬度的岩石如风化岩、凝灰岩,也可铣挖无钢筋或有少量钢筋的混凝土。

(2)生产效率高:铣挖中低硬度岩石生产效率可达到 25 ~40m^3/h(随岩石的密度、破碎度不同而不同)。

(3)低振动、低噪声:可在有振动或噪声限制的地域如古建筑、医院周围有效地替代爆破施工,并能很好的保护环境。

图6-29 铣挖机

a)横向铣挖机;b)纵向铣挖机;c)安装在挖掘机上

(4)精确控制施工:可以快速准确地修整构造物轮廓,应用在隧道开挖中,不但可以解决欠挖问题,还进而降低施工成本。

(5)铣挖下来的物质粒径小且均匀,可直接作为回填料。

(6)安全性好:使用铣挖机取代人工进行软岩或破碎岩层的隧道掘进,排除掌子面前方工人开挖的危险,从而极大提高了隧道施工的安全性。

(7)结构简单,使用方便:它可以安装在任何一台既有的液压挖掘机上,可利用液压破碎锤或液压钳的液压回路进行安装,使用方无需额外购买挖掘机。

铣挖法修建隧道在国外有许多成功的工程实例,在我国也开始有应用。

第四节 辅助稳定措施

随着开挖技术、喷锚支护技术、地层改良技术的研究应用和发展,出现了许多辅助稳定措施,从而使得现代隧道工程施工的开挖和支护变得更简捷、及时、有效、彻底,也更具有可预防性和安全性。

隧道施工中常用的辅助稳定措施见图6-30。

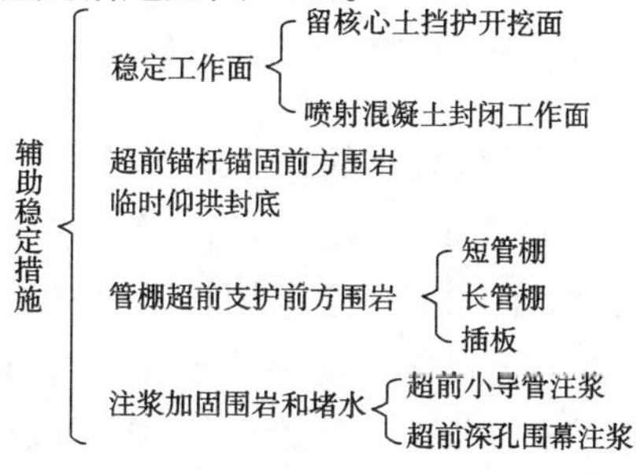

图6-30 常用辅助稳定措施

上述辅助稳定措施的选用应视围岩地质条件、地下水情况、施工方法、环境要求等具体情况而定,并尽量与常规施工方法相结合,进行充分的技术经济比较,选择一种或几种同时使用,见图6-31、图6-32。下面就几种辅助措施作简要介绍。

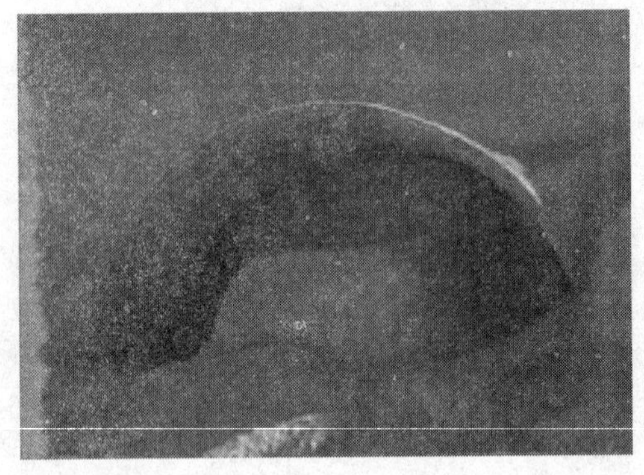

图6-31　留核心土

图6-32　喷射混凝土

一、超前锚杆

超前锚杆是沿开挖轮廓线,以稍大的外插角,向开挖面前方安装锚杆,形成前方围岩的预锚固,在提前形成的围岩锚固圈的保护下进行开挖等作业,如图6-33所示。

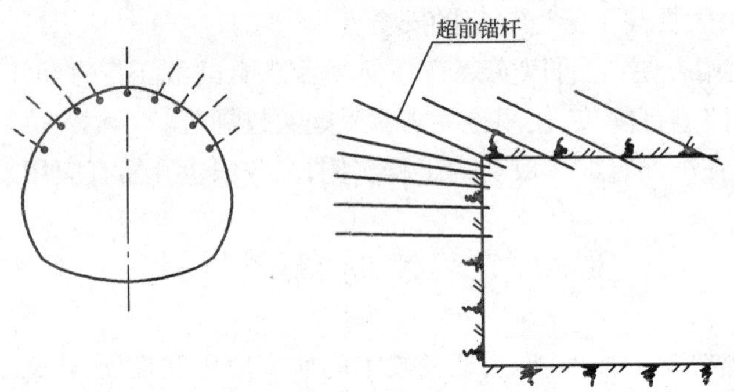

图6-33　超前锚杆预锚固围岩

二、管棚

管棚是利用拱架与沿开挖轮廓线,以较小的外插角、向开挖面前方打入钢管或钢插板构成的管棚来形成对开挖面前方围岩的预支护,如图6-34所示。

采用长度小于10m的小钢管的称为短管棚;采用长度为10~45m且较粗钢管的称为长管棚;采用钢插板(长度小于10m)的称为板棚。管棚的导管环向间距一般为30~50cm,两组管棚间纵向应有不小于3.0m的水平搭接长度。导管外径80~180mm,长度10~45m分段长4~6m。注浆孔孔径10~16mm,呈梅花形布置,间距15~20cm,管棚示意见图6-35。

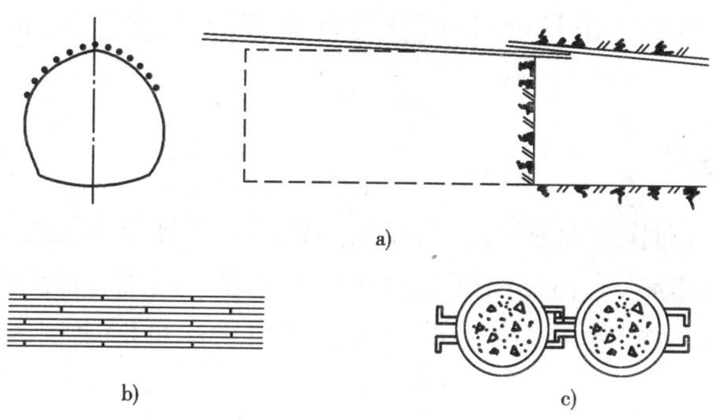

图 6-34　管棚预支护围岩(长管棚)

a)棚管的环向布置;b)管棚钢管纵向错接;c)钢管端部横向连接

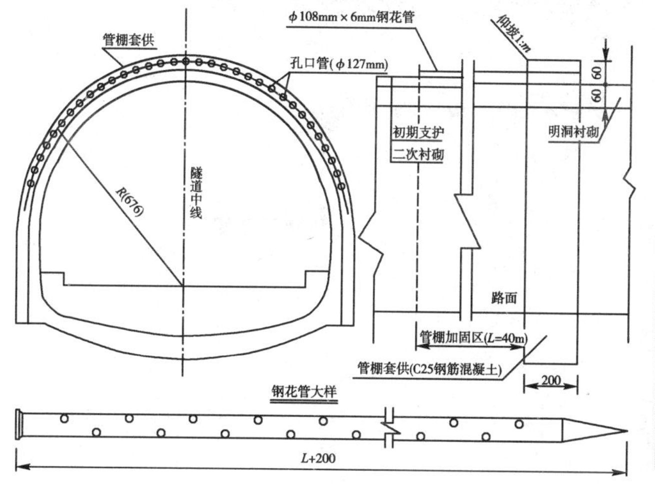

图 6-35　管棚设计图与施工现场(尺寸单位:cm)

三、超前小导管注浆

超前小导管注浆是在开挖前,先用喷射混凝土将开挖面和 5m 范围内的坑道封闭,然后沿坑道周边向前方围岩内打入带孔小导管,并通过小导管向围岩压注起胶结作用的浆液,待浆液硬化后,坑道周围岩体就形成了有一定厚度的加固圈。在此加固圈的保护下即可安全地进行开挖等作业。若小导管前端焊一个简易钻头,则可钻孔、插管一次完成,称为自进式注浆锚杆,如图 6-36 所示。

主要工序及施工要点如下:

(1)小导管钻孔安装前,应对开挖面及 5m 范围内坑道喷射 5 ~ 10cm 厚的混凝土封闭。

(2)小导管一般采用 φ32mm 的焊接钢管或 φ40mm 的无缝钢管制作,长度宜为 3 ~ 6m,前端做成尖锥形,前端管壁上每隔 10 ~ 20cm 交错钻眼,眼孔直径宜为 6 ~ 8mm。

(3)钻孔直径应较管径大 20mm 以上,环向间距应按地层条件而定。渗透系数大的,间距应加大,一般采用 20 ~ 50cm;外插角应控制在 10° ~ 30°。

(4)小导管插入后应外露一定长度,以便连接注浆管,并用塑胶泥将导管周围孔隙封堵密实。

四、超前深孔围幕注浆

上述超前小导管注浆,对围岩加固的范围和加固处理的程度是有限的,作为软弱破碎围岩隧道施工的一项主要辅助措施,它占用时间和循环次数较多。因此,在不便采用其他施工方法时,深孔预注浆加固围岩就较好地解决了这些问题。注浆后即可形成较大范围的筒状封闭加固区,称为围幕注浆。

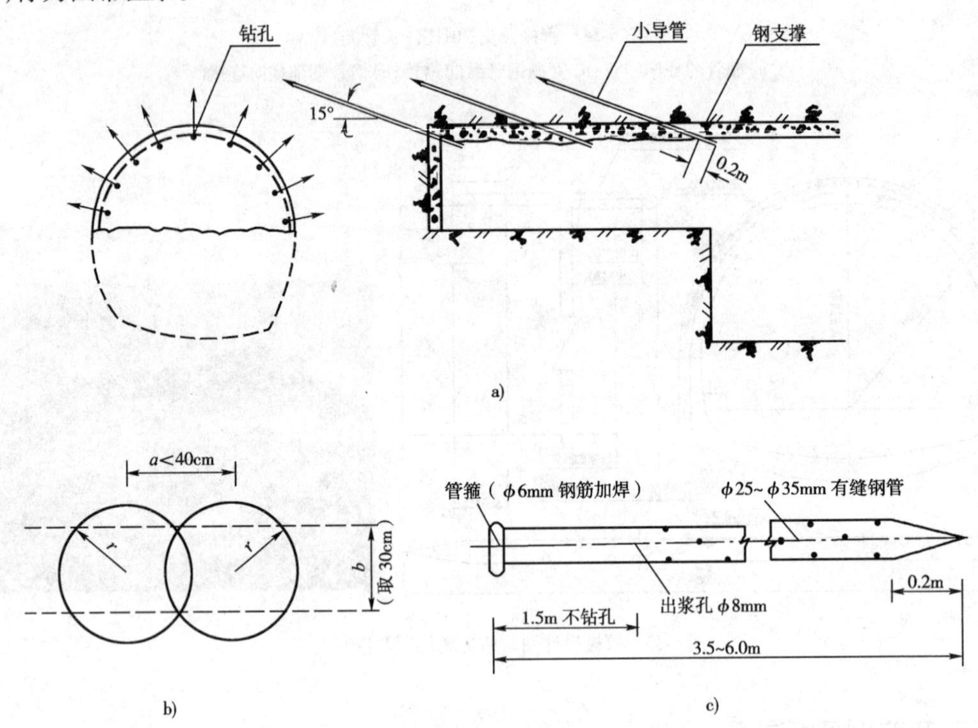

图 6-36 超前小导管注浆预加固围岩

a)超前小导管布置;b)注浆半径及孔距选择;c)小导管全图

注浆机理及适用条件。注浆机理可以分为两种:一种是对于破碎岩层,砂卵层,中、细、粉砂层等有一定渗透性的地层,采用中低压力将浆液压注到地层中的空穴、裂缝、孔隙里,凝固后将岩土或土颗粒胶结为整体,称为渗透注浆。另一种是对于颗粒更细的黏土质不透水(浆)地层,采用高压浆液强行挤压孔周,使黏土层劈裂成缝并充塞凝结于其中,从而对黏土层起到了挤压加固和增加高强夹层加固作用,称为劈裂注浆。

预注浆一般可超前开挖面 30 ~ 50m,可以形成有相当厚度的和较长区段的筒状加固区,从而使得堵水的效果更好,也使得注浆作业的次数减少,它更适用于有压地下水及地下水丰富的地层中,也更适用于采用大中型机械化施工。

如果隧道埋深较浅,则注浆作业可在地面进行;对于深埋长大隧道可利用辅助平行导坑对正洞进行预注浆,这样可以避免与正洞施工的干扰,缩短施工工期,见图 6-37。

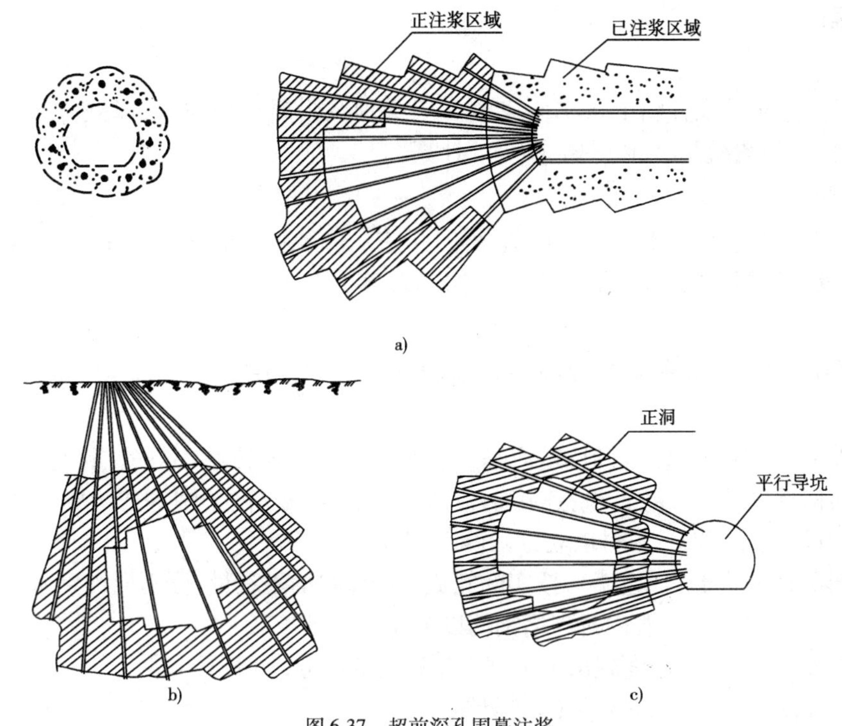

图6-37 超前深孔围幕注浆

a)洞内超前注浆;b)地表超前注浆;c)平导超前注浆

第五节 工程量计算

隧道工程结构物一般具有较规则的几何形体,或者可以将其划分为简单的几何形体组成的实体,通过计算几何图形的面积、体积来确定该实体结构的工程数量。

1.洞口土石方

(1)平整场地、原土夯实(碾压)按设计图纸或施工组织设计确定,以平方米(m^3)计算。

(2)洞内土石方开挖按隧道内轮廓线加允许超挖值后计算土石方。另外,当采用复合衬砌时,除给出的允许超挖值外,还应考虑加上预留变形量。按上述要求计得的土石方工程量,不分围岩级别,以立方米(m^3)计量。开挖土石方的弃渣,其弃渣距离在图纸规定的弃渣场内为免费运距;弃渣超出规定弃渣场的距离时,其超出部分另计超运距运费,按立方米公里(m^3·km)计量。

(3)土石方开挖体积以天然密实体积(自然方)计算,回填按压实后的体积(压实方)计算,工程量根据设计图纸所示尺寸,按不同土壤类别,以立方米(m^3)计算。土石方运距根据施工组织设计确定,并按填、挖方体积重心间距离计算。

(4)超过允许范围的超挖和由于超挖所引起增加的工程量,均不予计量。

(5)隧道开挖的钻孔爆破、弃渣的装渣作业均为土石方开挖工程的附属工作,不另行计量。

(6)按技术规范中洞身开挖作业允许个别欠挖的侵入衬砌厚度的岩石体积,计算衬砌数量时不予扣除。

2. 洞门

洞门工程量,根据设计图纸按不同砌筑圬工类别及附属工程项目,以立方米(m^3)计算。洞门装饰则按设计图纸要求,以平方米(m^3)计算。

3. 洞身开挖

洞身开挖工程量,根据不同围岩类别,不同开挖方式和施工方法、不同的支护类型等,分别按设计断面及允许超挖回填数量,以立方米(m^3)计算。

4. 支护和衬砌

(1)支护的喷射混凝土按验收的受喷面积乘以厚度,以立方米(m^3)计量,钢筋以千克(kg)计量。

(2)洞身超前支护所需的材料:超前锚杆或小钢管、管棚、注浆小导管、锚杆以米计量;各种型钢、钢筋格栅以千克(kg)计量;连接钢板、螺栓、螺帽、拉杆、垫圈等作为钢支护的附属构件,不另行计量。水泥砂浆、木材以立方米(m^3)计量。

(3)洞身衬砌的拱部(含边墙),按实际完成并经验收的工程量,分不同级别水泥混凝土和圬工,以立方米(m^3)计量。洞内衬砌用钢筋以千克(kg)计量。

(4)任何情况下,衬砌厚度超出图纸规定轮廓线的部分,均不予计量。

(5)仰拱、铺底混凝土以立方米(m^3)计量。

(6)按图纸规定施工的施工缝及沉降缝不另行计量。

5. 防排水

(1)截水沟和排水沟等的土石方及砌筑工程量,按设计图纸计算。

(2)盲沟、止水带、防水板及喷涂均按设计图纸,以平方米(m^3)计算。

(3)注浆按不同围岩类别,根据设计要求采用有关数据及计算公式进行计算。一般单液压浆的注浆量可根据扩散半径及岩石裂隙率,按下式估算:

$$Q = \pi r^2 H\eta\beta \tag{6-1}$$

式中:Q——注浆数量(m^3);

r——浆液扩散半径(m),见表6-5;

H——压浆深度(m);

η——围岩的裂隙率,见表6-6;

β——浆液在围岩裂隙内的有效填充系数,视围岩类别而定,一般为0.3~0.9。

浆液扩散半径 表6-5

裂隙宽度(cm)	<0.5	0.5~3.0	>3.0
浆液扩散半径(m)	2	4	6

围岩的裂隙率 表6-6

围岩类别		Ⅴ	Ⅳ	Ⅲ	Ⅱ	Ⅰ
围岩裂隙率(%)	硬岩	3~5	3~5	2~3	1~2	0~1
	软岩		2~3	1~2		

(4)隧道开挖过程,洞内采取的施工临时防排水措施,其工作量应含在开挖土石方工程的报价之中,不另行支付。

(5)洞内排水用的排水管按不同类型、规格以米(m)计量。

(6)压浆堵水按所用原材料(如水泥浆液、水泥—水玻璃浆液)以吨(t)计量。压浆钻孔按钻孔孔径分类以钻孔长度以米(m)计量。

(7)防水层按所用材料(防水板、无纺布、涂料防水层等)以平方米(m^2)计量;止水带、止水条以米(m)计量。

(8)排水管、排水盲沟分管径、材质以长度米(m)计量,其上的土工布、包封等不另计量,包含在其单价中。防排水用金属材料按质量以千克(kg)计量。

(9)为完成上述项目工程加工安装所有工料、机具等均不另行计量。

6. 监控量测与超前预报

(1)监控量测是隧道安全施工必须采取的措施,监控量测除必测项目外,应根据具体情况确定选测项目,分别以总额报价及支付。

(2)隧道施工中遇到特殊地质地段时,承包人应采取的有关施工措施,不另予计量与支付。地质预报采用的方法手段应根据具体情况选用,不同的方法手段,分别以总额报价及支付。

第七章　桥 涵 工 程

为了保证拟建的公路工程项目连续，河沟水流通畅，船只的航行和维持原有道路的交通运输，必须修建各种结构类型的桥梁和涵洞。根据工程造价历史资料统计分析，桥涵工程的造价约占公路总造价的10% ~20%，有的甚至高达30%或更高。

桥梁的总体规划和设计应根据所设计桥梁的任务、性质和所在路线的远景发展需要，按照安全、适用、经济和美观的原则进行。公路桥涵应适当考虑农田排灌的需要，以支援农业生产。靠近村镇、城市、铁路及水利设施的桥梁，应结合各有关方面的要求，综合考虑。

对桥梁工程建设，有以下几点要求：①桥梁的设置要尽可能符合路线布设规定，并服从于路线走向，对大桥、特大桥、路线要服从桥梁，以确保行车舒适、安全、经济。②桥涵的造型要美观，尤其是城市和风景区的桥梁，其建筑造型往往成为评选方案的重要条件。③桥梁的环保要求严，以免造成水土流失、破坏生态环境。④桥梁的工程质量要求高，施工期限要求紧，这是取得较好的社会效益的重要前提条件。所以，应尽可能采用工业化、机械化和标准化施工。

第一节　桥梁的组成与分类

一、桥梁的组成

桥梁主要由上部构造、下部构造、基础和调治构造物四大部分组成（图7-1）。

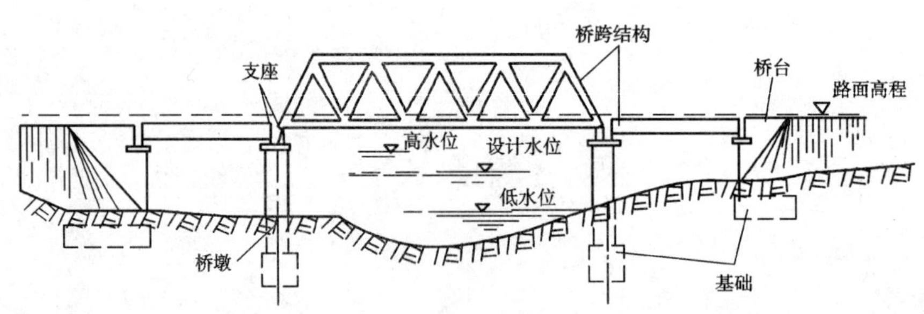

图7-1　桥梁的基本组成

1. 上部构造（即桥跨结构）

它包括承重结构、桥面铺装和人行道三大部分，由于桥梁有梁式、拱式等不同的基本结构体系，故其承重结构的组成各不相同。

承重结构主要指梁和拱圈及其组合体系部分。它是在路线中断时跨越障碍的承载结构，如图7-2所示。

图 7-2 承重结构

承重结构与墩、台的支承处所设置的传力装置,称为支座。

梁式桥的支座,虽体形小,耗费也不多,但起着十分重要的作用。它不仅要传递上部结构的支承反力,而且要保证结构在活载、温度变化、混凝土收缩和徐变等因素作用下的自由变形和桥梁的正常营运。常用的支座形式,有切线式(又称为弧形)和辊轴钢支座、板式和钢盆式橡胶支座、四氟板式橡胶组合支座等,如图 7-3 所示。

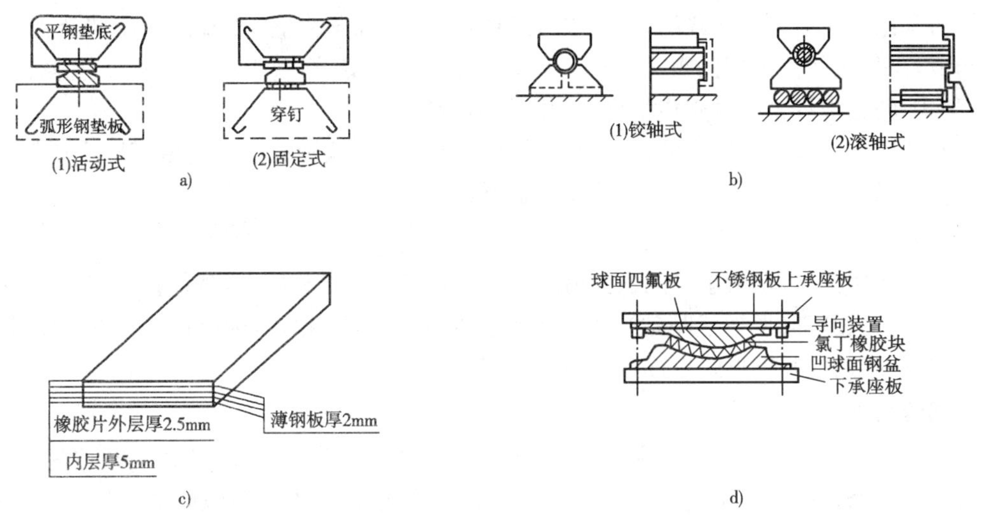

图 7-3 梁式桥支座

a)切线式(弧形)钢支座;b)辊轴钢支座;c)板式橡胶支座;d)钢盆式橡胶支座

梁式桥的支座一般分为固定式和活动式两种。简支梁桥应在每根梁(或板)的一端设置固定支座,而在另一端设置活动支座。悬臂梁的锚固跨也应在一侧设置固定支座,另一侧设置活动支座。多孔悬臂梁桥的挂梁支座的设置与简支梁相同。连续梁桥则应在每联的一个桥墩上设置固定支座,而在其余的墩台上都设置活动支座。

切线式钢支座,是由两块厚约40~50mm的铸钢制成的,适用于跨径不大于20m和支承反力不超过600kN的梁桥。

辊轴钢支座适用于较大跨径的梁桥,支座的垫板可采用铸钢,铰轴和滚轴可采用锻钢,滚轴的直径一般在75mm以上。

橡胶支座构造简单、加工方便、结构高度小,便于安装和工业化生产,同时它又能适应任意方向的变形,对于宽桥、曲线桥和斜桥具有特别的适应性。此外,橡胶的弹性还能消除上下结构所受的动力作用,对抗震也十分有利。板式橡胶支座一般适用于中小跨径的桥梁,钢盆式橡胶支座适用于大跨径的桥梁,而标准跨径小于10m的简支梁、板桥,一般在墩台帽上铺几层油毛毡垫层作为支座(垫层经压实后的厚度不少于1cm)。

支座的施工,安装和质量控制应尽量符合《高速公路施工标准化技术指南　第四分册　桥梁工程》的要求。

桥面铺装包括混凝土三角垫层,防水混凝土或沥青混凝土面层,泄水管和伸缩缝等。当拱桥且拱上又有土石填料时,还应包括与路线同样的路面结构的垫层和基层。在实际工作中,通常实腹式拱桥上的桥面铺装不计入桥内而归在路面工程中计算。

人行道系包括人行道板和缘石或安全带,以及栏杆扶手等。高等级公路上的桥梁,如设有防撞护栏者,也属上部构造范围。

2. 下部构造

桥梁的下部工程包括桥台和桥墩或索塔,它是支撑桥跨结构并将恒载和车辆等活载传至基础的建筑物。

拱桥常用的桥台为实体式的,也称重力式桥台,它由台身、拱座、侧墙或八字墙及台背排水等所组成。梁、板式桥常用的重力式桥台则包括台身、台帽、侧墙或八字墙及台背排水等,柱式、框架式、肋形埋置式桥台则包括台身、盖梁和耳背墙等。

拱桥的桥墩一般为实体式的,由墩身和拱座组成。梁、板桥的桥墩其结构形式比较多,实体式的包括墩身和墩帽,柱式的则由柱身和盖梁组成。

3. 基础

基础是将桥梁墩、台所承受的各种荷载传递到地基上的结构物,是确保桥梁安全使用的关键部位。有扩大基础(明挖浅基础)、桩基础和沉井基础等不同的结构形式。随着桥梁技术的不断发展,一些新的基础形式也逐渐在桥梁工程中得到应用。

4. 调治构造物

调治构造物指为引导和改变水流方向,使水流平顺通过桥孔并减缓水流对桥位附近河床、河岸的冲刷而修建的水工构造物。如桥台的锥形护坡、台前护坡、导流堤、护岸墙、丁坝、顺坝等,对保证河道流水顺畅和防止破坏生态环境有着极其重要的作用。

二、桥涵的分类

桥涵分类的方法很多,主要按建设规模大小、桥梁结构类型、用途、承重结构所用的建筑材料、跨越障碍物的性质、上部结构中行车道的位置等进行分类。

1.按建设规模大小分类

主要是以桥涵的长度和跨径的大小作为划分依据,分为特大桥、大桥、中桥、小桥和涵洞五类。现行《公路工程技术标准》规定的划分标准,见表7-1。

桥梁涵洞按跨径分类 表7-1

桥涵分类	特大桥	大 桥	中 桥	小 桥	涵 洞
多孔跨径总长 L(m)	$L>1\,000$	$100\leqslant L\leqslant 1\,000$	$30<L<100$	$8\leqslant L\leqslant 30$	—
单孔跨径 L_k(m)	$L_k>150$	$40\leqslant L_k\leqslant 150$	$20\leqslant L_k<40$	$5\leqslant L_k<20$	$L_k<5$

注:单孔跨径是指标准跨径。

现行《公路工程技术标准》规定,标准设计或新建桥涵,当跨径在50m以下时,应尽量采用标准跨径,并规定了从0.75m到50m的各种标准跨径共21种。为了推行标准化设计,交通运输部有关专业部门出版了大量的桥涵标准设计图以供设计和施工选用。对于圆管涵和箱涵,不论其管径或跨径的大小、孔数的多少,均称为涵洞。

2.按桥梁结构类型分类

桥梁上部构造形式,虽多种多样,但按其受力构件,总离不开弯、压和拉三种基本受力方式。由基本构件所组成的各种结构物,在力学上可归纳为梁式、拱式、悬吊式三种基本体系以及它们之间的各种组合。

(1)梁式桥是一种在竖向荷载作用下无水平反力的结构,其主要承重构件是梁,由于外力(包括自重和活载等)的作用方向与梁的轴线趋近于垂直,因此外力对主梁的弯折破坏作用特别大,故属于受弯构件。它与同样跨径的其他结构体系相比,梁内产生的弯矩最大,所以,需要用抗弯能力较强的钢筋混凝土或预应力混凝土等材料来修建,如图7-4所示。

梁式桥按其受力特点,可分为简支梁、连续梁和悬臂梁。若就其构造形式而言,则有矩形板、空心板、T形梁、工形梁、箱形梁、桁架梁等不同构造形成。其中,T形梁和工形梁又称为肋形梁。目前在公路建设中应用较广的是钢筋混凝土和预应力混凝土简支梁和连续梁。

(2)拱式桥的主要承重结构是拱圈或拱肋,在竖向荷载作用下,拱的支承处会产生水平推力(桥墩或桥台将承受这种推力)。由于水平推力的作用,从而使荷载在拱圈或拱肋内所产生的弯矩比同跨径的梁要小得多,而拱圈或拱肋主要是承受轴向压力,故属于受压构件。因此,通常利用抗压性能较好的圬工(砖、石、混凝土)和钢筋混凝土等建筑材料来修建,如图7-5所示。

图7-4 梁桥施工

图7-5 拱桥施工

同时应当注意,为了确保拱桥能安全使用,下部结构和地基必须能经受住很大水平推力的不利作用。

(3)刚构桥。其主要承重结构是梁或板和立柱或竖墙整体在一起的刚架结构,梁和柱的连接处具有很大的刚性。在竖向荷载作用下,梁部主要受弯,而在柱脚处也具有水平反力,其受力状态介于梁桥和拱桥之间。因此,对于同样跨径且在相同荷载作用下,刚架桥的跨中正弯矩要比一般梁桥小,相应地,其跨中的建筑高度就可以做得较矮。刚架桥的缺点是施工比较困难,且梁柱刚结处容易开裂,目前较大跨径达400m。

目前,在公路桥梁中属于刚架结构体系采用较多的桥型有T形刚构桥、连续刚构桥及刚构—连续组合梁桥等。

(4)悬索桥,又称吊桥。桥梁的主要承重结构由桥塔和悬挂在塔上的缆索及吊索、加劲梁和锚碇结构组成。荷载由加劲梁承受,并通过吊索将其传至主缆。主缆是主要承重结构,但其仅承受拉力。这种桥型充分发挥了高强钢缆的抗拉性能,使其结构自重较轻,能以较小的建筑高度跨越其他任何桥型无法比拟的特大跨度,是目前单跨接近2 000m的唯一桥型,如图7-6所示。

(5)组合体系桥(图7-7)。根据结构受力特点,由几个不同体系的结构组合而成的桥梁称为组合体系桥。其实质不外乎利用梁、拱、吊三者的不同组合,上吊下撑以形成新的结构。组合体系桥一般均可采用钢筋混凝土来建造。对于大跨径桥梁以采用预应力混凝土或钢结构修建为宜。一般来讲,这种桥梁的施工工艺比较复杂。斜拉桥就是一种有代表性而又广泛应用的组合体系桥。

图7-6　悬索桥

图7-7　组合体系桥

3. 按用途分类

有公路桥、铁路桥、公路铁路两用桥、城市桥、渡水桥(渡槽)、人行天桥和马桥,以及其他专用桥梁(如通过管道、电缆)等。

4. 按承重结构所用建筑材料分类

有圬工桥(包括砖、石、混凝土桥)、钢筋混凝土桥、预应力混凝土桥、钢桥和木桥等。

5. 按跨越障碍物的性质分类

有跨河桥、跨线桥(立体交叉)和高架桥等。高架桥一般是指跨越深沟峡谷以代替高填路堤的桥梁或在大城市中的原有道路之上另行修建快速车行道的桥梁,以解决交通拥挤的矛盾。

6. 按上部结构行车道的位置分类

有上承式、下承式和中承式三种。桥面布置在主要承重结构之上者,称为上承式桥;桥面布置在承重结构之下的为下承式桥;桥面布置在桥跨结构高度中间的称为中承式桥。以上固定式桥梁外,有时根据建设环境和使用要求,还有开合桥、浮桥和漫水桥等形式的桥梁。

三、常用专业术语

在公路桥梁建设中,常用到以下专业技术术语。

1. 设计洪水位

在进行桥涵设计时,按照一定设计洪水频率所计算得的水位,称为设计洪水位。根据现行《公路桥涵设计通用规范》的规定,一般按桥涵建设规模和公路等级的具体情况,常用25年、50年和100年,高速公路和一级公路中的特大桥则以300年内一遇的最大洪水位作为设计洪水位,其目的是充分考虑桥位上游村镇和农田的安全,使其不受壅水淹没的危害。

2. 计算跨径(l)

设支座的桥涵指桥跨结构在相邻两个支座中心之间的水平距离。不设支座的桥涵(如拱桥、刚构桥、箱涵等)指上下部结构相交面中心间的水平距离。

3. 净跨径(l_0)

设支座的桥涵为相邻两墩台身顶内缘之间的水平距离。不设支座的桥涵为上下部结构相交处内缘间的水平距离。

4. 总跨径

即净跨径之和。

5. 标准跨径

梁式桥、板式桥涵以两个桥(涵)墩中线之间的距离或桥(涵)墩中线与台背前缘之间的距离为准;拱式桥涵、箱涵、圆管涵则以净跨径为准。

6. 桥梁全长(总长度)

有桥台的桥梁为两岸桥台的侧墙或八字墙尾端之间的距离;无桥台的桥梁则为桥面系行车道的长度。涵洞的长度是以其洞身两端洞口之间的水平距离为准,即路基横方向的长度。

7. 桥梁多孔跨径总长

梁式、板式桥涵为多孔标准跨径之和;拱式桥以两岸桥台内起拱线之间的水平距离为准;其他形式的桥梁为桥面系的行车道长度。

8. 桥梁净空

它包含有两个方面的内容,一方面指桥面净空,即桥面的宽度和桥上的净空高度,我国公路桥面行车道净宽为车道数乘以车道宽度,并计入所设置的加(减)速车道,紧急停车道、爬坡车道、慢车道或错车道的宽度;桥上的净空高度是高速公路、一级公路和二级公路应为5.0m,三级公路、四级公路应为4.5m。另一方面指桥下净空,即设计洪水位至上部结构最下缘之间的净空高度,是为保证洪水、流冰排泄无阻和符合河流通航净空要求所规定的一个重要设计参数。

9. 建筑高度

是指桥梁的结构高度,即行车道路面的高程至上部结构最下缘之间的距离,它对降低路基平均填土高度有极其重要的影响。

10. 矢跨比

是指拱顶下缘至起拱线之间的垂直距离与标准跨径之比,它是反映拱桥特性的一个重要指标。

11. 设计荷载

是指桥涵除了承受本身自重和各种附加恒载外,主要还要承受各种交通荷载。现行《公路桥涵设计通用规范》将其归纳成三类:永久荷载(如结构自重、预加应力、土的自重和侧压力等)、可变荷载[分基本可变荷载(活载),如汽车、人群等],其他可变荷载,如风力和温度影响力等)、偶然荷载(如地震力等)。

第二节 涵 洞 工 程

涵洞是公路路基通过洼地或跨越水沟(渠)时设置的,或为把汇集在路基上方的水流宣泄到下方而设置的横穿路基的小型地面排水结构物。公路建设中修建涵洞的目的,一是专为排泄小溪流水和天然雨水,以保护路基的稳固,避免雨水的毁坏;二是专为灌溉农田之用,不致因修建公路而影响发展农业生产用水。

一、涵洞的组成与分类

1. 构成

涵洞由洞身、洞口建筑、基础和附属工程组成,如图 7-8 所示。

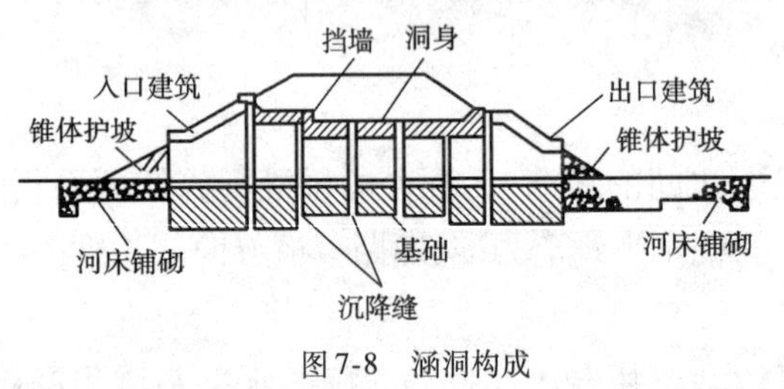

图 7-8 涵洞构成

洞身是涵洞的主要部分,其截面形式有圆形、拱形、箱形等。

洞口建筑设置在涵洞的两端,有一字式和八字式两种结构形式。涵洞的进出口应与路基衔接平顺且保证水流顺畅,使上下游河床、洞口基础和洞侧路基免受冲刷,以确保洞身安全,并形成良好的泄水条件。在山区修建涵洞时,出水口要设置跌水坎,在进水口处有时要设置落水井(竖井)等减冲、防冲消能设施,一般下游至少应铺出洞口以外 3 ~ 5m,压力式涵洞宜更长些。尤其是改沟移位的涵洞,进出水口的沟床应整理顺直,要做好上下游导流排水设施,如天沟、侧沟、排水沟等的连接应圆顺、稳固,以保证流水顺畅,避免流水损坏路基、村舍和农田等。

基础的形式分为整体式和非整体式两种。

附属工程包括:锥形护坡、河床铺砌、路基边坡铺砌及人工水道等,如图 7-9 所示。

涵洞的建设规模以孔数、跨径、台高的形式来表示,其长度则以路基横断面方向的水平距离作为计算依据。如 2-1.0 × 1.2 则表示为双孔,跨径 1.0m,台高 1.2m 的盖板涵,又如 1-ϕ1.5

则表示为单孔,直径 1.5m 的圆管涵。

图 7-9 涵洞

2. 涵洞的分类

涵洞的种类繁多,截面形状、出入口类型、涵内水流流态也多种多样。按不同的分类方法,涵洞可分为不同的类型。

(1)根据涵洞中线与路线中线的关系,可分为正交涵洞和斜交涵洞。正交涵洞中线与路线中线垂直,斜交涵洞中线与路线中线有一定交角。

(2)根据涵洞洞身截面形状的不同,可分为圆管涵、盖板涵、拱涵和箱涵等。

(3)根据涵洞洞顶填土情况的不同,可分为明涵和暗涵。明涵洞顶不填土,适用于低路堤或浅沟渠;洞顶填土厚度大于 50cm 的称为暗涵,适用于高路堤和深沟渠。

(4)按建筑材料的不同,可分为砖涵、石涵、混凝土涵、钢筋混凝土涵和其他材料(木、陶瓷、瓦管、缸瓦管、石灰三合土篾管、石灰三合土拱、铸铁管、波纹管)涵等。

(5)按涵洞水利特性的不同,可分为无压力式、半压力式、压力式涵等。无压力式涵洞入口水流深度小于洞口高度,并在涵洞全长范围内水面都不触及洞顶,具有自由水面。公路上大多数涵洞均属于此类。半压力式涵洞入口水深大于洞口高度,水仅在进水口处充满洞口,而在涵洞全长范围内的其余部分都具有自由水面。通常在涵洞尺寸受路基高度或其他因素限制时采用。压力式涵洞入口水深大于洞口高度,在涵洞全长范围内都充满水流,无自由水面。此类涵洞仅在深沟高路堤或允许壅水但不危害农田时采用。

此外,当路线跨越农业灌溉沟渠,沟渠底高于路堤时,可设置为倒虹吸式涵。此时,涵洞的管节宜采用钢筋混凝土或混凝土管,进出水口须设置竖井,包括防淤沉淀井等设施。

二、涵洞设计

1. 涵洞设置位置要求

(1)凡路线与一条明显沟形的干沟、小溪相交,且上游汇水面积大于 0.1km^2 时,应设置涵洞。

(2)山区公路的傍山路线,除应在路线上、下坡变坡处,或为路线纵坡由大于 6% 变换至小于 3% 的变坡处,设置涵洞外,一般每隔 200 ~ 400m,设置一道涵洞,以排除路基内侧边沟雨水。

(3)当路线与其他道路相交叉时,为了不使边沟雨水受阻,一般均应设置涵洞,通常称为线外涵洞或边沟涵。

(4)路线跨越农田、灌溉沟,为了不致因修建公路而影响自浇灌溉或淹没庄稼时,必须设置能满足灌溉和排水要求的涵洞。

2. 涵洞设计参数的确定

涵洞孔径的确定,一般采取直接类比法,即通过对该地区各种道路上已建成的涵洞的基本尺寸和实际营运情况的调查比较或者通过水文计算,确定涵洞设计孔径。

3. 涵洞设计要点

根据现行《公路圬工桥涵设计规范》的规定,当涵洞长度大于15m小于30m时,其内径或净高不宜小于1.0m;长度大于30m且小于60m时,其内径或净高不宜小于1.25m;涵洞长度大于60m时,其内径或净高不宜小于1.5m。以防一旦发生泥土等堵塞时,便于进行清除养护。压力式和半压力式涵洞必须设置基础,接缝要严密。涵洞洞底的纵坡不宜大于5%,圆管涵的纵坡不宜大于3%,以免遭受急流冲刷。当洞底纵坡大于5%时,涵底宜每隔3~5m设置消能横隔墙或将基础做成阶梯形。洞底纵坡大于10%时,涵洞洞身及基础应分段做成阶梯形,同时前后两节涵洞的盖板或拱圈的搭接高度不得小于厚度的1/4。涵洞沿洞身长度方向和在结构分段处应设置沉降缝,以防止不均匀沉降。涵身一般每隔4~6m设沉降缝一道,高路堤路基边缘以下的洞身及基础应每隔适当距离设置沉降缝。沉降缝应采用弹性的不透水材料填塞。

涵洞整体式基础一般为矩形基础,其尺寸通常是由上部构造的大小而定,而不受地基承载力的控制,分离式基础是单独修建在各涵台下相互独立的基础,在跨径较大及地基强度较高时采用。

涵洞完成后,应在涵洞砌体砂浆或混凝土强度达到设计强度等级的70%时,方可回填土,同时应从涵洞两侧不小于2倍孔径范围内,按水平分层、对称地填筑压实,但进行公路路基设计和计算土石方数量时,通常是不扣减涵洞体积所占的土石方数量,所以,编制涵洞工程的造价时,不得将涵背回填土石方数量作为计算造价的依据。

三、涵洞工程施工技术

1. 圆管涵

圆管涵,一般采用预制的钢筋混凝土管材,其管壁厚度与孔径大小及其管顶填土高度有关。常用的管径有0.75m、1.00m、1.25m、1.50m、2.00m五个标准,如图7-10所示。

管节安装应从下游开始,使接头面向上游;每节涵管应紧贴于垫层或基座上,使涵管受力均匀;所有管节应按正确的轴线和图纸所示坡度敷设。管节的安装方法通常有滚动安装法、滚木安装法、压绳下管法、龙门架安装法、吊车安装法等。

如图7-11所示,图中的ϕ角称为中心角,这个角度的大小,往往与荷载及地基承载力有关,在无特殊荷载时,一般采用90°;如有特殊荷载,而且地基松软,又容易产生不均匀的沉降时,则可采用135°或180°。

圆管涵结构简单,施工方便,耗用材料少。采用工厂化生产,吊装设备也比较简单,施工进度快，总体经济效果较好。而且可以采用顶进法进行施工，可避免破坏已建成的路基和影响交通，还可节省修建临时便道等费用。

图7-10　圆管涵

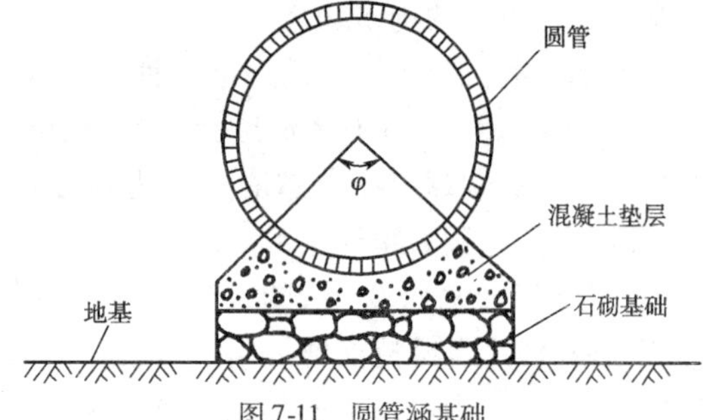

图7-11　圆管涵基础

2. 盖板涵

盖板涵有石盖板和钢筋混凝土盖板两种。目前广泛采用钢筋混凝土盖板涵。钢筋混凝土盖板涵洞身和基础，大都是采用石砌圬工。

钢筋混凝土盖板涵，有0.75m、1.00m、1.25m、1.50m、2.00m、2.50m、3.00m、4.00m八种不同的标准跨径，修建较多的是1.00m左右跨径的盖板涵，2.00m及以上的一般都比较少，洞身（墩、台）都采用矩形截面，其圬工砌体要求采用不低于MU25的片块石和M5.0砂浆砌筑，砌体的外露面要用M7.5砂浆勾缝。基础工程（包括沟底铺砌）一般采用与墩台相同强度等级的砂浆砌筑和片石圬工砌体，沟床和进出水口处的铺砌等工程，在编制施工图预算时，一般与基础工程综合在一起作为编制涵洞造价的依据。洞口设置的一字墙或八字墙的墙身和基础圬工砌体则分别与涵洞的墩台身和基础合并进行计算。但在编制初步设计概算时，则是按洞身、洞口分别适用工程定额进行计算，这是概预算编制方法的不同之处。

钢筋混凝土盖板，一般采用预制宽度为1.00m的矩形实心板，板的长度为净跨径加2×25cm，混凝土的强度等级不宜小于C20。当板顶填土高度大于5.0m时，一般要适当增加板的厚度和钢筋的用量，以免土压过大而造成盖板断裂。

盖板涵的安装工作，由于构件重量轻，一般都是采用扒杆或汽车式起重机械等来进行。

3. 拱涵

拱式涵洞多为石拱涵。且一般都是采用半圆拱结构，其标准跨径（净跨径）为1.50m、2.00m、2.50m、3.00m、4.00m五种，各结构的组成、施工工艺要求与石拱桥基本上是一致的，对地基的承载力要求高，不能产生不均衡的沉降，以免造成拱圈开裂。

拱涵所需的拱涵支架，是以涵洞的长度乘净跨径的水平投影面积作为定额计算单位的，这是与石拱桥的拱盔、支架的计算方法不同之处。在条件许可的情况下，也可以采用土胎（常称为土牛拱）来建造拱圈。

石拱涵的优点是不需耗用钢材，施工工艺要求不高也不复杂，但木料和劳动力需要多，施工周期相应也要长。因此，在设计选型时，应根据地质情况，结合工期要求，按就地取材的原则，综合考虑确定。

4. 箱涵

箱涵，是一种刚架结构，系用钢筋混凝土建筑材料做成的，有现浇和预制两种。这种结构，既可用于跨越溪沟排泄流水或天然雨水而修建的排水设施(涵洞),又用于跨越原有乡村道路,以维持交通运输,或穿过原有铁路、公路而所修建的立交式通道,因此,也可以说,箱涵是属于交叉工程范畴的构筑物之一。

现浇钢筋混凝土箱涵的标准设计结构尺寸,是以箱涵的净空来表示的(即净宽×净高),分为(2.0×1.5)~(4.0×3.0)、(6.0×3.5)~(7.0×4.2)、(3.0+7.0+3.0)×4.2(m)等,在公路工程概预算定额中亦依此作为划分定额子目的依据。由于它是一种整体式的箱形截面,故习惯把它称为箱涵。

预制钢筋混凝土箱涵,则是当拟建的公路须从现有铁路或公路的路基下面通过时,又不能修筑便桥、便道以维持交通,经技术经济比较合理,而拟建箱涵的地点及附近地区的地形,地质条件又适宜时,则可以采取预制顶进的施工方法来建造。这样,需要设置专业的顶进设施,以箱涵的自重所需的金属设备的重量作为计算依据。如图7-12所示,是在顶进部位开挖竖坑实施顶进方法的情况,若在平地上进行顶进施工时,则应在千斤顶的后面修建其他构筑物来承受反力。

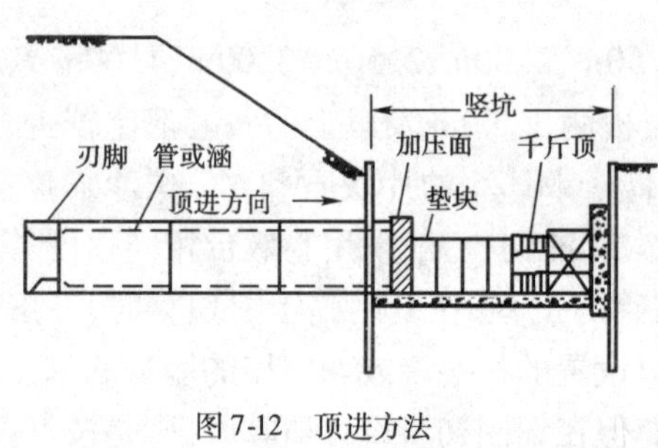

图7-12 顶进方法

混凝土和钢筋混凝土拱涵、盖板涵、箱涵的施工分为现场浇筑和在工地预制安装两大类。无论是污工基础或砂垫层基础,施工前必须先对下卧层地基土进行检查验收,地基土承载力或密实度符合设计要求时,才可进行基础施工。对于软土地基应按照设计规定进行加固处理,符合要求后,才可进行基础施工。对于拱涵基础要求较高,可采用整体式基础、非整体式基础和板式基础。

(1)整体式基础

两座涵台的下面和孔径中间使用整块的混凝土浇筑的基础称为整体式基础。其地基土的承载力应满足设计文件规定。若设计无规定,则填方高 H 在 1~12m 时,必须大于0.2MPa;H 大于12m时,必须大于0.3MPa。湿陷性黄土地基,不论其表面承载力多大,均不得使用整体式基础。

(2)非整体式基础

两座涵台的下面为独立的现浇混凝土或浆砌片石基础,两者之间不相连的称为非整体式基础。其地基土要求的容许承载力较上述的基础为高,当设计文件无规定时,一般应大于0.5MPa。

(3)板式基础

两座涵台下面的混凝土基础之间用较薄的混凝土或钢筋混凝土板在顶部连接,一起浇筑成似同板凳一样的基础。其地基土容许承载力的要求处于前两者之间,设计文件无规定时,应为大于0.4MPa的砂类土或"中密"以上的碎石土。

5. 倒虹吸管

当路线穿过沟渠、路堤高度很低或在浅挖方地段通过,填、挖高度不足,难以修建明涵时,或因灌溉需要,必须提高渠底高程,建筑架空渡槽又不能满足路上净空要求时,常修建倒虹吸管。公路上通常采用的倒虹吸管为竖井出入口式,如图7-13所示。

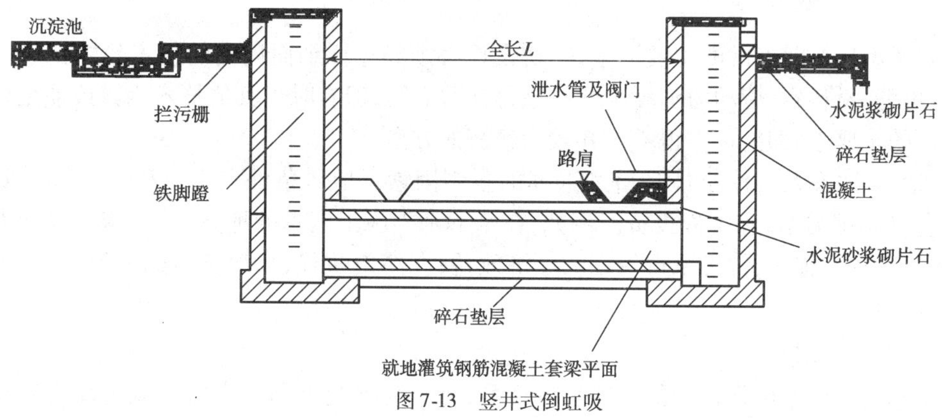

图 7-13　竖井式倒虹吸

6. 钢波纹管涵

波纹管涵是将 20 ~ 70mm 薄钢板板面压成波纹后，制成管节或板片，可以增加其刚度和管轴压力的抵抗强度，因此修建成的涵洞称为波纹管涵或板通道。截面形状：圆形、椭圆形、半圆形、拱形等不同结构形式，管径范围 ϕ50 ~ 800cm，满足填土厚度 1 ~ 60m 构造物的需要。

波纹管涵是一种柔性结构，具有一定的抗震能力，而且能适用较大的沉降与变形。它建成后与周围土体形成一种组合结构，共同受力。波纹管涵楔形部及两侧的回填土很关键，如回填不密实或有楔形部中空或局部有大石块直接作用于管体，将局部出现较大变形或两侧及楔形部的回填施工要严格控制，波纹管涵工程造价比同类跨径的桥涵洞低。施工工期短，主要为拼装施工，比混凝土结构提前约两个月，如图 7-14 所示。

图 7-14　钢波纹管涵

第三节　桥涵结构形式与施工方法选择

一、桥涵结构形式的选择

1. 影响桥涵形式选择的因素

桥涵是一个整体的空间构筑物，其结构形式的选择，一般是指上部结构、墩台和基础的造型。

经济是桥型选择时考虑的主要因素,一切设计必须经过详细而周密的技术经济比较。一般而言,造价低、材料省、劳动力消耗少的应该是优秀方案,但有时当其他技术因素或使用要求上升为设计的主要矛盾时,也不得不放弃较为经济的方案。

地质、地形、水文及气候条件是桥型选择的限制因素。地质条件在很大程度上影响到桥位、桥型(包括基础类型)和工程投资。例如,在水下基础施工困难的地方,适当将跨径放大一些,避开水下工程的施工,常可取得较好的经济效益;在高山峡谷、水深流急的河道,建造单孔桥往往比较合理。

2. 上部结构的选型

目前我国公路桥梁建设常用的桥跨结构体系,有钢筋混凝土和预应力混凝土简支和连续梁、T形刚构、钢筋混凝土箱形拱、桁架拱、刚架拱等;桥梁横断面形式有:T形梁、工形梁、预应力混凝土组合箱梁、箱梁、桁架梁;如图7-15所示。

图7-15　上部结构构造

(1)梁式桥

①板桥。其截面结构简单,建筑高度小,容易适应各种线形要求,便于利用组合钢模板进行工厂化生产。最常用的有矩形板、钢筋混凝土和预应力混凝土空心板。板式桥的主要缺点是自重大,当跨径超过一定限度时,截面便要显著加高,从而导致自重也大。它的经济合理跨径一般限制在13m以下,预应力混凝土连续板桥也不宜超过35m。

②T形梁和工形组合梁,又称为肋形梁。板的抗剪能力要比其抗弯能力大得多,但当其跨径增大时,则弯矩增加的速度要比剪力快得多,这就要求增加板厚,为了节省材料,将其腹部挖空,形成T形和工形截面形式的梁,主梁之间则借助横隔板使之连接成整体。若桥梁的建筑高度不受限制,其跨径在20~50m。

③箱梁。有单箱、多箱以及组合箱梁等多种截面形式,它具有截面挖空率高、材料用量少、结构自重轻、跨越能力大等特点。故大跨径的梁桥中,以及弯桥、斜桥等多采用这种截面形式。尤其是大悬臂斜腹板单箱室结构,箱底宽度比较窄,与之配合的桥墩工程量也相应减少,对降低工程造价、节约投资都是有利的。

(2)拱式桥

①石拱桥由于石料规格要求高,加之木材和劳动力耗用都比较多,建设工期又比较长,故目前采用的比较少。

②桁架拱和刚架拱。在修建双曲拱桥经验的基础上发展起来的桁架拱和刚架拱,是一种有水平推力的轻型钢筋混凝土拱式结构,目前多用于中等跨径的桥梁(20~50m),它也是在软土地基上修建拱桥的实践中发展起来的一种新桥型。

③大跨径拱式桥梁的钢筋混凝土箱形截面主拱圈,采用无支架吊装施工方法修建,其跨径已达150m。采用钢拱架就地浇筑的,其跨径已达170m。而采用钢管混凝土劲性骨架的箱形

拱桥跨径已达420m。这种箱形截面的挖空率可达全断面的50% ~70%，故可大量地减少圬工数量和自重，有利于跨越深壑河谷，降低工程造价，总体经济效果比较好。

(3)T形刚构。目前施工工艺已相当成熟，在跨越大型河流、山谷及通行道路方面，与悬索桥、斜拉桥相比，其施工工艺及造价皆有一定优势，目前使用相当普遍，超过100m跨径的全国已超过300座。

3.墩台的选型

公路桥梁中的墩台形式，分为重力式和轻型两大类，前者依靠自身的质量来平衡外力的作用而保持其稳定，墩台身比较厚实，圬工体积大，一般都用石砌或片石混凝土做成，可以不用钢筋，它用于地基良好的天然基础；后者所用的建筑材料，大都为钢筋混凝土，故它的截面小，质量较轻，外形美观，这类墩台的形式比较多，而且各有其自身的特点和适用条件。轻型墩台(有柱式墩台、实体式)、空心墩、Y形和薄壁墩、框架式和肋形埋置式桥台等，如图7-16所示。

目前我国在中等跨径的公路桥梁建设中，应用最多的是重力式的U形桥台、埋置式肋板桥台及桩柱台和柱式板式及空心薄壁桥墩。U形桥台具有结构简单，便于施工和就地取材等优点。柱式桥墩有独柱、双柱和三柱等结构形式，独柱墩在弯梁中得到了广泛的应用，尤其有利于立交桥的墩位布置，占地范围小，桥下空间视野开阔；双柱式和三柱式适用于板式、肋式和箱梁的桥墩。高等级公路桥梁建设中的桥墩多采用双柱式，斜桥因桥面较宽，则采用三柱式，在经济上是比较合理的。

4.基础的选型

基础是使桥涵的全部荷载传至地基，从而保证桥涵安全使用的重要部分，形式如何选定，主要取决于水文、地质情况，上部及墩台结构形式和使用要求等。实际中广泛使用的是天然地基上的浅基础和钻孔灌注桩基础。当地基的持力层埋深在5.0m以内时，一般选用天然地基上的浅基础，即石砌或混凝土圬工。当地基承载力不足，而各土层的摩阻力和桩尖土的承载力能够承受由桩传来的上部荷载时，则选用摩擦桩，否则应将桩尖嵌入岩层，使之成为柱桩(支撑桩)，这样，上部的荷载由桩底岩层抗力承受，如图7-17所示。当上部荷载特别大，而地基承载力又不足，覆盖层虽不太深，但明挖基坑工作困难，如开挖方量大，支撑和排水耗费多，且通过与桩基础等技术经济比较合理时，则采用沉井基础。

图7-16　桥梁墩台

图7-17　基础

二、桥梁工程施工方法

桥梁施工应包括选择施工方法，进行必要的施工验算，选择或设计、制作施工机具设备，选购与运输建筑材料，安排水、电、动力生活设施以及施工计划，组织与管理等方面的事务。

一座桥梁的建设一般要经过规划、工程可行性研究、勘察设计和施工等几个阶段。施工技术包含了施工设计计算，施工的方法、手段和工艺等方面的内容。

《高速公路施工标准化技术指南　第四分册　桥梁工程》要求，桥梁钻孔桩施工时，钻机需设置工程标示牌，标明所施工桥名、墩台及桩位编号、护筒顶高程、设计桩长、桩径及桩底高程等；沉淀池和泥浆池应分开设置，并设置防护栏和安全警示标志；挖孔桩施工孔口处设高于地面不小于30cm的护圈，孔口四周1.0m范围内用砂浆硬化；基坑防护设置双横杆钢管防护栏；现浇、悬浇箱梁以及预制梁板，桥面应及时封闭；跨公路(铁路)桥梁施工封闭，防护应有专项方案。

1.桥梁上部结构施工

桥梁上部结构的形式是多种多样的，其施工方法的种类也较多，但除一些比较特殊的施工方法之外，大致可分为预制安装和现浇两大类。现将常用一些施工方法(图7-18)的特点和适用性分述如下。

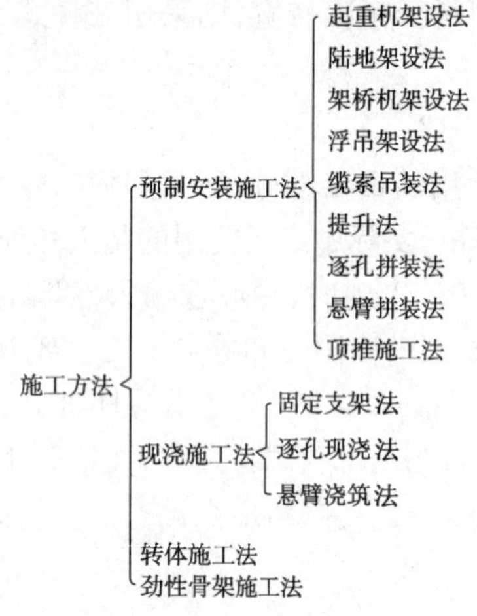

图7-18　桥梁上部结构施工方法

(1)预制安装法

预制安装可分为预制梁安装、预制节段式块件拼装和整跨箱梁预制吊装两种类型。预制梁安装主要指装配式的简支梁板，如空心板、T形梁、工形梁及小跨径箱梁等的安装，然后进行横向联结或施工桥面板而使之成为桥梁整体；预制节段式块件拼装则将梁体(一般为箱梁)沿桥轴向分段预制成节段式块件，运到现场进行拼装，其拼装方法一般多采用悬臂法。连续梁、T构、刚构和斜拉桥都可应用这种方法进行施工；整跨箱梁预制吊装是通过在现场设置临时预制场将箱梁集中预制，大规模生产，然后利用大吨位运架机械逐跨架设。

①自行式吊装设备吊装法

这种吊装法多采用汽车吊、履带吊和轮胎吊等机械，有单吊和双吊之分，此法一般适用于跨径在30m以内的简支梁板的安装作业。跨径小于25m的陆上预制梁，结合地形条件可采用吨位符合要求的自行式吊车架设。跨径大于或等于25m的梁宜使用架桥机、跨墩龙门架或其他适合的专用大型机具设备。预制梁装车时，重心线与车辆纵向中心线的偏差宜小于10mm；预制梁应按设计支点放置，设计未规定时，后支点离梁端不应超过1.5m。

②跨墩龙门安装法

在墩台两侧顺桥向设置轨道，其上安置跨墩的龙门吊，将梁体在吊起状态下运到架设地点而安装在预定位置，但要求架设地点的地形应平坦且良好，梁体应能沿顺桥向搬运，桥墩不能太高。

③架桥机安装法

这是预制梁的典型架设安装方法。在孔跨内设置安装导梁,以此作为支承梁来架设梁体,这种作为支承梁的安装梁结构称为架桥机。按形式的不同,架桥机又可分为单导梁、双导梁、斜拉式和悬吊式等。

④扒杆吊装法

这是一种较原始但简单易行的方法,对一些质量轻的小型构件比较适宜,目前已很少采用。

⑤浮吊架设法

这种方法一般适用于河口、海上长大桥梁的架设安装,包括整孔架设和节段式块件的悬臂拼装。

⑥浮运整孔架设法是将梁体用驳船载运至架设地点后进行架设安装的方法,可采用两种方式:第一种方式是用两套卷扬机(或液压千斤顶装置)组合提升吊装就位;第二种方式是利用驳船的吃水落差将整体梁体安装就位。

⑦缆索吊装法

当桥址为深谷、急流等桥下净空不能利用时,在桥台或桥台后方设立钢塔架,塔架上悬挂缆索,以缆索作为承重索进行架设安装的施工方法(图7-19)。

⑧提升法

提升法有两种形式:一是采用卷扬机装置进行提升,较适用于悬臂拼装的桥梁;二是采用液压式千斤顶装置进行连续提升,较适用于重型构件的架设安装。

⑨逐孔拼装法

逐孔拼装法一般适用于节段式预应力混凝土连续梁的施工。在施工的孔跨内搭设落地式支架或采用悬吊式支架,将节段预制块件按顺序吊放在支架上,然后在预留孔道内穿入预应力筋,对梁施加预应力使其成为整体。

⑩悬臂拼装法

悬臂拼装法现多用于预应力混凝土梁体的施工,其他类型的桥梁亦可选用。此法是将梁体分节段预制,墩顶附近的块件用其他架设机械安装或现浇,然后以桥墩为对称点,将预制块件沿桥轴方向对称起吊、安装就位后,张拉预应力筋,使悬臂不断接长,直至合龙的施工方法。这种施工方法可不用或少用支架,施工时不影响通航或桥下交通,宜在跨深水、山谷和海上进行施工,并适用于变截面预应力混凝土梁桥(图7-20)。

图7-19 缆索吊装

图7-20 悬臂拼装法

(2)现浇法

①固定支架法

这是在桥跨间设置支架,安装模板,绑扎钢筋,现场浇筑混凝土的施工方法,特别适用于旱地上的钢筋混凝土和预应力混凝土中小跨径连续梁桥的施工。支架按其构造的不同可分为满布式、柱式、梁式和梁柱式几种类型,所用材料有门式支架、扣件式支架、碗扣式支架、贝雷桁片、万能杆件及各种型钢组合构件等。固定支架法施工的特点是:梁的整体性好,施工平稳、可靠,不需大型起吊设备,施工中无体系转换的问题,但需要大量施工支架,并需要有较大的施工场地。

②逐孔现浇法

a. 在支架上逐孔现浇施工。这是一种与固定支架法相类似的施工方法,其区别在于逐孔现浇施工仅在梁的一孔(或两孔)间设置支架,完成后将支架整体转移到下一孔连续施工,因此这种方法可仅用多孔的支架和模板周转使用所花费施工费用较少。支架形式可采用满布式或梁式,满布式用于陆地或不通航河道上,支架最大高度不超过20m,高宽比不大于2,梁式可采用工字钢、钢板梁或钢桁梁,工字钢适用于跨径小于10m,钢板梁适用于跨径小于20m,钢桁梁适用于跨径大于20m。对多跨连续箱梁,其边跨支架可设置水平位移机构,以利于箱梁混凝土在施加预应力及温度变化过程中发生收缩。采用满布式支架时,地基承载力宜不低于100kPa,地基处理后宜采用厚度不小于100mm的C20混凝土进行硬化处理。在梁式支架中,宜设置砂筒、千斤顶或楔块,用于调整模板高程及卸落模板。支架的预拱度,可自跨中向两端按二次抛物线分配。支架的预压应采取分次分级的方式进行,第一次30%预压荷载,第二次70%预压荷载,第三次100%预压荷载,观测点应为纵、横向每2m一个,设计无规定时,对黏土及亚黏土地基,预压时间不少于7d,且连续3d累计沉降不超过3mm,即视为沉降已稳定;对砂性土地基,连续3d累计沉降不超过3mm,即可。箱梁混凝土浇筑宜采取水平分层、斜向分段、横桥向全断面推进式。

b. 移动模架逐孔现浇施工。这种方法是使用不着地移动式的支架和装配式的模板进行连续地逐孔现浇施工。此法自20世纪50年代末开始使用以来,得到了较广泛的应用,特别对于多跨长桥如高架桥、海湾桥、预应力混凝土等高简支梁桥、连续梁桥等,使用十分方便,施工快速,安全可靠,机械化程度高,节省劳动力,减轻劳动强度,少占施工场地。不会受桥下各种条件的影响,能周期循环施工,同时也适用于弯、坡、斜桥。但因其模架设备的投资较大,拼装与拆除都较复杂,所以此法一般适用于跨径20~50m的预应力混凝土连续梁桥施工,且桥长至少应在500m以上。

移动模架可分为在梁下以支架梁等支承梁体质量的活动模架(支承式)和在桥面上设置的主梁支承梁重的移动悬吊模架两种形式。移动模架由承重主梁、导梁、挑(鼻)梁、吊梁、底模架、横移滑架、支腿横梁及支腿转移卷扬机组成。移动模架拼装、静载试验、混凝土施工,详见《高速公路施工标准化技术指南　第四分册　桥梁工程》。

③悬臂浇筑法

这种方法最常用的是采用挂篮悬臂浇筑施工,在桥墩两侧对称逐段就地浇筑混凝土,待混凝土达到一定强度后张拉预应力筋,移动挂篮继续进行施工,使悬臂不断接长,直至合拢。挂篮的构造形式很多,通常由承重梁、悬吊模板、锚固装置、行走系统和工作平台几部分组成。

悬臂浇筑施工不需在跨间设置支架，使用最少施工机具设备，便可以很方便地跨越深谷和河流，适用于大跨径变截面连续梁桥及刚构桥、斜拉桥的施工。

④顶推法

顶推施工是在桥台的后方设置施工场地，分节段浇筑梁体，并用纵向预应力筋将浇筑节段与已完成的梁体连成整体，在梁体前端安装长度为顶推跨径0.7倍左右的钢导梁，然后通过水平千斤顶施力，将梁体向前方顶推出施工场地。重复这些工序即可完成全部梁体的施工（图7-21）。其特点是：由于作业场所限定在一定范围内，可设置制作顶棚而使施工不受天气影响，全天候施工。连续梁的顶推跨径以30～50m最为经济有利。可在深谷和宽深河道上的桥梁、高架桥以及等曲率曲线桥、带有部分竖曲线的桥和坡桥上采用。顶推施工的方法可分为单点顶推和多点顶推两种。

（3）转体法

转体法多用于拱桥的施工，亦可用于斜拉桥和刚构桥。这种施工法是在岸边立支架（或利用地形）顶制半跨桥梁的上部结构，然后借助上、下转轴偏心值产生的分力使两岸半跨桥梁上部结构向桥跨转动，用风缆控制其转速，最后就位合龙（图7-22）。该法最适用于峡谷、水深流急、通航河道和跨线桥等地形特殊的情况，具有工艺简单，操作安全，所需设备少、成本低、速度快等特点。转体法分平转和竖转两种施工方法，施工中又分为有平衡重和无平衡重两种方式。

图7-21　顶推法

图7-22　转体法

（4）劲性骨架法

又称埋置式拱架法，是大跨径拱桥无支架施工方法的一种。它是指用无支架方法架设好拱形的劲性骨架，然后围绕劲性骨架浇筑混凝土，劲性骨架不再拆卸和回收，而是与混凝土一起共同组成承重的主拱结构（图7-23）。

图7-23　劲性骨架法

2. 桥梁下部结构施工

（1）承台

位于旱地或浅水中采用土石筑岛施工桩基的桥梁，其承台的施工方法与扩大基础的施工方法相类似,可采取明挖基坑、简易板围堰后开挖基坑等方法进行施工。

对深水中的承台可供选择的施工方法通常有:钢板桩围堰、钢管桩围堰、双壁钢围堰及套箱围堰等,不论何种围堰,其目的都是为了止水,以实现承台的干处施工。钢板桩和钢管桩围堰实际上是同一类型的围堰形式,只不过所用材料不同;双壁钢围堰通常是将桩基和承台的施工一并考虑,在桩顶设钻孔平台,桩基施工结束后拆除平台,在堰内进行承台施工;套箱现多采用钢材制作,分有底和无底两种类型,根据受力情况不同又可设计成单壁或双壁。

(2)墩(台)身

墩(台)身的施工方法根据其结构形式的不同各不相同。对结构形式较简单、高度不大的中、小桥墩(台)身,通常采取传统的方法,立模(一次或几次)现浇施工。但对高墩及斜拉桥、悬索桥的索塔,则有较多的可供选择的方法,而施工方法的多样化主要反映的是模板结构形式的不同。近年来,滑升模板、爬升模板和翻升模板等在高墩及索塔上应用较多,其共同的特点是:将墩身分成若干节段,从下至上逐段进行施工。

采用滑升模扳(简称滑模)施工,对结构物外形尺寸的控制较准确,施工进度平衡、安全,机械化程度较高,但因多采用液压装置实现滑升,故成本较高,所需的机具设备亦较多;爬升模板(简称爬模)一般要在模板外侧设置爬架,因此,这种模板相对而言需耗用较多的材料,且需设专门用于提升的起吊设备。

高墩的施工,应根据现场的实际情况,进行综合比较后来选择适宜的施工方案。中、小桥中,有的设计为石砌墩(台)身,其施工工艺虽然简单,但必须严格控制砌石工程的质量。

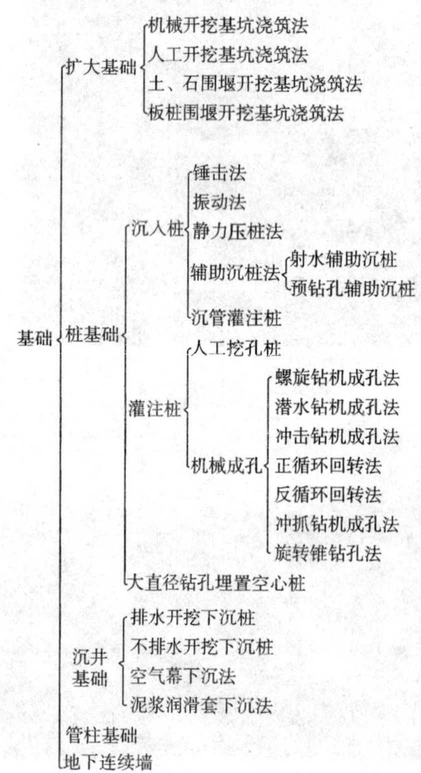

图7-24 基础分类

3. 桥梁基础施工(图7-24)

在桥梁工程中,通常采用的基础有扩大基础、桩基础、沉井基础等。基础的施工方法大致可分类如下:

(1)扩大基础

扩大基础施工的顺序是开挖基坑,对基底进行处理(当地基的承载力不满足设计要求时,需对地基进行加固),然后砌筑圬工或立模、绑扎钢筋、浇筑混凝土。其中,开挖基坑是施工中的一项主要工作,而在开挖过程中,必须解决挡土与止水的问题。

当土质坚硬时,对基坑的坑壁可不进行支护,仅按一定坡度进行开挖。在采用土、石围堰或土质疏松的情况下,一般应对开挖后的基坑坑壁进行支护加固,以防止坑壁坍塌。支护的方法有挡板支护加固、混凝土及喷射混凝土加固等。

扩大基础施工的难易程度与地下水处理的难易有关。当地下水位高于基础的设计底面高程时,施工时则须采取止水措施,如打钢板桩或考虑采用集水坑用水泵排水、深井排水及井点法等使地下水位降低至开挖面以下,以使开挖工作能在干燥的状态下进行。

还可采用化学灌浆法及围幕法(冻结法、硅化块、水泥灌浆法和沥青灌浆法等)进行止水或排水。

(2)桩基础

桩是深入土层的柱形构件,其作用是将作用于桩顶以上的荷载传递到土体中的较深处。根据不同情况,桩可以有不同的分类法。现按成桩方法对桩进行分类,其施工方法和工艺如下:

①沉入桩

沉入桩是将预制桩用锤击打或振动法沉入地层至设计要求高程。预制桩包括木桩、混凝土桩和钢桩,一般有如下特点:

a. 因在预制场内制造,故桩身质量易于控制,质量可靠;

b. 沉入施工工序简单,工效高,能保证质量;

c. 易于水上施工;

d. 多数情况下施工噪声和振动的公害大、污染环境;

e. 受运输、起吊设备能力等条件的限制,其单节预制桩的长度不能过长;沉入长桩时要在现场接桩;桩的接头施工复杂、麻烦,且易出现构造上的弱点;接桩后如果不能保证全桩长的垂直度,则将降低桩的承载能力,甚至在沉入时造成断桩;

f. 不易穿透较厚的坚硬地层,当坚硬地层下仍存在较弱层,设计要求桩必须穿过时,则需辅以其他施工措施,如射水或预钻孔等;

g. 沉入地基的桩超长时,需截除其超长部分,截桩不仅较困难,且不经济。

沉入桩施工方法主要有:锤击法、振动法、静力压桩法、辅助沉桩法、沉管灌注法以及锤底沉管法等。锤击方式宜用于承载力较大桩的施工,静压方式宜用于承载力较小或对噪声控制较严格地区桩的施工。桩身混凝土达到设计规定强度后方可起吊和运输。桩起吊时,应使每个吊点同时受力。锤击沉桩时应设置桩帽,桩帽应有足够的强度、刚度和耐打性,桩帽与桩头之间应设置弹性衬垫,桩帽和桩锤之间宜采用竖纹硬木或盘圆层叠的钢丝绳作“锤垫”其厚度宜取150~200mm。静压沉桩施工,在夹桩器与桩之间应有衬垫隔离,宜采用经纬仪或全站仪从两个正交方向调整桩的垂直度。

②灌注桩

灌注桩是在现场采用钻孔机械(或人工)将底层钻挖成预定孔径和深度的孔后,将预制成一定形状的钢筋骨架放入孔内,然后在孔内灌入流动的混凝土而形成桩基。水下混凝土多采用垂直导管法灌注。灌注桩特点是:

a. 与沉入桩的锤击法和振动法相比,施工噪声和振动要小得多;

b. 能修建比预制桩的直径大的桩;

c. 与地基土质无关,在各种地基上均可使用;

d. 施工时应特别注意孔壁坍塌形成的流沙,以及孔底沉淀等的处理,施工质量的好坏,对桩的承载力影响很大;

e. 因混凝土是在泥水中灌注的,因此混凝土质量较难控制。

灌注桩因成孔的机械不同,通常采用①螺旋钻机成孔法;②潜水钻机成孔法;③冲击钻机成孔法;④正循环回转法;⑤反循环回转法;⑥冲抓钻机成孔法;⑦旋转锥钻孔法等。

③大直径桩

一般认为,直径2.5m以上的桩可称为大直径桩。目前最大桩径已达6m以上。

(3)沉井基础

沉井基础是一种断面和刚度均比桩大得多的筒状结构,施工时在现场重复交替进行构筑和开挖井内土方,使之沉落到预定的地基上。在岸滩或浅水中建造沉井时,可采用"筑岛法"施工;在深水中建造时,则可采用浮式沉井,先将其浮运至预定位置,再进行下沉施工。按材料、形状和用途不同,可将沉井分成很多种类型,但各种沉井基础有如下的共同特点:

①沉井基础的适宜下沉深度一般为10~40m;

②与其他基础形式相比,沉井基础的抗水平力作用能力及竖直支承力均较大,由于刚度大,其变形较小。

沉井基础施工的难点在于沉井的下沉,主要是通过从井孔内除土,清除刃脚正面阻力及沉井内壁摩阻力后,依靠其自重下沉。沉井下沉的方法可分为排水开挖下沉和不排水开挖下沉,但其基本施工方法应为不排水开挖下沉,只有在稳定的土层中,而且渗水量不大时,才采用排水开挖法下沉。另外还有压重、高压射水、炮震(必要时),降低井内水位减少浮力以增加沉井自重、采用泥浆润滑套或空气幕等一些沉井下沉的辅助施工方法。

(4)管柱基础

管柱基础是由薄壁钢筋混凝土管柱或钢管柱中填混凝土或砂,其底部伸入岩盘或土层中,顶部锚固在承台内所形成的基础。一般采用预应力混凝土管柱或钢管柱。管柱基础一般适用于深水、厚覆盖层、岩面起伏等条件下的桥梁基础。

对于大型的深水或海中基础,特别是深水岩面不平、流速大的地方采用管柱基础是比较适宜的。

管柱基础的施工一般包括管柱预制、围笼拼装浮运和下沉定位、下沉管柱,在管柱底基岩上钻孔,在管柱内安放钢筋笼并灌注水下混凝土等内容。管柱有钢筋混凝土、预应力混凝土和钢管三种,见图7-25。

(5)地下连续墙

地下连续墙是用膨润土泥浆进行护壁,在防止开挖壁面坍塌的同时,按设计位置开挖一条狭长端圆的深槽,然后将钢筋骨架放入槽内,并灌注水下混凝土,从而在地下形成连续墙体的一种基础形式。该方法目前国内还多用于临时支挡设施。地下连续墙有墙式和排柱式之分,但一般多用墙式。地下连续墙的特点有:

①施工时噪声、振动小;

②墙体刚度大,且截水性能优良,对周边地基无扰动;

③所获得的支承力大,可用作刚性基础,对墙体进行适当的组合后,可用以代替桩基础和沉井基础;

④可用于逆作法施工,并适用于多种地基条件;

⑤在挖槽时因采用泥浆护壁,如管理不当,有槽壁坍塌的问题。

地下连续墙的施工方法种类甚多,根据机械类型和开挖方法可分为抓斗式、冲击式和旋转切削式三类。

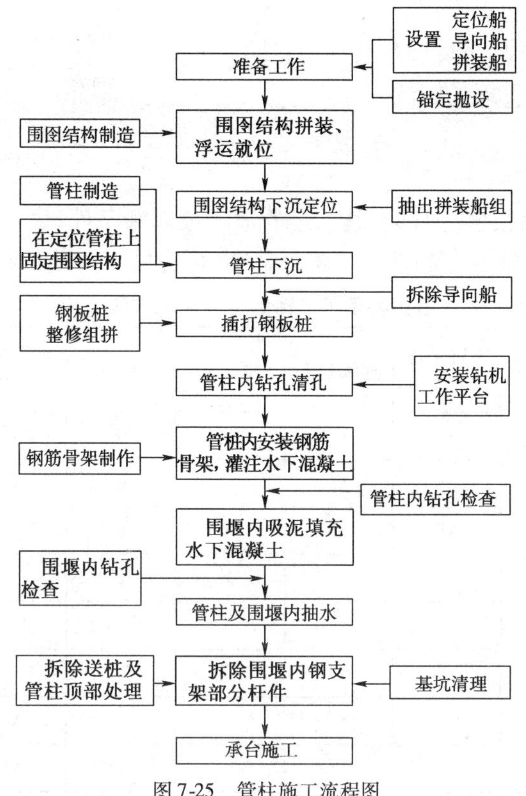

图 7-25　管柱施工流程图

三、桥涵施工方法的选择

自 20 世纪 70 年代以来，随着公路桥梁建设预应力混凝土的广泛应用，施工机械设备的不断发展，从而引起施工工艺的不断革新，已形成了多种多样的施工方法，如现浇、预制安装、悬臂施工[图 7-26a)]、顶推施工等。但就其施工工艺的全过程来看，可以归纳为两类：一是就地砌筑或浇筑，二是预制安装或悬拼。基础和墩台工程的施工，基本上都是采用前一种施工方法，只是上部构造中的钢筋混凝土和预应力混凝土的桥跨结构采用后一种施工方法，同时，为了使桥梁上部构造具有较好的整体性能，以满足营运的需要，在安装或悬拼完成之后，还有适量的现浇接缝混凝土。所以，施工方法也是错综复杂的。选择桥梁施工方法时应考虑的主要因素有以下几点：

a)

b)

图 7-26　悬拼及架桥机架桥方法

a)悬臂施工；b)架桥机施工

(1)桥梁的结构形式和规模;

(2)桥位处的地形、自然环境和社会环境;

(3)施工机械和施工管理的制约;

(4)以往的施工经验;

(5)安全性和经济性等。

桥梁的施工方法虽然很多,但都有其一定的适用范围和条件,表 7-2 是各种桥型常用的施工方法。表 7-3 所列桥梁施工方法常用的跨径范围,可在施工方法选择时参考。

各类桥型可选择的主要施工方法 表 7-2

桥型 / 施工方法	简支梁桥	悬臂梁桥 T形刚构	连续梁桥	刚架梁	拱桥	桥组合体系桥	斜拉桥	悬索桥
现浇施工	√	√	√	√	√	√	√	
预制安装	√	√	√	√	√	√	√	√
悬臂施工		√	√	√	√		√	√
转体施工				√	√			
顶推施工			√				√	
逐孔施工		√	√	√	√			
横移施工	√	√	√			√	√	
提升与浮运施工	√	√	√		√	√		

各类施工方法的适用跨径 表 7-3

路径(m) / 施工方法	0 20 40 60 80 100 120 140 160 180 200 300 400 500
现浇施工	
预制安装	
悬臂施工	
转体施工	
顶推施工	
逐孔施工	
横移施工	
提升与浮运施工	

注:桥梁跨径主要指混凝土桥。"————"为常用跨径,"---------"为施工达到的跨径。

第四节 桥 梁 基 础

公路桥梁常用的基础类型,有扩大基础、桩基础(打入桩、钻孔灌注桩、挖孔桩)和沉井基础三种。随着桥梁技术的发展,地下连续墙基础、组合式基础也逐渐得到应用。

一、扩大基础

这种基础将荷载通过逐步扩大的基础直接传到土质较好的天然地基或经人工处理的地基上。它的尺寸按地基承载力和所承受荷载决定,基础埋置深度与基础宽度相比很小,属于浅基础范畴,施工常采用明挖方法,因此又称为明挖浅基础。

1. 基础埋深规定

(1)当墩台基底设置在不冻胀土层中,其基底埋深可不受冻深的限制。若上部为超静定结构的桥梁,而地基为冻胀性土时,则基础的基底应埋入冻结线以下不小于25cm。若墩台基础设置在季节性冻胀土层中,其基底的最小埋置深度,应按规范规定的计算公式计算确定。

(2)小桥基础,在无冲刷处,除岩石地基外,应在地面或河床底以下至少埋入深度1m;如有冲刷,基底埋深应在局部冲刷线以下不少于1m。若河床上有铺砌层时,宜设置在铺砌层顶面以下1m。

(3)大、中桥基础在有冲刷处,其基底埋置深度应按规范规定的局部冲刷线以下的安全值选定,一般为1~4m。建于抗冲刷能力强的岩石上的基础,则不受此限制。

(4)墩台基础的顶面不宜高于最低水位,若地面高于最低水位但不受冲刷时,则不宜高于地面。

(5)墩台基础设置在岩石上时,应清除风化层。当河流冲刷较严重时,则应根据基岩强度嵌入岩层一定深度,或采取其他锚固措施,使之连成整体。当桥台设置在山坡或倾斜的岩石上时,可根据基岩的强度做成台阶形,以减少工程数量,节约投资。

2. 天然地基上的浅基础的特点

天然地基上的浅基础,其特点是将基础底面直接设置在土层或岩层上,其埋置深度较浅,一般从地表面至地基上的深度在5m以内,而地基的承载力又能满足设计的要求,则采用这种天然地基上的浅基础。

天然地基上的浅基础的另一个特点是要开挖基坑,基坑的大小应满足基础施工作业的要求,一般基底应比设计的平面尺寸各边增宽50~100cm,并以此作为计算开挖基坑数量和编制工程造价的依据。渗水土质(即在湿处开挖基坑土、石方)的基坑坑底的开挖尺寸,还应考虑设置排水沟和集水井的宽度。但因此而相应增加的开挖基坑的土、石方数量不得作为编制桥梁工程挖基的计价依据,因为概预算定额中已综合了这些作业的用工。

3. 基坑开挖要求

当基础覆盖层的土壤系坚硬或硬塑状态的黏性土,而基坑顶部边缘无活荷载,稍松土质的基坑深度不超过0.50m,中等密实土质的基坑深度不超过1.25m,密实土质的基坑深度不超过2.00m时,都可采取垂直坑壁进行开挖。基坑深度在5.00m以内,施工期较短,土的湿度正常,土层结构均匀时,则可采取斜坑壁(即放坡)开挖,其坑壁坡度可参考表7-4确定。当坑壁不稳定或放坡开挖受场地限制,或开挖方数过大,不符合技术经济要求,则可结合具体情况,采用基坑挡土板对坑壁进行加固。挡土板的计价工程量一般按需要支撑的基坑侧面积计算。

基坑坑壁坡度 表7-4

坑壁土类	坑壁坡度		
	坡顶无荷载	坡顶有静载	坡顶有动载
砂类土	1:1	1:1.25	1:1.5
卵石、砾类土	1:0.75	1:1	1:1.25
粉质土、黏质土	1:0.33	1:0.5	1:0.75
极软岩	1:0.25	1:0.33	1:0.67
软质岩	1:0	1:0.1	1:0.25
硬质岩	1:0	1:0	1:0

在确定基坑的开挖坡度时,若要经过不同的土层时,坡度可分层决定,并酌设平台。当基坑深度大于5m时,基坑坑壁可适当放缓或加设平台。

4.基坑渗水量的计算

当桥梁基础位于地表水以下,而采用明挖基础时,还要根据水深、流速和桥址的实际情况,设置各种不同结构形式的围堰作为防水设施,以保证在无水条件下进行基础施工作业。因此,相应要考虑排水工作,在公路工程概预算定额中的湿处挖土石方所需的水泵台班已有了具体的规定,编制工程造价时,可以根据覆盖层的土壤类别选用。但在施工时,如何确定抽水设备的总排水能力,以保证能在基坑内基本无水进行作业,首要的任务是要计算出基坑的渗水量,然后据以选定抽水机的型号。

5.基坑排水

目前常用的基坑排水方法有集水井(坑)排水法、井点排水法和帷幕排水法三种。

(1)集水井(坑)排水法

它是在基坑整个开挖过程及基础施工和养护期间,在基坑四周开挖集水沟汇集坑壁及基底的渗水,并引向一个或数个比集水沟挖得更深一些的集水井(坑),用排水工具将水排出基坑之外。集水沟和集水井(坑)应设在基础范围之外。

(2)井点排水法

当基坑为粉、细砂或地下水位较高,基坑较深,坑壁不易稳定和用普通排水方法难以解决的基坑,可以采用井点排水法。公路工程定额中的“轻型井点降水”定额适于土层渗透系数为0.1~80m/h的土壤,降低水位深度在6~9m。井点法的布设形式,如图7-27所示。

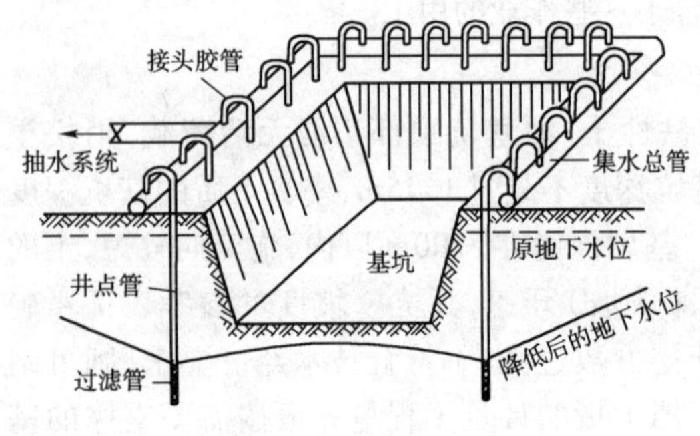

图7-27 井点排水法布设形式

(3)帷幕法排水

它是在基坑边线外设置一圈隔水幕,减少渗流水量,防止流沙、突涌、管涌、潜蚀等地下水的作用。具体方法有深层搅拌桩隔水墙、压力注浆、高压喷射注浆、冻结围幕法等。

6.人工地基

天然地基的承载力,常会碰到不能满足设计要求的情况,若改用其他形式的基础,既无此必要,又很不经济。因此,常采用人工加固的方法，以提高地基的承载力，使之符合设计要求，这种地基处理称为人工地基。

二、桩基础

当地基浅层土质不良时，采用浅基础无法满足结构物对地基强度、变形和稳定性等方面的要求时，往往要采用深基础。

桩基础由若干根桩和承台两部分组成。桩在平面排列上可以为一排或几排，所有桩顶由承台连成一整体并传递荷载。在承台上再修筑桥墩、桥台及上部构造，如图7-28所示。桩身可全部或部分埋入地基土中，当桩身外露在地面上较高时，在桩间应加设横系梁，以加强桩之间的横向联系。

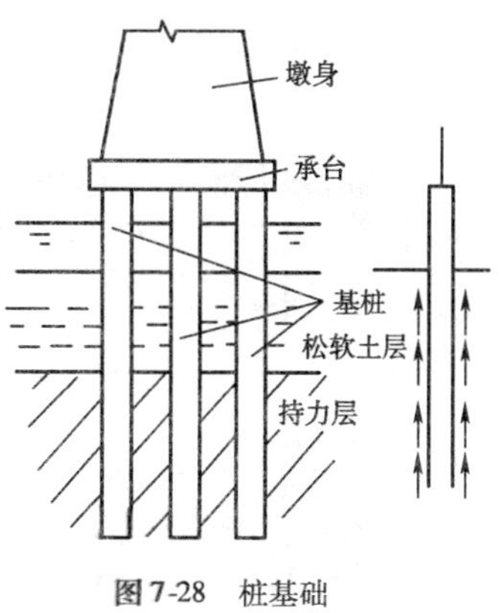

图7-28 桩基础

桩基础的作用是将承台以上结构物传来的外力通过承台，由桩传到较深的地基持力层中去，承台将各桩连成一整体共同承受荷载。

若桩基础设计正确，施工得当，其将具有承载力高、稳定性好、沉降量小而均匀、耗材少、施工简便等特点，如图7-29所示。因此，桩基础适宜在以下几种情况采用：

图7-29 桩基础施工

(1)荷载较大，地基上部土层软弱，适宜的地基持力层位置较深，采用浅基础或人工地基在技术上、经济上不合理；

(2)河床冲刷较大，河道不稳定或冲刷深度不易计算正确，采用浅基础施工困难或不能保证基础安全时；

(3)当地基计算沉降过大或结构物对不均匀沉降敏感时，采用桩基础穿过松软土层，将荷载传到较坚实土层，减少结构沉降并使沉降较均匀；

(4)当施工水位或地下水位较高时，采用桩基础可减少施工困难和避免水下施工；

(5)采用桩基础可增加结构物的抗震能力，消除或减轻地震对结构物的危害。

以上情况也可采用其他形式的深基础，但由于桩基础耗材少、施工简便，往往是优先考虑的深基础方案。

1. 桩基础的分类

(1)按桩的受力条件分类

①支撑桩和摩擦桩

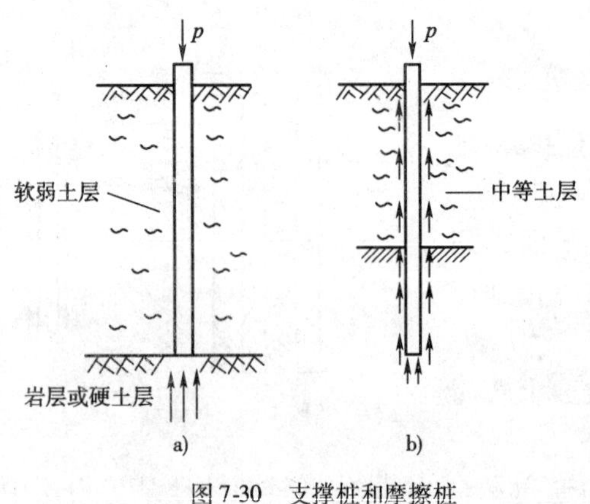

图7-30　支撑桩和摩擦桩

桩穿过较松软土层，桩底支承在岩层或硬土层等实际非压缩性土层时，完全依靠桩底土层抗力支承垂直荷载，这种桩称为柱桩或支撑桩，如图7-30a)所示；桩穿过并支承在各种压缩性土层中，主要依靠桩侧土的摩阻力支承垂直荷载，这种桩称为摩擦桩，如图7-30b)所示。一般情况下，摩擦桩除桩侧土的摩阻力支承垂直荷载外，桩底土层抵抗力也支承部分(一般10%)垂直荷载，一个墩台不可以既有支撑桩又有摩擦桩。

②竖直桩和斜桩

按桩轴方向可分竖直桩、单向斜桩和多向斜桩，如图7-31所示。斜桩的特点是能承受较大的水平荷载，斜桩的桩轴线与竖直桩所成倾斜角的正切不宜小于1/8，否则斜桩不起作用。

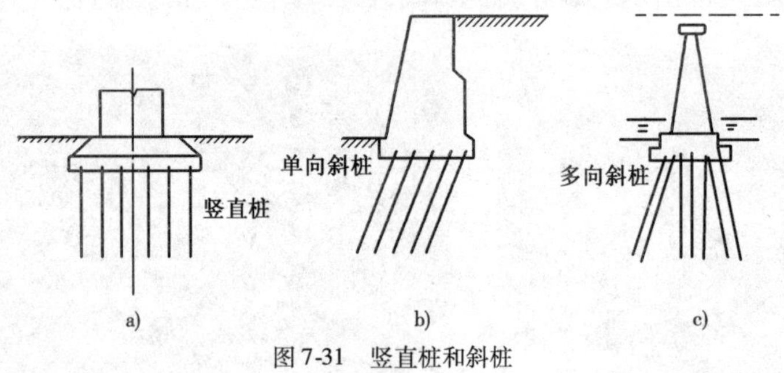

图7-31　竖直桩和斜桩

③桩墩

桩墩是通过在地基中成孔后灌注混凝土形成大口径断面柱形深基础，即以单个桩墩代替群桩及承台。桩墩基础底端可支于基岩上，也可嵌入基岩或较坚硬土层之中，分为支撑桩墩和摩擦桩墩两种。

(2)按施工方法分类

①钻(挖)孔灌注桩

用钻(挖)孔机械在土中钻(挖)成桩孔，然后在孔内放入钢筋骨架，灌注桩身混凝土而成的桩，称为钻(挖)孔灌注桩。

②沉入桩

沉入桩是通过锤击、振动、射水、静力压及钻孔埋置等沉桩方法，将各种预先制好的桩打入地基内并达到所需要的深度。

(3)按承台位置分类

桩基础按承台位置可分为高桩承台基础和低桩承台基础(简称高桩承台和低桩承台)。高桩承台的承台底面位于地面(或冲刷线)以上，低桩承台的承台底面位于地面(或冲刷线)以下。

(4)按材料分类

有木桩、钢桩和钢筋混凝土桩。

2. 钻孔灌注桩基础

钻孔灌注桩基础，是利用不同专业钻孔机具，在地基的土石中造成一个直径为圆形钻孔，达到设计高程后，将钢筋骨架吊入钻孔中，然后通过安放在孔中的导管，直接在水中进行混凝土的灌注作业，从而形成一根较粗糙的圆柱式的桩基础。由于它是在现场就地浇筑完成的，所以称为钻孔灌注桩基础。其工程量应按桩的设计直径和长度作为计量支付依据。

(1)钻孔机具

钻孔机具有冲抓锥、冲击锥、冲击钻机、回旋钻机、潜水钻机以及全套管钻机等专业钻孔机具。这些常用的钻孔机具，可归纳为冲抓式、冲击式和旋转式三大类，它能在各类土层造孔成桩，常用的桩径有 1.0m、1.2m、1.5m、2.0m、2.5m、3.0m、3.5m 等，而建成的最大桩径已有 6.0m的。桩的长度则从十余米到上百米。常用的钻孔机具如图 7-32 所示。

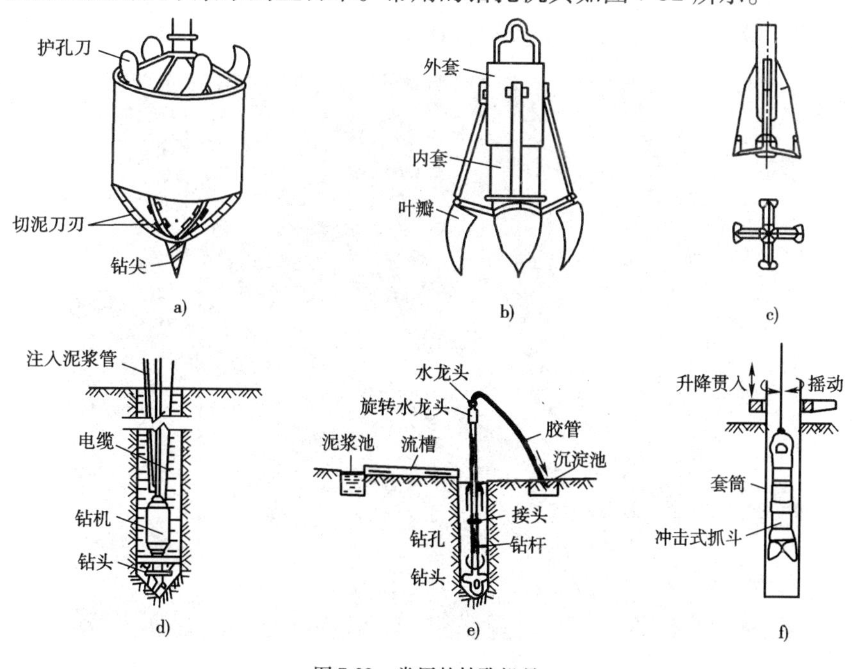

图 7-32 常用的钻孔机具

a)大钢锥；b)冲抓锥；c)冲击锥；d)潜水钻机；e)回旋钻机；f)全套管钻机

(2)设计要求

对于摩擦桩，其入土深度不得小于 4m，若有冲刷时，入土深度则应自局部冲刷线算起。对于柱桩须嵌入基岩的有效深度，应按规范规定的计算公式计算确定，一般不得小于 2 倍孔径(不包括风化层)。

钻孔灌注桩，都要设置钢筋骨架，但应按桩身内力大小分段设筋，当经过内力计算表明不需要配筋时，亦应在桩顶 3 ~ 5m 内设置构造钢筋。桩内钢筋的主筋直径不宜小于 14mm，其数量不宜小于 8 根。对于直径较大的桩，为了加强钢筋骨架的刚度，应在钢筋骨架上每隔 2.0 ~ 2.5m 设置直径 14 ~ 18mm 的加劲箍筋一道。同时，在吊装入孔时，应在钢筋骨架四周设置凸出的定位钢筋、定位弧形混凝土块或采用其他定位措施，以确保主筋有足够的保护层厚度。若系柱桩,则钢筋骨架应布置到嵌岩中。

修建群桩钻孔灌注桩基础时,其承台的厚度不宜小于1.5m,边桩外侧与承台边缘的距离,对于直径小于或等于1m的桩,不得小于0.5倍桩径并不小于25cm,对于直径大于1m的桩,则不得小于0.3倍桩径并不小于50cm。承台在桩身混凝土顶端平面内须设一层钢筋网,钢筋的直径采用14~18cm。

当设计为桩与柱相连的结构,为加强钻孔灌注桩与圆柱墩之间整体性而设置横系梁时,横系梁的高度可采用0.8~1.0倍桩的直径,宽度可取为0.6~0.8桩的直径。横系梁的主筋应伸入桩内与主筋相连接。

钻孔灌注桩所用水下混凝土,不同于一般混凝土的技术要求,水泥的初凝时间不宜早于2.5h。骨料粒径不宜大于导管内径的1/8~1/6和钢筋最小净距的1/4,同时不宜大于40mm。混凝土的含砂率宜采用40%~50%,水灰比宜采用0.5~0.6,坍落度宜为18~20cm。每立方米混凝土的水泥用量,一般不宜小于350kg,如图7-33所示。

图7-33 桥梁基础施工

(3)施工程序及要求

钻孔灌注桩的施工,除应由有施工经验的施工人员主持外,还应掌握钻孔区的地质和水文情况,同时,选好钻孔设备(表7-5),施工记录要完善。其施工程序是,钻孔场地准备、埋设护筒、钻孔、吊放钢筋骨架、安设导管和灌注水下混凝土等。

各种钻孔设备的适用范围　　表7-5

序号	钻孔设备	适用范围			
		土层	孔径(cm)	孔深(m)	泥浆作用及设施
1	冲抓锥	砂土、黏土、砂砾、砾石、卵石	100~150	20~50	护壁
2	冲击锥	砂土、黏土、砂砾、砾石、卵石、软石、次坚石、坚石	100~150	20~40	浮悬钻渣并护壁

续上表

序号	钻孔设备	适用范围			
		土层	孔径(cm)	孔深(m)	泥浆作用及设施
3	冲击钻机	砂土、黏土、砂砾、砾石、卵石、软石、次坚石、坚石	100~150	20~50	浮悬钻渣并护壁
4	回旋钻机	砂土、黏土、砂砾、砾石、卵石、软石、次坚石、坚石	200~250	30~100	浮悬钻渣并护壁，要设泥浆池
5	潜水钻机	砂土、黏土、砂砾、砾石、卵石、软石、次坚石、坚石	200~250	30~80	浮悬钻渣并护壁，要设泥浆池
6	全套管钻机	砂土、黏土、砂砾、砾石、卵石、软石、次坚石、坚石	100~200	30~40	不需要泥浆

注:反回旋钻机和反潜水钻孔泥浆只起护壁作用。

①钻孔现场准备。是指在钻孔之前必须进行的场地平整工作,主要是为解决安放钻孔设备的问题。当场地为旱地时,应清除杂物,换除软土,平整夯实。当系山坡时,可用枕木或型钢等搭设工作平台。若场地位于水中时,可采用围堰筑岛或修建工作平台的方法进行施工,围堰筑岛和工作平台的面积可按钻孔方法、桩基数量、设备大小等要求决定。凡采用围堰筑岛的方法进行施工,在编制工程造价时,其埋设护筒工作,则应视同为干处,适用其工程计价定额,不能再按水中埋设护筒计算。

在经过技术经济比较,采用人工围堰筑岛的施工方法,既不经济,建设条件也不许可,工作难度又大时,则可采用修建桩基或浮箱工作平台进行钻孔灌注桩的修建工作。

②埋设护筒。护筒具有保护孔口地面,防止地表水流入钻孔内,固定桩位和引导钻进方向,并保证钻孔内的水位高出地下水位和施工水位,从而增加静水压力,以维护孔壁,防止坍塌等作用。常用的有钢护筒和钢筋混凝土护筒两种,要求坚固耐用,不漏水,其内径应比桩径稍大,冲抓锥、冲击锥、冲击钻机、潜水钻机宜大30~40cm,回旋钻机宜大20~30cm,深水处的护筒内径至少应比桩径大40cm。

在钻孔阶段应始终保持孔内水位高于护筒底:采用正循环回转方法钻孔时为0.5m以上,同时孔内水位高度应高于地下水位1m以上;采用冲击钻时为1.5~2.0m,并低于护筒顶面0.3m。

护筒顶端的高度:采用反循环回转方法钻孔时,护筒顶端应高出地下水位和施工最高水位2.0m以上;采用正循环回转方法钻孔时,护筒顶端泥浆溢出口底边,当地质良好,不易坍孔时,宜高出地下水位和施工最高水位1.0~1.5m,当地质不良,容易坍孔时,应高出地下水位1.5~2.0m;采用其他方法钻孔时,护筒顶端宜高出地下水位1.5~2.0m,当处于旱地时,还应高出地面0.2~0.3m;在有潮水影响的地区时,应高出最高水位1.5~2.0m。

护筒底端的埋置深度:当在旱地或浅水处,对于黏性土应不小于1.0~1.5m;对于砂土应将护筒周围0.5~1.0m范围内挖除夯填黏性土至护筒底0.5m以下;在冰冻地区应埋入冻层以下0.5m;在深水及河床软土、淤泥层较厚处,应尽可能深入到不透水层黏性土内0.5~1.5m,当无黏性层土时,则应沉入到砾卵石层内0.5~1.0m,若河床为软土,淤泥时,则不得小于3.0m;有冲刷影响的河床,应埋入局部冲刷线以下不少于1.0~1.5m。

在旱地埋设护筒时,筒身周围应用黏土填筑夯实。在深水中埋设时,应先打入导向架,可以采用冲抓或震动沉埋。

当采用全套管钻孔桩施工时,则不需要设置护筒。

③钻孔。钻孔灌注桩的成孔方法,随着钻孔设备的不同,其施工工艺也不尽相同,扩孔的程度也不一样,当前在公路桥梁建设中常用的几种钻孔设备,如表7-5所示。

冲抓锥是一种无动力的钻具,要另行配置卷扬机共同进行钻孔作业,它不需要钻杆,用钢索吊起,靠冲抓锥自重冲下,将土抓出,冲击高度一般在1.0~2.5m,可以直接投放黏土在钻孔内,借频繁冲击作用,形成护壁泥浆。

冲击锥基本上与冲抓锥一样,所不同之处,是冲击高度要大,但最大冲程不宜超过4~6m,同时需要采用掏渣筒出渣。

回旋钻机与潜水钻机是一种电动钻孔机械,有正反循环两种类型。钻孔时所需的浮悬钻渣和护壁的泥浆,要用搅拌机械或人工进行拌制,质量要求高。因此,要修建泥浆循环系统,以利回收泥浆原料,清除钻渣和减少环境污染。若在水上进行钻孔作业时,还应设置船上泥浆循环系统。

全套管钻机是一种比较先进的钻孔设备,利用压入孔内的钢套筒保护孔壁,然后用冲抓锥或冲击锥进行成孔。当在软弱及粉土地层钻进时,护筒应深入抓土面1.0~1.5m,在中等硬度($N=6\sim20$)地层中钻进时,应深入30cm左右,在紧密的卵砾石层中钻进时,须用抓斗预掘到护筒以下20~30cm,再压下护筒,然后继续往返钻进。它具有不扩张和坍孔等优点,也不需要泥浆,如图7-34所示。

图7-34 桩基施工

钻孔达到设计高程并经检查符合规范要求后,应立即进行清孔。清孔方法有掏渣清孔、换浆清孔和抽浆清孔三种。掏渣清孔法只适用于冲抓、冲击钻孔;换浆清孔法适用于正循环钻孔的摩擦桩;抽浆清孔法,清孔较彻底,适用于各种方法的钻孔的柱桩和摩擦桩。经清孔后,孔内沉淀厚度,摩擦桩不大于$0.4\sim0.6d$,应尽量争取不大于$0.4d$(d为设计桩径),柱桩应不大于设计规定。

④吊装钢筋骨架。在完成了清孔作业并经检查符合规定要求后,应及时、准确地将钢筋骨架吊放在钻孔内,并应牢固定位,可将它固定在护筒或钻架上,以免在灌注水下混凝土过程中被混凝土顶出,或发生位移等事故。

⑤灌注水下混凝土。在钻孔内灌注水下混凝土,一般用不漏水的钢质导管进行,其内径一般为25~35cm。在吊装好钢筋骨架之后,应立即将导管安放在钻孔内,导管底部至孔底应有25~40cm的间隙,导管应设置储料漏斗,如图7-35所示。在灌注水下混凝土过程中,导管埋在混凝土内的深度一般不宜大于6.0m,否则提升导管困难。

在进行水下混凝土作业之前,要了解下列问题:

a. 首批混凝土的需要量,如图7-36所示,应能满足导管初次埋置深度(≥1.0m)和填充导管底部间隙的需要,可按下列公式计算确定:

$$V \geqslant \pi r^2 h_1 + \pi R^2 H_c \tag{7-1}$$

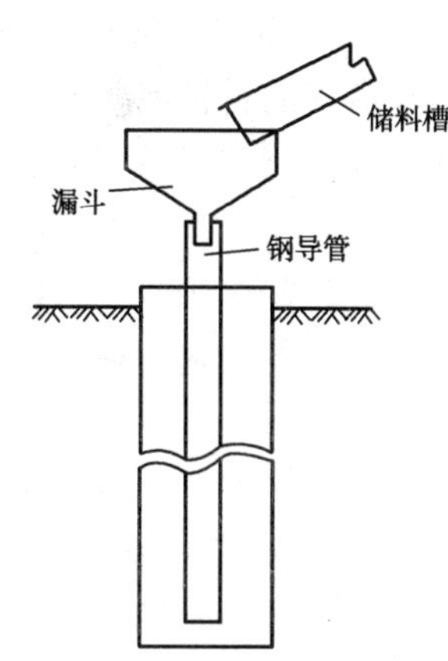

图 7-35 导管设施

式中：V——首批混凝土所需数量（m^3）；

r——导管内半径（m）；

h_1——井孔内混凝土面高达到 H_c 时，导管内混凝土柱需要的高度（m）；

R——井孔半径（m）；

H_c——灌注首批混凝土时，井孔内混凝土的顶面至底部所需的高度（m）。

$$h_1 \geqslant \frac{\gamma_w H_w}{\gamma_c} \tag{7-2}$$

式中：H_w——井孔内混凝土顶面以上的水或泥浆的深度（m）；

γ_w——井孔内的水或泥浆的重度（kN/m^3）；

γ_c——混凝土混合物的重度（kN/m^3）。

$$H_c = h_2 + h_3 \tag{7-3}$$

式中：h_2——导管初次埋置深度（m），$h_2 \geqslant 1.0m$；

h_3——导管底部至孔底间隙（m），约为 0.4m。

b. 当钻孔桩的桩顶低于或高于井孔中水面时，漏斗底口前者应高出水面，后者则要高出桩顶，各不宜小于 4 ~ 6m。亦可按下列公式计算确定，如图 7-37 所示，当计算值大于上述规定时，应采取计算值作为取定依据。

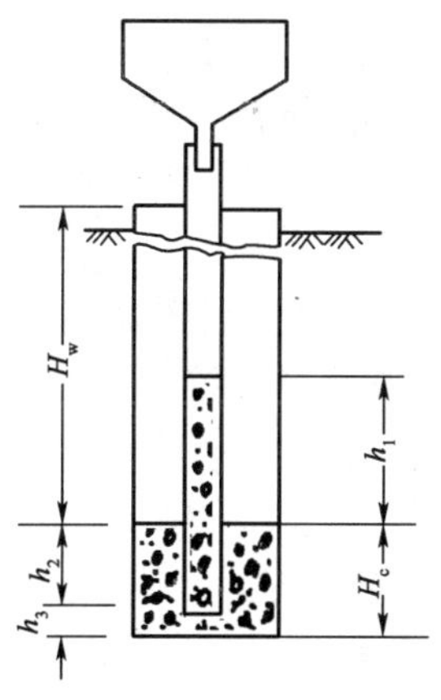

图 7-36 首批混凝土需要量

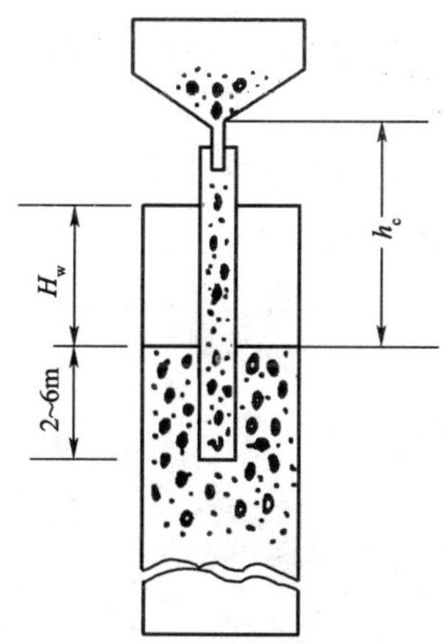

图 7-37 漏斗需要高度

$$h_c \geqslant \frac{p_0 + \gamma_w H_w}{\gamma_c} \tag{7-4}$$

式中：h_c——井孔内混凝土顶面以上导管内混凝土的高度（计算至漏斗底口）（m）；

p_0——使导管内混凝土下落至导管底并将导管外的混凝土顶升时所需的超压力，采用

100~150Pa,桩径1m左右时取低限,2m左右时取高限。

c.灌入的首批混凝土的初凝时间,不得早于灌注桩的全部混凝土灌注完成时间,当混凝土的数量较大,经分析计算无法达到时,可通过试验,在首批混凝土中掺入缓凝剂,以延迟其凝结时间。

灌注达到桩顶时,应高出设计高程0.5~1.0m。在修建承台或系梁时予以凿除。

若在通航河道上进行水下混凝土作业时,可以配置船上混凝土搅拌台,以利及时组织混凝土的供应。

当在全护筒内灌注混凝土时,应逐步提升护筒,护筒内混凝土不得过高,但一般不应小于2.0m。以防护筒内外侧摩阻力超过起拔能力,而拔不出护筒。

当桩身混凝土达到设计要求的强度后,若系干处或围堰筑岛修建的桩基,即可清除桩头混凝土,开挖基坑,立模浇筑承台或系梁,若处于水中则可采用套箱围堰,进行承台或系梁混凝土的浇筑工作,至此桩基工作已告完成,可开始进行墩台工程的施工。

3.挖孔灌注桩基础

挖孔桩也属于灌注桩的范畴,只是其成孔方法是采用人工开挖,桩径一般在1.2~2.0m,以便于施工为宜,若桩径过小则开挖困难,孔深不宜大于15m,只适用于无水或少水而且较密实的土或岩石地层。为确保施工安全,防止孔壁坍塌,应根据实际情况,选择合适的孔壁支护类型,如木框架、混凝土护壁等,切实做好孔壁的支护工作。桩身混凝土可按常规的混凝土浇筑方法进行施工,若采用水下混凝土时,则应先向桩孔内灌水,至少应与地下水位相平。挖孔桩具有不受地形条件限制,使用机具简单,能减少大量挖基和圬工数量,能全面铺开加快施工进度,在开挖过程中又能直接摸清地质情况等优点,如图7-38所示。

4.沉入桩基础

如前所述,沉入桩有锤击、振动、射水、静力压及钻孔埋置等沉桩方法,应根据桩重、桩型、设计荷载、地质情况、设备条件及对附近建筑物产生的影响等因素选择合理的方法。

沉入桩所用的基桩主要为预制的钢筋混凝土桩和预应力混凝土桩,断面形式常用的有实心方桩和空心管桩两种。

当预制桩的长度不足时,需要进行接桩。常用的接桩方法有法兰盘连接、预埋钢圈焊接、硫黄砂浆锚接等。钢管桩一般在工厂整根制作或分节制作后在现场焊接。

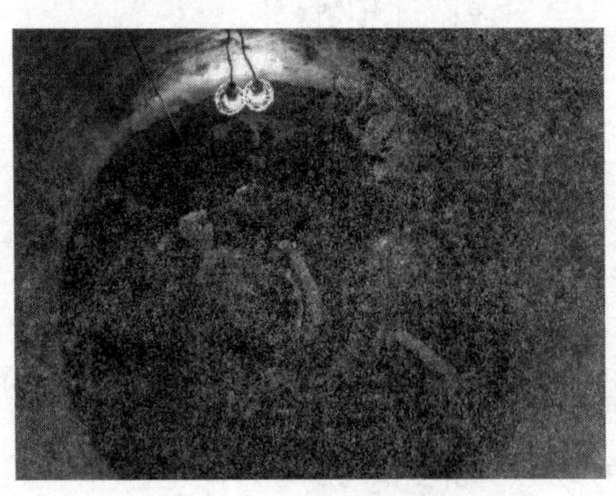

图7-38 挖孔灌注桩基础

沉入桩在公路桥梁工程中,目前使用较少,以下仅就锤击沉桩作一扼要介绍。

锤击沉桩亦称打入桩,一般适用于松散、中密砂类土和黏性土。由于锤击沉桩是依靠桩锤的冲击能量将桩打入土中,因此一般桩径不能太大(不大于60cm),入土深度在40m以内。

锤击沉桩的主要设备有桩锤、桩架及动力装置三部分。常用的桩锤有坠锤、单动汽锤、双动汽锤、柴油锤和振动锤等几种。

三、沉井基础

沉井是井筒状构造物,如图7-39所示。它是通过井内挖土、依靠自身重量克服井壁摩阻力后下沉至设计高程,然后经过混凝土封底,并填塞井孔,使其成为桥梁墩台或其他结构物的基础。沉井基础的特点是埋置深度大、整体性强、稳定性好,能承受较大的垂直荷载和水平荷载,而且施工设备简单,工艺不复杂,在桥梁工程中应用较为广泛。缺点是工期长,易发生流沙现象,造成沉井倾斜,沉井下沉过程中遇到大孤石、树干或岩石表面倾斜较大等,均会给施工带来一定的困难。

1.沉井的类型和构造

(1)沉井的类型

①按所用的材料分类

沉井可用不同的材料做成,有混凝土、钢筋混凝土、砖石和钢壳沉井等。目前公路桥梁中采用较多的是钢筋混凝土沉井。

②按沉井的平面形状分类

沉井的平面形状通常是结合墩台的平面形状来确定的,一般常用的有圆形、矩形、正方形和圆端形等。

③按沉井的立面形状分类

在公路桥梁工程中,常用的沉井立面形状有柱形、阶梯形和倾斜式等。

(2)沉井的构造

沉井主要由井壁、刃脚、隔墙、封底、填心和盖板等几部分组成,如图7-40所示。

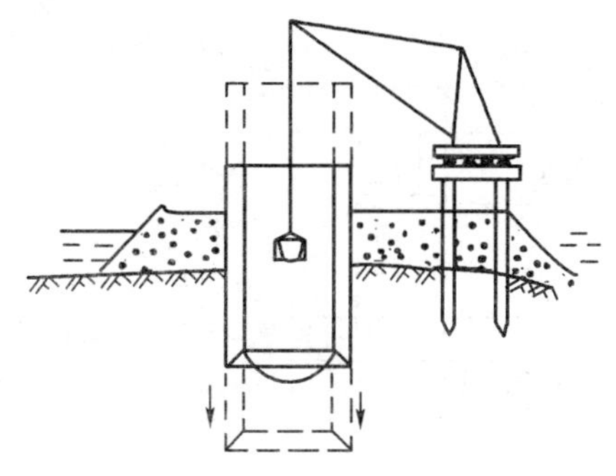

图7-39 沉井基础

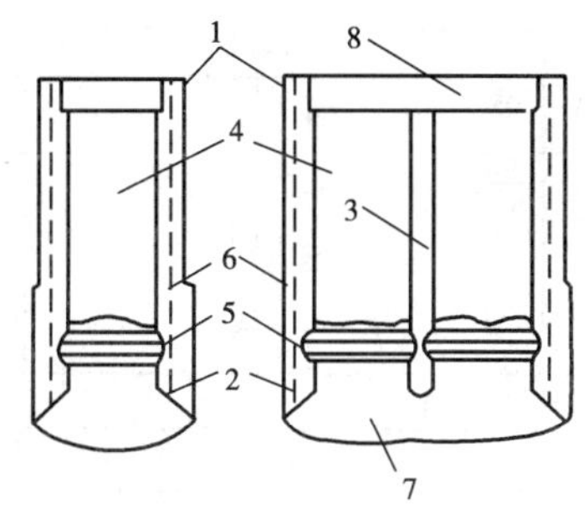

图7-40 沉井结构示意图

1-井壁;2-刃脚;3-隔墙;4-井孔;5-凹槽;6-填心;7-封底;8-盖板

2.沉井施工

沉井本身既是基础结构,而在施工过程中又是挡土防水的围堰设施。其埋深规定与天然地基上的浅基础相同。

沉井一般都是作为桥墩基础,其制作方法应根据桥址的具体情况合理确定。当在制作下沉过程中无被水淹没的岸滩上,则宜就地围堰筑岛制作沉井。当位于深水处而围堰筑岛困难时,可采用浮式沉井。

(1)重力式沉井

它的特点是壁厚、重量大。当墩台位于旱地时,可就地制作,挖土下沉;当位于浅水区或可能被水淹没的区域时,一般宜用筑岛的方法制作和下沉。筑岛分为无围堰筑岛和有围堰筑岛两种形式。筑岛材料应用透水性好、易于压实的砂土或碎石土等,而且不应含有影响岛体受力的抽垫下沉的块体。制作重力式沉井的岛面应比施工最高水位高出50~70cm,有流水时,应再适当加高,筑岛尺寸应满足沉井制作和抽垫等施工要求,一般须在沉井周围设置护道,无围堰筑岛其护道宽度不小于2.0m,有围堰筑岛其护道宽度可按下列公式计算确定。但在任何情况下,护道的宽度都不应小于1.5m。

$$b \geqslant H\tan(45° - \frac{\varphi}{2}) \tag{7-5}$$

式中:b——护道的宽度(m);

H——筑岛高度(m);

φ——筑岛土饱和水时的内摩擦角(°)。

重力式沉井的下沉作业,有排水下沉和不排水下沉两种方式。

在沉井下沉过程中,进行沉井接高时,不得将刃脚掏空,接高加重要均匀,并对称地进行,以防止接高时急剧下沉发生倾斜。

(2)浮式沉井

浮式沉井基础,系将沉井做成空腔式的壳体,入水后能自行浮于水中,有钢丝网水泥薄壁沉井和钢壳沉井等多种形式。如图7-41所示,一般是在工厂里按设计要求制成构件,然后在船坞或船上进行拼装。

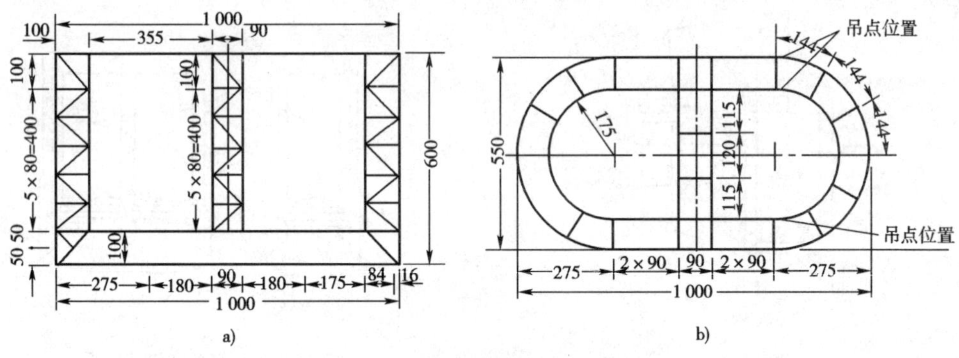

图7-41 钢壳沉井构造(尺寸单位:cm)

a)剖面;b)平面

浮式沉井的施工顺序是:制作或拼装、下水、浮运、定位落床。

3. 封底、井孔充填及顶板浇筑

当沉井沉至设计高程后,经检查基底合格,应及时进行封底。封底之前,应进行清底,要尽量整平基底,清除浮泥,井壁、隔墙及刃脚与封底混凝土接触处的泥污要清洗掉。采用水下混凝土封底,当封底面积较大时,宜采用多根导管逐根灌注,按先周围后中部和先低处后高处的顺序进行,使混凝土保持大致相同的高程。多根导管之间的布置间距与灌注混凝土时的超压力有关,可参考表7-6确定。封底混凝土的厚度,一般应由计算确定,但其顶面应高出刃脚根部(即刃脚斜面的顶点处)不小于50cm。

导管作用半径与超压力的关系 表7-6

超压力(kPa)	75	100	150	250
导管作用半径(m)	<2.5	3.0	3.5	4.0

四、地下连续墙基础及组合基础

随着桥梁技术的不断发展,以及跨越能力的不断增大,一些新型基础形式也得到了发展和应用。在此,简要介绍一些地下连续墙和组合基础的概念。

1.地下连续墙基础

地下连续墙是一种新型的桥梁基础形式。它是在泥浆护壁条件下,采用专用的挖槽(孔)机械,顺序沿着基础结构物的周边,在地基中开挖出一个具有一定宽度和深度的槽孔,然后在槽内安放钢筋笼,浇筑水下混凝土,逐步形成的一道连续的地下钢筋混凝土墙。直接作为桥梁基础的还较少,大多是作为基坑开挖的挡土、防渗设施。

地下连续墙按槽孔形式可分为壁板式、桩排式和组合式,如图7-42所示。按墙体材料可分为钢筋混凝土、素混凝土、塑性混凝土(由黏土、水泥和级配砂石所合成的一种低强度混凝土)和黏土等。按挖槽方式可分为抓斗、冲击钻和回旋钻等。基础的平面形状能适应工程的需要做成矩形、圆形、多角形及井字形等。

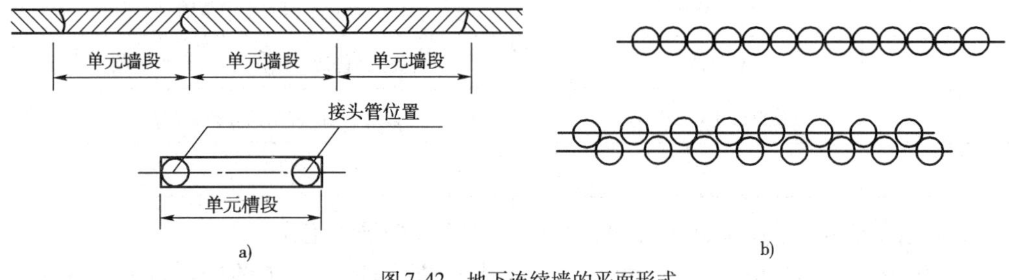

图7-42 地下连续墙的平面形式

a)壁板式;b)桩排式

地下连续墙刚度大、强度高,是一种变形较小刚性基础。施工时对地基无扰动,基础与地基的密着性好,墙壁的摩阻力比沉井井壁大,在无明显坚硬持力层的情况下,能提供较大的承载力。同时,施工所占用空间较小,对周围地基及现有建筑物的影响小,可近距离施工,特别适宜于在建筑群中施工。施工时振动小、噪声低,无需降低地下水位,浇筑混凝土无需模板和养护,故可使费用降低。目前地下连续墙的深度已达100m。

2.组合式基础

组合式基础的形式较多,常用的有双壁钢围堰钻孔灌注桩基础、钢壳沉井加管柱(钻孔桩)基础、浮运承台与管柱、井柱、钻孔桩基础,以及地下连续墙加箱形基础等。

五、基础围堰

围堰为在水中进行基础施工时,围绕基础平面尺寸外围修建的临时性挡水设施。围堰建成后,可使基础工程由水中施工变为干处施工。

不论何种围堰,均必须满足下列要求:

(1)围堰的顶高宜高出施工期间最高水位(包括浪高)50~70cm。

(2)围堰的外形应适应水流排泄,大小不应压缩流水断面过多,以免壅水过高危害围堰安全,以及影响通航、导流等。围堰内形应满足基础施工的要求。堰身断面尺寸应保证有足够的强度和稳定性,使基础施工期间,围堰不致发生破裂、滑动或倾覆。

(3)应尽量采取措施防止或减少渗漏,对围堰外围边破的冲刷和修筑围堰后引起河床的冲刷均应有防护措施。

围堰为辅助工程,概预算定额是将修建和拆除清理两项工作内容综合在一起的。通过调查研究,本着合理可靠,便于施工的原则决定。不同水深和地质条件的基础围堰,如表7-7所示。

各类围堰参考适用范围 表7-7

序号	围堰类型	适用条件
1	草土围堰	水深1.0m以内,流速0.5m/s以内,河床土质渗水性较小
2	草、麻袋围堰	水深2.5m以内,流速1.5m/s以内,河床土质渗水性较小
3	竹笼围堰	水深4.0m以内,流速较大,河床土质渗水性较小
4	竹、铅丝笼围堰	水深1.5~4m以内,流速较大
5	套箱围堰	埋置不深的水中基础
6	钢板桩围堰	各类土(包括强风化岩)的深水基础
7	钢筋混凝土板桩围堰	黏性土、砂类土及碎石类河床
8	双壁钢围堰	深水基础

围堰所用的填料宜采用黏性土,以减少渗漏,从而减少排水工作。

凡采用围堰施工的基础,应尽可能安排在枯水季节进行,在施工前应将堰底河床上的树根、石块、杂物等清除,修筑围堰应自上游开始至下游合拢。

公路桥梁基础施工中常用的围堰结构形式介绍如下:

1.草土围堰

在围堰的临水面分层铺草填土,以保护坡面,防土被水冲走的一种防水设备称为草土围堰,堰顶宽度一般为1~2m,堰外侧的边坡一般全部是土围堰时边坡应为(1:2)~(1:3),堰内侧边坡一般为(1:1)~(1:1.5),边脚与开挖基坑的边缘距离根据河床土质及基坑的深度而定,但一般不得小于1m。它多用于河岸处的墩台基础围堰。

2.草、麻袋围堰

为减少围堰断面并保护堰坡不被流水冲刷侵蚀,而采用80cm×60cm的草袋或110cm×70cm的麻袋盛装松散的黏性土壤堆码堰堤边坡而在中间填土的一种防水设施,称为草、麻袋围堰。围堰的顶宽一般为1~2m,有黏土心墙时为2.0~2.5m,堰的外侧边坡一般为(1:0.5)~(1:1),堰的内侧边坡一般为(1:0.2)~(1:0.5),坡脚与开挖基坑的边缘距离的具体要求与草土围堰相同。

在编制工程造价时,草土以及草、麻袋围堰和竹笼围堰作为计价依据的工程量,以围堰的中心长度为准。

3. 竹笼围堰

用竹篾编成 $\phi80\sim120$cm 的竹笼,其高度则视需要的围堰高度而定,在笼内填塞土袋、石块、竖立成单层或双层,用木料串连,铁丝捆扎等方法予以加固,在两层中间填筑黏性土壤,防止渗漏的一种防水设施,称为竹笼围堰。竹笼围堰的顶宽一般为水深的 1~1.5 倍。为防底部渗漏,可在堰底外侧堆码土袋。它适用于水流较急的河道,但由于需用竹子较多,故只宜在盛产竹子的地方使用。

4. 木笼铁丝围堰

用木料做成的框架,内外安设铁丝编成的网,在框架就位后,再抛填石块、土袋的一种防水设施,称为木笼铁丝围堰。当用于开挖基坑围堰防水时,木笼的宽度一般应不小于 0.6 倍水深,这样,在排除堰内的水后,它依靠自身的质量与其中所抛填的土石的质量,以及所产生的摩阻力的作用,可抵防外侧的水压力,其稳定性就能得到保证。在编制工程造价时,是以木笼所包围的实体作为计算依据。

5. 套箱围堰

用各种钢构件(如万能杆件)组拼成骨架,板壁用钢板焊或铆合成一个开口箱形结构后,将其整体悬吊定位,有无底和有底两种形式,因为它常被用于修建桩基的承台,施工时是将基桩套在其内并予以固定的一种围堰防水设施,故称为套箱围堰。除用于修建桩基承台外,一般只适宜用于埋置不深的水中基础。

套箱用于修建桩基承台时,无论是有底还是无底都要在套箱内灌注水下混凝土封底,然后抽干水再进行施工。若用于修建一般基础工程则与沉井的施工方法是一样的。

有底套箱一般用于桩基的承台设置在水中,当承台埋置在覆盖层内时,则应采用无底套箱围堰作为防水设施。

在实际工作中,套箱围堰一般用于通航的河道,故在实施时,需要配拖轮、工程驳船、潜水设备等,用驳船吊运至基础位置、定位落床。

6. 钢板桩围堰

钢板桩是一种定型的工业产品,具有强度大,防水性能好,能打入坚硬的砾石、卵石以及软石岩层内,适用范围广等优点。其成品长度有多种规格,最长为 20m,可根据需要进行接长,一般采用等强度焊缝焊接。10~30m 深的围堰,采用钢板围堰是适宜的。以钢板桩的设计质量作为计算费用的依据。

7. 双壁钢围堰

前述的钢壳沉井作为围堰使用,其组拼、下水、浮运、定位落床与沉井的施工方法是完全一样的,唯一不同之处,是在基础工程完成之后,应予以拆除,在编制工程造价时,应按规定计算回收,如设计不拆除作其他使用如防撞,则不计回收。这种围堰适宜作为深水通航河道的基础施工的围堰防水,目前,在国内外大江、大海深水基础中,同灌注桩或管柱桩组成复合式基础使用较多。

围堰的种类比较多,除上述几种外,还有钢筋混凝土板桩围堰、木板桩围堰、木和钢木结合套箱及钢丝网混凝土套箱围堰等。

第五节 桥梁下部构造

桥墩和桥台,包括墩台身和墩台帽或盖梁等两项工程内容,通常称为下部构造。常用的墩台结构形式有实体式墩、台,柱式墩、台,埋置式桥台,空心墩,Y形墩和薄壁墩,以及索塔等,如图7-43所示。

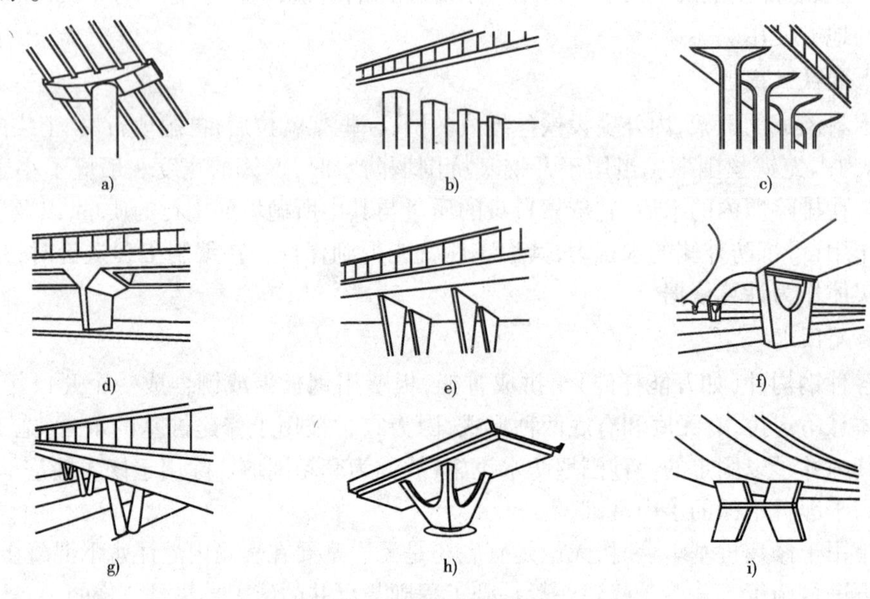

图7-43 各种轻型桥墩形式

a)单柱式桥墩;b)多柱式桥墩;c)T形墩;d)、e)矩形薄壁墩;f)V形墩;g)双叉形墩;h)四叉形墩;i)X形墩

一、墩台结构设计要求

桥墩是多跨桥梁的中间支承上部构造的构筑物。因此,它还要承受河中水压力,水面以上的风力,以及可能出现的漂流物或流冰、排筏、船只撞击等。至于桥台则还起着衔接两岸路堤接线的作用,所以,既要能挡土护岸,又要能承受台背填土和填土上车辆等荷载所产生的附加侧压力。故公路桥涵设计规范除要求桥梁的墩、台本身应有足够的强度、刚度和稳定性外,而且对地基的承载能力以及基础底面与地基土之间的摩阻力等,都提出了一定的要求和具体规定,以避免在各种荷载作用下产生过大的水平位移或沉降,保证桥梁的安全使用。

二、实体式墩、台

实体式墩、台有重力式墩、台和轻型墩、台两种,通常用天然石料、片石混凝土、混凝土和钢筋混凝土等建筑材料修建,各有其不同的适用范围。因为适宜于就地取材,施工方便,需要的施工机械设备又不多,施工工艺也不太复杂,故是公路桥梁建设中较为广泛使用的一种结构形式。

1.重力式墩、台

它的主要特点是靠自身的重量来平衡外力而保持其稳定。因此,墩、台身比较厚实,圬工体积相应较大，主要采用天然石料或片石混凝土砌筑，不需要耗用钢筋，是比较经济的如图7-44所示。

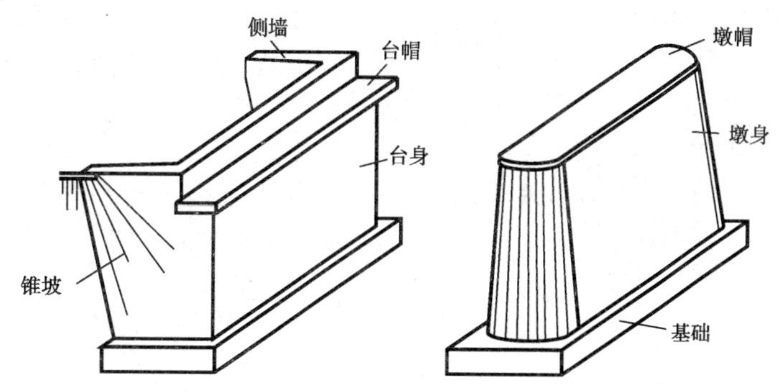

图7-44　重力式墩、台

在公路梁桥和拱桥中的重力式墩、台，除了墩、台帽和拱座的构造上有所差别外，其他各部分的构造外形大致是相同的，施工方法基本上也是一样的。现扼要介绍如下：

(1)墩、台帽及拱座。是墩、台顶端的传力部分，起着承托上部构造的作用，即将桥上的全部恒载和活载传到墩、台身上。梁式桥的墩、台帽的平面尺寸，首先应满足布置支座的需要，其平面形状则应与墩、台身形状相配合。

在支座下面，墩帽和台帽内应设置钢筋网。

在同一桥墩上，当支承相邻两孔桥跨结构的支座高度或建筑高度不相同时，常在桥墩上设置支承垫石来调整。

至于拱式桥则是在其墩、台顶部的起拱线高程上，设置与拱轴线成正交的拱座，直接承受拱圈传来的压力。

当桥墩两侧的孔径不等，恒载水平推力不平衡时，常将拱座设置在不同的起拱线高程上。

(2)墩、台身。这是桥墩和桥台的主要组成部分，在公路梁桥和拱桥建设中，常用的重力式桥台有U形桥台和八字形桥台两种结构形式。

为了便于水流和漂浮物的顺利通过，墩身平面形状通常做成圆端形或尖端；无水的岸墩或高架桥的桥墩也可做成矩形，应结合实际情况，合理确定。

至于拱桥，因是一种推力结构，拱圈传给墩上的力，除了垂直力以外，还有较大的水平推力，这是与梁桥最大不同之处。

单向推力墩是指在它的一侧的桥孔因某种原因遭到毁坏时，能承受住单向水平推力，以保证其另一侧的桥孔不致因此而倒塌，故又称为制动墩。

2. 轻型墩、台

实体式轻型墩、台，是相对于重力式墩、台而言的，其主要特点是力求体积轻巧，自重较小，它借助结构物的整体刚度和材料的强度来承受外力，从而可大量节省圬工材料，减轻地基的负担，为在软土地基上修建桥梁开辟了经济可行的途径。但它只适宜用于跨径不大于13m的梁(板)式上部构造，当台高不超过4m时，可采用块石砌筑，其顶宽不宜小于60cm，一般都采用直坡，是一种直立薄壁墙。

轻型桥台上端与上部构造要铰接，即用钢筋锚栓相互锚固，相邻桥台(墩)之间要设置支撑梁,这样就构成四铰刚构系统,以桥梁的上部构造及桥孔下面的支撑梁作为桥台上下支撑,桥台则作为上下端简支的竖梁,承受台后的土压力。

轻型桥台按照翼墙的不同形式,有八字形轻型桥台、一字墙轻型桥台和耳墙式轻型桥台三种,如图7-45所示。

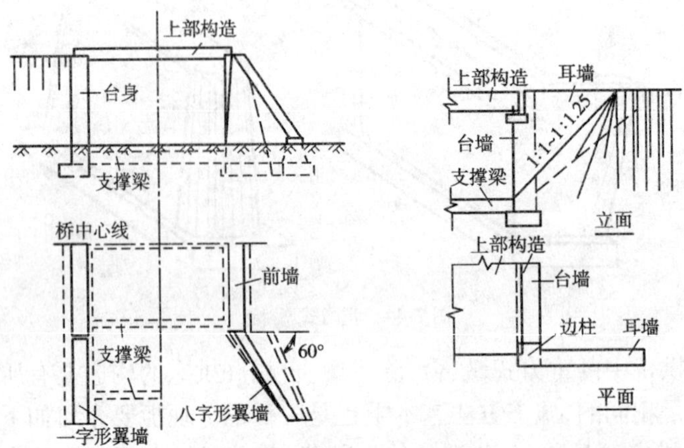

图7-45　轻型桥台结构形式

八字墙和一字墙的轻型桥台,都采用天然石料砌筑,砂浆轻度等级不宜小于M7.5,如果基础能嵌入岩层,也可不设支撑梁。台身与翼墙之间一般要设置沉降缝分离。这类桥台一般都不设置路堤锥坡。

为了节省圬工,轻型桥台可以不做八字翼墙或一字翼墙,改在轻型台上设置耳墙。这样,桥台由台墙、耳墙和边柱三部分所组成。

三、柱式墩、台

公路桥梁中的柱式墩、台结构,有圆柱式和方柱式两种,都是采用钢筋混凝土就地浇筑而成,高度可达30m,是公路桥梁建设中采用较多一种墩、台结构形式。它外形美观,圬工体积小,故相应重量较轻。

柱式墩、台也是一种轻型墩、台结构,应用最多的有独柱、双柱和三柱三种形式,如图7-46所示。

图7-46　柱式桥墩

1. 独柱式

在跨线桥(立交)和弯梁桥中应用较多,因为它能适应连续曲线箱梁等半径较小及斜交角度较大的特殊情况,便于立交桥的墩位布置,不仅占地少,而且桥下空间视野开阔,有利于行车,桥梁的整体造型也很美观。

2. 双柱式

多作为空心板、T形梁、工形梁、箱梁等上部构造的桥墩使用。它的特点是:基础大都是采用钻孔灌注桩,柱与桩直接相连,可以说立柱是地面上的桩。如图7-47所示。

图7-47 双柱式桥墩

3. 三柱式

高等级公路桥梁的桥面一般都比较宽,当斜交时则桥墩的盖梁长度可达18m左右。这样,通常采用桩连柱的形式,设置较小的盖梁高度和跨径,此时桩柱间距离一般在6~8m,若按双柱设计,盖梁内力必然增大,势必加大钢筋混凝土盖梁的高度,相应会使路堤高度增加,从总体上来讲,是不经济的。

立柱施工的外模应采用厚度不小于5mm的钢板制作,对高度低于10m,截面尺寸一致的立柱模板,宜采用整体吊装,对高度超过10m截面尺寸不同的立柱模板,宜采用现场组拼的方式安装,立柱模板安装就位后,宜采用4根风缆(立柱高度大于10m时,在中部再加4根风缆)将立柱模板拉紧。立柱混凝土浇筑施工时,应保证出料口与浇筑面之间的距离小于2.0m,混凝土的坍落度应保持在50~70mm,泵送混凝土可保持在120~140mm。

当柱式墩、台的高度超过钢筋的标准定尺长度时,施工过程中必然出现在现场接长钢筋的情况,根据公路工程概、预算定额的规定,所需的搭接长度的数量应按照实际情况另行计入钢筋的设计质量内。若系较高的立柱式墩,为了加快施工进度,减少模板的安装拆卸工作,应采用提升模架的方式进行施工。这种提升模架,是将模板沿着所施工的混凝土结构四周截面组配,并固定在提升架上,模板的高度根据墩身分节浇筑的高度确定,一般在4m左右,逐节浇筑,然后往上提升。这样,就无需设置施工接缝,也提高了工程质量。因此,在编制工程造价时,应另行计算其提升模架的金属设备费用。

四、埋置式桥台

埋置式桥台,是将台身完全埋置在路堤填土中,只露出台帽部分在外,以安置支座和上部构造,在台身上设置背墙和短小的耳墙与路堤衔接,耳墙伸入路堤的长度应不小于50cm。在台前铺砌护坡,台的两侧设置锥坡。这种桥台受到的土压力大为减少。因此,可以减薄台身,缩短翼墙。所以,埋置式桥台也是一种轻型桥台。

台帽部分的内角到护坡表面的距离不应小于50cm,否则应当在台帽的两侧设置挡板,用以挡住护坡填土,以免侵入支座平台上去。

埋置式桥台,有肋形式、框架式、后倾式和双柱式等多种形式。

1. 肋形埋置式桥台

由若干块后倾式的肋板与顶面帽梁连接而成,故而得名。并设有台背墙和耳墙,以挡住路堤填土,如图7-48所示。肋板高度一般不易超过7m,台高在10m及以上者要设置系梁。台身和基础可用C15混凝土,台身与帽梁和基础之间,要布置少量的接头钢筋,它适用跨径40m以内的梁桥。

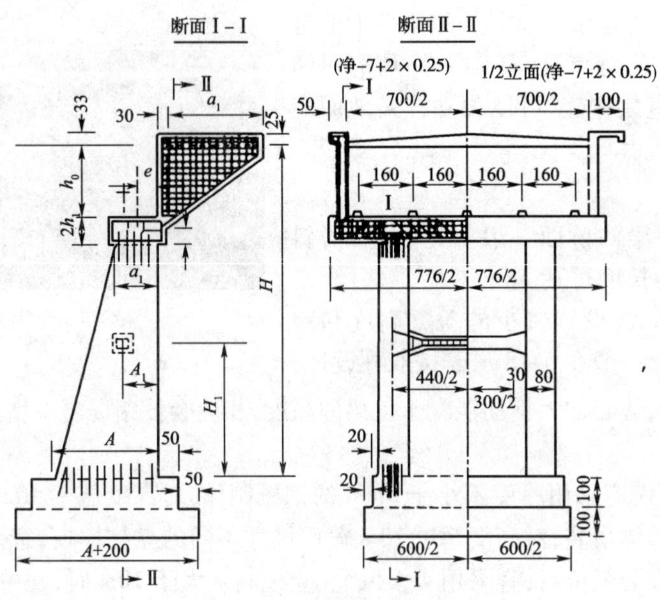

图7-48　肋形埋置式桥台

2. 框架式埋置式桥台

它与肋形埋置式桥台基本上是类似的,只是其挖空率更高,故用料更省,但一般要用钢筋混凝土来修建,如图7-49所示。其基础通常都是采用双排钻孔灌注桩,通过系梁连成为一个框架结构,所以,具有更好的刚度,它适用于跨径20m以内的梁板式桥及台身高度在10m以下的桥台。

3. 后倾式埋置式桥台

它实质上是一种实体重力式桥台,借助台身后倾,使重心落在基底截面重心之外,以平衡台后填土的倾覆作用,故倾斜要适当。如图7-50所示。它适用于10m以上高度的桥台。

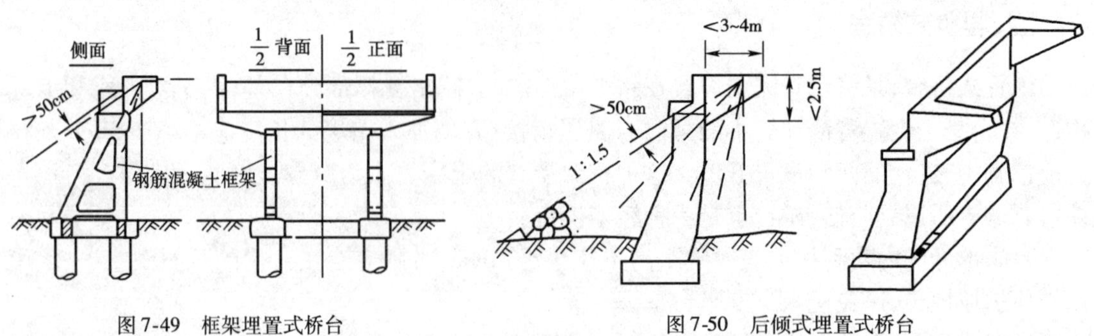

图7-49　框架埋置式桥台

图7-50　后倾式埋置式桥台

4. 双柱式埋置式桥台

它与双柱式墩、台结构形式基本上是一样的，只是盖梁上要设置台背墙和耳墙，是一种桩与桩相连的结构。

双柱式埋置式桥台适用于各种土壤的地基，还可根据桥宽和地基的承载能力采用三柱或者多柱的结构形成。如果不采用钻孔灌注桩而将立柱嵌在天然基础之上的则称为立柱式埋置式桥台。

埋置式桥台，一般适用于桥头为浅滩或边坡冲刷较小的河道修建桥梁的桥台或岸墩，但在施工时要注意前后均匀填土。

五、U 形桥台

U 形桥台是一种实体重力式桥台，它由前墙和两个侧墙构成为一个 U 字形，如图 7-51 所示，大都采用天然石料砌筑。侧墙尾墙应有不小于 75cm 的长度插入路堤内，以保证与路堤有良好的衔接。U 形桥台主要依靠自身的质量和台内填土的质量来维持其稳定，其结构简单，施工方便，有利于就地取材，是广泛使用的一种桥台形式，但由于自重较大，因此对地基要求较高。

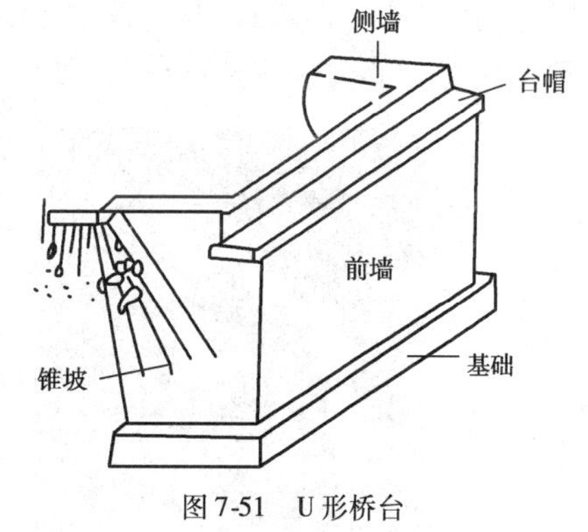

图 7-51 U 形桥台

为了排除桥台内积水，一般要在略高于高水位的平面上，修建台背排水设施，在台后路基方向设置有斜坡的夯实黏土层作为不透水层，其上再铺一层碎石，将积水引入设在台后横贯路堤的盲沟内。

设置在 U 形桥台两侧的锥坡坡比，一般由纵向的 1:1 逐渐变至横向的 1:25，以便与路堤边坡一致。故锥坡的平面形状为四分之一的椭圆。锥坡的表面一般采用片石或混凝土块铺砌加固。

当 U 形桥台设有两层帽石，在编制设计概算时，第二层应并入桥台的圬工体积计算，以上则属人行道工程内容。

U 形桥台的台帽和拱座的尺寸及构造与重力式桥墩基本一致，所不同之处，是台帽只设单排支座，而在另一侧则要设置矮墙，称为背墙，作为挡住路堤填土之用。

如果 U 形桥台的侧墙改成八字形翼墙，则称为八字形桥台，它与 U 形桥台的各种规定与要求是类似的。

六、空心墩

空心桥墩的结构形式，在外形上与实体重力式桥墩是相似的，主要是在一些高大的桥墩中，为了减少圬工体积，节约用料，降低工程造价，或者为了减轻重量，降低地基的承受力，而用混凝土或钢筋混凝土将墩身内部做成空腔结构，故称为空心墩，其自重较实体式桥墩要轻，介于实体重力式和轻型桥墩之间，由于工艺要求高，低于 40m 的，一般仍用实心，目前多用于 50 ~ 150m高墩。

空心墩一般都是用于高桥墩和大跨径的桥梁，故墩身顶宽及墩帽的平面尺寸应视上部构造的类型而定。为加快施工进度,应采用滑模或提升模架的方式组织施工,当墩高超过 30m 时,宜选用塔吊作材料提升设备;当墩高超过 40m 时,宜设置施工电梯,以利施工人员进出施工现场,确保施工安全。

七、Y 形墩和薄壁墩

Y 形墩和薄壁墩,都是一种轻型桥墩,其结构形式经济合理,外形轻盈美观,一般都采用钢筋混凝土修建。在高等级公路桥梁建设中,常使用这种桥墩结构。

八、索塔

索塔,一般由立柱、横梁、顶梁及腹系杆所组成,但也有不设顶梁的。从立面看有单柱式、A 形和倒 Y 形,从横向看有门形塔、斜腿门形塔、双柱式塔、独柱式塔、A 形塔以及可减小桥墩尺寸的宝石形(拐脚式)塔等多种形式。它是悬索桥和斜拉桥的主要支承结构,通过固定的钢索承托着上部构造的全部荷载,如图 7-52 所示。

图 7-52　索塔

独柱形的索塔,外形轻巧美观,结构简单,是吊桥和斜拉桥常用的结构形式。而纵向和横向都呈独柱形的索塔,则仅限于单面斜拉索的桥梁,当需要加强侧向抗风刚度时,可以配合采用倒 Y 形式。斜腿门式索塔,是双平面索常用的形式,而且它适用于较高的索塔。门式索塔一般用于设置竖直双平面索的场合,钢索吊桥则通常都是采用这种索塔的结构形式。

索塔主要承受轴力,除塔底铰支的幅射式斜索布置形式外,也承受弯矩。索塔是墩塔相连的一种固结形式时,其高度和工程量则应从其础顶面算起。吊桥的索塔多建于桥台或岸墩,其墩、台与索塔有明显的分界线,是一种分离形式,索塔的高度和工程量,则应从桥面顶面以上至塔顶进行计算。所以,在编制工程造价时,应分别按上述要求确定其计算工程量。

索塔一般都比较高,施工时应采用提升模架,并设置施工电梯,以确保施工的顺利进行。

第六节　桥梁上部构造

公路桥梁上部构造,是跨越山谷、河流,连接路基的主要承重部分,常用的有梁板式和拱式两种结构形式。梁板式桥上部构造由主梁(称为承重结构)、桥面铺装(包括泄水管、伸缩缝)、人行道或安全带、栏杆扶手或防撞护栏,以及支座等所组成。拱式桥上部构造则有实腹式和空腹式之分,实腹式由主拱圈、护拱、侧墙、拱上填料等所组成;空腹式则包括主拱圈、腹拱、侧墙及拱上填料等工程内容拱式桥也包括人行道或安全带及桥面铺装等工程。(其中桥上的路面铺筑,一般在编制工程造价时,并入路面工程部分,因其形式及厚度与线路上相同)。

梁板式桥的截面形式有矩形板、空心板、肋形梁(包括T形梁、工形梁)、箱形梁、组合箱梁和桁架梁等。

拱式桥的截面形式有板拱、薄壳拱、肋拱、双曲拱、箱形拱、桁架桥和刚架拱等。

现扼要介绍常用的桥梁上部构造的有关设计和施工技术方面的规定和要求。

一、板式桥上部构造

1. 矩形板上部构造

矩形板是公路小跨径钢筋混凝土桥中最常用的桥型之一,有整体式和装配式两种结构,前者是就地浇筑而成,只适用于跨径小于8m的桥梁。为双向受力的整体宽板,故整体性能好,横向刚度较大。板的横截面,无论是宽板或是窄板,一般都设计成等厚的矩形截面。

装配式矩形板,是用混凝土制作。板与板之间接缝(企口缝)用混凝土联结。

矩形板一般设置简易垫层支座,铺垫油毛毡后,就直接安置在墩、台帽上,并用锚栓与墩、台帽锚固。

预制矩形板,一般采用起重机安装,若采用扒杆安装,编制施工图预算时,每座桥应列入两个扒杆费用。

悬臂板桥一般做成双悬臂式结构,中间跨径为8~10m,两端伸出的悬臂长度约为中间跨径的0.3倍,板在跨中的厚度约为跨径的1/18~1/14,在支点处的板厚要比跨中的加大30%~40%。悬臂端可以直接伸到路堤上,不用设置桥台。

连续板桥的特点是板不间断地跨越几个桥孔而形成一个超静定结构体系。连续板桥较简支板桥而言,具有伸缩缝少、车辆行驶平稳等特点。连续板桥的跨径可比简支板桥的跨径做得大一些。连续板桥边跨与中跨之比约为0.7~0.8,这样可以使各跨的跨中弯矩接近相等。连续板桥也可以有整体式和装配式两种结构。

2. 空心板上部构造

空心板是将板的横截面中间部分挖成空洞,以达到减轻自重,节约材料的目的。通常用钢筋混凝土和预应力混凝土做成。

空心板的截面构造简单,施工方便,建筑高度小,故可有效地降低路基的平均高度,因此,空心板桥已成为广泛使用的一种桥型。

钢筋混凝土空心板的跨径为10~13m,其板厚为40~80cm,一般采用混凝土。预应力混凝土空心板的跨径范围在10~20m,厚度为50~100cm,一般采用C40混凝土。对构件施加预应力有先张法和后张法两种不同的方法,还要对孔道压入水泥浆和浇筑梁端封锚混凝土。后张法适宜于配置曲线形预应力筋的大型预制构件。

预应力混凝土分为全预应力和部分预应力两种,前者在最大使用荷载下混凝土不会出现拉应力,后者则允许发生不超过设计规定裂缝宽度或拉应力值。公路桥梁建设中广泛采用全预应力混凝土。

先张法预制空心板时,要修建张拉台座,在立模和浇筑混凝土之前,张拉预应力钢绞线、高强钢丝、钢筋等混凝土达到了规定的强度(不得低于设计强度的70%)时,逐渐将预应力筋放松,并将其张拉的工作长度切割掉。这样,就因预应力的弹性回缩通过与混凝土之间的黏结作用,使混凝土获得预压应力。在编制施工图预算中,一般应计列张拉台座的费用,其钢绞线等预应力筋的张拉工作长度一般可按板的设计长度另加1.5m计算,确定预应力筋的消耗数量。

槽式台座形成一个承力框架,便于立模和浇筑混凝土,如图7-53所示。横梁一般采用型钢制作,传力柱可采用钢筋混凝土制作或钢构件组拼,底板作为空心板的底模用。这种台座的工料消耗大,若这种预制块的数量不多,是很不经济的。

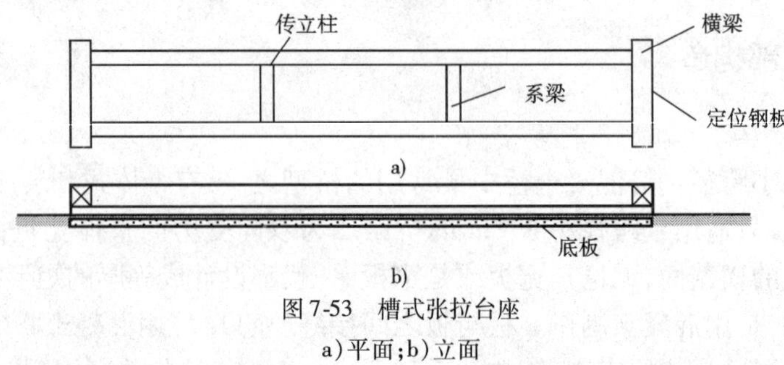

图7-53 槽式张拉台座

a)平面;b)立面

后张法的预应力空心板需要设置锚具张拉钢绞线和锚固,20m的预应力空心板一般采用7根钢绞线群锚、橡胶管制孔,在预制空心板时,按设计要求布置,形成钢绞线孔道,待其混凝土达到规定强度后,再在孔内穿入钢绞线,进行张拉并锚固,最后进行孔道压浆和浇筑板端封头混凝土,锚具就被埋置在板内。封头混凝土的强度等级不宜低于构件本身混凝土强度等级的80%,亦不宜低于C30混凝土。

空心板桥梁的墩、台帽要设置支座,一般采用板式橡胶支座,每块板要设置四块。

斜交的板梁桥,当斜交的角度大于15°时,应分别在钝角部位的上层布置垂直于钝角平分线的加强钢筋,而在其下层布置平行于钝角平分线的加强钢筋。

装配式空心板,一般采用扒杆或起重机安装,20m的预应力空心板亦可采用单导梁等施工方法安装。在桥面铺装之前,应将板的铰缝内预留的钢筋连接,然后浇筑好铰缝混凝土,以使桥面横向连成整体承受荷载,保证桥梁的安全使用。

二、梁式桥上部构造

1.T形梁和工形梁上部构造

T形梁和工形梁统称为肋形梁,每孔上部构造一般由多片梁组成,梁间由隔板连接。主梁间距通常在2m左右,主梁由梁肋、横隔梁(横隔板)、行车道板(T梁为翼板)组成。

(1)T形梁

跨径在20m及以下的T梁,一般采用钢筋混凝土结构,跨径在25~50m的则用预应力混凝土结构。

装配式钢筋混凝土T形梁的优点为:施工工艺简单,对非预应力的T梁,肋内钢筋可做成刚劲的钢筋骨架,各主梁之间设置间距4~6m的横隔梁连接,整体性好。有各种标准图设计。

它有利于采用定型模板，实行工厂化预制生产，节约模板等费用，如图7-54所示。

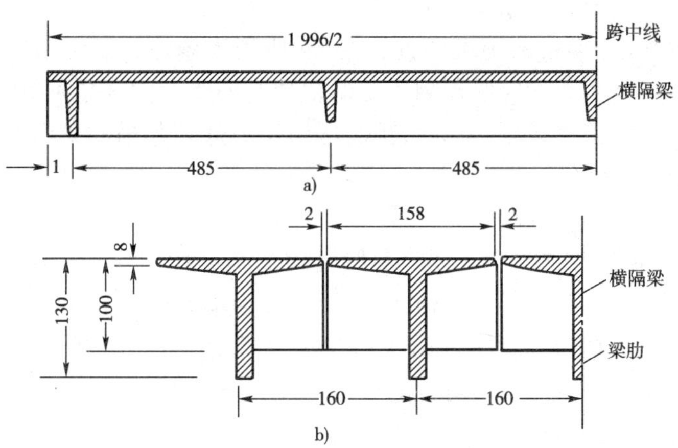

图7-54　跨径20m装配式钢筋混凝土简支T形梁构造(尺寸单位:cm)

a)半纵剖面;b)横截面图

装配式简支T形梁，梁高与跨径之比约为1/16~1/11，跨径大的取偏小比值。如图7-55所示，翼缘板是构成行车道的主要部分，为使行车道平整而连接成整体，能有效地承受车辆荷载的作用。

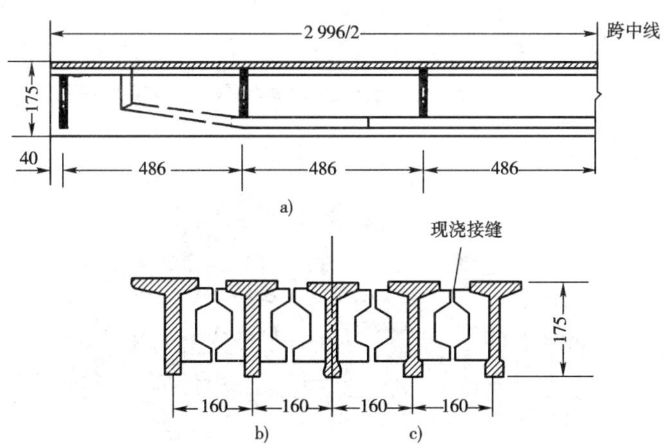

图7-55　跨径30m装配式预应力简支T形梁构造(尺寸单位:cm)

a)内梁半立面;b)交点截面;c)跨中截面

当跨径大于20m且适宜设计为T形梁时，应采用预应力混凝土简支T形梁。我国已建成的有50~60m跨径的这种桥型，并编制了25m、30m、35m和40m等不同跨径的标准设计图。其结构形式与钢筋混凝土简支T形梁基本相似，如图7-55所示。为了便于布置钢绞线或高强钢丝等预应力筋，一般都将肋梁的下部加厚做成马蹄形，在端部的腹板处也要逐渐加厚与马蹄形同厚。

(2)工形梁

工形梁，既是一种肋形梁又是一种组合式梁，它适用于跨径30m以内的钢筋混凝土和预应力混凝土的简支梁桥。其技术要求和施工方法基本上与T形梁相似，只是梁间的横隔梁要现浇连接。由于是组合结构受力,受力状况不如T梁,目前很少使用。

(3)T形梁和工形梁施工图预算要求

编制简支T形梁和工形梁的施工图预算时,除应列入修建预制场地外,还要列入修建大型预制构件的平面底座,其数量应以预制梁肋的根数与施工期限为依据计算确定。要求尽可能多次周转使用,以节约工程费用。同时,预制场内还应计列起吊的龙门架和运输轨道,以利构件起吊出坑和运输工作。

(4)T形梁和工形梁架设方法

简支T形梁和工形梁安装方法较多,一般常用的是采用导梁(图7-56所示)、跨墩门架(图7-57所示),较多的是用架桥机进行安装。导梁分为单导梁和双导梁两种,跨径25m以上的则采用双导梁及架桥机安装。在陆地上对于桥不太高,沿桥墩两侧铺设轨道不困难的情况下,适宜采用跨墩门架安装方法。小跨径的亦可采用扒杆或起重机作为安装工具。一般应根据技术经济原理合理确定安装方法。

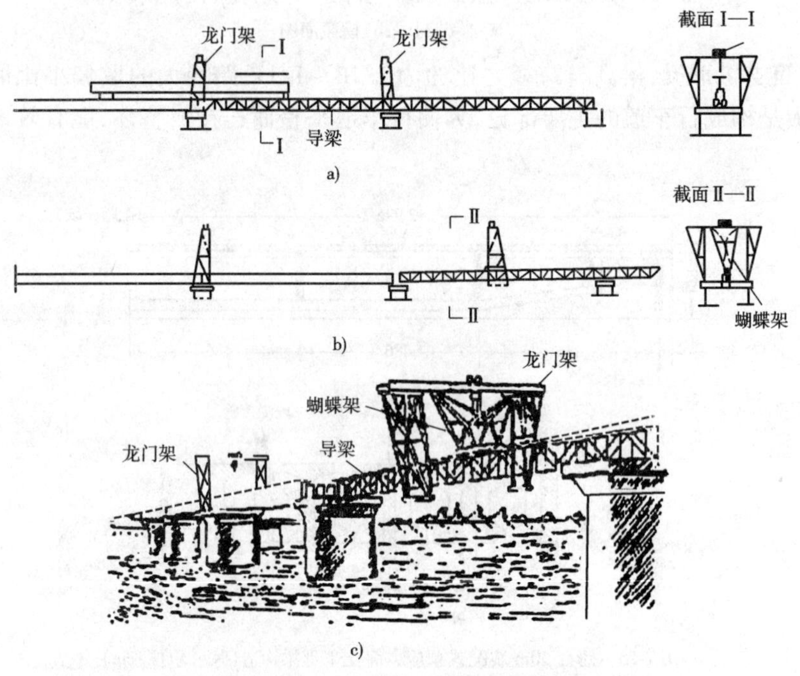

图7-56 用导梁、龙门架及蝴蝶架联合架梁

a)架梁;b)移动导梁;c)移动龙门架

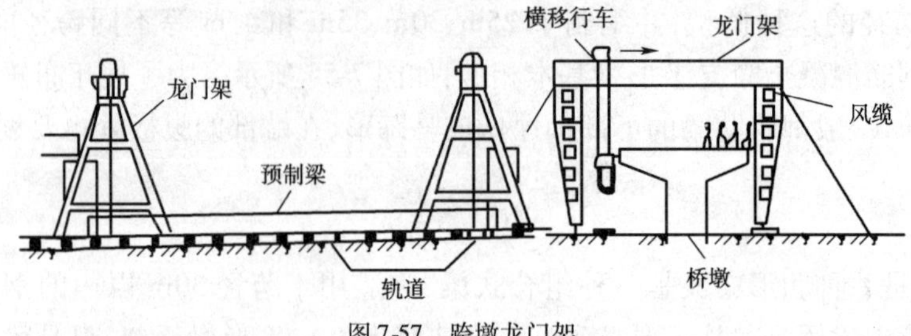

图7-57 跨墩龙门架

2. 箱梁上部构造

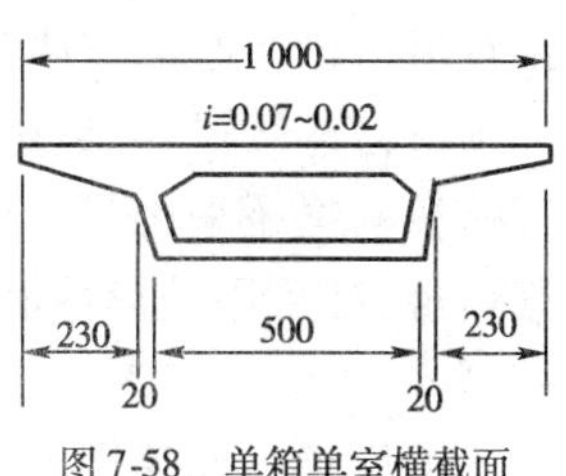

图 7-58 单箱单室横截面
（尺寸单位：cm）

箱梁由底板、腹板（梁肋）和顶板（包括翼板）组成，其横截面是一个封闭箱，图 7-58 所示为单箱单室截面，梁的底部由于有扩展的底板，因此，它提供了有足够的能承受正、负弯矩的混凝土受压区。箱梁的另一个特点，是它的横向刚度和抗扭刚度特别大，在偏心的活载作用下各梁肋的受力比较均匀。所以箱梁适用于较大跨径的悬臂梁桥（T 形刚构）和连续梁桥，还易于做成与曲线、斜交等复杂线形相适应的桥型结构，斜拉桥、悬索桥也常采用的这种截面。

箱梁有单箱、多箱和组合箱梁等多种形式，如图 7-59 所示。一般设计为等截面的 C40 钢筋混凝土和预应力混凝土结构，其梁的高度常为跨径的 1/20 ~ 1/18，它具有截面挖空率高，材料用量少，结构简单，施工方便等优点。

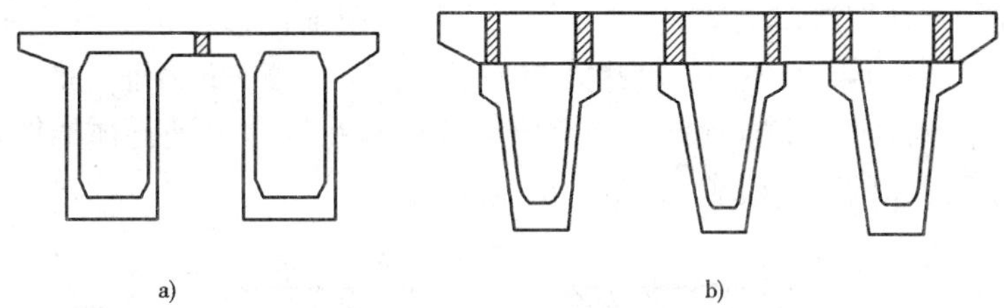

图 7-59 多箱式结构截面
a）双箱截面；b）预应力混凝土组合箱梁截面图

为了加强箱梁竖肋与水平板的联系，顶板与腹板相交处应设置承托。由于箱形截面抗扭性能好，亦有利于荷载的分布，故一般只在支点处或跨中设置横隔板，但横隔板应开孔，以利施工和养护人员进出，底板上还应预留 10cm 的通风孔。同时，在支承处腹板的厚度也要适当逐渐加厚，如图 7-60 所示。

图 7-60 悬臂浇筑的变截面连续箱梁桥施工

简支箱梁的墩、台帽上，一般设置盆式橡胶支座，除大跨径单箱独柱墩帽上设置一个支座外，其他情况设置两个支座。

3. 预应力连续梁上部构造

在较宽阔的河谷上修建连续梁时，通常采用 2 ~ 5 孔一联的多联结构形式，在每个桥墩上只设置沿桥墩中心的支座,一般是根据跨径的大小采用不同等级反力(kN)的盆式橡胶支座。

预应力连续梁,可以做成等跨和不等跨、等高的和不等高的结构形式。其截面形式,除了中等跨径的梁桥采用T形或工形截面外,对大跨径的连续梁桥和采用顶推法或悬臂法施工的连续梁桥,都采用箱形截面,因为它能满足顶推法和悬臂法施工工艺的要求,又便于设置预应力筋。

连续梁桥一般采用C40或C50预应力混凝土,很少用钢筋混凝土。

预应力连续梁跨越能力大,常用的施工方法,有顶推法、悬臂法、预制吊装(先简支后连续)及支架现浇等。

(1)顶推施工法

中等跨径的连续梁桥采用顶推法施工时,一般设计为等跨、等高的箱形截面结构,梁的高度常为跨径的1/20~1/18。顶推施工工艺的基本方法,是将支承在以高强度和低摩阻的聚四氟乙烯塑料做成的不锈钢滑道上的梁段,用水平千斤顶向前推移就位。由于氟板与不锈钢板之间的摩擦系数只有0.04~0.07,虽重达万吨的梁,也仅需500t的力即可推移。

顶推法分为单点顶推和多点顶推两种。单点顶推是在桥台上进行顶推作业,一般采用水平千斤顶和竖向千斤顶的联合装置,如图7-61所示。

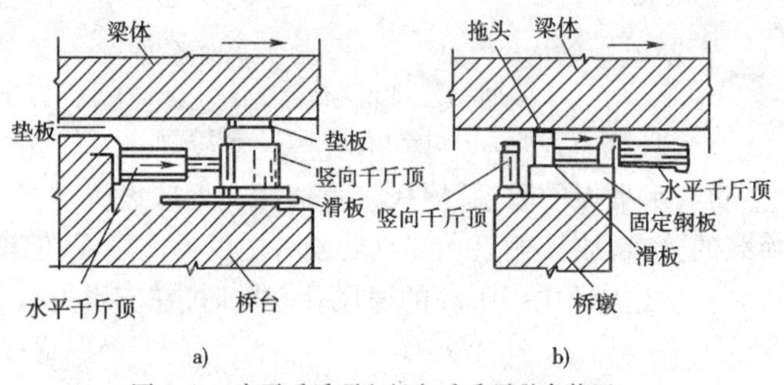

图7-61　水平千斤顶和竖向千斤顶联合装置

a)在桥台上;b)在桥墩上

(2)悬臂施工法

施工中,桥跨间不需要搭设支架,主要设备是悬臂吊机或挂篮,吊机及挂篮应专门设计,也可用工厂化生产的成套设备。一般要利用托架先行浇筑好墩顶零号块件,然后在其上面安放悬臂吊机或挂篮,从两侧对称地分段悬空浇筑或悬拼施工。由于此法的独特优越性能,已被广泛应用于修建预应力T形刚构、连续梁、连续刚构、斜拉桥、悬索桥等,如图7-62所示。

图7-62　悬臂施工

不等跨不等高的大跨度预应力混凝土连续梁,是悬臂施工法最常用的桥梁结构形式。这种结构通常设计为箱形截面,既可采用悬臂现浇施工,也可采用悬臂拼装施工。

悬臂施工法的主要特点,是不需要塔设支架,而直接从已建成的桥墩顶部逐段向跨中延伸现浇或拼装,每延伸一段就进行预应力筋的张拉工作,使之与已建成的部分连成整体。但从桥墩两侧逐段延伸来建造这种预应力混凝土连续梁时，为了承受悬臂施工过程中可能出现的不平衡力矩，对连续梁必须将墩顶的梁段（常称零号块件）与桥墩临时固接起来，如图 7-63 所示。待连续梁全部完成之后，即可拆除临时措施，恢复原来结构状态，从而使连续梁的永久性支座符合设计要求，如图 7-64 所示。

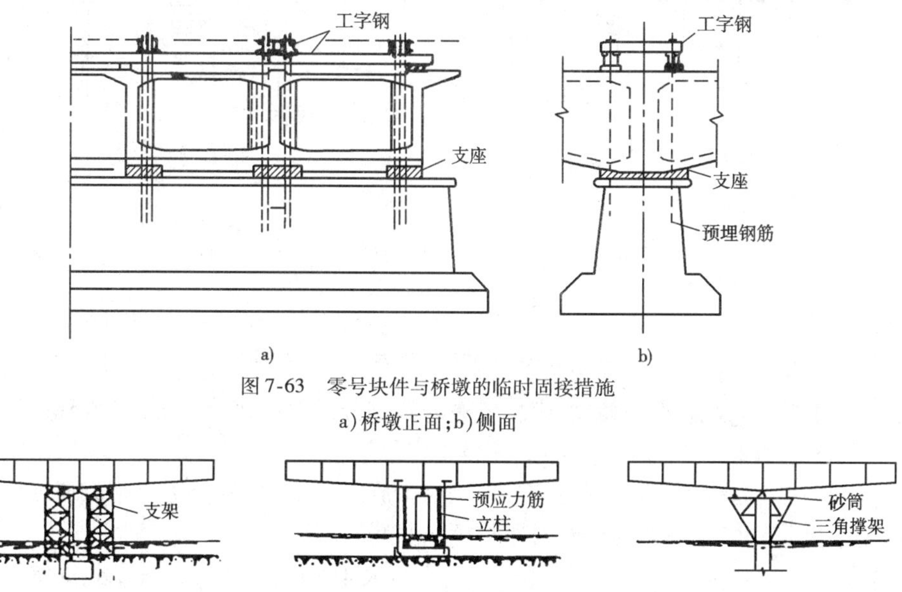

图 7-63　零号块件与桥墩的临时固接措施

a）桥墩正面；b）侧面

图 7-64　几种临时固接措施

悬臂施工法中的主要设备挂篮和吊机，如图 7-65、图 7-66 所示。为了组装和安放悬臂挂篮和吊机，要先行浇筑好墩顶梁段（常称为零号块件）及其两侧附近一定长度的梁段，称为起步长度。一般采用托架支撑来浇筑，故又称为零号块件托架。托架一般采用万能杆件、装配式公路钢桥桁架等钢构件组拼，支撑在桥墩基础（桥墩不高时）或墩身上，横向的宽度一般比箱梁底宽出 1.5 ~ 2m。

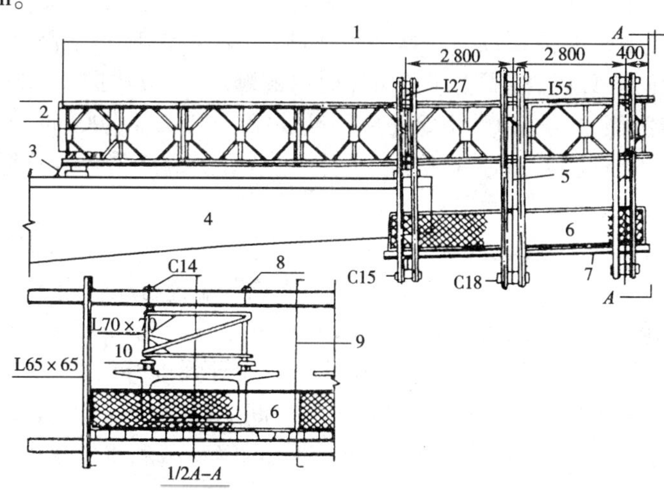

图 7-65　公路装配式钢桁架挂篮（尺寸单位：mm）

1-桁架（5 节）；2-混凝土配重块共 10 块重 10t；3-地锚；4-已浇筑完成箱梁；5-吊环；6-栏杆；7-纵梁；8-ϕ22 螺栓；9-ϕ32 圆钢；10-垫木

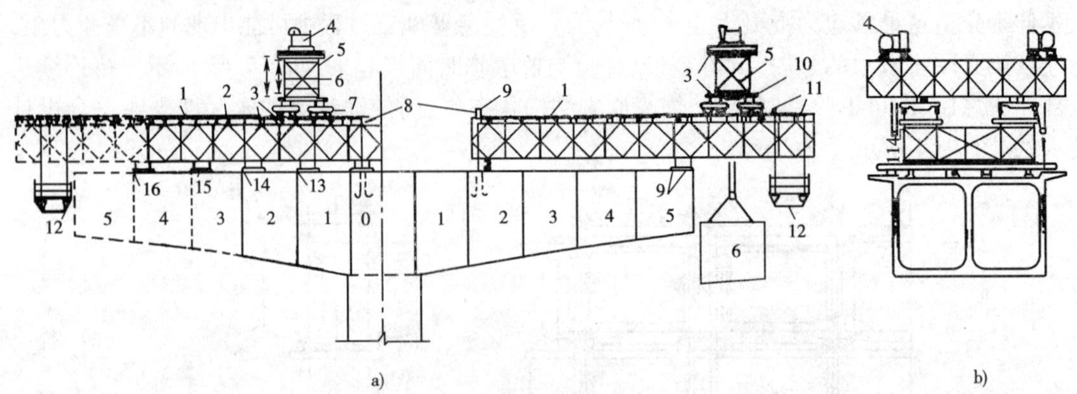

图7-66　用贝雷桁架组拼的悬臂吊机(尺寸单位:cm)

a)立面;b)侧面

1-吊机主桁架单层双排共计贝雷44片;2-钢轨;3-枕木;4-卷扬机;5-撑架用角钢50×50×5;6-横担桁架;7-平车共8台;8-锚固吊环;9-工钢240;10-平车之间用角钢联结成一整体;11-工钢120共4根;12-吊篮

无论是悬臂现浇或悬臂拼装,均应从桥墩的两侧分段对称进行,一般悬臂现浇每个节段的长度为3~5m,悬臂拼装的预制长度为2~5m。

悬臂浇筑施工不需在跨间设置支架,使用最少施工机具设备,便可以很方便地跨越深谷和河流,适用于大跨径变截面连续梁桥及刚构桥、斜拉桥的施工。

悬臂浇筑预应力连续箱梁(连续刚构),当主跨大于80m的桥宜具有专业资质且有成熟监控经验的单位进行施工过程监控。悬臂挂篮、0号块支架、边跨支架、合龙段吊架、墩顶临时固结等应由施工单位进行专项设计。

悬浇箱梁施工,挂篮与悬浇梁段混凝土的质量比宜控制在0.3~0.5;行走时的抗倾覆、自锚固系统、斜拉水平限位系统及上水平限位系统的安全系数均不应小于2;不宜使用配重走行方式。

挂篮静载试验应选取挂篮施工的最不利工况进行,宜采用荷载加压法。

0号、1号块混凝土施工,0号块宜一次浇筑成形,当梁段过高,可沿高度方向分两次浇筑,两次间歇期应控制在7d以内;混凝土应按由外向内的顺序(1号块向0号块)分层对称浇筑,底板浇筑完成后,将腹板顶板一次性浇筑完成,分层厚度不应大于300mm。

悬浇段施工时,当纵坡≥2%时,挂篮应设置限位装置。应严格控制挂篮后锚点距节段端面的距离,宜不小于200mm。

合龙段宜采用水箱配重,合龙段钢材焊接、混凝土浇筑等应符合设计温度规定。

用悬臂拼装施工方法修建连续梁时,需在跨中将悬臂端进行刚性连接,一般预留1.5~2m梁长现浇整体化混凝土合龙。悬臂拼装预制梁段宜采用专门设计的钢模板,节段的脱模时间应符合设计规定,设计未规定时,应在混凝土强度达到设计强度等级的75%后方可脱模,节段在存放台座的叠放层数不宜超过两层,节段存放的时间应符合设计要求,设计未要求时,不宜少于28d。节段起吊前,应分别进行1.25倍设计荷载的静荷载和1.1倍设计荷载动荷载的起吊试验。

悬臂施工法适宜水深、宽阔的河流中及山谷修建大跨径的桥梁。当采用悬臂拼装时,一般需要配备工程驳船和拖轮,修建临时专用码头来运输预制构件。悬臂现浇时,有时需配置混凝土搅拌船，以利及时供应所需混凝土。

悬臂拼装施工时的构件预制工作，需要修建预制场地、大型预制构件曲面底座、构件出坑起吊龙门架和运输轨道等辅助工程设施。由于要求预制件的精细准确及张拉控制的合理，施工操作困难，目前对悬拼施工很少使用。

悬臂施工法所需的悬臂吊机或挂篮，应以每个墩上需设置一套这种悬臂吊机或挂篮作为计算设备重量的依据。编制施工图预算时，吊装设备套数及其总量吨数以及设备摊销费，应根据施工组织设计安排计算。

(3)简支-连续施工法

先简支后连续的施工特点，是按照简支梁板桥的设计原则和施工方法进行构件的设计与预制，安装时则将其支承在墩顶两侧的临时支座上，如图7-67所示。然后现浇接缝混凝土和张拉预应力筋并将其锚固好，最后拆除墩顶两侧的临时的支座，安放好永久性支座，使之转换成连续结构体系。

连续梁桥因具有伸缩缝（桥面接缝）少，刚度大，行车平稳，便于养护等优点，所以，目前在高等级公路跨径不大的多孔钢筋混凝土简支梁桥，普遍采用将简支梁板刚性固结形成连续梁。

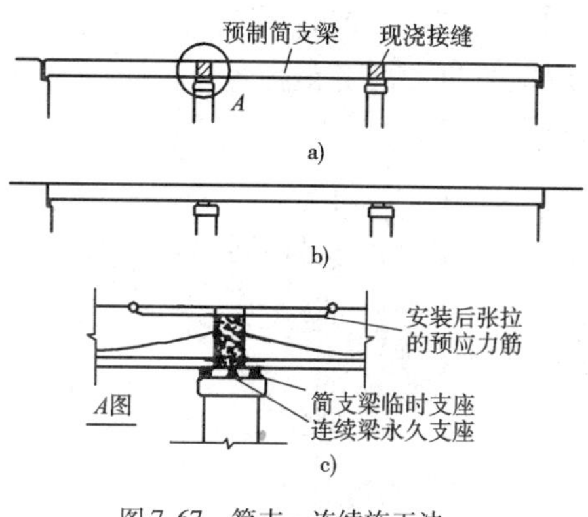

图7-67 简支—连续施工法

三、拱式桥上部构造

拱式桥与梁板式桥的主要区别，不仅在于外形上的差异，而且更主要的是受力不同。由于水平推力的作用，使拱的弯矩与同跨径的梁板桥的弯矩相比就要小得多，使承重结构的拱圈主要承受压力。因此，采用抗压性能较好而抗拉性能较差的天然石料和混凝土修建。其缺点是自重较大，水平推力也大，相应增加了墩、台和基础的圬工数量，对地基的条件要求高，而且一般采用拱盔、支架来施工。故机械化程度低，耗用劳动力多，施工周期长，施工工序较多，相应地增加了施工难度。为实现无支架施工，增大拱桥跨越能力，扩大拱桥的使用范围，如图7-68所示。

图7-68 拱式桥上部构造施工

1. 拱桥分类及其构造要求

拱桥按主拱圈的截面形式,分为板拱(包括石拱、钢筋混凝土薄壳拱)、肋拱、双曲拱、箱形拱、桁架拱和刚架拱等;若按照拱上结构形式,则可分为实腹式和空腹式两类拱桥;按结构受力可分无铰拱、两铰拱及三铰拱桥。

主拱圈以上的建筑部分,常称为拱上建筑。它将作用在桥面上的荷载较均匀地传给主拱圈,当考虑联合作用时,才与主拱圈共同受力。实腹式的拱上建筑包括侧墙、拱座、护拱、防水层、拱背填料等工程内容,一般适用于跨径20m以下的小型石拱桥。大、中跨径的拱桥都采用空腹式,以减少恒载,并使桥梁更显得轻巧美观,也有利于泄洪,如图7-69所示。空腹式拱上建筑,有拱式和梁板式两种结构形式,除具有与实腹式相同的拱上建筑外,还设置有腹拱和腹拱墩。

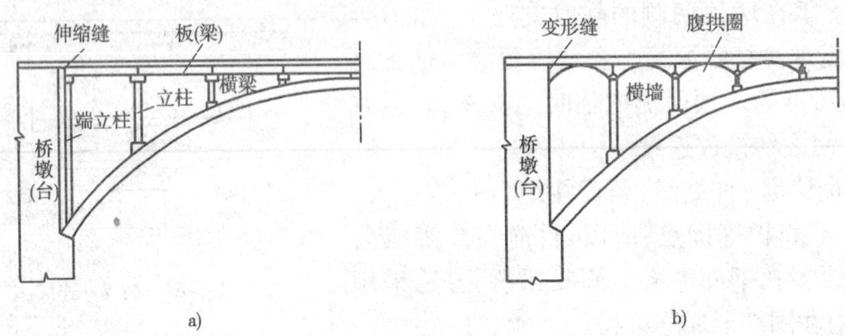

图7-69 空腹式拱上建筑形式

a)梁板式;b)拱式

无铰拱结构的整体刚度大,而且结构简单,施工方便,材料用量比较省,使用最广泛。

两铰拱为一次超静定结构,它的特点介于三铰拱和无铰拱之间。由于取消了跨中铰,故比三铰拱的整体刚度大,在因地基条件较差而不宜修建无铰拱时,可考虑采用两铰拱。

三铰拱属于静定结构。温度变化,材料收缩,墩台沉陷等原因,不会在拱内产生附加内力。所以,在软土等不良地基上宜采用三铰拱。

根据设计规范的有关规定,空腹式拱桥的腹拱,其靠近墩(台)的一孔应做成两铰拱或三铰拱,大跨径的拱桥,必要的可将靠拱顶的腹拱或其他腹拱做成三铰拱或两铰拱,在腹拱铰上面的侧墙、人行道和栏杆等均应设置变形缝。所以,两铰拱和三铰拱多用于空腹式的拱上建筑。拱铰有弧形铰、平铰或其他形式的假铰等。

为了避免拱上建筑不规则的开裂,以保证桥梁的安全运营,通常在相对变形较大的位置要设置伸缩缝,而在变形较小之处设置变形缝。实腹式拱桥的伸缩缝常设在墩(台)两起拱脚的上方,要贯穿全桥宽和侧墙的全高及人行道至栏杆;空腹式拱桥则在紧靠墩(台)的一孔做成的三铰拱的拱铰上方设置伸缩缝,在其余两铰及其他铰的上方则设置变形缝。伸缩缝的宽度一般为2~3cm,用沥青麻絮填塞充满,变形缝则不留缝宽,只将其断开或贴放油毛毡即可。

2. 板拱桥

石板拱结构简单,施工方便,又有利于就地取材,因而成为常用的桥型结构。其矢跨比一般采用1/8~1/4,小跨径的石拱桥也可采用半圆拱。

实腹式拱桥,其拱圈上除要设置用片石砌筑的护拱,以达到加强拱圈的作用外,还应铺设防水层,以防止雨水渗入拱圈内。

拱上填料(指拱腹范围内),宜采用透水性较好的土壤,应在接近最佳含水率的情况下分层填筑夯实,每层厚度不宜大于20~30cm。也可采用碎砾石或其他轻质材料(如炉渣、石灰、黏土等混合料)作为拱上填料。

此外,还有现浇钢筋混凝土薄壳拱和两铰板拱,也属于板拱的范畴,因结构较复杂,施工工序多,又需耗用大量钢材,故在实际中很少采用。

板拱桥建设的另一个重要工作环节,就是需要塔设拱盔和支架,常简称为拱架,以支承全部或部分拱圈和拱上建筑的质量,并保证拱圈的形状符合设计要求。

拱桥中常用的拱架,有土牛拱、木拱架和钢拱架三种,如图7-70所示。

图7-70 拱架

(1)土牛拱一般只宜用于无常流水的河沟中修建的小型石拱桥,实际很少使用。

(2)木拱架,包括拱盔、支架和支架基座三部分工程内容,有满堂式和桁架式两种形式。

满堂式根据跨中所设支点的形式和个数,又分为排架式、撑架式和扇形式三种。桁架式一般用于经常性通航、水域较深或墩台较高的桥孔,跨中不设支点,如图7-71所示。

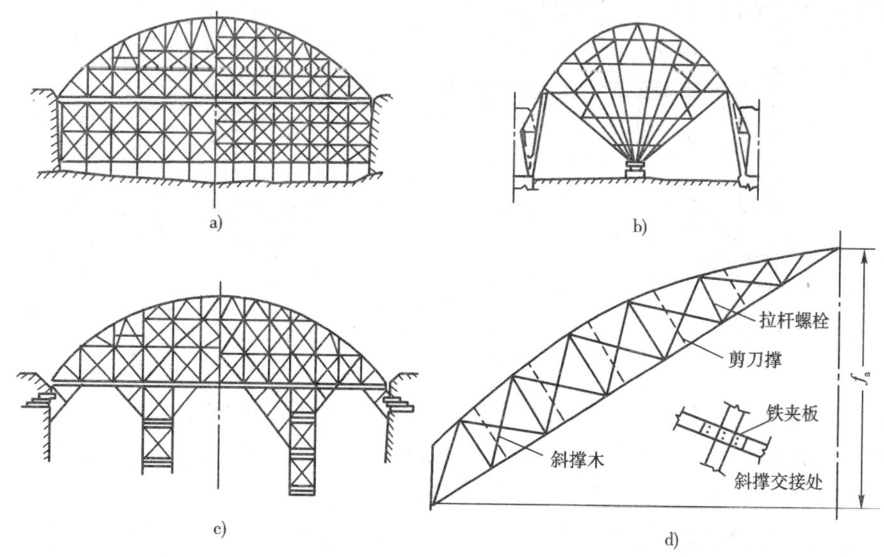

图7-71 木拱架的主要形式

a)排架式;b)扇形式;c)撑架式;d)桁架式

(3)钢拱架,有工字梁钢拱架和桁架钢拱架两种,如图7-72所示,钢拱架的安装拆除工作,可按钢拱架全套设备的质量,并以桥梁拱盔的工程定额计算所需的费用。但在安装钢拱架时,需要另行配备吊装设施,如缆索、扒杆等。在公路拱桥建设中使用钢拱架的也比较少。

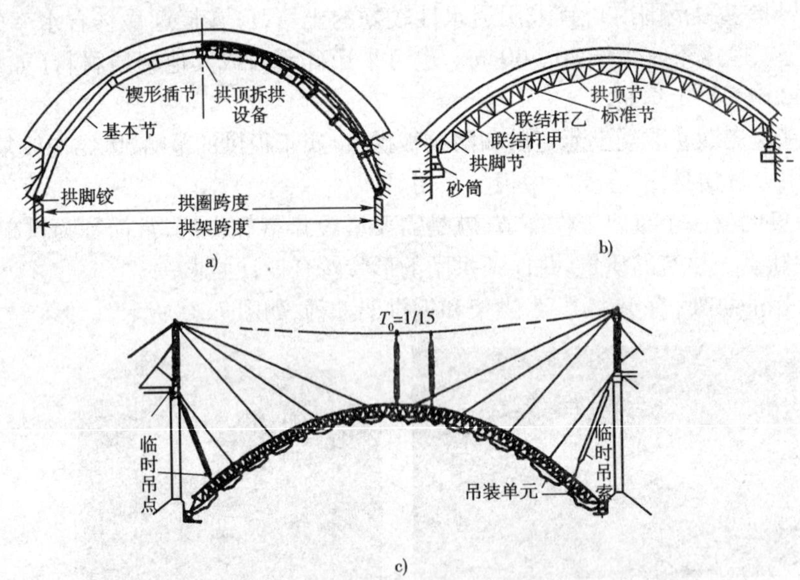

图 7-72　钢拱架形式

a) 工字梁钢拱架;b) 桁架钢拱架;c) 拱架吊装布置

3. 肋拱桥

肋拱桥实质上是在板拱的基础上演变而成的,就是将板拱分割成两条或多条刚度较大、分离的平行拱肋,而肋与肋之间则用横系梁进行连接,以增强其整体稳定性,在拱肋上设置立柱和盖梁,以支承桥面结构,如图 7-73 所示。

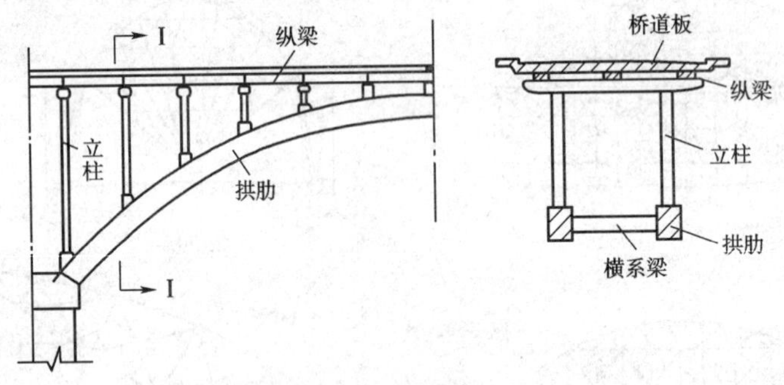

图 7-73　肋拱

肋拱桥的主要特点,是拱肋的横截面较小,而一般又多采用两肋组成,这样就能较多地节省材料用量,不仅减轻了拱体的重量,而且相应地减少了拱上建筑、墩台及基础的工程数量,从而能有效地降低工程造价、节约投资。因此,适用于较大跨径的拱桥。

拱肋的预制工作,也同其他大型预制构件一样,要修建预制场地、大型预制构件曲面底座、构件出坑起吊龙门架和运输轨道等设施。

4. 双曲拱桥

双曲拱桥的主拱圈由拱肋、拱波和拱板等组成,纵向和横向都呈曲线形,故称之为双曲拱桥。因主拱圈为组合截面,且材料不均匀,容易产生各种裂缝,目前很少使用。

这种桥型的主要特点,是将主拱圈"化整为零"的一种组装施工方法,我国20世纪60年代创建以来,曾广为采用。

5. 箱形拱桥

箱形拱桥的主拱圈截面形式,有多箱和单箱两种。它宜用于50m以上的大跨径拱桥,一般采用多箱式的闭合箱形,每个箱由腹板(箱壁)、顶板、底板和横板隔板组成,如图7-74所示。

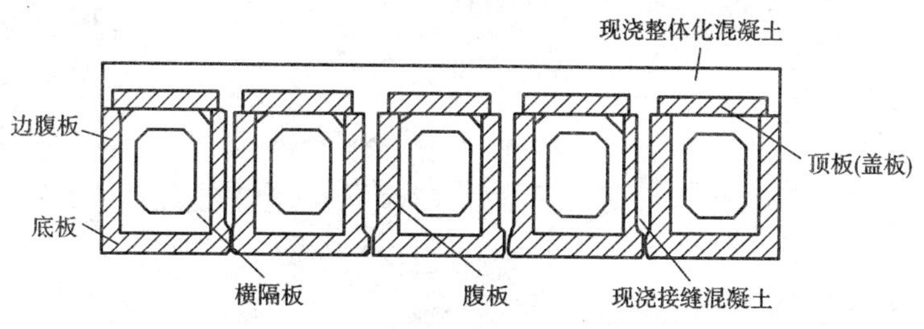

图7-74 多箱式箱形拱截面形式

在施工可能的情况下,箱形拱以采用闭合箱形为宜。但开口箱不仅构件单元质量轻,有利于安装,而且预制工作比闭口箱也要方便,故在实际中多采用开口箱形。一般是在开口箱体安装好后,再安砌盖板(顶板),然后现浇接缝和整体化混凝土,使之连成整体,最后依然形成闭合箱形,故横向整体性强,稳定性好,抗扭刚度也大。

箱形拱圈及其他肋拱通常根据跨径大小,分为三段、五段及七段更多段预制,采用无支架的缆索吊装施工。公路工程预算定额中的缆索吊装设备定额,是以主索、起重索、牵引索、扣索、风缆,以及塔架,主索和扣索等地锚、天线滑车等工程内容进行综合的,如图7-75所示,是吊装拱桥的专用设备,不能作为梁板式桥的吊装计价依据。因为梁板桥无需设置扣索等工程内容。

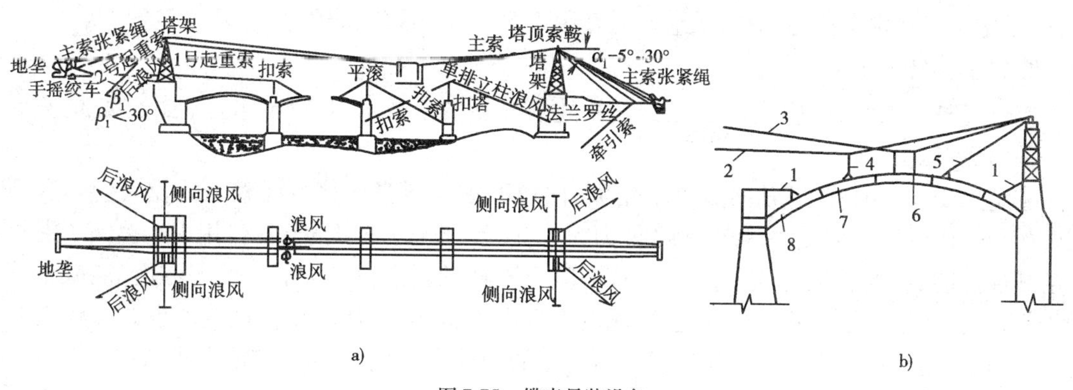

图7-75 缆索吊装设备

a)三段缆索吊装布置;b)五段扣索形式

1-墩扣;2-扣索天线;3-主索天线;4-天扣;5-塔扣;6-顶段;7-中段;8-端段

根据《公路工程预算定额》所规定的预制、安装箱形拱的工程内容,开口箱主拱圈的工程量,只能以开口箱的体积作为编制施工图预算的依据,其盖板(顶板)应按小型构件另行计价,至于盖板的安砌工作,因已将其工料消耗综合在主拱圈的安装定额内,不能再另行计算。

6. 桁架拱桥

桁架拱由桁拱片及其横向联系和桥面板三部分组成的,如图7-76所示,是一种常用斜拉杆桥型。

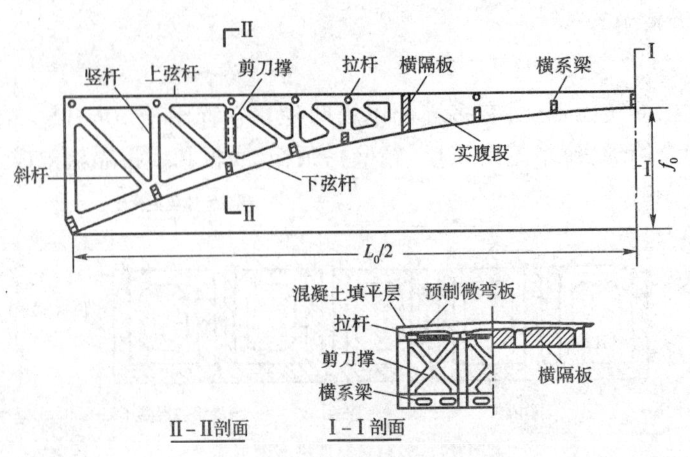

图7-76　桁架拱桥的主要组成

桁拱片是桁架拱桥的主要承重结构,它由下弦杆、上弦杆、腹杆(包竖杆和斜杆)和拱顶实腹段所组成,下弦杆一般采用圆弧形,这样施工较方便。为了使桁拱片连成整体而共同受力,以保证其横向稳定,故在桁拱片之间设置横向联系。有拉杆、横系梁和剪刀撑、横隔板等不同的称谓。

桁架拱桥的桥面结构,一般采用微弯板,以节约钢材。桁架拱适宜用于50m以下跨径的桥梁。

7. 刚架拱桥

刚架拱桥是在桁架拱桥等基础上发展起来的另一种轻型钢筋混凝土桥型,也同桁架拱桥一样,是属于具有水平推力的拱式结构,适宜用于50m以内跨径的桥梁。

8. 钢管混凝土拱桥

钢管混凝土拱桥是我国近年来公路桥梁建筑发展的新技术,具有自重轻、强度大、抗变形能力强的优点。

在结构受力方面,随着轴向力 N 的增大,内填型钢管混凝土使得混凝土的径向变形受到钢管的约束而处于三向受力状态,承载能力大大提高。同时,钢管的套箍作用大大提高了混凝土的塑性性能,使得混凝土,特别是高强度混凝土脆性的弱点得到克服。另一方面,混凝土填于钢管之内,增强了钢管管壁的稳定性,刚度也远大于钢结构,使其整体稳定性也有了极大的提高。因此,钢管混凝土材料应用于以受压为主的构件中,较之钢结构和混凝土结构有着极大的优越性。

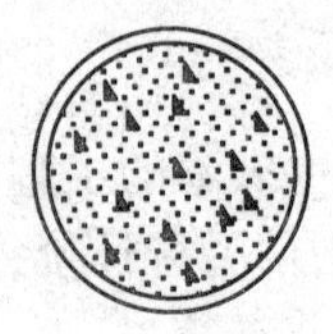

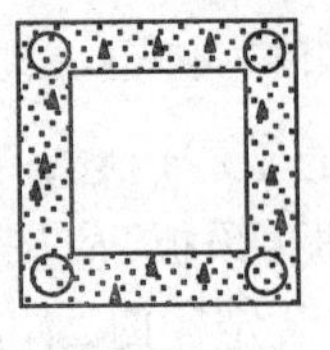

a)　　　b)

图7-77　钢管与混凝土的组合

a)内填型;b)内填外包型

钢管混凝土是钢管与混凝土的组合材料。根据钢管与混凝土的组合关系,可分为内填型和内填外包型两类,如图7-77所示。

钢管混凝土结构的应用,使拱桥的跨越能力得到提高,同时使拱桥更加轻巧,表现力也更强,更加美观。目前,已建成的钢管混凝土拱桥的最大跨径为270m,钢管混凝土劲性骨架拱桥的最大跨径为420m。

四、预应力刚构上部构造

刚构桥又称刚架桥，是由梁式桥跨结构与墩台（支柱或板墙）刚性连接而形成整体的结构体系，如图 7-78 所示。按其静力结构体系可分为单跨和多跨的，支柱做成斜柱式时称为斜腿刚构。

多跨刚构桥可将主梁做成连续式或非连续式。非连续式刚构桥在主梁跨中设铰或悬挂简支梁，通常称为 T 形刚构桥，或简称为 T 构。它的显著特点是全桥所有的墩上都不设置任何形式的支座。带挂梁的刚构桥在挂梁端相应设置支座，属于静定结构。

连续刚构是墩、梁固结的连续结构，由于固结的桥墩能提供部分固端弯矩，从而使跨中弯矩减小，因而可以达到较大的跨径。有时为了适应特殊的水文地质条件或地形条件，也可以将连续梁桥与连续刚构桥结合起来，成为所谓刚构—连续组合梁桥。其做法通常是在一联连续梁的中部数孔采用墩梁固结的刚构，边部数孔为设置支座的连续梁结构。

修建预应力刚构桥时，无论是现浇还是预制安装，都采用悬臂的施工方法。

预应力刚构桥的预制安装或现浇同预应力连续梁桥的施工方法基本上是相同的，除要修建预制场地等辅助工程设施外，还要配备预制和安装挂梁的吊装设备等辅助工程设施。

五、预应力斜拉桥上部构造

斜拉桥是一种造型美观的组合体系结构，由索塔、斜索和主梁三部分组成，如图 7-79、图 7-80 所示。锚固在索塔上而悬吊起主梁的斜钢索实际上是起着混凝土主梁弹性支撑的作用。这样，主梁就像小跨度的多孔弹性支承的连续梁一样承受着全部荷载。因此，不仅可以增大跨越的能力，而且梁的高度也可以大大减小，一般只有跨径的 1/100 ~ 1/40，自重较轻，钢材和混凝土的用量均较节省，但由于钢索和锚具的费用都比较昂贵，所以，这种桥型的造价是比较高的。

图 7-78 预应力刚构上部构造

图 7-79 斜拉桥施工

索塔形式、斜拉索布置和主梁截面是多种多样的，索塔已在第五节桥梁下部构造内作介绍，此处不再赘述。下面扼要介绍斜拉索和主梁的有关技术要求和构造类型。

1. 斜拉索

斜拉索是斜拉桥的主要承重结构，一般采用抗拉强度高、疲劳强度好和弹性形变模量较大的高强钢丝或钢绞线。

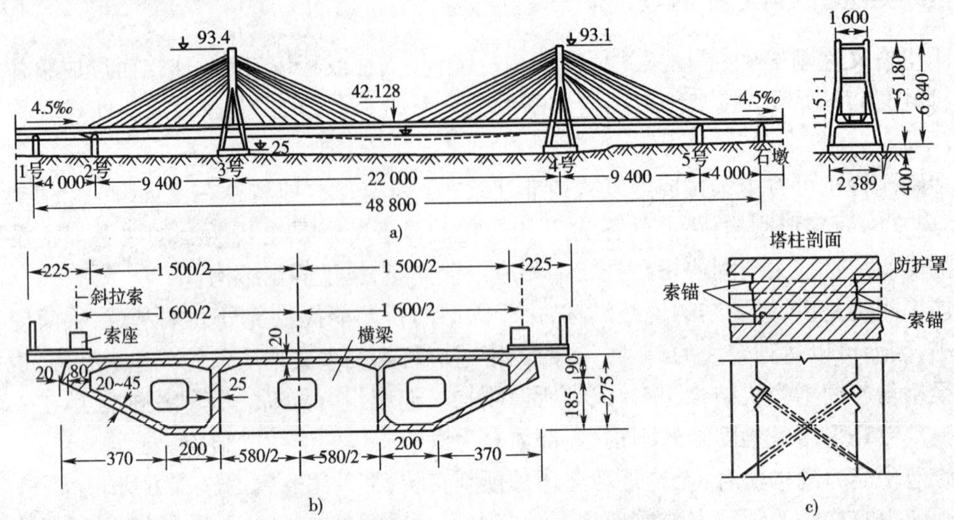

图 7-80　斜拉桥(尺寸单位:cm;高程单位:m)

a)斜拉桥立面;b)主梁横截面;c)塔柱内穿索示意图

斜拉索在立面上的设置形状,有辐射形、竖琴形和扇形 3 种形式,如图 7-81 所示;在横截面上有双面索和单面索两种。

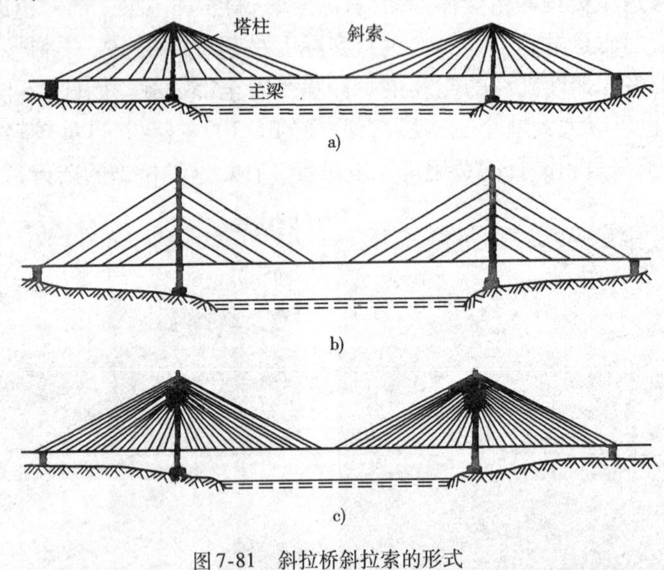

图 7-81　斜拉桥斜拉索的形式

a)辐射形;b)竖琴形;c)扇形

(1)辐射形斜拉索。因斜拉索倾角大,平均接近 45°,故能够发挥较好的工作效率,所以钢索用量省。但由于斜拉索集中于塔顶,致使锚固难度大,而且对索塔受力也不利,在实际中较少采用。

(2)竖琴形斜拉索。因斜拉索与索塔的连接处是分散的,而且各斜拉索又是平行的,其倾角相同。这样,不仅连接构造易于处理,而且锚具垫座的制作与安装也要方便,同时对索塔的受力也比较有利。但因斜拉索倾角小,就不能像辐射形斜拉索那样发挥较好的工作效率,致使钢索用量相对要多。

(3)扇形斜拉索。它的特点是介于辐射形和竖琴形斜拉索的两者之间,可以说是兼有上述两种形式的优点。近年来在公路斜拉桥的建设中大多采用这种斜拉索布置形式。

斜拉索的间距,近年来多采用扇形的密索体系,其特点是间距可以小于6~8m,这样就能降低梁的建筑高度,使自重较轻,有利于施工。

斜拉索防护是斜拉桥拉索防腐蚀和抗疲劳的措施,早期拉索防腐采用钢套筒压注水泥砂浆或钢丝绑扎涂机油的麻布等,防腐效果不好,已很少采用;现多用带热挤聚乙烯防护套的成品索。

2. 主梁

预应力混凝土斜拉桥的主梁,一般采用箱形截面结构,并设计为连续梁或T形刚构,如图7-82所示。因连续梁刚度大,整体性好,行车平稳,对抗风也有利,是斜拉桥常用的一种结构形式。一般采用C50混凝土。

图7-82c)和图7-82d)是一种封闭式的箱形截面结构,它的抗扭刚度大,常用于单面索的斜拉桥(图7-83),其倾斜式的腹板结构比竖直板的要好,但施工难度要大,至于图7-82d)中箱梁内的斜撑,则是为锚固斜索而设置的。图7-82b)是一种半封闭箱形截面结构。两箱之间设有横隔板,其外缘做成尖嘴形,主要是为减少风的阻力,两侧局部加固,是以利斜拉索的锚固。

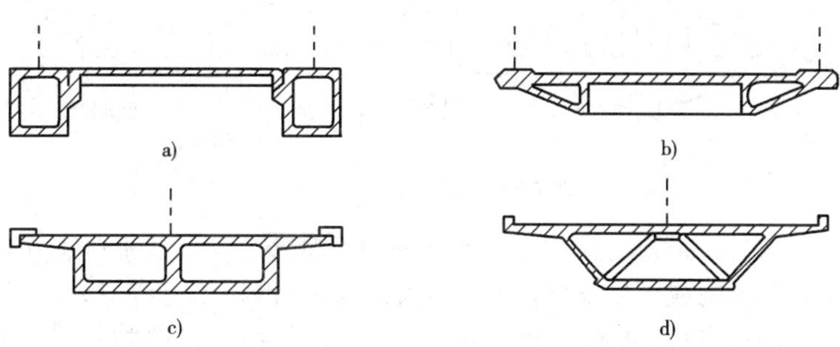

图7-82 斜拉桥的主梁横截面形式

图7-83 单面索的斜拉桥

预应力斜拉桥,按其索塔、斜拉索和主梁三者的不同结合方法,可以分为悬浮、支承、塔梁固接和刚构四种体系,其特点和技术要求如下:

(1)悬浮体系。是主梁除两端需设置支座来支承外,其余全部都是用斜拉索将其悬吊起来,而在纵向是可以稍作浮动的一种具有弹性支承的单跨梁结构形式,但在横向则不能任其随意摆动,必须施加一定的横向约束。

(2)支承体系。是主梁在墩塔处要设置支点,是一种接近在跨度内具有弹性支承的三跨连续梁。这种体系的主梁内力,在墩塔支承处会产生急剧变化,出现很大的负弯矩,故需要加强支承区梁段的截面。

(3)塔梁固接体系。它相当于在梁的顶面用斜拉索加强的一根连续梁,这样,全部上部结构的荷载都要由支承座来传给桥墩,故需要在墩塔处设置较大吨位的支座。

(4)刚构体系。是将桥墩、索塔与主梁三者固结在一起,从而形成了在跨度内具有弹性支承的一个刚构体系,故在固结处会产生很大的负弯矩,因此需要将其附近梁段的截面予以加大。

六、悬索桥上部构造

悬索桥又称吊桥,由承受拉力的悬索作为主要承重结构。现代悬索桥一般由索塔、主缆索、锚碇、吊索、加劲梁及索鞍等主要部分组成,如图7-84所示。

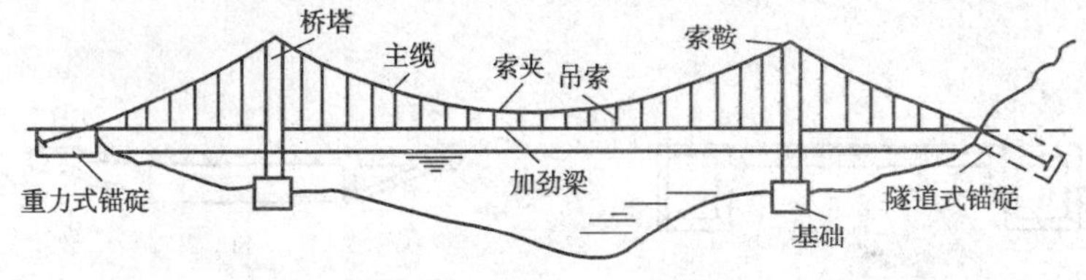

图7-84　悬索桥的主要构造

悬索桥具有合理的受力形式,因为主要承重构件悬索受拉,无弯曲和疲劳而引起的应力折减,可以采用高强度钢丝制成,其$[\sigma]/\gamma$之值最大($[\sigma]$为钢材的容许应力,γ为钢材的重度),因此悬索桥的跨越能力是目前所有桥梁体系中最大的,也是目前能超过千米跨径的桥型,如图7-85所示。

悬索桥采用高强钢材作为主要承重结构,所以与其他桥型相比,其恒载与活载之比最小,因此在一般情况下,悬索桥是一种用料最省的桥型。

图7-85　悬索桥

下面仅就主缆索、锚碇、加劲梁、吊索和索鞍的主要结构特点作简要叙述。

1. 主缆索

主缆索是悬索桥的主要承重构件,不仅承担自重恒载,还通过索夹和吊索承担加劲梁(包括桥面)等其他恒载以及各种活载。此外,主缆索还要承担部分横向风载,并将其传至索塔顶部。主缆索可采用钢丝绳钢缆、钢绞线钢缆或平行钢丝束钢缆,由于平行钢丝束钢缆弹性模量高,空隙率低,抗锈蚀性能好,因此大跨度悬索桥的主缆索均采用这种形式。现代悬索桥的主缆索多采用 ϕ5mm 的高强度镀锌钢丝组成,如图 7-86 所示。先由数十到数百根 ϕ5mm 的高强度镀锌钢丝制成正六边形的索股(束),再将数十至上百股索股挤压形成主缆索,并做防腐处理。设计中主缆索的线形一般采用二次抛物曲线,如图 7-87 所示。

图 7-86 主缆索

主缆索的架设方法主要有两种:空中送丝成缆法和预制钢丝束成缆法。前者是在现场空中编缆,每根主缆索所含索束数较少,但每根索束所含钢丝根数较多,施工工期较长,所需锚碇面积较小,是最早采用的成缆法。后者是在工厂先预制钢丝索束,然后在现场使用索束编缆,每根主缆索所含索束数较多,但每根索束所含钢丝根数较少,施工周期较短,所需锚碇面积较大,是现代悬索桥较多采用的成缆法。

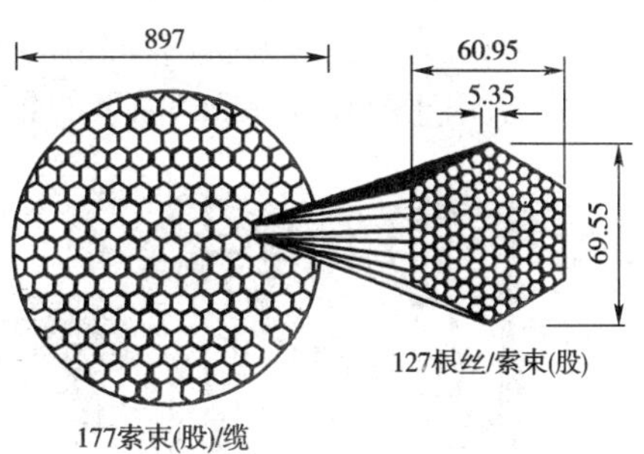

图 7-87 悬索桥主缆索断面构造示意图(尺寸单位:mm)

2. 锚碇

锚碇是主缆索的锚固构造。主缆索中的拉力通过锚碇传至基础。通常采用的锚碇有重力式和隧道式两种形式,如图 7-88 所示。重力式锚碇依靠其巨大的自重来承担主缆索的垂直分力,而水平分力则由锚碇与地基之间的摩阻力或嵌固阻力承担。隧道式锚碇则是将主缆索中拉力直接传递给周围的基岩。隧道式锚碇适用于锚碇处有坚实基岩的地质条件。当锚固地基处无岩层可利用时,均采用重力式锚碇。锚碇主要由锚碇基础、锚块、主索的锚碇架及固定装置和遮棚组成,如图 7-89 所示。

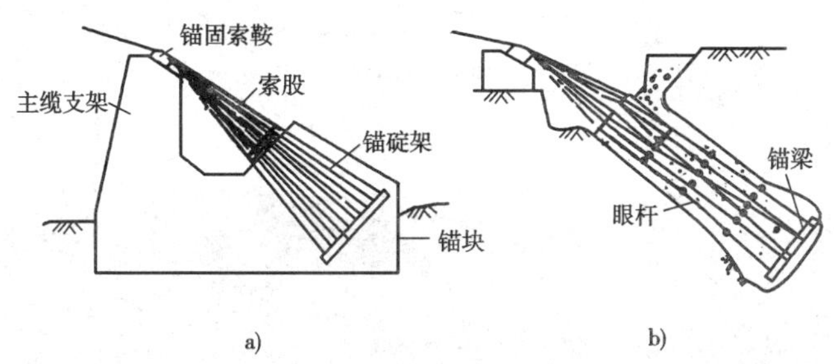

图 7-88 悬索桥的锚碇构造

a)重力式锚碇;b)隧道式锚碇

图 7-89　锚碇构造

3. 加劲梁

加劲梁的主要作用是直接承受车辆、行人及其他荷载,以实现桥梁的基本功能,并与主缆索、索塔和锚碇共同组成悬索桥结构体系。加劲梁是承受风荷载和其他横向水平力的主要构件,应考虑其结构的动力稳定特性,防止其发生过大挠曲变形和扭曲变形,避免对桥梁正常使用造成影响。大跨度悬索桥的加劲梁均为钢结构,通常采用桁架梁和箱形梁。预应力混凝土加劲梁仅适用于跨径在 500m 以下的悬索桥,大多采用箱形梁。

4. 吊索

吊索也称吊杆,是将加劲梁等恒载和桥面活载传递到主缆索的主要构件。吊索可布置成垂直形式的直吊索或倾斜形式的斜吊索,其上端通过索夹与主缆索相连,下端与加劲梁连接。吊索与主缆索的连接方式有鞍挂式和销接式两种,如图 7-90 所示。两种方式各有所长。吊索与加劲梁连接方式也有锚固式和销接固定式两种。锚固式连接是将吊索的锚头锚固在加劲梁的锚固构造处。销接固定式连接是将带有耳板的吊索锚头与固定在加劲梁上的吊耳通过销钉连接,如图 7-91 所示。

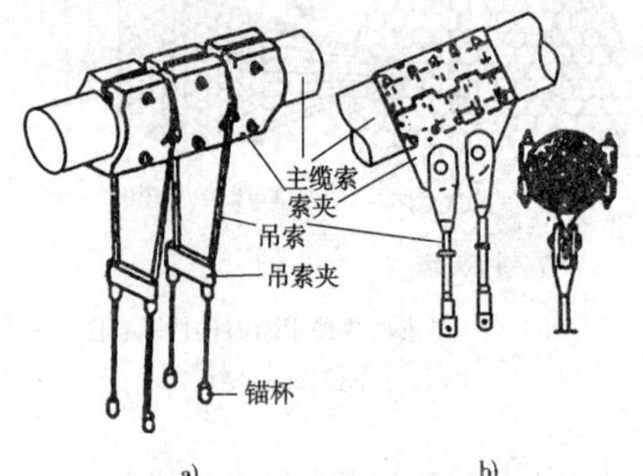

图 7-90　吊索和索夹的构造
a)鞍挂式索;b)销接式索夹

图 7-91　吊索

吊索的间距由桥面系材料的经济性确定，跨径在 80 ~ 200m 范围内的多为 5 ~ 8m，桥跨径增大，吊索间距也相应增大。

5. 索鞍

索鞍是支承主缆索的重要构件，其作用是保证主缆索平顺转折；将主缆索中的拉力在索鞍处分解为垂直力和不平衡水平力，并均匀地传至塔顶或锚碇的支架处。索鞍可分为塔顶索鞍和锚固索鞍。塔顶索鞍设置在索塔顶部，将主缆索荷载传至塔上；锚固索鞍（亦称散索鞍）设置在锚碇支架处，主要作用是改变主缆索的方向，把主缆索的钢丝束股在水平及垂直方向分散开来，并将其引入各自的锚固位置。

七、桥面铺装、人行道及栏杆

以上介绍的有关上部构造，只是组成上部构造中之一的承重结构，即梁板和拱等，而上部构造是泛指桥梁的承重结构，以及桥面铺装、人行道和栏杆等。除实腹式的拱桥的桥面铺装之外，其余桥面系统构造基本上相同。

1. 桥面铺装

桥面铺装是指在主梁的翼缘板（即行车道板）上铺筑一层三角垫层的混凝土和沥青混凝土面层，以保护和防止主梁的行车道板不受车辆轮胎（或履带）的直接磨损和雨水的侵蚀，同时，还可使车辆轮重的集中荷载起到一定的分布作用。故三角垫层内一般要设置用直径 6 ~ 8mm 做成 20cm × 20cm 的钢筋网。

为了迅速排除桥面雨水，桥面铺装要根据不同类型桥面铺装沿横桥向设置 1.5% ~ 3% 的双向横坡，一般是采用不低于主梁混凝土强度等级的混凝土做成，使之符合设计要求，也称为三角垫层。因桥面铺装部分在桥梁上部构造的恒载中占有相当的比重，尤其是小跨径的桥梁尤为显著。为了减轻桥面铺装质量，对于板桥或现浇的梁桥，常将墩台帽的顶面做成横坡，这样，垫层就成为等厚了。同时，为了防止雨水滞积桥面而渗入梁体影响桥梁的营运安全起见，当桥面纵坡大于 2%，而桥的长度又超过 50m 时，宜每隔 12 ~ 15m 设置一个泄水管，若小于 2% 则宜每隔 6 ~ 8m 设置一个泄水管。一般应沿行车道两侧左右对称或交错地排列，其出水口不应直接冲刷桥体，大多采用金属和 PVC-U 泄水管，如图 7-92 所示。

图 7-92 桥面铺装

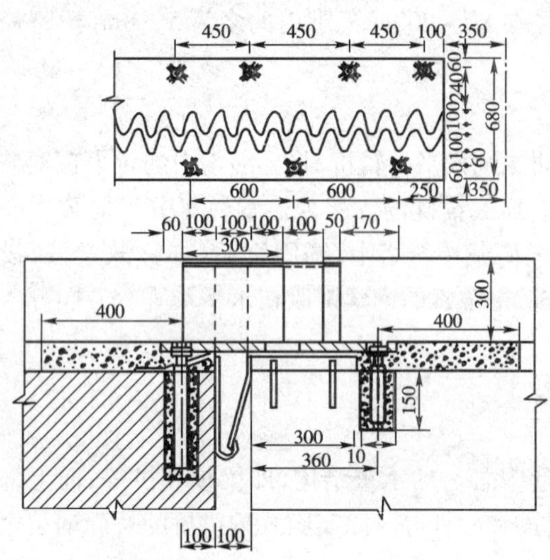

图 7-93 梳形钢板伸缩缝构造图(尺寸单位:mm)

(1)梳形钢板伸缩缝。由梳形板、锚栓、垫板、锚板、封头板及排水槽等组成,有的还在梳齿之间填塞合成橡胶,以起防水作用,如图 7-93 所示。它适用于变形量达 20 ~ 40cm 的桥梁。

(2)镀锌铁皮沥青麻絮伸缩缝。它适用于变形量在 20 ~ 40mm 的低等级公路的中、小跨径桥梁及人行道上,系用镀锌铁皮弯成 U 形并在其内填塞沥青和麻絮。这样,当桥面伸缩时,镀锌铁皮可以随之变形。

(3)橡胶条伸缩缝。是利用橡胶富有弹性、耐老化的特性,将其嵌入型钢制成的槽内,使橡胶在气温升降变化时始终保持受压状态。在型钢与橡胶条接触面上用胶黏剂黏结,根据伸缩量不同制成两孔或三孔的形式。它并具有构造简单、伸缩性好、防水防尘、安装方便、价格低廉等优点,伸缩量为 30 ~ 50mm,一般用于低等级公路的中、小桥梁,如图 7-94 所示。

(4)异形钢单缝式伸缩装置。伸缩体完全由橡胶密封带组成的伸缩装置。由单缝钢和橡胶密封带组成的单缝式伸缩装置,适用于伸缩量不大于 60mm 的公路桥梁工程。由边钢梁和橡胶密封带组成的单缝式伸缩装置,适用于伸缩量不大于 80mm 的公路桥梁工程。

(5)模数式伸缩装置。由于高等级公路和各种长大桥梁的不断兴建,对位移伸缩量的要求越来越高,钢板及一般的橡胶伸缩装置,已难以满足大位移量的要求,因此出现了在大位移量情况下能承受车辆荷载的各种类型模数式伸缩装置系列,如图 7-95 所示。

它的构造特点是:均由 V 形截面或其他截面形状的橡胶密封条(带),嵌接于异型边梁钢和中梁钢内组成可伸缩的密封体,异型钢梁直接承受车辆荷载,且可根据要求的伸缩量,随意增加中梁钢和密封橡胶条(带),加工组装成各种伸缩量的系列产品。其单缝伸缩量为 0 ~ 80mm,位移量可根据桥梁实际需要随意组合,最大可达 1 200mm。

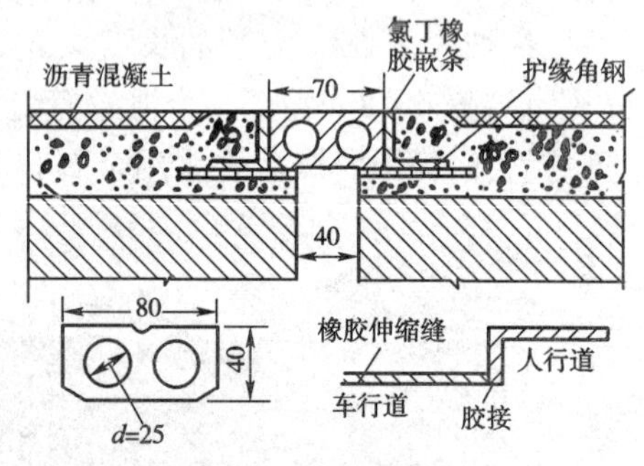

图 7-94 橡胶条伸缩缝

(6)弹性体材料填充式伸缩缝。它是由高黏弹塑性材料和碎石结合而成的一种伸缩体,适用于变形量在 50mm 以内的中、小跨径桥梁工程。

实腹式拱桥上的桥面铺装,一般都是按路面工程中的各结构类型进行铺筑,同时并入路面工程内计算,不计入桥梁工程内。

2. 人行道

位于城镇附近和行人较多的桥梁,一般均应设置人行道,其宽度一般为 0.75m 或 1m,当大于 1m 时按 0.5m 的倍数增加。当不设人行道时,为确保行车安全,则应设置宽度不小于

0.25m的安全带，一般采用C20混凝土。

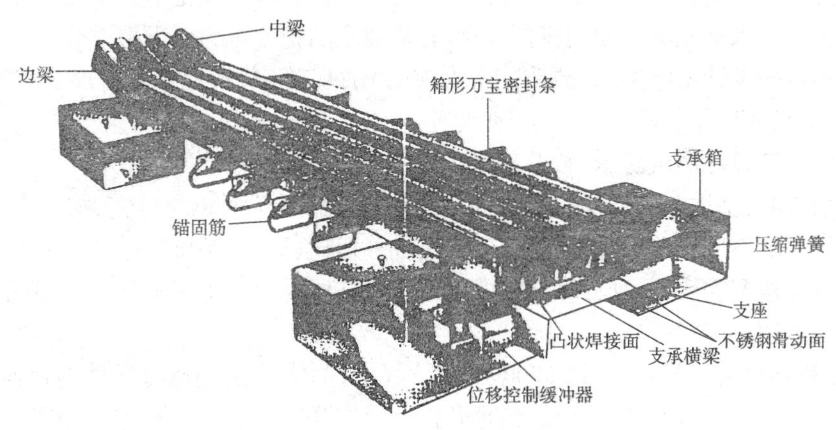

图7-95 模数式伸缩装置构造图

人行道一般都采用装配式结构，它包括人行道块件、人行道板、缘石等。在安装好后，人行道板上要铺设2cm厚的水泥砂浆或沥青砂作为面层，常称为人行道铺装。

3. 栏杆

公路桥梁的栏杆是一种安全防护设施，其高度通常为80～100cm，既要简单耐用，又要具有一定的艺术造型，常用的是装配式钢筋混凝土栏杆。

高速公路、一级公路是全封闭体系，其路上的桥梁不要求设置人行道，同时，为了适应汽车高速安全行驶的需要，通常将栏杆改为现浇钢筋混凝土防撞护栏，如图7-96所示，它的底部与预埋在行道板内的钢筋相连接而形成为整体结构。高度为80～100cm，底宽为50cm，顶部安放直径100mm的钢管栏杆。在高速公路上为了统一美观，一般设计为波形钢板护栏。

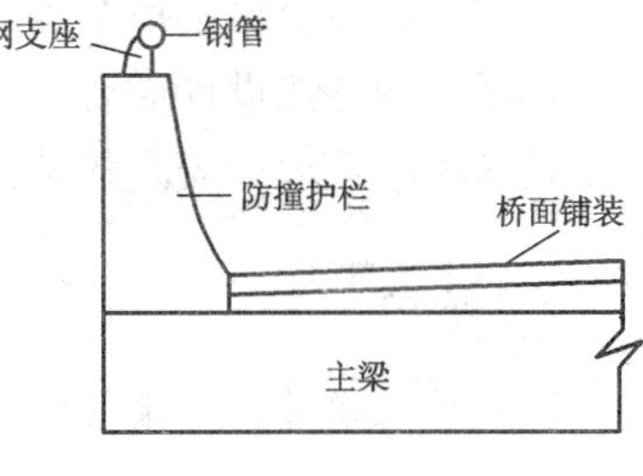

图7-96 钢筋混凝土防撞护栏构造

第七节 工程量计算

一、基坑开挖

1. 土石方工程量的计算

土石方工程量均以天然密实体积（自然方）计算。

应注意编制概预算时工程量与施工招投标时工程量在计算方法上的区别。根据相关规定，编制概预算时基坑开挖工程量按基坑容积计算，而施工招投标时基坑开挖工程量按取用基坑底、顶面间平均高度的棱柱体体积计算。两者相同的是均应按干处、水下及土、石分别计算。

2.工程量的计量规则

干处挖方与水下挖方以地下水位线为界,在地下水位线以上开挖的为干处挖方,在地下水位线以下开挖的为水下挖方。编制概预算时,有地面水的挖方也为水下挖方。

基坑底面应按设计图纸所示(或监理人批准的)的基础(包括地基处理部分)的基底高程线计算,其平面尺寸以超出基底周边0.5m为界。

基坑顶面应按设计图纸所示(或监理人批准的)的原地面线计算。

编制概预算时,基坑基底夯实与整修、检平石质基底、基坑回填与压实、挖边沟、挖集水井及排水作业用工均不应再单独计算费用;但弃土坑外运输、围堰、基坑支撑或挡土板、排水水泵等则应根据具体情况需要,单独计算相应的费用。当基坑采用取土回填时,应按路基工程有关定额另计取土费用。

《公路工程标准施工招标文件》(2009年版)规定,为完成基础挖方所做的地面排水及围堰、基坑支撑及抽水、基坑回填与压实、错台开挖及斜坡开挖、基坑土的运输均作为挖基工程的附属工作,不另行计量与支付,其费用应摊入挖基坑的单价中。

二、围堰、井点降水

草土围堰、草(麻)袋围堰、竹笼围堰的工程量按围堰中心线的长度计算,其高度按施工期内最高临水面加0.5m考虑。

木笼围堰按围堰所包围的实体体积计算。

套箱围堰按套箱金属结构的质量计算。

钢板桩围堰按设计需要的钢板桩的质量计算。

筑岛填心按设计需要的填心体积计算。

三、桩基工程

1.套用定额时工程量的计算

(1)钻孔灌注桩

①关于桩长、孔深

桩长指设计图纸标示的桩的长度,即设计图纸标示的桩底设计高程至承台底或系梁底设计高程之间的长度。对于与桩连为一体的柱式墩台,如无承台或系梁时,则以桩位处地面线为分界线,地面线以下部分为灌注桩桩长,若图纸有标识的,按图纸标识计算。

定额中的孔深是指护筒顶高程至桩底设计高程的深度。

套用定额时,应注意桩长与孔深的区别,一般情况下孔深大于或等于桩长。

②工程量计算

钢护筒的工程量按设计提出的需要设置的钢护筒的成品质量计算。包括加劲肋及连接用法兰盘等全部钢材的质量。钢筋混凝土护筒按设计提出的需要设置的护筒数量,分别混凝土实体(预制)、质量(钢筋)、长度(护筒埋设)以立方米(m^3)、千克(kg)、延长米为单位计算。陆地上埋设护筒的开挖及回填黏土、水中埋设护筒定位用的导向架以及护筒接头等均不应再单独计算。

工作平台的工程量按施工组织设计确定的需要搭设的施工工作平台的面积计算。

成孔工程量按灌注桩设计入土深度计算。在计算成孔工程量时,应注意灌注桩成孔工程量与孔深、设计桩长三者之间的关系。在不同的情况下,三者之间存在不同的关系,如图 7-97 所示。

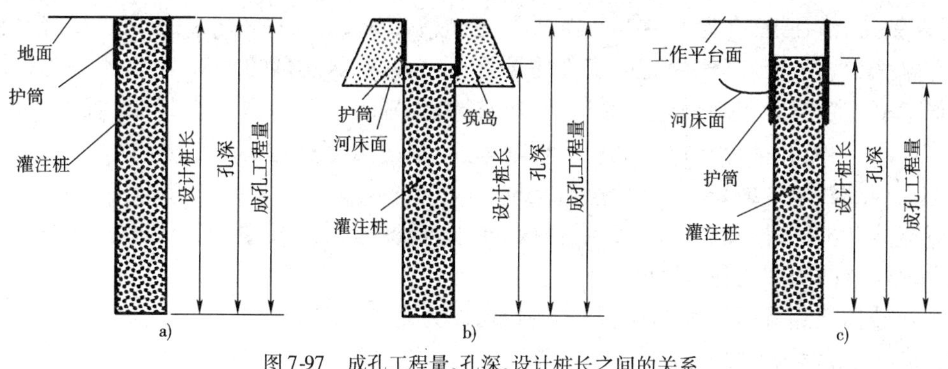

图 7-97 成孔工程量、孔深、设计桩长之间的关系

a)陆地;b)水中筑岛;c)水中工作平台

灌注桩混凝土的工程量按设计桩径横断面面积乘以设计桩长计算。不得将扩孔因素计入工程量内。

灌注桩无破损检测管的工程量按设计需要安装的检测管的质量进行计算,检测管封头、套管等钢材的质量不得计入工程量内。

编制概预算时,钻孔灌注桩应依据设计图纸标示和施工组织设计确定的工程量,按照护筒、工作平台、成孔、安放钢筋笼、灌注混凝土的顺序,套用相关的定额计算其费用。在河滩、水中采用筑岛方法施工时,应采用陆地上成孔定额计算。钻孔泥浆、清孔、破桩头等均不应再单独计算。

(2)沉桩

打预制钢筋混凝土方桩和管桩的工程量应根据设计尺寸及长度以体积计算(管桩的空心部分应予以扣除),设计中规定凿去的桩头部分的数量,应计入设计工程量内。

钢筋混凝土方桩的预制的工程量,应为打桩定额中括号内的备制数量。

各类接桩按设计接头以个为单位计算。

打桩用的工作平台的工程量按施工组织设计所需的面积计算。

船上打桩工作平台的工程量,根据施工组织设计,按一座桥梁实际需要打桩机的台数和每台打桩机需要的船上工作平台面积的总和计算。

打导桩、打送桩及打桩架、破桩头等均不得另行计算工程量。

(3)挖孔灌注桩

挖孔工程量按护壁(护筒)外缘所包围的面积乘以设计孔深计算。

灌注桩混凝土工程量的计算同钻孔灌注桩。

2. 施工招投标工程计量

《公路工程标准施工招标文件》(2009 年版)规定,各类桩基础以实际完成并以监理人验收后的数量,按不同桩径的桩长以米计量。未经监理人批准,由于超钻(挖)而深于所需的桩长部分或沉入深度超过图纸规定的桩长部分,将不予计量。

桩身长度的计量应自图纸所示或监理人批准的桩底(尖)高程至承台底或盖梁底。如无承台或系梁时,钻孔灌注桩则以桩位处地面线为分界线,地面线以下部分为灌注桩桩长,若图纸有标识的,按图纸标识计算;挖孔灌注桩则从桩底至图纸所示的桩顶,当图纸未示出桩顶位置或示有桩顶位置但桩位处预先有夯填土时,由监理人根据情况确定。

开挖、钻孔、清孔、钻孔泥浆、护筒、混凝土、破桩头,以及必要时在水中填土筑岛、搭设工作台架及浮箱平台、栈桥等其他为完成工程的子目,作为钻孔灌注桩的附属工作,不另行计量。

钢筋混凝土桩浇筑预制、养生、移运、沉入、桩头处理等一切有关作业,均为沉桩工程所包括的工作内容,不另计量与支付。沉桩工程除钢筋、预应力钢材外,其他钢材及材料加工等均含在沉桩工程细目单价中,不另行计量与支付。

设置支撑和护壁、挖孔、清孔、通风、钎探、排水、混凝土以及其他为完成此项工程的项目,均为挖孔灌注桩的附属工作,不另行计量。

桩基无破损检测及所预埋的钢管等材料,均作为完成桩基的附属工作,不另行计量。

3. 桩的垂直静荷载试验

试桩不论是检验荷载或破坏荷载,其桩本身的建造费用与前述内容没有区别。

在编制概预算时,关于桩基的荷载试验及钻取芯样检验费用,应根据设计要求单独计列。

《公路工程标准施工招标文件》(2009 年版)规定,试桩不论是检验荷载或破坏荷载,均以经监理人验收或认可的单根试桩计量。试桩的试验机具其提供、运输、安装、拆卸以及包括压载、沉降观测、卸载、回弹观测、数据分析,以及完成此项试验的其他工作子目均系该试桩的附属工作,不另行计量与支付。

监理人要求钻取的芯样,经检验,如混凝土质量合格,钻取的芯样应予计量,否则不予计量。混凝土取芯按取回的混凝土芯样的长度以米计量。

四、沉井工程

1. 套用定额时工程量的计算

重力式沉井制作工程量按设计图纸井壁及隔墙混凝土数量计算。钢丝网水泥薄壁浮运沉井制作工程量按刃脚及骨架钢材的质量计算,但铁丝网的质量不作为工程量计算。钢壳沉井制作的工程量按设计图纸沉井钢材的总质量计算。

沉井下沉工程量按设计沉井刃脚外缘所包围的面积乘沉井刃脚下沉入土深度进行计算,溢流(翻砂)数量不得计入工程量内。

沉井浮运、接高、定位落床工程量按沉井刃脚外缘所包围的面积计算,分节施工的沉井的接高工程量应按各节沉井接高工程量之和计算。

沉井下沉所需的工作台、三角架、便道、下井工作软梯、井内抽水、挖(或爆破)土(石)并运至井外、清理刃脚以及各种机具的安拆和下沉辅助措施等,使用定额时不应单独计算。

使用本定额时应注意,沉井下沉按土、石所在的不同深度分别采用不同下沉深度的定额,如沉井下沉在 5m 以内的土、石应采用下沉深度 0 ~ 5m 的定额,当沉井继续下沉到 10m 以内时,对于超过 5m 的土、石应执行下沉深度 5 ~ 10m 的定额。定额中的下沉深度是指沉井顶面到除土作业面的高度,如图 7-98 所示。

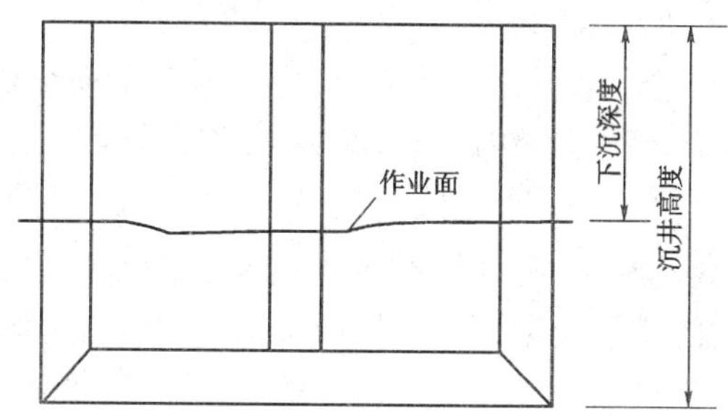

图 7-98 沉井下沉深度、沉井高度之间的关系

2. 施工招投标工程计量

《公路工程标准施工招标文件》(2009 年版)规定,沉井制作工程量以符合图纸规定要求并经监理人验收后的数量,按就位后沉井顶面以下各不同部位(井壁、顶板、封底、填芯)和不同混凝土级别的混凝土体积以立方米(m^3)为单位计量。

场地准备,围堰筑岛,模板、支撑的制作安装与拆除,沉井浇筑、接高,沉井下沉,空气幕助沉,井内挖土,基底处理等工作,均应视为完成沉井工程所必需的工作,不另行计算。

沉井刃脚所用钢材,视作沉井的附属工程材料,不另行计量。

五、砌筑工程

定额中砌筑工程的工程量为砌体的实际体积,包括构成砌体的砂浆体积。混凝土预制块的预制工程量应按定额中括号内所列的预制块数量计算。

《公路工程标准施工招标文件》(2009 年版)规定,砌筑工程以图纸所示或监理人指示为依据,按工地完成并经验收的各种石砌体或预制混凝土块砌体,以立方米(m^3)为单位计量。计算体积时,所用尺寸应由图纸所标明或监理人书面规定的计价线或计价体积定之。相邻不同石砌体计量中,应各包括不同石砌体间灰缝体积的一半。镶面石突出部分超过外廓线者不予计量。泄水孔、排水管或其他面积小于 0.02m^2 的孔眼不予扣除,削角或其他装饰的切削,其数量为所在石料 5% 或少于 5% 者,不予扣除。砂浆或作为砂浆的小石子混凝土,作为砌体工程的附属工作,不另计量。砌体的垫铺材料的提供和设置,拱架、支架及砌体的勾缝,作为砌体工程的附属工作,不另计量。

使用定额时,砌筑砂浆和勾缝砂浆、脚手架、踏步、井字架等均不应另行计算。垫层及拱背、台背填料、砂浆抹面、拱盔和支架等应根据需要另行计算。

六、钢筋及预应力钢材

1. 钢筋

定额中,各种钢筋工程量按设计图纸中钢筋的设计质量计算,施工操作损耗、一般钢筋因接长所需增加的钢筋质量不得计入钢筋设计质量内。但对于某些特殊的工程,必须在施工现场分段施工采用搭接接长时,其搭接长度的钢筋质量应在钢筋的设计质量内计算。

《公路工程标准施工招标文件》(2009 年版)规定,钢筋工程量根据图纸所示及钢筋表所列,按实际安设并经监理人验收的钢筋以千克(kg)计量。除图纸所示或监理工程师另有认可外,因搭接而增加的钢筋不予计入。

钢筋及钢筋骨架用的铁丝、钢板、套筒(连接套)、焊接、钢筋垫块或其他固定钢筋的材料,以及钢筋的防锈、截取、套丝、弯曲、场内运输、安装等,作为钢筋工程的附属工作,不另行计量。

2. 预应力钢材

定额中,预应力钢绞线、预应力精轧螺纹粗钢筋及配锥形(弗氏)锚的预应力钢丝的工程量按锚固长度与工作长度的质量之和计算。配镦头锚的预应力钢丝的工程量按锚固长度的质量计算。先张钢绞线的工程量按设计图纸钢绞线的质量计算,预制场构件间的工作长度及张拉工作长度的质量不作为工程量计算。各种预应力钢材的操作损耗均不作为工程量计算。

《公路工程标准施工招标文件》(2009 年版)规定,完工并经验收的预应力混凝土结构的预应力钢材,按图纸所示或预应力钢材表所列数量以千克(kg)计量。后张法预应力钢材的长度按两端锚具间的理论长度计算;先张法预应力钢材的长度按构件的长度计算。其他锚固长度及工作长度的预应力钢材含入相应预应力钢材报价中,不另行计量。

预应力钢材的加工、锚具、管道、锚板及联结钢板、焊接、张拉、压浆、封锚等,作为预应力钢材的附属工作,不另行计量。预应力锚具包括锚圈、夹片、连接器、螺栓、垫板、喇叭管、螺旋钢筋等整套部件。

七、混凝土及钢筋混凝土工程

定额中现浇混凝土的工程量为设计图纸所示构筑物的实际体积,不扣除钢筋(钢丝、钢绞线)、预埋件和预留孔道所占的体积,但不包括其中空心部分的体积。

预制混凝土的工程量按预制构件的实际体积(不包括空心部分的体积)计算,其中预应力构件的工程量为构件预制体积与构件端头封锚混凝土的数量之和。预制空心板的空心堵头混凝土不作为工程量计算,钢筋混凝土项目的工程量不扣除钢筋(钢丝、钢绞线)、预埋件和预留孔道所占的体积。

预制构件运输的工程量按构件的实体体积计算。

使用定额时,构件的预制数量应为安装定额中括号内所列的构件备制数量。安装的工程量为安装构件的体积。构件安装时的现浇混凝土的工程量为现浇混凝土和砂浆的数量之和。但如在安装定额中已计列砂浆消耗的项目,则在工程量中不应再计列砂浆的数量。

《公路工程标准施工招标文件》(2009 年版)规定,结构混凝土工程以图纸所示或监理人指示为依据,按现场已完工并经验收的混凝土,分别以不同结构类型及混凝土等级、施工工艺,以立方米为单位计量。直径小于 200mm 的管子、钢筋、锚固杆、管道、泄水孔或桩所占混凝土体积不予扣除。作为砌体砂浆的小石子混凝土,不另行计量。后张法预应力混凝土梁封锚及端部加厚混凝土,计入相应梁段混凝土之中,不单独计量。

桥面铺装应按图纸所示的尺寸,或按实际完成并经监理人验收的数量,分别按不同材料、级别、厚度,以平方米(m^2)计量。

经验收的不同形式预制构件的安装,包括构件安装所需的临时性或永久性的固定扣件、钢板、焊接、螺栓等,其工作量作为相应预制混凝土构件或预应力混凝土构件的附属工作,不另行计量与支付。

桥梁及其他公路构造物的钢构件,作为有关子目内的附属工作,不另计量与支付。

为完成结构物所用的施工缝连接钢筋、预制构件的预埋钢板、防护角钢或钢板、脚手架或支架及模板、排水设施、防水处理、基础底碎石垫层、混凝土养生、混凝土表面修整及为完成结构物的其他杂项子目，以及预制构件的安装架设设备拼装、移运、拆除和为安装所需的临时性或永久性的固定扣件、钢板、焊接、螺栓等，均作为各项相应混凝土工程的附属工作，不另行计量。

八、桥梁附属工程

《公路工程标准施工招标文件》(2009 年版)规定：

桥面防水层按图纸要求施工，并经监理人验收的实际数量，以平方米(m^2)计量。

桥面泄水管及混凝土桥面铺装接缝等作为桥面铺装的附属工作，不另行计量。

支座按图纸所示不同的类型，包括支座的提供的和安装，以个计量。支座清洗、运输、起吊及安装支座所需的扣件、钢板、焊接、螺栓、黏结等，作为支座安装的附属工作，不另行计量。

桥面伸缩装置按图纸要求安装并经监理工程师验收的数量，分不同结构形式以米(m)计量。其内容包括伸缩装置的提供和安装等作业。

除伸缩装置外的其他接缝，如橡胶止水片、沥青类等接缝填料，作为有关工程的附属工作，不另行计量。

安装时切割和清除伸缩装置范围内沥青混凝土铺装和安装伸缩装置所需的临时或永久性的扣件、钢板、钢筋、焊接、螺栓、黏结等，作为伸缩装置安装的附属工作，不另行计量。

沥青或油毛毡防水层，作为其他有关项目内的附属工作，不另行计量与支付。

九、涵洞工程

预算定额中，涵洞工程工程量的计算同前述桥梁工程。概算定额中涵洞工程工程量按表 7-8中规定的组成内容的设计图纸圬工数量之和计算。

各类涵洞工程量组成内容　　表 7-8

定额名称		工程量包括的项目
洞身	石盖板涵	基础、墩台身、盖板、洞身涵底铺砌
	石拱涵	基础、墩台身、拱圈、护拱、洞身涵底铺砌、栏杆柱及扶手(台背排水及防水层作为附属工程摊入定额)
	钢筋混凝土盖板涵	基础、墩台身、墩台帽、盖板、洞身涵底铺砌、支撑梁、混凝土桥面铺装、栏杆柱及扶手
	钢筋混凝土圆管涵	圆管涵身、端节基底
	钢筋混凝土箱涵	涵身基础、箱涵身、混凝土桥面铺装、栏杆柱及扶手
涵洞洞口		基础、翼墙、侧墙、帽石、锥坡铺砌、洞口两侧路基边坡加固铺砌、洞口河底铺砌、隔水墙、特殊洞口的蓄水井、急流槽、防滑墙、消力池、跌水井、挑坎等圬工实体
倒虹吸管洞口		竖井、留泥井、水槽

《公路工程标准施工招标文件》(2009 年版)规定，各类涵洞(含梯坎涵、通道、倒虹吸管)以图纸规定的洞身长度或监理人同意的现场沿涵洞中心线量测的进出洞口之间的洞身长度，分别不同孔径及孔数，经监理人检查验收后以米计量。

涵洞工程所用钢筋,均作为涵洞的附属工作,不单独计量与支付。

图纸中标明的基底垫层和基础(座),圆管的接缝材料、沉降缝的填缝与防水材料等,洞口建筑,包括八字墙、一字墙、帽石、锥坡、洞口及洞身铺砌、跌水井以及基础挖方和运输、地基处理与回填(包括台背)等均作为承包人应做的附属工作,不单独计量与支付。洞口(包括倒虹吸管)建筑以外涵洞上下游沟渠的改沟、铺砌、加固以及急流槽消力坎的建筑等均列入路基工程相应子目内计量。

建在特殊地基上的涵洞,按图纸要求特殊处理的基础工程量列入路基工程相应子目内计量。

通道范围(进出口之间距离)以内的土石方及边沟、排水沟等均含入洞身报价之中,不另行计量;通道范围以外的改路土石方及边沟、排水沟等,在路基工程相关章节中计量与支付;通道路面(含通道范围内)按路面工程章节的相关要求计量与支付。

第八章 公路沿线设施工程

交通工程设施是根据交通工程学的原理和方法，为使道路通行能力最大、经济效益最高、交通事故最少、公害程度低而设置的系统、设施和给人或车配备的装备。即为使车辆高速、高效、安全、舒适地行驶而设置的各类设施。其技术标准和工程规模，随不同的公路等级和建设工程的实际使用情况而有所不同。因此，要求从实际出发，本着经济合理、安全可靠和适用的原则确定。

第一节 公路设施主要内容

一、交通管理设施

交通管理就是按照既定的法规与要求，运用各种手段、方法、工具和设备等对动态交通准确地调度，使其安全通畅地运行。实行交通管制的重点在于运用各种设施控制、掌握并及时地指挥交通。

交通管理设施主要内容有：

(1)道路交通标志；

(2)交通标线；

(3)交通信号灯。

二、交通安全设施

交通安全设施主要包括护栏、道路交通标志、路面标线、隔离设施、防眩设施、视线诱导和施工安全设施等。对交通安全设施数量、位置、形式、安装工艺从交通工程学的观点出发认真分析研究，使之真正起到安全保障作用。

三、监控系统

如果把交通安全设施作为车辆高速、安全、舒适行驶的静态保障系统，监控系统则是其动态保障系统。尽快发现交通事件并及时组织救援、清理路障；在交通量达到高峰时，某些路段不发生偶然性事件也会发生交通阻塞。这一切都是交通监控系统的任务。

监控系统包括信息采集系统、信息提供系统和监控中心三大部分。信息采集系统收集公路上的实时交通信息，从而判断交通运行状态正常与否；信息提供系统把交通运行状态或控制指令告知驾驶人员，以便参考或遵循；监控中心则是监控系统中实时信息的分析处理和指令的决策发布的中枢部分。根据交通需求和道路路况的不同，交通监控系统又分为主线控制、匝道控制和隧道控制等类型。

四、收费系统

收费系统包括收费车道、收费站和收费中心三大部分。本书重点介绍开放式、封闭式和混合式三种收费制式的半自动收费方式的收费系统。

高速公路收费系统多种多样,按特征可归纳为两种类:半自动收费系统和电子收费系统。前者以停车交费和有收费员为主要特征;后者以无收费员和非现金支付为主要特征。其中,不停车、无人工操作、无现金交易是电子收费过程三个主要特征,适用于开放和封闭两种收费方式。该系统在车前装有作为通行券使用的非接触卡,称为标识卡,它与装在车道上空的收发通信器进行微波通信(交互读、写),验证通行权,判别车辆类型,自动核算并记录通行费额。此时,车辆无须停车,可直接高速通过(160~200km/h),凭借收费数据记录,实现事后无人自动收费。国外称它为电子收费或简称 ETC(Electroic Toll Collection System)。

五、通信系统

通信系统是公路现代化管理的支撑系统,它承担三方面任务:第一,承担监控系统和收费系统的数据语音、图像等信息的传输任务,使监控系统和收费系统真正成为系统而正常运转;第二,承担内部各业务部门和管理部门的业务联系,如事故救援、道路、设备、设施维修等;第三,内部的监控中心、收费中心、业务部门和管理部门与外界的联系。

六、机电系统

机电系统是发挥道路设施交通功能的主要辅助系统,是对高速公路实施现代化管理(实时和数据管理)的主要工具。机电系统是包含多个子系统,以电子、电气、控制、通信、机械和交通工程等技术为基础的综合性大系统,它由监控、收费、通信、照明、供配电和隧道安全运行保障等子系统组成。

七、道路休息设施

高速长途行车使驾驶员生理和心理受到较大的影响,如易产生疲劳、精力分散、注意力不集中,因此,安全性下降。

道路休息设施主要研究以下内容:

1. 休息设施的种类、组成及设置

休息设施通常分为停车区与服务区,哪一区由哪些部分组成,停车区与服务区的规划,设置地点选择、合理间距。

2. 形式与组成

服务区、停车区的类型选择,休息设施内各种设施的布置。

3. 休息设施规模

休息设施总的规模、停车场的规模和各种建筑设施的规模大小的确定与确定方法。

八、道路照明

道路照明主要保证车辆和行人在夜间通行的安全,提高行车速度与通行能力,增加运输效益。另外，对美化市容以及城市夜景也有着相当大的作用。

道路上照明的主要作用，对照度的要求，公路上在什么地点需要设置照明，城市道路的照明要求与照度标准，以及在道路直线路段、曲线地段、平面交叉口和立体交叉口照明的布置。

九、交通环境保护

社会的发展和科技的进步促进了工农业生产和交通运输的发展，而交通运输的发展和汽车保有量的猛增，使得道路面积、路况和设施远远不能适应，致使交通阻塞，运力下降，事故频繁，污染严重，环境恶化，危及人和动物的生存。交通污染的主要表现如下：

1. 交通噪声

交通噪声的主体是汽车噪声，其主要声源为排气、进气、发动机及风扇，以及高速行驶的轮胎与路面的摩擦声。汽车的噪声随行车速度和载重量的增加而增大，路面的平整度对噪声影响也比较显著。

2. 交通废气

当汽车发动机运转时，不仅消耗人类生存所需的大量氧气，而且排放出大量的有毒废气，其中对人类危害最大的有一氧化碳、碳氢化合物、氮氧化合物和铅化合物等。

第二节　公路安全设施

公路安全设施主要包括：安全护栏及相应的防撞缓冲设施，隔离封闭设施，防眩设施和视线诱导设施等。

一、安全护栏

早期的公路设计主要是针对行车道，行车道以外的路侧区和中央分隔带因不作行车之用而被忽视。随着车速的提高，车辆越出路外的事故越来越严重，使公路设计者认识到需要分析路侧的潜在危险并改进路侧设计。由于地形条件、土地利用情况、投资和技术条件等诸多因素的制约，道路上难免存在一些行车障碍。当然，路侧障碍物并不一定对越出路外车辆构成危险，因为车辆失控越出路外时，驾驶员有可能使失控车辆回复到正常行驶车道上。那么，从行车道硬路肩外边缘至车辆回复轨迹横向最远点的距离称为路侧安全距离，各国对路侧安全距离都有相应的规定，而在路侧安全距离之内的障碍物称为危险物。对越出路外车辆构成危险的路侧构造物（包括窄的中央分隔带、路堤、路堑边坡、护栏、防撞垫、路缘石、标志柱、树木、排水沟、挡土墙等）统称为路上危险物。广义地讲平曲线半径小于设计标准的曲线外侧半径，也称为路上危险物。根据美国交通事故统计资料表明，每年大约有 1/4 的交通事故与中央分隔带有关，大约有 1/3 的交通事故系车辆越出路外，与路上危险物相撞造成的。

通常，减少车辆碰撞路上危险物的措施有：

（1）消除可移走的所有路上危险物；

（2）把路侧危险物移至满足安全要求的道路侧向净宽以外；

（3）把遗留的路上危险物设计成解体消能结构；

（4）采用护栏保护。

在公路上设置护栏并不是为了减少一般事故的发生。护栏的防撞机理是通过护栏和车辆的弹塑性变形、摩擦、车体变位来吸收车辆碰撞能量,从而达到保护乘客生命安全的目的。护栏与其他安全设施的显著区别是以护栏和车辆自身的破坏变形来防止更严重的伤害事故发生。在设置护栏避免车辆与其他危险物碰撞时,应把护栏当成危险物看待。也就是说,如果是某一车辆以一定碰撞条件碰撞某一危险物的事故严重度比相同条件下车辆碰撞护栏的事故严重度小,那么就不能用护栏保护该危险物。例如,在某一平缓、低填方的路段,车辆越出路堤的事故严重度比车辆碰撞护栏的事故严重度小,即使在此路段上发生过一次乃至几千次以上的车辆越出路外事故,也不能采用护栏保护该路段,而是应采取其他安全措施,如道路几何线形的改善、设置视线诱导设施、设置限速标志及提高路面抗滑能力等。安全护栏是公路的重要交通安全设施,其作用一是起警示作用,二是防止失控车辆越出路外或穿越中央分隔带闯入对面行车道,以保护路边和中央分隔带内的构造物及其他设施,并使失控车辆平滑改变方向,防止危及其他车辆,保障人身安全,使事故损失减至最小程度。有柱式护栏、墙式护栏、钢筋混凝土防撞护栏、波形钢板护栏、缆索护栏、桥梁护栏等多种不同的结构形式,各自适用于不同等级的公路和不同的情况。

1. 柱式护栏(护柱)

是设置在公路土路肩上或路堤挡土墙上的预制钢筋混凝土护栏结构,其截面为20cm×20cm,设在土路肩上的长度为130cm,设在挡土墙上的长度为80cm,其间距一般为2~4m。它只适用一般公路的高填路堤、悬崖、急弯的外侧等路段。并应在柱上涂上黑、白相间宽度为10cm的油漆。

2. 墙式护栏

通常采用天然石料砌成,为了美观常用水泥砂浆进行抹面,并应在迎车行道一侧的墙上和两端涂以黑、白相间的油漆。其截面一般为40cm×60cm(宽×高,其高度不包括埋入路肩内的深度),有整体式和间断式两种。这种护栏的适用范围,与柱式护栏相同。

3. 钢筋混凝土防撞护栏

通常简称为混凝土护栏,是一种以一定的截面形状的混凝土块相连接而成的墙式结构。一般只用于高速公路和一级公路。其特点是,当失控车辆与它碰撞时,在瞬间移动荷载的作用下,护栏基本上不会移动和变形,而碰撞过程中的能量主要是依靠汽车沿护栏坡面爬高和转向来吸收,使失控车辆恢复到正常的行驶方向,从而减少碰撞车辆的损失和保护车上乘员的安全。

中央分隔带混凝土护栏。适用于中央分隔带较窄的路段,现行规范推荐基本型和改进型两种混凝土护栏结构,如图8-1所示。在一般情况下,应优先考虑采用改进型,因为它适合交通量大和重车比例高的路段。

当要将通信、供电管线布置在中央分隔带内时,可采用分离式的混凝土护栏,如图8-2所示。

当中央分隔带设置为混凝土护栏而遇有其他构造的地点时,如标志柱、照明灯柱等,则可与之浇筑在一起,并做专门处理。这种结构称为加宽型混凝土护栏。

中央分隔带混凝土护栏的高度一般为81cm,若作为防眩设施则高度不够。因此,凡在混凝土护栏路段需设置防眩设施时，通常是在护栏的顶部预埋连接件，然后将防眩设施固定在中央分隔带混凝土护栏的顶部，要求做到连接牢固，拆装方便。若要设置轮廓标时，一般是将轮廓标安装在混凝土护栏的侧墙上或护栏的顶部。

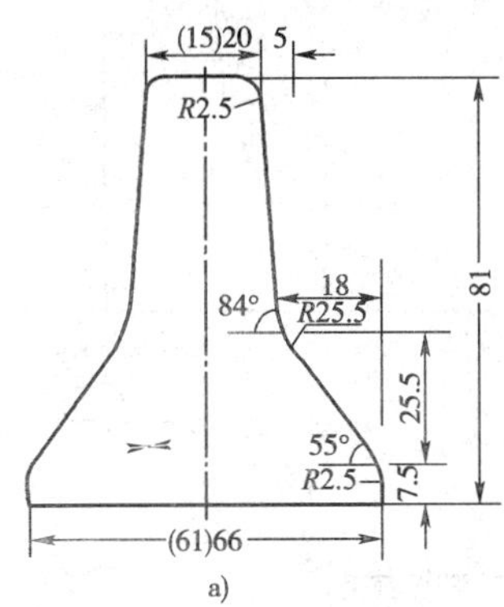

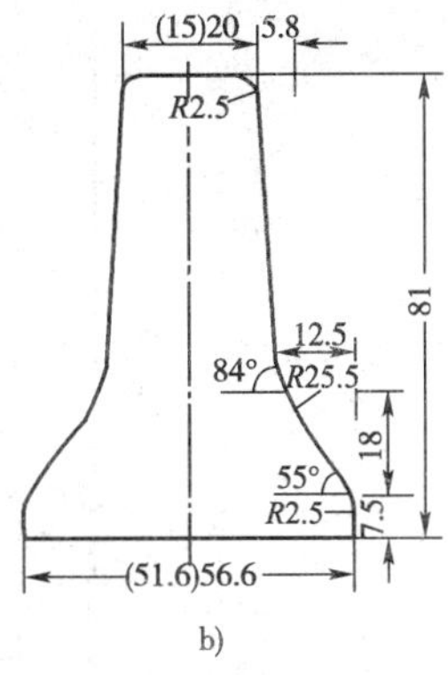

图 8-1　中央分隔带混凝土护栏（尺寸单位：cm）

a）基本型混凝土护栏；b）改进型混凝土护栏

公路工程概、预算定额将采用这种方法设置的护栏，称为"中间带隔离墩"。凡预制的混凝土护栏块，应配置一定数量的纵、横向钢筋，一般是根据预制块的长度和吊装方式来确定。

为了提高混凝土护栏的稳定性和强度，故必须设置基础。基础是保证护栏寿命，充分发挥护栏应有功能的一个重要组成部分。在碰撞过程中，它与护栏一起共同参与作用。

在中央分隔带混凝土护栏的起、终点和开口处，若汽车发生碰撞时，几乎是处于直角正面碰撞状态，因此，其端头要进行特殊设计，目前世界上广泛使用的有斜坡式和尖头式两种不同的结构形式，其效果都比较好，前者正面碰撞时车辆可以爬高吸能，后者正面碰撞时车辆不能爬高，但侧撞时会有很好的导向效果。

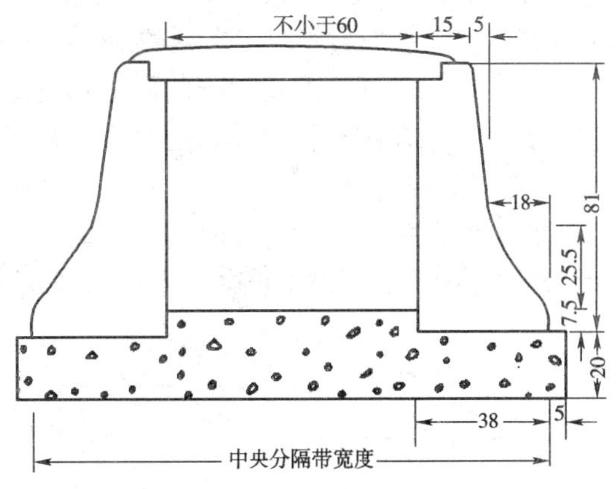

图 8-2　分离式的混凝土护栏（尺寸单位：cm）

当半径较小的弯道，行驶条件较差，以及危险陡坡路段，为防止车辆越出路外，可考虑设置路侧混凝土护栏。但由于混凝土护栏存在有上述不足之处，故在一般情况下，路侧应尽可能不要设置这种护栏。其结构形式，如图 8-3 所示，外侧为直立截面。它的基础有嵌锁式和扩大式两种形式。前者适用于有边坡的高填方路段，后者常与危险路堤处的高档土墙配合使用。设置路侧混凝土护栏时宜就地浇筑，基底则宜加做一层厚度不小于 20cm 的半刚性基层。

4. 波形钢板护栏

是一种以波纹状钢板相互拼接并由钢立柱支撑而组成的连续梁柱式的护栏结构，具有一定的刚度和柔性，故又称为波形梁护栏。其特点是利用土基、立柱、波形梁的变形来吸收失控车辆的碰撞能量，并使其改变方向，回复到正常的行驶方向，避免越出路外或穿越中央分隔带闯入对面行车道。

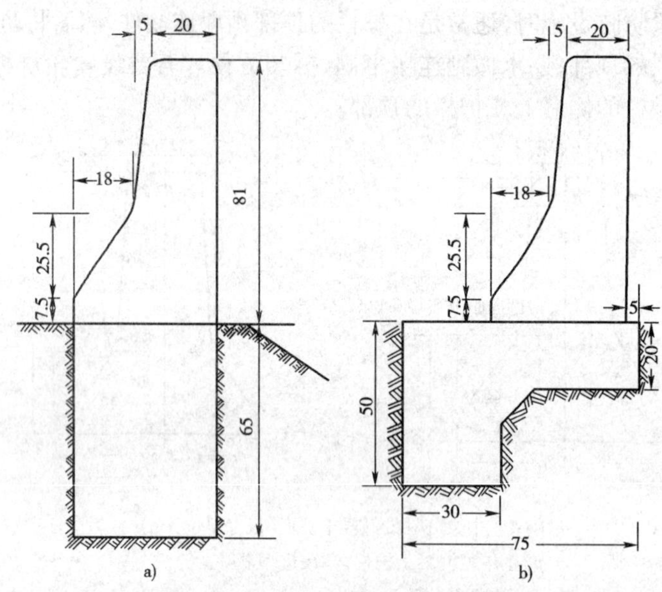

图 8-3 路侧混凝土护栏构造(尺寸单位:cm)
a)路侧混凝土护栏嵌锁式基;b)路侧混凝土护栏扩大式基础

波形钢板护栏,按防撞等级可分为用于路侧护栏的 A 级和 S 级与用于中央分隔带护栏的 Am 级和 Sm 级,其中 S 级和 Sm 级为加强型。其结构形式是一样的,只是立柱的中心间距不同,A 级和 Am 级的为 4m,加强型的为 2m。这种护栏常设置在高速公路和一级公路的路侧和中央分隔带上,加强型的适用于路侧特别危险,需要加强保护的路段或中央分隔带内有重要构造物,并需要限制护栏横向移动的路段。是目前我国高速公路和一级公路建设工程中广泛使用的一种护栏结构形式。

波形钢板护栏,由立柱、波形钢板、紧固件以及防阻块和横隔梁等组成多种结构形式,对设置在路侧和中央分隔带上也各有不同的要求和规定,如图 8-4 所示。

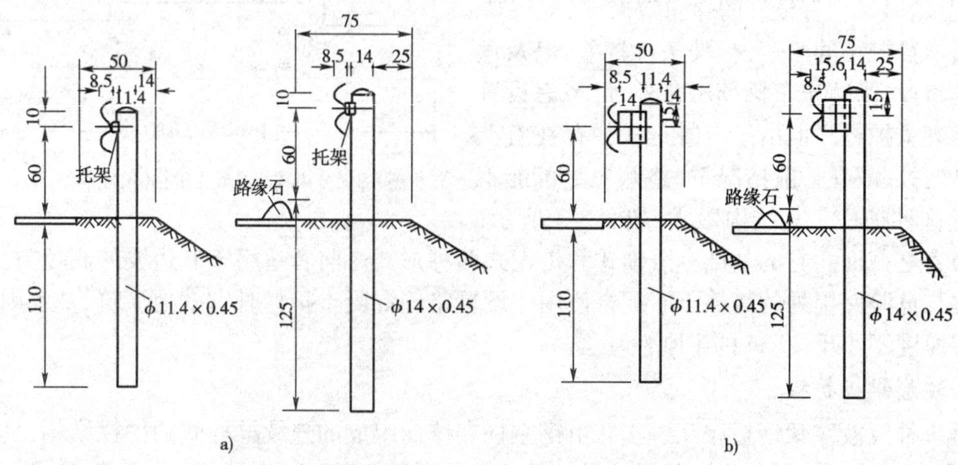

图 8-4 路侧波形钢板护栏的横断布置(尺寸单位:cm)
a)无防阻块的路侧波形钢板护栏(圆形立柱);b)有防阻块的路侧波形钢板护栏(圆形立柱)

设置于路侧的波形钢板护栏，其护栏面不应侵入公路建筑限界以内，同时又应使立柱外侧具有足够的侧向土压力。故当土路肩的宽度为50cm时，立柱外边缘到路肩边缘的最小距离，不应小于14cm；当土路肩的宽度为25cm时，则不应小于25cm。

图8-5中的C值，应满足公路建筑限界的规定和要求，即护栏面不得侵入公路的建筑限界内。

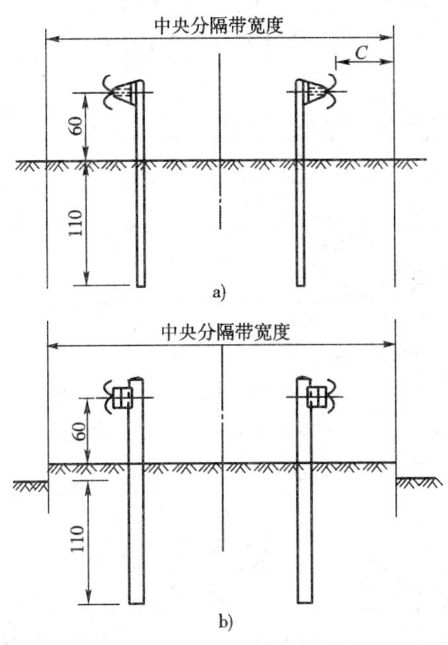

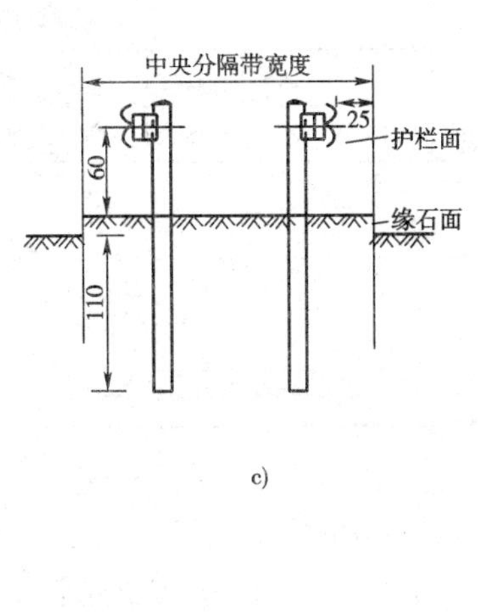

图8-5　分设型护栏的横断布置（尺寸单位：cm）

a）无缘石时；b）有缘石时；c）满足公路建筑限界的规定

设有横隔梁的波形钢板护栏系一种组合型护栏，它适用于中央分隔带比较窄的路段，其立柱设置在公路的中心线上。横隔梁由两根槽钢组成，分别安装在立柱的两边。两边的波形钢板则分别与横隔梁的两端相连接，其最大的组合宽度为100cm，但也可根据中央分隔带的宽度作适当的调整，如图8-6所示。

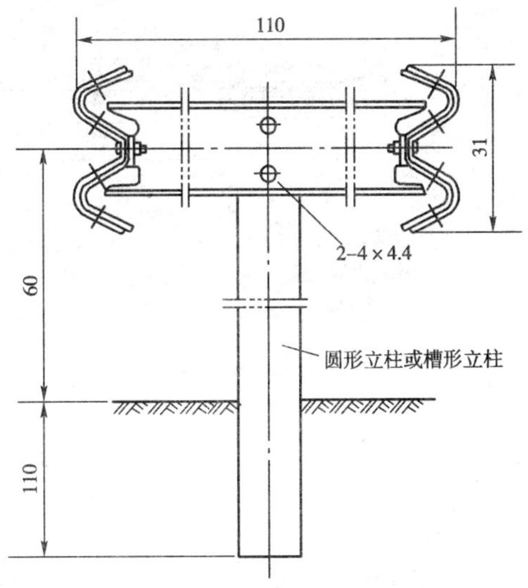

图8-6　合型波形钢板护栏构造（尺寸单位：cm）

波纹状钢板，是用3mm厚的钢板或带钢在工厂经冷弯、冲孔、镀锌一次加工完成的半成品。其形式和尺寸应符合图8-7和表8-1的规定。其搭接部分，可以采用等截面或变截面。

波形钢板护栏的立柱，有圆形和槽形两种，其形状和尺寸应符合图8-8和表8-2的规定。为便于养护管理，一般都采用镀锌。当重型车辆占的比例大、失控车辆越出行车道会发生严重交通事故的危险路段，图中圆形立柱可以采用$\phi140\times4.5$mm的钢管。

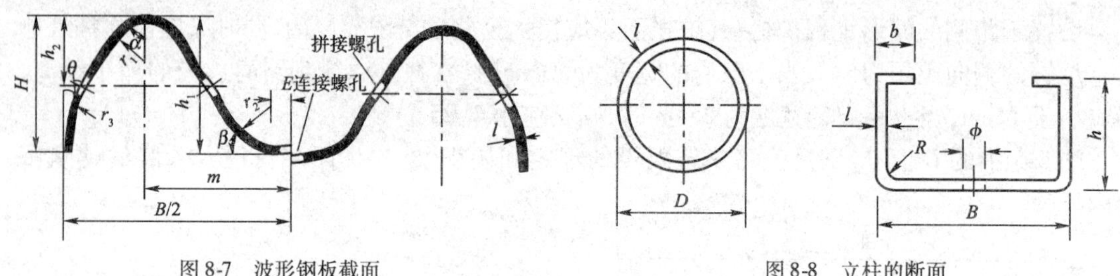

图 8-7　波形钢板截面

图 8-8　立柱的断面

波形钢板截面各部尺寸(cm)　　表 8-1

代　号	B	m	H	h_1	H_2	E	r_1	r_2	r_3	α	β	θ	t
尺寸(mm)	310	96	85	83	39	14	27	24	10	55°	55°	10°	3

立柱截面各部尺寸　　表 8-2

圆形立柱(mm)		槽形立柱(mm)				
D	t	B	H	b	t	ϕ
ϕ114	4.5	125	62.5	25	5	18

立柱一般都采用打入法施工,无法打入的石方地段或有构造物时则可采用挖孔浇筑混凝土基础或预留孔洞的埋置方式。

中央分隔带上,无论是设置波形钢板护栏,还是混凝土护栏等,在开口处均应设置活动护栏,如图 8-9 所示。其高度应与中央分隔带护栏高度保持一致。为便于养护工作的进行和特种车辆(如交通事故处理车和急救车等)在紧急情况下临时开启放行,故安装后,应易于拔出和重新插入。

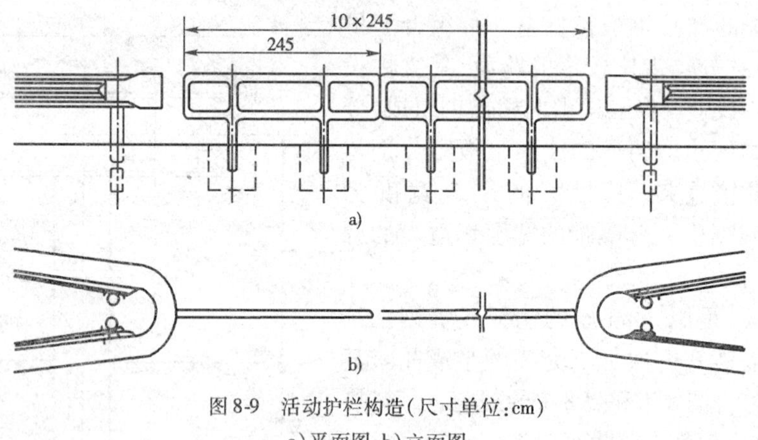

图 8-9　活动护栏构造(尺寸单位:cm)
a)平面图;b)立面图

5. 缆索护栏

是一种以数根施加初张力的钢丝绳固定于立柱上所组成的,具有较大缓冲能力的韧性护栏结构,主要依靠缆索的拉应力来抵抗车辆的碰撞从而吸收碰撞能量。

路侧缆索护栏,按防撞等级也分为 A 级和 S 级两种,S 级为加强型,中央分隔带缆索护栏则只有 Am 一个等级,没有加强型的,其适用范围与波形钢板护栏基本相同。

6. 桥梁护栏

指设置于高速公路和一级公路的桥梁上具有防撞功能的护栏结构，分为三个等级：一级用于一般公路跨越高速公路和一级公路；二级用于高速公路和一级公路；三级用于桥外特别危险需要重点保护的特大桥，故它不同于一般公路桥梁的行人护栏（常称为桥梁栏杆，是由立柱和扶手组成的，结构简单，只起保障行人安全的作用）。

桥梁护栏用钢材、铝合金或钢筋混凝土等材料制成。按其构造特征，可分为梁柱式、钢筋混凝土墙式和组合式三类护栏，其图示及尺寸如图8-10和表8-3所示。

钢筋混凝土梁柱式护栏参数（cm）　　表8-3

参数 形式	*A*	*B*	*C*	*D*	*E*	*F*	*G*
Ⅰ型	80	30	50	4	18	11	33
Ⅱ型	80	33	47	0	15	15	30

设置桥梁护栏应符合下列要求和规定：

（1）桥梁护栏的最小高度与桥面高出地面或水面的高度和桥面净空的大小有关，当桥高或桥面较宽（如四车道）时，应不小于100cm，其他情况，应不小于81cm。凡高度为100cm的金属梁柱式护栏应设置为三横梁，81cm的则可设置为双横梁。

（2）金属梁柱或桥梁护栏立柱的标准间距为4m，钢筋混凝土梁柱式的为2m。

（3）为使金属梁柱式桥梁护栏具有连续性，应按规定采用套管进行拼接，拼接套管的长度应大于或等于直径的2倍，并不应小于30cm，在护栏的正面（迎车流面）不应有突出物。

（4）高速公路和一级公路的桥梁上不宜设置护轮安全带，当必须设置时，其高度宜控制在5～10cm，护栏的正面与护轮带的边缘应成一直线。

（5）凡桥面设有伸缩缝处，护栏亦应设置伸缩缝，并应与桥梁伸缩缝的位移量一致。

钢筋混凝土墙式桥梁护栏在桥面伸缩缝处应断开；钢筋混凝土梁柱式桥梁护栏亦应断开，但在伸缩缝的两端应设置端立柱，其间隙均不应大于桥面伸缩缝的设计位移量。

（6）桥梁护栏的起、终点应进行端头处理。钢筋混凝土墙式和组合式桥梁护栏应设置独立的端部翼墙。

（7）桥梁护栏与路侧护栏相连接时，要设置过渡段，过渡段的设置应符合规范规定。

上述护栏中的混凝土护栏、波形钢板护栏、缆索护栏、桥梁护栏四种护栏主要是用作高速公路和一级公路的安全设施，但并不是每条路上的每一路段和每一座桥梁，都要设置这种护栏，而应该针对每条公路沿线的实际情况和每座不同类型的桥梁，从实际出发，经过充分分析、比较，经济合理的选择应设置的路段和护栏的结构形式。

二、隔离设施

隔离设施是将金属网绷紧在支撑结构上的一种栅栏，是对高速公路和一级公路进行隔离封闭的人工构造物的统称，常称为隔离栅。其目的在于防止人、畜进入或穿越公路，防止非法侵占公路用地。它有多种结构形式，主要由立柱、斜撑、金属网、连接件和基础等组成。

在实际工作中，常用的金属网有钢板网、刺铁丝和编织网，立柱有钢管、型钢和钢筋混凝土。立柱可直接打入土中或埋置于混凝土基础内。其结构形式，如图8-11所示。

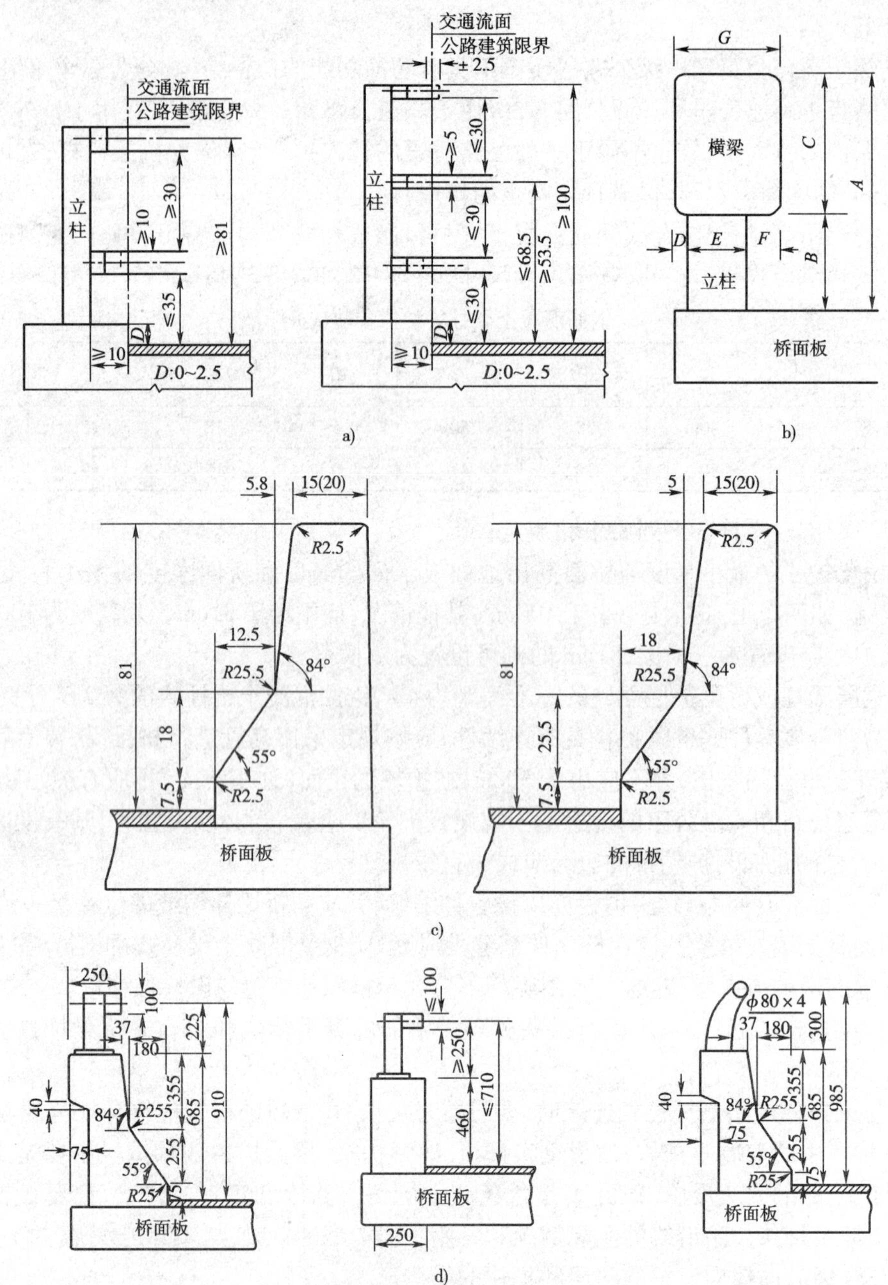

图8-10　桥梁护栏构造特征(尺寸单位:cm)

a)金属制桥梁护栏($D\leqslant10$cm);b)钢筋混凝土梁柱式护栏;c)钢筋混凝土墙式护栏;d)组合式桥梁护栏

隔离设施的有效高度,一般为160~180cm,可根据不同的地形和村镇的稠密程度合理确定。隔离网与立柱的连接有两种方法,一是挂在立柱的挂钩上,它适用于连续布设的金属网和刺铁丝等隔离设施。型钢立柱的挂钩可用冲压成型或焊接挂钩。混凝土立柱的挂钩则可预埋钢筋。二是固定在框架上,框架与立柱通过螺栓进行连接。

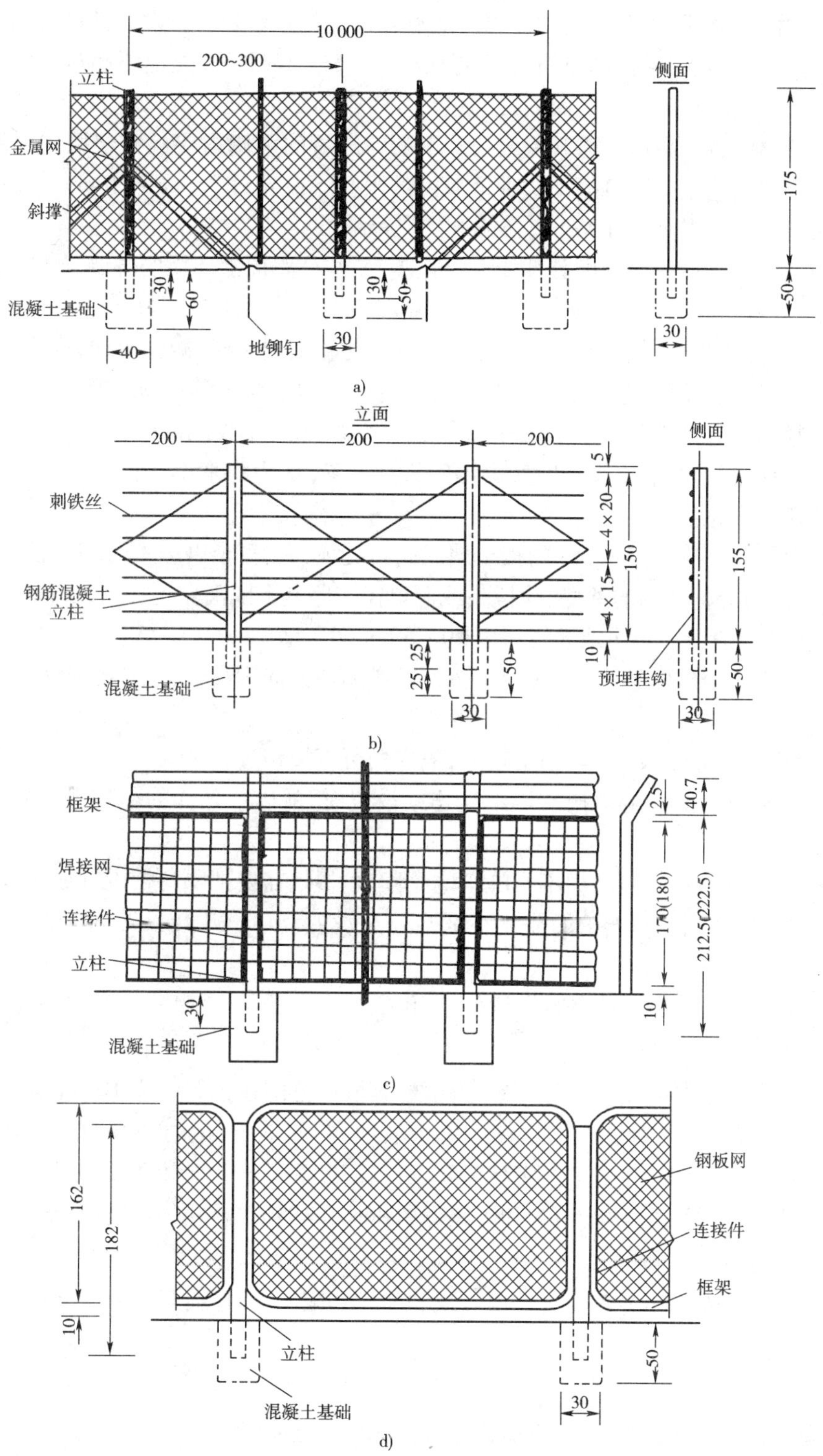

图 8-11　隔离设施构造形式(尺寸单位:cm)

a)金属网连续铺设的构造;b)钢筋混凝土立柱铁丝网的构造;c)框架式焊接网,加刺铁丝的构造;d)框架式钢板网的构造

为了养护管理的需要,隔离设施应在适当的地点开口。凡开口处均应设门,以便控制出入。大门的形式有单开门和双开门,单门的宽度应不大于1.5m,双门的总宽应不超过3.2m。双开门主要是为养护机械和车辆的进出而设置的。

此外,凡跨越铁路、高速公路和一级公路上的跨线桥的两侧均应设置金属网或钢板网,以避免杂物掉入路上造成交通事故。这种金属网的眼孔不应超过25mm×35mm,钢板网的眼孔不应超过45×20mm,其厚度不应小于3mm。

隔离栅的形式选择必须考虑其性能、造价、美观、与公路周围环境的协调、施工条件及养护维修等因素,并应与公路的设计标准相适应。隔离栅设置的原则有:

(1)为保证公路高速、舒适、安全、经济的运行,防止横向干扰、减少延误,高速公路和其他等级的认为有必要的路段,尤其是高速公路沿线两侧原则上均应设置隔离栅口。

(2)高速公路、一级公路凡符合下列条件之一的路段,可不设隔离栅。

①公路路侧紧靠河流、水渠、池塘、湖泊等天然屏障,认为将来不用担心有人、畜进入或非法侵占公路用地的路段;

②公路路侧有高度大于1.5m的挡土墙或砌石陡坝,人、畜难以进入的路段;

③桥梁、隧道等构造物的两侧,除桥头或洞口需与路基上隔离栅连接封死外的路段。

(3)隔离栅一般沿公路用地界线以内20~50cm处设置。

(4)隔离栅在遇桥梁、通道时,应朝桥头锥坡或端墙方向围死,不应留有让人、畜可以钻入的空隙。

(5)隔离栅与涵洞相交时,如沟渠较窄,隔离栅可直接跨过。

(6)由于地形的原因,隔离栅前后不能连续设置时,就以该处作为隔离栅的端部,并处理好端头的围封。

(7)在地形起伏较大,隔离栅不易施工的路段,可根据需要把隔离栅设计成阶梯的形式。

(8)隔离栅宜根据管理养护的需要在适当地点设置开口。凡开口处均应设门,以便控制出入。

而对于隔离栅的结构设计参数设计,主要包括结构高度、隔离栅的稳定性、网孔尺寸。

1.结构高度

隔离栅的高度主要以成人高度为参考标准,其取值范围在1.50~2.10。在城市及其郊区人口密度较大的路段,特别是青少年较为集中的地方,如学校、运动场、体育馆、影(剧)院等处,隔离栅高度应取上限,并且根据实际需要,可从高度和结构设计上做到使人无法攀越的程度。而在人迹稀少的路段,山岭地区和公路保留用地,隔离栅的高度值可取下限。

2.隔离栅的稳定性

隔离栅的稳定性直接关系到其使用效果和使用年限,其设计荷载主要考虑风力,同时也考虑人、畜的破坏作用。

3.网孔尺寸

隔离栅网孔尺寸的大小,主要根据以下几个因素选定:

(1)不利于人攀越;

(2)整个结构的配合要求;

(3)网面的强度(绷紧程度)。

三、防眩设施

防眩设施是指防止夜间行车不受对向车辆前照行灯眩目而设置在中央分隔带内的一种构造物。由板条和方形型钢组成。板条的厚度为2.5～4.0mm,板宽有8～10cm和8～25cm两种标准,前者用于一般路段,后者用于平(竖)曲线路段,方形型钢的外形尺寸可为40×(40～65)mm×65mm,其壁厚可为2～3mm。防眩板条和方形型钢等金属件,可采用热浸镀锌进行防腐处理。为改善视觉景观,避免给人以单调的感觉,可将部分或全部板条采用颜色搭配的方法涂刷油漆。

防眩设施的高度,一般为1.6m,板与板之间的间距为50cm。在连续设置时,应每隔一定的距离使其在纵向断开,成为一独立结构段的制造和安装单元,每一结构段的长度宜为4～12m。

防眩设施的设置应注意其连续性,即在两段防眩设施之间,避免留有短距离间隙。在平曲线半径较小的弯道上设置时,应验算是否对停车视距有影响。在凸形竖曲线上设置时应避免防眩设施的下缘漏光。在凹形竖曲线上设置时,则应适当增加防眩设施的高度。

1.设置条件

高速公路和一级公路,凡符合下列情况之一和路段,宜设置防眩设施:

(1)夜间交通量较大,大型车混入率较高的路段。

(2)平曲线半径小于一般最小半径和设置竖曲线时驾驶员有严重眩目影响的路段。

(3)无照明的大桥加高架桥上。

(4)长直线和地形起伏较大的路段。

(5)从互通式立体交叉、服务区、停车场的匝道或连接道进入主干线时,对向驾驶员有严重眩目影响的路段。

2.防眩设施的形式

防眩设施的设置方式,有如下三种形式:

(1)防眩板与混凝土护栏结合。是通过混凝土护栏顶部的预埋件架设在混凝土护栏上,预埋件的间距一般为2.0m,采用焊接方法固定,如图8-12所示。

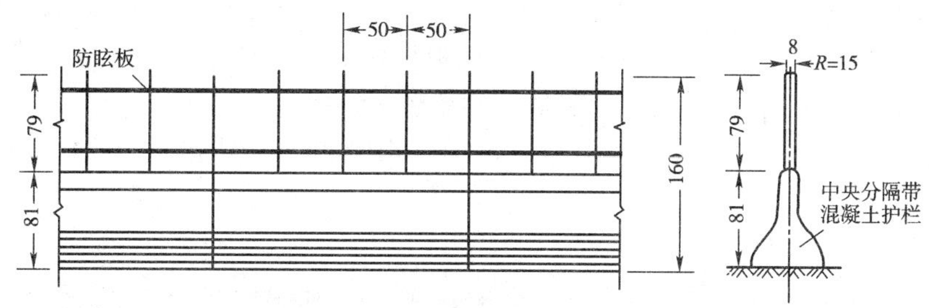

图8-12　设置于混凝土护栏上的防眩板构造(尺寸单位:cm)

(2)防眩板与波形钢板护栏结合。当系分设型护栏,则加设横梁(槽钢)将防眩板固定在槽钢上,通过连接件将其架设在护栏上,如图8-13所示。若系组合型护栏,则可直接焊接在护栏的立柱上。

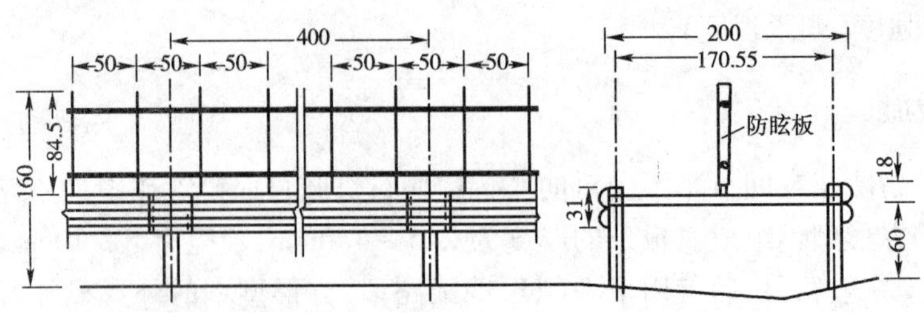

图 8-13　设置于波形钢板护栏上的防眩板(尺寸单位:cm)

(3)单独竖立支柱将其埋设在中央分隔带上。

当中央分隔带较宽时,亦可采用植树进行防眩。

四、视线诱导设施

驾驶员为了安全地驾驶汽车,应能判断设计视距以外的道路方向。行车时,驾驶员的视线在汽车前方寻视,以路旁地带、具有良好识别线的道路表面和与平行于车行道的各种线条(路缘或路面边线,路旁整齐的树木、护栏和视线诱导设施)来判定道路的行进方向。特别是在夜间、雨天、大雾、路上有积雪等不良气候条件时,路面标线可能不清楚,驾驶员对视线诱导设施的需求就更迫切。视线诱导设施按功能可分为:轮廓标,分流、合流诱导标,指示性或警告性线形诱导标三类。它们以不同的侧重点来诱导驾驶员的视线,使行车更趋安全和舒适。

1. 轮廓标

轮廓标是以指示道路线形轮廓为主要目标的一种视线诱导设施。通常都是全线连续的,设置在高速公路和一级公路的主线,以及互通式立体交叉、服务区、停车场等的进出匝道或连接道前进方向左、右两侧的道路边缘,设置间隔直线段一般为 5m。轮廓标有埋置于土中和附着于各类构筑物上两种不同的构造形式,一般应根据建设工程的实际情况确定。

(1)埋置于土中的轮廓标,由三角形柱体、反射器和混凝土基础等所组成,柱体采用钢板或玻璃钢做成,其顶部斜向行车道,柱身部分为白色,在距路面 55cm 以上部分有 25cm 的黑色标记,在黑色标记的中间,镶嵌一块 18cm × 4cm 的定向反光材料反射器,故又称为柱式轮廓标。为轮廓标被撞坏时,便于更换修复,柱与基础的连接可采用装配形式。

(2)附着于各类构筑物上的轮廓标,由反射器、支架和连接件组成。由于构筑物的种类和位置不同,其形状和连接方式也不一样,如有附于各种护栏上的,也有附于隧道、挡墙、桥梁墩台等侧墙上的。如图 8-14 所示,是附着于波形钢板护栏上的一种轮廓标构造形式,故又称为栏式轮廓标。如图 8-15 所示,是附着于侧墙上的轮廓标的构造形式。

在经常有雾、风沙、阴雨、下雪、暴雨等地区,可采用 100mm 的圆形反射器,将其安装在波形钢板护栏的立柱上,如图 8-16 所示。

2. 分流、合流诱导标

分流、合流诱导标是设置在互通式立体交叉的进、出口匝道附近,有交通分流或合流的地方的一种设施,它可以引起驾驶员对互通式立体交叉进、出口匝道附近的交织运行的注意。由反射器、底板、立柱、连接件和混凝土基础等所组成,其底板的尺寸为 60cm × 60cm 的钢板或铝合金,距路面高度为 2.0m,高速公路的底板为绿色,其他公路为蓝色,诱导标的符号为白色,其构造如图 8-17 所示。实际上它的构造形式与公路标志基本上是一样的。

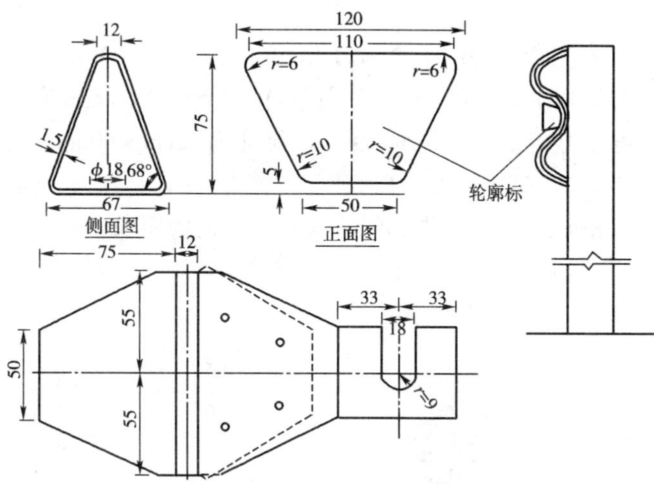

图 8-14　轮廓标附着于波形钢板护栏中间的槽内(尺寸单位:mm)

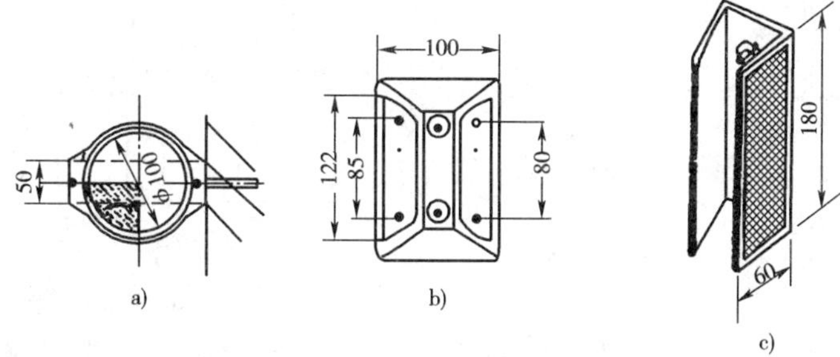

图 8-15　附着于侧墙上的轮廓标(尺寸单位:mm)

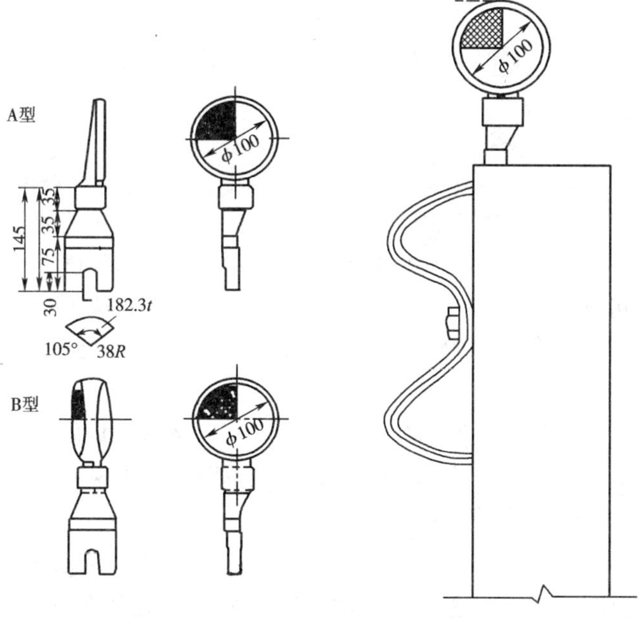

图 8-16　轮廓标安装于波形钢板护栏立柱上(尺寸单位:mm)

3. 线形诱导标

线形诱导标是设置在急弯或视距不良地段,用以指示道路改变方向或警告驾驶员改变行驶方向的一种设施,其构造如图 8-18 所示。当设计速度大于 100km/h 时,底板的尺寸的为 60cm×80cm,设计速度在 100km/h 以下时,底板的尺寸为 22cm×40cm。一般都采用钢板或铝合金做成。线形诱导标,当系指示性的为白底蓝图,警告性的则为白底红图。警告性线形诱导标,是由于公路局施工或维修作业等,需临时改变行车方向的路段。

视线诱导设施上的反射器一般都是采用反光膜镶贴而成,在夜间停车时通过车辆前照灯的照射就能显示其标记,起着良好的视线诱导效果。

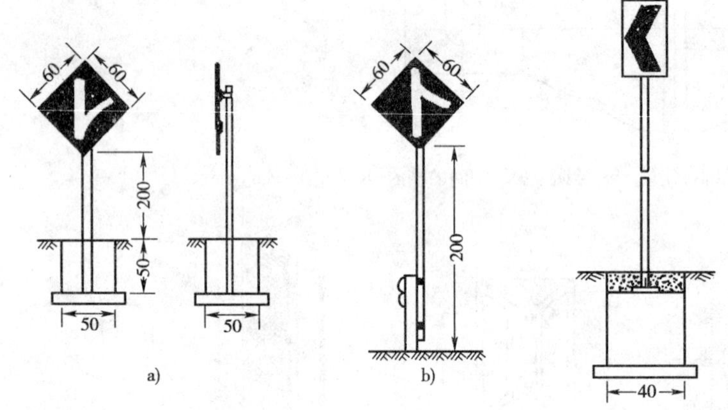

图 8-17　分流、合流诱导标构造形式(尺寸单位:cm)
a)埋于混凝土基础中(分流式);b)附着于护栏立柱上(合流式)

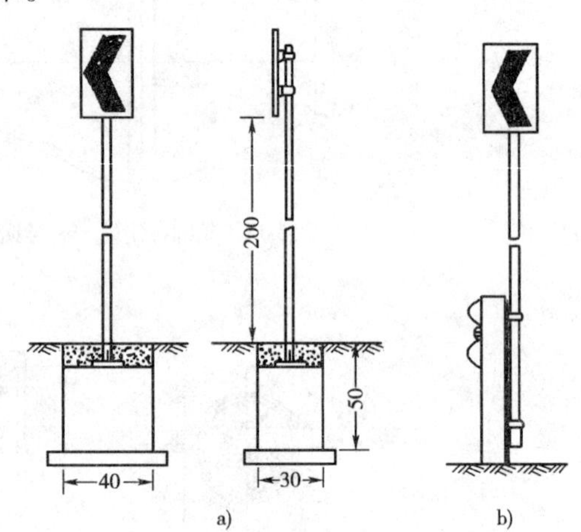

图 8-18　线形诱导标构造形式(尺寸单位:cm)
a)埋置于混凝土基础中;b)附着于护栏柱上

第三节　公路管理设施

一、交通标线

道路交通标线是交通安全设施的重要组成部分,由标画于路面上的各种线条、箭头、文字、立面标记、突起路标和轮廓标等构成,是引导驾驶员视线,管制驾驶员驾车行为的重要设施。

因此,对标线的可见性、耐久性、施工性等有严格的要求。高速公路、一级公路和二级公路应设置齐全的路面标线,运输繁忙的三级公路以及在急弯、陡坡、视距不良等路段,应设置分道行驶的行车道中心线。

这些标线可归纳为连续实线、间断线和箭头指示三种形式,其颜色一般采用白色或黄色。线的宽度除停车线和人行横线为 15~20cm 外,其他标线都采用 10~15cm 宽。路面标线按功能可分为指示标线、禁止标线和警告标线三类。

1. 指示标线

指示标线是指示车行道、行驶方向、路面边缘、人行道等设施的标线。分为纵向标线(如行车道中线、车道分界线、路缘线等)和横向标线(如人行道横线、距离确认线等)。此外,还有其他标线如高速公路出入口标线、停车位标线、导向箭头等。

(1)双向两车道路面中心线为黄色虚线,用于分隔对向行驶的交通流。在保证安全的情况下允许车辆越线超车或向左转弯。

(2)车道分界线为白色虚线,用来分隔同向行驶的交通流,设在同向行驶的车行道分界线上。在保证安全的情况下,允许车辆越线变换车道行驶。

(3)车行道边缘线为白色实线,用来指示机动车道的边缘,或用来划分机动车道与非机动车道的分界。

(4)左转弯待转区边线为白色虚线,用来指示左拐车辆可在直行时段进入待转区,等待左转。左转时段终止,禁止车辆在待转区内停留。

(5)人行横道线为白色平行粗实线(斑马线),表示准许行人横穿车行道的标线。

(6)高速公路车距确认标线为白色平行粗实线,为车辆驾驶人员保持行车安全距离提供参考。车距确认标线应与车距确认标志配合使用。

(7)高速公路出入口标线是为驶入或驶出匝道车辆提供安全交汇、减少与突出部缘石碰撞的标线,包括出入口的横向标线、三角地带的标线。出入口标线的颜色为白色,按直接式和平行式两种情况设置。

(8)停车位标线表示车辆停放位置。可在停车场或路边空地、车行道边缘或道路中央位置设置。停车位标线的颜色为白色,应与停车场标志配合使用。停车位标线可分为:平行式——车辆平行于通道的方向停放;倾斜式——车辆与通道方向成30°~60°角停放;垂直式——车辆垂直于通道的方向停放。

(9)港湾式停靠站标线表示公共客车通向专门的分离引道和停靠位置,包括公共客车进出引道的横向标线和斑马线。港湾式停靠站标线的颜色为白色。

(10)收费岛标线包括收费岛岛头标线和迎车流方向地面标线,表示收费岛的位置,为驶入收费车道车辆提供清晰的标记。收费岛岛头标线的颜色为黄黑相间的斜线;迎车流方向地面标线为白色。

(11)导向箭头表示车辆的行驶方向,颜色为白色。

(12)地面文字标记是利用路面文字,指示或限制车辆行驶的标记。用于限速时,数字的颜色为黄色;用于区分大、小机动车道及超车道时,文字颜色为白色。

2. 禁止标线

禁止标线是告示道路交通的遵行、禁止、限制等特殊规定,车辆驾驶员及行人需严格遵守的标线。分为纵向禁止标线(如禁止超车线、禁止变换车道线、禁止路边停车线等)和横向禁止标线(如停车线、停车让行线、减速让行线等),以及其他禁止标线包括非机动车禁驶区标线、导流线、网状线、专用车道线和禁止掉头线。

(1)禁止超车线

①中心黄色双实线,表示严格禁止车辆跨线超车或压线行驶。用以划分上下行方向各有两条或两条以上机动车道而没有设置中央分隔带的道路。

②中心黄色虚实线,为一条实线和一条与其平行的虚线组成的标线。表示实线一侧禁止车辆越线超车或向左转弯,虚线一侧准许车辆越线超车或向左转弯。

③中心黄色单实线,表示不准车辆跨线超车或压线行驶。

(2)禁止变换车道线为白色实线,用于禁止车辆变换车道和借道超车。设于交通特别繁杂而同向具有多条行车道的桥梁、隧道、弯道、坡道、车行道宽度渐变路段、交叉口驶入段、接近人行横道的路段或其他认为需要禁止变换车道的路段。

(3)禁止路边停放车辆线为黄色实线,用于指示禁止路边停车路段。标画于禁止路边停车路段的缘石正面及顶面,无缘石的道路则可标画于距路面边缘30cm的路面上。

(4)停止线为白色实线,表示车辆等候放行信号或停车让行的停车位置。

(5)减速让行线为两条白色平行的虚线和一个倒三角形,表示车辆在此路口必须减速让干道车辆先行。

(6)导流线为白色单实线,V形线和斜纹线,表示车辆需按规定的路线行驶,不得压线或越线行驶。主要用于过宽、不规则或行驶条件比较复杂的交叉路口、立体交叉的匝道口或其他特殊地点。

(7)网状线为黄色,用以告示驾驶人禁止在设置本标线之交叉路口或其他出入口处临时停车,防止交通阻塞。

(8)车种专用车道线由黄色虚线及文字组成,用以指示仅限于某车种行驶之专用车道,其他车种及行人不得进入。

3. 警告标线

警告标线是促使车辆驾驶员及行人了解道路上的特殊情况,提高警觉,准备防范应变措施的标线。分为纵向警告表现(如车行道宽度渐变段标线、路面障碍物标线和铁路平交道口标线等)和横向警告标线(如减速标线、减速车道线等)。此外,还有一种立面标记,一般设在跨线桥、渡槽等的墩柱或侧墙端面上及隧道洞口和人行横道上的安全岛等的壁面上,其作用是提醒驾驶员注意,在车行道或近旁有高出路面的构造物,以防发生碰撞。

(1)车行道宽度渐变段标线,用以警告车辆驾驶人路宽缩减或车道数减少,应谨慎行驶,禁止超车。本标线的颜色,应与中心线的颜色一致。

(2)接近障碍物标线,用以指示路面有固定性障碍物,警告车辆驾驶人谨慎行驶,绕过路面障碍物。本标线的颜色,应根据障碍物所在的位置,与中心线或车道分界线的颜色一致。

(3)近铁路平交道口标线,由白色交叉线、“铁路”标字、横向虚线、禁止超车线和停止线组成,用以指示前方有铁路平交道口,警告驾驶员谨慎行车。

(4)减速标线为白色反光虚线,用于警告车辆驾驶人前方应减速慢行,视需要设于收费广场、出口匝道或易超速、易肇事路段的起点附近。

(5)立面标记为黄黑相间的倾斜线条,可设在跨线桥、渡槽等的墩柱或侧墙端面上,以及隧道洞口和人行横道上的安全岛等壁面上。用以提醒驾驶人注意,在车行道或近旁有高出路面的构造物,防止发生碰撞。

此外,其他几种常用的标线有:

①行车道中心线。指设置在没有中央分隔带设施的中心位置上的连续实线或虚线,用以隔离对向行驶的交通流。当系四个及四个以上的车道时,应采用黄色双实线,两线间隔20~30cm。但并不一定限于设置在道路的几何中心线上。标画方法为虚线的实线段长度为4m,间距6m。

②车道分界线。凡同一行驶方向有两条或两条以上行车道时,应画车道分界线,用白色虚

线表示。用以分隔同向行驶的交通流,设在同向行驶的行车道分界线上。在保证安全的情况下,允许车辆越线变换车道。高速公路、一级公路的车道分界线中实线段长为6m,间距为9m;其他道路实线段长为2m,间距为4m。

③路缘线。指设置在公路的路面边缘的标线。高速公路、一级公路应在行车道外侧边缘或在路缘带内侧画边缘线,采用白色连续实线。但当车辆需跨越边缘线处(除辟有紧急停车带路段外)应画白色虚线。

④停车线、人行横线、导流线、导向箭头、交叉路口中心圈。一般在公路平面交叉处才设置这种标线。

⑤禁止超车线。分中心黄色双实线、中心黄色虚实线、中心黄色单实线三种情况。

⑥停车方位线。在高速公路和一级公路的服务区设有停车场或路边空地、行车道边缘或道路中央位置设置,用以指示车辆停放的位置。停车方位线为白色,可分为平行式、倾斜式和垂直式三种,根据行车道宽度、停放车辆种类、交通量等情况选用。

突起路标一般俗称路纽。正常情况下与标线配合使用,也可单独使用。对突起路标的要求是反光亮度大,视线诱导效果高,施工容易,耐久性好。

分离器主要用于没有中央分隔带的双向行驶的道路中心线上,是用弹性材料制作的,车辆碾压后能恢复原状,反光性能好。

二、交通标志

道路交通标志是用图形符号、颜色和文字,向交通参与者传递特定信息,用以管制、警告及引导交通的安全设施,它在现代道路交通管理中发挥着重要作用。通常按道路类别分为一般道路标志和高速公路标志两类。标志按尺寸分为小型、大型、巨型三类,以适应不同行驶速度对标志认读距离的要求。高速公路上车速较高,车道多,标志牌尺寸比一般道路上的大得多。

标志的三要素包括颜色、形状和图符。交通标志有主要标志和辅助标志两大类,如图8-19所示。

图8-19　公路指示标志

交通主要标志按其作用,可分为如下四种:

①指示标志。是指示车辆、行人行进或停止的一种标志。如直行、左右转弯、行人横道、停车场、公共汽车停靠站、公路的起、终点等。标志牌的形状为圆形、矩形和正方形,颜色为蓝底、白色图案。

②指路标志。是传递道路方向、地名、地点、距离等信息的一种标志。有里程牌、百米桩、

公路界牌、指路牌、地名牌、立交行车示意牌、高速公路和一级公路中途出入口和服务区标志等。除里程碑、百米桩、公路界碑外,其他指路标志牌的形状均为矩形,板面尺寸的大小,主要是根据汉字和数字的高度而定,阿拉伯字码的高度可按汉字的相应高度的0.7倍取定。颜色一般为蓝底、白字和白色图案。高速公路指路标志为绿底白字。

③警告标志。是警告驾驶员注意沿路运行中存在有影响行车安全地点的一种标志。如交叉点、道路平面形状(如急弯、连续弯)、道路纵坡形状(如纵坡大于或等于7%的路段)、路面变窄及窄桥、沿路情况(如铁路道口、隧道、落石、易滑、村镇、学校等)等的预告。标志牌的形状为等边三角形,颜色为黑边框、黄底和黑色图案。

④禁令标志。是禁止和限制车辆和行人通行的一种标志。如禁止某些机动车、非机动车通行,禁止左右转弯,禁止超车,限制速度、质量、高度等,标志牌的形状为圆形,颜色为白底、红圈红斜杠和黑色图案。

辅助标志,是附设在指标、警告和禁令标志牌的下面,起辅助说明作用的标志,不单独设立。其形状为矩形,颜色为白底、黑边框和黑字。可分为:表示车辆种类,表示时间,表示区域或距离,表示禁令、警告理由四种。

公路标志,除里程碑、百米桩、公路界碑采用混凝土或天然石料做成外,其他各种标志,目前大都采用金属建筑材料制造,其板面有钢板和铝合金两种。底板、文字和图案则采用反光膜镶贴而成,常称为反光标志。反光膜的耗用量一般为版面的1.3~1.5倍。立柱一般采用钢管,通过连接件进行固定,埋设在混凝土基础中,或采用地脚螺栓进行连接。其埋置深度应根据当地土质、板面大小等条件确定,一般为60~200cm。标志牌的立柱形式,有单、双柱、悬臂、门架和附着等不同形式,如图8-20所示。其设置高度,单柱式和双柱式自标志牌面的下缘到路肩表面为180~250cm,悬臂式和门架式自标志牌面的下缘到行车道路面的顶面,应符合各级公路建筑限界的规定。

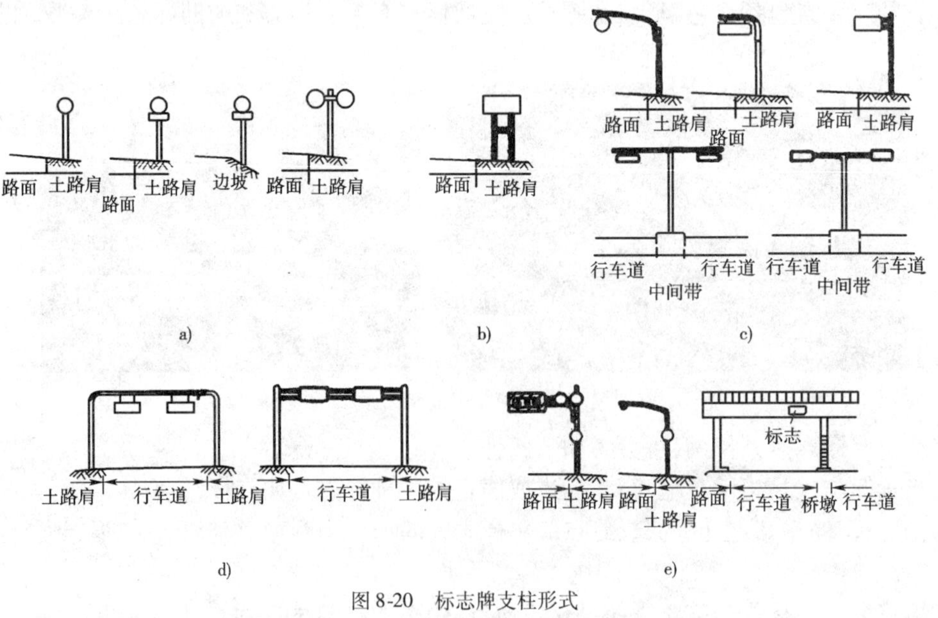

图8-20　标志牌支柱形式

a)单柱式;b)双柱式;c)悬臂式;d)门架式;e)附着式

各种标志，一般应设在公路右侧，其内缘离路面或硬路肩边缘的距离不得小于25cm。在同一点需要设置两种以上的标志时，可以合并安装在一根立柱上，但最多不应超过四种。

道路标志设置地点的选择，首先要考虑到标志的易识别性，标志应设置在容易被看见的地方。其次要研究道路的几何线形、交通流量、流向和交通组成、道路沿线的状况等对标志设置位置的影响。为使道路使用者能根据标志的指示安全、顺畅、舒适地行驶，提出以下设置原则：

（1）道路标志的设置应全盘考虑，整体布局。标志布设应做到连贯、一致，给道路使用者提供全面的咨询，满足各种道路交通条件的需要。

（2）道路标志的设置，应确保行驶的安全、快捷、通畅。标志的布设应以完全不熟悉周围路网体系的外地驾驶员为对象，通过标志的引导，能顺利、快捷地抵达目的地，不允许发生错向行驶。

（3）道路标志为道路使用者提供正确、及时的信息，但应防止信息过载。重要的信息应给予重复显示的机会。

（4）道路标志的位置应根据标志的类别确定，应充分考虑道路使用者对标志感知、识别、理解、行动的特性，根据速度和反应时间确定合适的设置地点。

（5）道路附属设施（如上跨桥、照明设施、监控设施等）及路上构造物（如电杆、电话、消火栓、广告牌、门架等）对标志视认性的影响要给予高度重视。在标志布设时要随时注意上述设施对标志版面的遮挡，以免影响标志的视认性。尤其对行道树及中央带绿篱，必须防止枝叶对标志视认性的影响。

（6）静态的交通标志应该与动态的可变标志相辅相成，统一布局，形成整体。

（7）应避免在交叉路口标志林立，妨碍驾驶员视野。交叉路口以设置指路标志和禁令标志为多。对于指路标志，可采用前置预告的方法，把位置错开。驾驶员通过路口后，可以看到确认标志，使驾驶员知道他现在行驶的方向是否正确。禁令标志可采用组合方式或采用加辅助标志的办法，以减少标志数量。

（8）道路标志是交通管理设施，路上的标志具有法律效力。应根据交通管理法规及有关标准，正确合理地设置交通标志。

（9）道路标志的设置不得侵占建筑限界，应保证侧向余宽。标志牌不应侵占路肩或人行道，应确保净空高度。

（10）交通标志的设置应充分考虑道路使用者的行动特性，即充分考虑在动态条件下发现、判读标志及采取行动的时间，以确定合适的前置距离。

（11）交通标志应设在车辆行进正面方向最容易看见的地方。可根据具体情况设置在道路右侧或中央分隔带，或车行道上方。

（12）同一地点需要设置两种以上标志时，可以安装在一根标志柱上，但最多不应超过四种。应避免出现互相矛盾的标志内容。解除限制速度标志、解除禁止超车标志、干路先行标志、停车让行标志、减速让行标志、会车先行标志、会车让行标志应单独设置。

多个标志牌在一根支柱上并设时，应按警告、禁令、指示的顺序，先上后下，先左后右的顺序排列。

（13）路侧式标志应尽量减少标志板面对驾驶员的眩光。

第四节　收费、监控、通信设施及其他

一、道路收费设施

为偿还道路工程建设贷款、筹集道路运营养护费用或以道路建设作为商业投资目的,对过往车辆征收通行费的道路,称为收费道路。一般按道路的长度、性质、过往车辆的类型、地区属性等对车辆进行收费,并在适当的位置设置收费站。在公路和城市道路上,用于收取过往车辆通行费的一切交通设施,称为道路收费设施,包括土建工程和机电工程设施。

道路收费设施的设计,应遵循如下原则:

1. 满足道路收费功能的要求

设立道路收费设施的主要目的,在于对道路过往车辆征收通行费,为道路建设、发展、养护、运营等筹集资金,或者用于偿还道路建设贷款。

2. 形成一个完整的收费系统

现代化收费设施通过计算机联网的方式,将收费车道、收费站、收费中心联结成一个计算机网络系统。

3. 收费设施应与道路其他设施相协调

收费设施设计应同其他道路设施的设计相结合,形成一个协调的道路设施整体。

4. 多方案设计优化比选、分期实施

道路收费设施的建设,应该根据道路的性质、地域、建设年限、建设规模、交通状况、资金来源和供给、收费分配、地方对道路收费的政策、法规等因素,经多方案设计,优化比选,以寻求最佳方案,做到既满足功能,达到一定服务水平,又节省投资。

5. 尽量减少对道路的交通干扰

在进行道路收费设施总体设计时,应根据该道路的观测交通量和预测量,确定收费车道数和收费站规模,并选择合适的收费制式、收费方式。

6. 技术先进可靠

道路收费设施的设计,应该考虑到道路建成通车以后短时期内,所选用的产品、设备是否可能已落后或被淘汰,以及将来购置易损零配件(如半自动磁卡收费系统车道读写器的磁头)和消耗品(如纸磁卡、发票等)的难易程度。

7. 国产化程度高

由于进口设备价格较高,需要支付昂贵的关税,且在人员培训、设备维修、保养等售后服务上不太方便,因此在设计上,应尽可能选用市场占有率高、性能优良、故障少且经过鉴定信得过的国内产品。

8. 有利于防止收费作弊

随着我国实行改革开放和发展市场经济,许多地区兴建了收费道路、桥梁、隧道,道路收费也出现较为严重的作弊行为。

二、交通监控设施

根据高速公路监控系统的设置宗旨，它应当具备以下三方面功能：第一，信息采集。即实时地采集变化着的道路交通状态，包括交通信息、气象信息、交通异常事件信息等。第二，信息的分析处理功能。包括对交通运行状态正常与否的判断、交通异常事件严重程度的确认、交通异常状态的预测，对已经发生或可能发生的异常事件处置方案的确定等。第三，信息提供功能。包括为在高速公路上行驶着的驾驶人员提供道路状况信息，对行驶车辆发出限制、劝诱、建议性指令，为交通事故和其他异常事件的处理部门提供处置指令，向信息媒体或社会提供更广泛应用的高速公路交通信息。

高速公路监控系统的功能决定了系统必须具有实时性、稳定性和功能可扩充性等特点。根据监控系统的功能，监控系统可以理解为由信息采集子系统、信息提供子系统和监控中心三大部分组成。

1. 信息采集子系统

信息采集子系统是高速公路上设置的用来采集信息的设备和装备。

采集的信息主要包括如下几个方面：

(1)交通流信息。如交通量、车辆速度、车流密度、车辆占有率、车重等。交通流信息的采集设备主要是各种类型的车辆检测器。

(2)气象信息。如风力、风向、降雨、降雪、冰冻、雾区等。这些信息的检测主要靠气象检测器。

(3)道路环境信息。如路面状况、隧道内的噪声、有害气体浓度等，这些信息靠环境检测器等检测。

(4)异常事件信息。如交通事故、车辆抛锚、物品散落、道路设施损坏、道路施工现场等。这些信息主要靠紧急电话、闭路电视、巡逻车等设备和装备进行搜集提供，也可以通过交通流信息进行辅助分析判断。

2. 信息提供子系统

信息提供子系统是高速公路上设置的用来向道路使用者提供道路交通信息和诱导控制指令的设备，以及向管理、救助部门和社会提供求助指令或道路交通信息的设备。该子系统的主要功能包括以下几个方面：

(1)向道路使用者提供信息。如前方路段交通阻塞情况、事故告警、气象情况、道路施工情况等。这些情况常通过可信息板或路侧通信系统提供。

(2)向道路使用者提供建议或控制指令。如最佳行驶路线、最佳限速车道控制信号、匝道控制信号等。这些指令常通过可信息板、可变限速标志、车道控制标志或匝道控制设备来实现。

(3)向管理和救助部门提供信息。在发生如交通事故、车辆抛锚、道路设施损坏等情况时，向消防、急救、服务区、道路养护工区等提供有关指令或信息。这些信息常利用指令电话或业务电话来传递。

(4)向社会提供信息。包括对新闻媒介和高速公路以外的道路使用者提供本条高速公路的交通信息。这些信息的提供往往通过交通广播系统或广域信息网来实现。

3. 监控中心

监控中心是介于信息采集子系统和信息提供子系统之间的中间环节,是监控系统的核心部分。它的主要职能是信息的接收、分析、判断、预测、确认、交通异常事件的处理决策、指令发布、设备运行状态的监视和控制等。监控中心通常由计算机系统、室内显示设备和监控系统控制台组成。

监控系统根据所辖路段的道路状况和交通状况分为多种类型,主要有主线控制、隧道控制、匝道控制、通道控制和综合控制五类。

(1)主线控制

主线控制的监控系统主要是对主线上交通异常事件的监测和应答。

(2)隧道控制

由于隧道的特殊性,在隧道控制系统中除具备主线控制的功能外,还应当具有其他功能,如隧道的照明控制、通风控制、火灾报警控制,以及在发生交通事故时的车道控制和交通信号控制等。

(3)匝道控制

高速公路的出入口匝道本身并没有交通控制的需求,这种需求主要来自于主线。高速公路的主线上交通量增长到接近饱和程度,即使不发生交通异常事件,在交通高峰时段也会发生交通阻塞。这种阻塞是周期性的,持续的时间也很长,主线控制没有任何有效手段去消除,只有通过上游入口匝道的交通控制来解决。入口匝道的交通控制适量地限制车辆进入,减少主线交通量,从而有助于主线交通阻塞的消除。

(4)通道控制

高速公路通道是指高速公路和与其平行的相邻干线公路或城市道路的集合,这些与高速公路平行的干线公路或城市道路称为高速公路的集散道路。在很多情况下,无论是单纯的主线控制,还是具有匝道控制的主线控制,都不能缓解高速公路的阻塞情况。同时,高速公路的交通阻塞还波及影响到集散道路,使整个高速公路通道的运行效益严重下降。通道控制就是针对这种情况而建立。

(5)综合控制

综合控制的监控系统是更大范围的高速公路网和城市路网的交通监控系统,其目标是寻求整个路网上的交通运行的最佳效果。这类系统复杂程度更高,属当代世界上许多国家竞相研究开发的智能运输系统(ITS)的范畴。

三、交通通信设施

高速公路通信系统是高速公路现代化管理的支撑系统,它要实现监控系统和收费系统的数据、话音和图像等信息准确而及时地传输,要保持高速公路管理部门之间业务联络通讯的畅通,并要为高速公路内部各部门与外界建立必要的联系。

根据高速公路建设的实际情况和交通管理的特殊要求,高速公路通信系统有以下特点:

(1)高速公路的各级管理机构及沿线设施一般均建筑在公路两侧,沿公路呈线状分布。一般通信站都设置在收费站或管理所的所在地,所以通信站的地理位置实际上在公路建设时已基本确定,即不能随意选址设站。

(2)高速公路的管理体制一般采取分级管理、集中控制调度,高速公路通信网的网络结构为树形结构。此外,各级管理机构与公路沿线各地有关部门及上级机关也必须保持通信联络的畅通。

(3)在高速公路管理处、管理所、服务区、收费站、收费(分)中心、监控(分)中心等机构之间,以及外场监控设备与监控(分)中心之间需进行话音、数据、图像等各类信息的传输和交换。

此外,为及时处理交通事故,进行交通调度指挥,有关部门必须和巡逻车等保持通信联络。因此,高速公路通信系统应是以有线通信为主,并采用移动通信等多种通信手段的综合通信系统。

1. 高速公路通信系统建设的基本要求

(1)高速公路通信系统是交通专用通信网的重要组成部分,它的建设应该在交通专用通信网规划的统一指导下进行。全网应采用统一的技术标准,建立统一的网络管理系统,以利于专用通信网的建设、运行、维护和管理。

(2)为了便于分期实施,在通信系统建设时应贯彻信道优于终端设备的原则。设计方案不仅要满足本路段通信业务的需要,而且要考虑到各路段通信系统联网的需求。

(3)根据交通专用通信网自建、自管、自用的原则,应在通信系统建设的同时,建立一支专业化的通信设备维护管理队伍,以保证通信系统的正常运行,充分发挥其作用。

(4)当前通信技术日新月异,世界已进入建设"信息高速公路"的新时代。为此,高速公路通信系统的方案设计起点要高,要积极采用高新技术。在经济条件许可的前提下,设备选型应优先考虑先进性和可靠性且要便于扩容。

2. 高速公路通信系统建设的设计目标

根据高速公路通信系统的通信层次,结合各省高速公路综合通信专用网(简称省专用网)的实际情况,高速公路通信系统的设计可以分两个层次来考虑,即省专用网和各路段通信系统。应该在省专用网规划的指导下进行各路段通信系统的设计,以利于全省联网和管理。而省专用网则随着各路段通信系统的建成逐步完善。

(1)省专用网的设计目标

①实现省高等级公路管理局与省内高速公路各路段管理处的通信联网,建立交通管理部门内部综合通信专用网。

②根据交通行业管理的要求,专用网应确保话音、数据及图像等各类信息准确、及时地传输,在专用网内部建立电话交换网、数据传输系统、图像传输系统和无线移动通信系统。

③干线通信以数字光纤通信为主,数字微波通信为辅,采用 SDH 系列设备,构筑数字同步传输网。

④以数字程控交换机为核心,建立数字交换网。不仅能满足电话业务的要求,而且能实现数据交换、调度指挥、电话会议等各种功能,并且适应 ISDN 的标准。

⑤方案设计起点要高,积极采用高新技术,方案统一设计,采用统一的技术标准,便于分期实施和联网,留有充分余量,便于扩容和升级。

(2)路段通信系统的设计目标

①为本路段公路管理及收费、监控系统提供不间断的通信手段,保证实时的话音、数据、文

字和图像通信,并有足够的能力适应综合通信系统的扩展。

②数字程控交换系统具有话音、数据综合通信能力,并能在今后适应综合服务数字网(ISDN)的要求。

③能满足远期扩容及省专用网、电信公用网的联网要求。

④全线配置独立的应急电话系统,构成本路段专用安全电话网。

3. 高速公路通信系统的基本组成及其功能

高速公路通信系统应确保话音、数据及图像等各类信息准确及时地传输。由以下各部分组成:

(1)主干线传输作为交通专用通信网的通信主干线,它不仅要满足长途网和地区网的传输要求,而且应考虑到省内各地区交通运输部门的通信需要。

(2)业务电话它是通信系统的基本通信业务,包括网内各级管理机构的业务电话和个人电话,它能实现专用网内用户和公用网用户之间的通话。

(3)指令电话为在高速公路内部进行交通管理和调度指挥服务,指令电话调度台对分机具有选呼、组呼、全呼等功能,它包括有线指令电话和无线指令电话。

(4)紧急电话是高速公路内部专用的安全报警电话,它为高速公路使用者提供紧急呼救求援的通信手段。

(5)数据传输包括收费系统内部的收费车道→收费站→收费(分)中心三级计算机数据通信网络和监控系统内部的外场监控设备→监控(分)中心之间的二级计算机数据通信网络。通信系统应为上述计算机通信网络提供传输信道。

(6)图像传输包括 CCTV,交通监视图像及会议电视图像传输,通信系统应为各类图像信息提供传输信道。

(7)广播包括路侧道路信息广播及交通信息电台广播。其中路侧道路信息广播由各路段通信系统实施,而交通信息电台广播一般由各省(市)统一组织建台实施。

(8)通信电源包括交流供电系统、直流供电系统及通信机房的接地系统。

(9)通信管道推荐采用高密度聚乙烯(HDPE)管道及 HDPE 硅管,并且采用管道敷缆的新施工方法——气吹法。

四、供电照明设施

这是使整个公路管理系统正常运行的配套设施。如监控系统的用电,收费站、管理站和公路特殊地段的照明,隧道的通风和照明等用电。在实际工作中,一般都是利用工业电源,但需要建立变电站和完善的供电系统。同时,还应设置储备的自发电源,以便一旦发生断电事故,仍能保证公路的正常营运。

道路照明是防止夜间交通事故最为有效的手段之一。

道路照明虽有上述益处,但如设置不当,则有可能成为交通事故新的诱发因素。因此,在照明设计中,除应达到要求的照度外,还应具有良好的照明质量。照明设计的基本要求为:

(1)车行道的亮度水平(照度标准)适宜;

(2)亮度均匀,路面不出现光斑;

(3)控制眩光,主要避免光源的直接眩光、反射眩光及光幕反射;

(4)良好的视觉诱导性;

(5)良好的光源光色及显色性;

(6)节约电能;

(7)便于维护管理;

(8)与道路景观协调。

一般认为公路很少需要照明,除非在一些危险的地方,如交叉口、长桥梁、隧道以及路侧有干扰的地段。这是由于大部分现代化公路设计成敞开式的横断面和相当高级的平、纵面线形,这样能够最大程度地利用汽车头灯照明,从而减少公路全线固定式照明的需要。在城市道路上,通常配置连续照明。在高速公路上,于互通式立交桥处、收费站附近和个别路段,采用局部照明。

道路照明标准,通常用路面的水平照度值和不均匀度来表示。在道路照明中,人对物体的感觉多数以路面为背景,因而采用路面亮度值作为道路照明标准更为合理。

确定道路照明标准时,要综合考虑道路的等级、使用性质、交通量大小及路面反射特性等因素。我国城市道路照明标准,按快速路、主干路、次干路、支路及居住区道路分为五级。

此外,隧道照明是比较特殊的道路照明区段。汽车驾驶员在白天从明亮的环境接近、进入和通过隧道的过程中,与行驶在一般道路上不一样,会发生种种特殊的视觉问题。

五、环境保护设施

现代化的交通不仅给经济发展带来了活力,同时也对与其相关的环境产生种种不利因素,主要表现在交通噪声、尾气污染、生态环境及道路景观与环境协调四个方面。

公路对环境的不利影响主要是:路网的每条道路对其周围的自然环境造成侵入,使得原本连续的自然环境形成了一定环境特征变化地带。这一地带的环境特征称为道路路界环境系统,这个系统的边界是灰色模糊的,它改变了自然环境原来的连续性和整体性,破坏了自然环境的动态平衡。道路路界环境系统主要包括道路沿线周围四个方面的环境特征:路界声环境、路界大气环境、路界生态环境和路界景观环境。

公路对环境的影响,主要反映在两个阶段中,即公路施工阶段和营运阶段。前一阶段是对自然环境的破坏,容易造成水土流失,这是在设计和施工过程中,应注意修建必要的防护工程和排水设施来解决,同时,要注意处理好建筑废渣。后一阶段则是对社会环境的影响,在相当长的营运时期内,汽车排出的废气和汽车的噪声与振动,随着交通量的增加而会日益严重。故在公路概、预算项目的划分中,设有"环境保护工程"专项,如在医院、学校,以及居民稠密区,应修建必要的防噪设施,其次是要做好绿化和美化工作,使公路的构筑物与沿线景观相协调。在市郊、风景区、疗养区等路段,应尽可能选用常绿树种,栽植风景林,以增加美观感。在工厂区附近的路段,则宜植耐酸或耐废气的树种。而在农田地区的公路两侧则不得栽植对当地农作物成活生长等有传播虫害的树种。同时,对树种的选择在可能条件下,做到使速生树种与慢长树种相结合,速生树种绿化快,但寿命短,宜用慢长树种来更新。常绿树种与落叶树种相结合,四季之中,都有绿化效果。

现行《公路工程基本建设项目概算预算编制办法》中,只对二级及以下公路的绿化规定了每公里绿化补助的费额指标。因此,高速公路、一级公路的绿化,应根据当地实际情况,做好绿化的设计和施工工作。

交通噪声控制是一个比较复杂的问题,由于牵涉面很广,需要采取综合治理的方案。综合治理措施一般包括:缩小和消灭噪声源,控制噪声传播,道路上设置吸声材料的隔声障壁,合理规划及设计道路,贯彻执行必要的环境保护法规等。

道路交通对大气环境影响主要是指汽车排放的烟尘和有害气体,一般为两种典型的污染物:即一氧化碳(CO)的浓度和氮氧化物(NO_x)的浓度,来评价公路网对大气环境的影响。其环境空气质量控制的措施主要有:制定与完善机动车的排放标准和加强地方管理与法规、严格执行机动车排放标准和法规、机动车节约燃料与新燃料开发应用、加速淘汰高排放车辆、加强交通管理、加强道路绿化[采用如梓树、柏、广玉兰、女贞、枫香、银杏、悬铃木(法桐)等乔木,灌木有海桐、木芙蓉等在抗污染、吸毒、防尘方面有积极作用的树种]。

第五节　公路机电工程设备

交通工程是由土木工程(主要是道路工程)衍生发展起来的一门工程分科,通常是指与提高导流交通系统运行效率、安全、环保等与之有关的工程技术(如规划、设计、控制与管理等)以及相关的设施(如交通安全、交通控制、通信、收费系统等)的建设活动。

机电工程是交通工程的一个范畴,公路工程中的机电工程主要是监控、通信、收费、供配电工程、隧道机电。

交通工程及沿线设施分为 A、B、C、D 四个等级,其适用范围见表 8-4。

交通工程及沿线设施等级的适用范围　　表 8-4

适用范围	高速公路	一级公路、二级公路		三级公路四级公路
		作为干线公路时	作为集散公路时	
交通工程及沿线设施等级	A	B	C	D

A 级应设置监控、收费、通信、配电、照明和管理养护等设施,实时收集交通流信息并及时发布,迅速采取相应对策,疏导交通保障行车安全。

监控设施分为 A1 和 A2 两类。

A1 类适用于:八车道高速公路;四、六车道高速公路的特长隧道、特大桥、服务水平低于二级的路段。

A2 类适用于:四、六车道高速公路的其他路段。

A1 类应配置完善的信息采集、交通异常自动判断、交通监视、诱导、主线及匝道控制、信息处理及发布等设施。

A2 类应设置较完善的信息采集、交通异常判断、交通监视、诱导及主线控制、信息处理和发布等设施。

交通机电设备占 80%,工程设计需要多方考虑:

当桥梁、隧道设置结构监测、养护监测等设施时,应与路段的监控系统统一规划设计,协调管理。

收费设施应与公路设计采用的服务水平相协调。

通信设施应满足监控、收费和管理业务需求，结合路网统一规划、统一标准、统一体制，适应信息化管理和通信技术的发展。

监控、收费、通信、照明等管理设施的建设规模应根据预测交通量进行总体设计，并据此实施基础工程、地下管线及预留预埋工程等。

监控设施宜分期修建，当服务水平降至二级时，实施二期工程。

收费设施的机电设备宜按开通后第5年的预测交通量配置；收费广场、站房及其征地等应按远期规划设计。

机电工程设计内容：

1. 工程概述

设计工程概况、任务依据及测设过程、交通工程及沿线设施主要采用的设计标准（规范）、交通工程及沿线设施的技术指标、规模、初步设计批复意见的执行情况。

2. 建设条件

建设环境：地理位置、地形地貌、气候；

交通量、交通组成、服务水平；

主体工程几何指标及构造物分布。

3. 总体设计

设计依据、项目特点、设计原则、设计范围和内容及设计界面。

系统设计：管理设施、监控、收费、通信、供配电、隧道机电设施、各系统构成功能、设备配置、各系统设备主要技术指标。

4. 施工方法及注意事项

机电设备工程一般要求、施工工序要求、设备安装工艺要求、附属设施安装要求、防雷接地要求。

5. 施工安全注意事项

现场管理安全措施、施工安全准备、安全生产、现场临时用电（低压）电工操作施工安全。

第六节　工程量计算

一、设备价格计算

设备指可供人们在生产中长期使用，并在反复使用中基本保持原有实物形态和功能的生产资料和物质资料的总称。凡是经过加工制造由多种材料和部件按各自用途组成生产加工、动力、传送、储存、运输、科研等功能的机器、容器和其他机械等为设备。设备一般包括以下各项：

①各种设备的本体及随设备到货的配件、备件和附属于设备本体制作成型的梯子、平台、栏杆及管道等。

②各种计量器、仪表及自动化控制装置、实验的仪器属于设备本体部分的仪器仪表等。

③附属于设备本体的油类、化学药品等设备的组成部分。

④无论用于生产或生活或附属于建筑物的水泵、锅炉及处理设备、电气、通风设备等。

1. 设备分类

(1)按其是否安装可分为需要安装的设备和不需要安装的设备

需要安装的设备是由其整体或多个部件装配而成,安装在基础或支架上。高速公路上常用的有机电工程中监控、收费、通信、消防、通风、供配电及其附属辅助设备。固定安装设备需要基础,有些设备不需要基础,设备应计算设备购置费和安装费。

不需要安装的设备指不必组装和固定基础的各类设备,常见的有全自动热水器、手提式灭火器等。只需计算购置费,不必计算安装费。

(2)按其制作方式可分为标准设备和非标准设备

标准设备(包括通用设备和专用设备):是指按国家规定的产品标准批量生产的、已进入设备系列的设备。

非标准设备:是指国家未定型、非批量生产,由设计单位提供制造图纸,委托承制单位或施工企业在工厂或施工现场制作的设备。

(3)按其用途可分为专用设备和通用设备

专用设备指专门针对某一种或一类对象,实现一项或几项功能的设备。

通用设备一般指非专业的各专业都可通用的设备。

2. 设备价格计算

一般情况下,设备预算价格由原价、供销部门手续费、包装费、运输费、采购保管费组成。如果由成套局(公司)组织供应的成套设备,还应包括成套设备服务费。

设备购置费系指为满足公路的营运、管理、养护需要,购置的构成固定资产标准的设备和虽低于固定资产标准但属于设计明确列入设备清单的设备的费用。包括渡口设备:隧道照明、消防、通风的动力设备;高等级公路的收费、监控、通信、供电设备,养护用的机械、设备和工具、器具等的购置费用。

设备购置费应由设计单位列出计划购置的清单(包括设备的规格、型号、数量),以设备原价加综合业务费和运杂费按以下公式计算:

设备购置费 = 设备原价 + 运杂费(运输费 + 装卸费 + 搬动费) +
运输保险费 + 采购及保管费

(1)国产设备原价的构成及计算

国产设备的原价一般是指设备制造厂的交货价,即出厂价或订货合同价。它一般根据生产厂或供应商的询价、报价、合同价的确定,或采用一定的方法计算确定。内容包括按专业标准规定的在运输过程中不受损失的一般包装费,及按产品设计规定配带的工具、附件和易损件的费用。即:

设备原价 = 出厂价(或供货地点价) + 包装费 + 手续费

有的国产标准设备原价有两种,即带有备件的原价和不带有备件的原价,在计算时,一般采用带有备件的原价。

非标准设备原价有多种不同的计算方法,如成本计算估价法、系列设备插入估价法、分部组合估价法、定额估价法等。

按成本计算估价法,非标准设备的原价由以下各项组成。

①材料费。其计算公式如下：

材料费=材料净重×(1+加工损耗系数)×每吨材料综合价

②加工费。包括生产工人工资和工资附加费、燃料动力费、设备折旧费、车间经费等。其计算公式如下：

加工费=设备总质量(t)×设备每吨加工费

③辅助材料费(简称辅材费)。包括焊条、焊丝、氧气、氮气、油漆、乙炔气等费用。其计算公式如下：

辅助材料费=设备总质量×辅助材料费指标

④专用工具费。按①~③项之和乘一定百分比计算。

⑤废品损失费。按①~④项之和乘一定百分比计算。

⑥外购配套件费。按设备设计图纸所列的外购配套件的名称、型号、规格、数量、质量,根据相应的价格加运杂费计算。

⑦包装费。按①~⑥项之和乘一定百分比计算。

⑧利润。可按①~⑤项加⑦项之和乘一定利润率计算。

⑨税金。主要指增值税,计算公式为:

增值税=当期销项税额-进项税额

其中:

当期销项税额=销售额×适用增值税率

销售额=①~⑧项之和

⑩非标准设备设计费。按国家规定的设计费收费标准计算。

单台非标准设备原价={[(材料费+加工费+辅助材料费)×(1+专用工具费率)×(1+废品损失费率)+外购配套件费]×(1+包装费率)-外购配套件费}×(1+利润率)+增值税+非标准设备设计费+外购配套件费

(2)设备运杂费的构成及计算

国产设备运杂费指由设备制造厂交货地点起至工地仓库(或施工组织设计指定的需要安装设备的堆放地点)止所发生的运费和装卸费;进口设备运杂费指由我国到岸港口或边境车站起至工地仓库(或施工组织设计指定的需要安装设备的堆放地点)止所发生的运费和装卸费。其计算公式为:

运杂费=设备原价×运杂费费率

设备运杂费费率见表8-5。

设备运杂费费率　　表8-5

运输里程(km)	100以内	101~200	201~300	301~400	401~500	501~750
费率(%)	0.8	0.9	1.0	1.1	1.2	1.5
费率(%)	1.7	2	2.2	2.4	2.6	0.2

(3)设备运输保险费的构成及计算

设备运输保险费指国内运输保险费,其计算公式为:

运输保险费=设备原价×保险费费率

设备运输保险费费率一般为1%。

(4)设备采购及保管费的构成及计算

设备采购及保管费指采购、验收、保管和收发设备所发生的各种费用,包括设备采购人员、保管人员和管理人员的工资、工资附加费、办公费、差旅交通费,设备部门办公和仓库所占固定资产使用费、工具用具使用费、劳动保护费、检验试验费等。其计算公式为:

采购及保管费 = 设备原价 × 采购及保管费费率

需要安装的设备的采购保管费费率为2.4%,不需要安装的设备的采购保管费费率为1.2%。

(5)进口设备原价的构成及计算

进口设备的原价是指进口设备的抵岸价,即抵达买方边境港口或边境车站,且交完关税为止形成的价格。

进口设备的交货类别,可分为内陆交货类、目的地交货类、装运港交货类。具体如下:

内陆交货类,即卖方在出口国内陆的某个地点交货。

目的地交货类,即卖方在进口国的港口或内地交货。有目的港船上交货价、目的港船边交货价(FOS价)和目的港码头交货价(关税已付)及完税后交货价(进口国的指定地点)等几种交货价。

装运港交货类有三种:一是卖方在出口国装运港交货,主要有装运港船上交货价(FOB价),即离岸价格;二是运费在内价(CFR价);三是运费、保险费在内价(CIF价),即到岸价格。

进口设备原价 = 货价 + 国际运费 + 运输保险费 + 银行财务费 + 外贸手续费 + 关税 + 增值税 + 消费税 + 商检费 + 检疫费 + 车辆购置附加费

①货价:一般指装运港船上交货价(FOB,习惯称离岸价)。设备货价分为原币货价和人民币货价,原币货价一律折算为美元表示,人民币货价按原币货价乘以外汇市场美元兑换人民币的中间价确定。进口设备货价按有关生产厂商询价、报价、订货合同价计算。

②国际运费。即从装运港(站)到达我国抵达港(站)的运费。即:

国际运费 = 原币货价(FOB价) × 运费费率

我国进口设备大多采用海洋运输,小部分采用铁路运输,个别采用航空运输。运费费率参照有关部门或进出口公司的规定执行,海运费费率一般为6%。

③运输保险费。对外贸易货物运输保险是由保险人(保险公司)与被保险人(出口人或进口人)订立保险契约,在被保险人交付议定的保险费后,保险人根据保险契约的规定对货物在运输过程中发生的承保责任范围内的损失给予经济上的补偿。这是一种财产保险。计算公式为:

运输保险费 = [原币货价(FOB价) + 国际运费] ÷ (1 - 保险费费率) × 保险费费率

保险费费率是按保险公司规定的进口货物保险费费率计算,一般为0.35%。

④银行财务费。一般指中国银行手续费,可按下式简化计算:

银行财务费 = 人民币货价(FOB价) × 银行财务费费率

银行财务费费率一般为0.4% ~0.5%

⑤外贸手续费。指按规定计取的外贸手续费,计算公式为:

外贸手续费 = [人民币货价(FOB价) + 国际运费 + 运输保险费] × 外贸手续费费率

外贸手续费费率一般为1% ~1.5%。

⑥关税。指海关对进山国境或关境的货物和物品征收的一种税。计算公式为：

关税 = [人民币货价(FOB价) + 国际运费 + 运输保险费] × 进口关税税率

进口关税税率按我国海关总署发布的进口关税税率计算。

⑦增值税。是对从事进口贸易的单位和个人，在进口商品报关进口后征收的税种。按《中华人民共和国增值税条例》的规定，进口应税产品均按组成计税价格和增值税税率直接计算应纳税额。即：

增值税 = [人民币货价(FOB价) + 国际运费 + 运输保险费 + 关税 + 消费税] × 增值税税率

增值税税率根据规定的税率计算，目前进口设备适用的税率为17%。

⑧消费税。对部分进口设备(如轿车、摩托车等)征收，一般计算公式为：

应纳消费税额 = [人民币货价(FOB价) + 国际运费 + 运输保险费 + 关税] ÷
(1 - 消费税税率) × 消耗费税率

消耗税税率根据规定的税率计算。

⑨商检费。指进口设备按规定付给商品检查部门和进口设备检验鉴定费。其计算公式为：

商检费 = [人民币货价(FOB价) + 国际运费 + 运输保险费] × 商检费费率

商检费费率一般为0.8%。

⑩车辆购置附加费。指进口车辆需缴纳的进口车辆购置附加费，计算公式为：

进口车辆购置附加费 = [人民币货价(FOB价) + 国际运费 + 运输保险费 + 关税 +
消费税 + 增值税] × 进口车辆购置附加费费率

在计算进口设备原价时，应注意工程项目的性质，有无按国家有关规定减免进口环节税的可能。

二、设备工程量计算

设备安装工程除另有说明者外，均以"台"为计量单位，以设备质量"t"划分项目。设备质量均以设备的铭牌质量为准；如无铭牌质量的，则以产品目录、样本、说明书所注的设备净质量为准。

计算设备质量时，除另有规定者外，应按设备本体及联体的平台、梯子、栏杆、支架、屏盘、电机、安全罩和设备本体第一个法兰以内的管道等全部质量计算。

设备LEDA显示屏以 m^2 计、系统试运行以系统·月计。

公路工程预算定额中铁塔是按设备考虑，以设备质量"t"为单位计算工程量。

公路工程预算定额中、蓄电池、太阳能电池及其支架均按设备考虑，以"组"为单位和以"m^2""t"为单位计算工程量。

系统试运行是按收费、监控站的数量5个站已内、10个站已内、15个站已内设置的，单位是1系统·月，公路工程预算定额的计价工程量按全系统试运行的周期进行计算，一般按三个月计算，站指的是收费站和监控站的数量之和。

三、沿线设施工程量计算

波形梁钢护栏(含立柱)和缆索护栏按其长度沿栏杆面(不包括起终端段)量取,按米计量;钢护栏起、终端头以个计量。

隔离栅应分别按铁丝编织网隔离栅、刺铁丝隔离栅、钢板网隔离栅、电焊网隔离栅等,从端柱外侧沿隔离栅中部丈量,以米计量。

所有各式交通标志、里程标和公路界碑等均以个为单位计量。

路面标线应按图纸所示,以热熔型涂料、溶剂常温涂料和溶剂加热涂料的涂敷实际面积,以平方米为单位计量。

突起路标、轮廓标和锥形交通路标以个数计量。

立面标记以处计量。

防眩板、防眩网以块计量。

人(手)孔、紧急电话平台按个计量。

预埋管道、架设管线以米计量。

单人收费亭和双人收费亭,以个为单位计量。

收费天棚以平方米为单位计量。

单向收费岛和双向收费岛以个为单位计量。

其他有关附属工程不另计量。

第九章　绿化及环境保护工程

第一节　公路绿化工程

公路绿化按部位分功能要求不同,因此设计技术指标也不同。

一、中央分隔带防眩绿化

中央分隔带的主要功能是隔离车辆分道行驶,减轻车辆高速行驶造成的眩晕和夜间行车灯眩光,保障车辆高速行驶的安全,分隔带植物种植的主要技术指标一般有:

防眩树要四季常青、低矮缓生,株高在1.2~1.5m,抗逆性吸(抗旱、抗寒冷,抗病虫、抗污染、耐贫瘠),耐粗放管理。

防眩树种植主要采取全遮光绿篱式和半遮光散栽式两种方式。全遮光绿篱的特点是全封闭、不透光、防眩好,但绿化投资大、通透性差,影响路容路貌。半遮光散栽式的特点是通透性好、绿化投资较小、绿化形式灵活、防眩技术要求严格。

防眩树株距是在车辆高速行驶的线性环境下,依据车灯光的扩散角、行车速度和人的动视觉三者之间的关系来确定。

二、路堤边坡防护绿化

高速公路路基一般都比普通公路路基高,形成的边坡绿化面积较大,这对稳定路基,保障安全、防止冲刷、保土保水具有重要功能。

高速公路边坡绿化方式常见有两种:一种是用硬质材料(混凝土、石料)砌成圆窗形网格,空格中种草,这种方式可大大减少雨水对边坡的冲刷,增强固坡能力,但投资较大,常用于坡度较陡的路段;另一种是对边坡全栽植物,不作硬化处理,常用于普通路段或坡度小、路基低的路段。

三、行道树种植绿化

行道树主要栽植在路堤下方(边坡脚下)金属护网内侧,高路堤路段栽植高大乔木,低路堤路段栽植中小乔木或大灌木。行道树株距与外部环境景观协调一致,一般路段有景观特色,特殊路段有隔噪声、隔粉尘、隔臭气、防风沙、防泥石流等作用。

四、绿篱护网绿化

绿篱护网在金属护网0.5~1m处,采取多栽植有刺灌木,形成封闭性绿篱的形式,作为高速公路的第二道防护网,若干年后金属护网被锈蚀破坏,绿篱护网可起替代作用。

五、路堑土、石质坡面垂直绿化

路堑的坡度一般较大,绿化难度大,国内外目前主要采取机械喷播绿化和人工沟、穴绿化。

六、立体交叉区绿化

城区以外的高速公路立体交叉区多位于农田中,且多为简单立交,一般不能形成专门的绿化地带,在为纵或横道路绿化延续时,应注意提高立交路口的识别性,如较密栽植常绿和乔灌花木。对于复杂立交,可参照城市立交区绿化的做法。

七、服务区环境绿化

高速公路分车绿带、边坡防护绿带、防护林带等的绿化是营造行驶动态的观赏景观,而服务区、收费站的绿化是营造停车后静态的观赏景观,并且这部分大多为块状绿地,所以只能按园林景观进行绿化。

第二节　生态环境保护

公路交通对生态环境的影响概括起来有两方面:一是公路建设占用、损坏自然资源,从而破坏生态环境;二是排放污染物污染环境,造成生态环境破坏。

公路项目的环境保护可以分为公路建设期的环境保护和公路营运期的环境保护,其主要的项目包括:初步设计阶段项目环境影响评价;施工图设计阶段的环境保护设计;招投标阶段在招标文件、工程合同及监理合同中纳入环境保护条款;施工期的环境保护设施的施工及监理;竣工和交付使用阶段的环境保护设施验收与环境后评价;公路营运期的环境保护设施的运行及维护。

一、公路建设期的环境保护

项目前期工作的环境保护主要涉及环境评价和环境工程设计公路环评的目的和意义,包括:一是从环保角度出发评价公路选线的合理性,对路线方案的可行性和项目的可行性提出评价意见和结论;二是提出必要的环保措施,使项目对环境的不利影响减少到可接受的程度;三是预测项目的环境影响程度和范围,为公路沿线社区发展规划提供环境保护依据。

公路施工期环境保护除水土保持外,涉及环境污染的项目较多,一般包括空气污染、光污染、噪声污染、污水污染及固体废弃物污染等。

二、公路营运期的环境保护

公路在营运期,其对环境的影响主要在于路基可能发生的崩塌、水毁,危险品运输可能发生的泄漏、汽车营运产生的汽车尾气和噪声污染以及公路附属服务设施产生的固体废弃物和污水。因此,营运期的环境保护,除继续落实项目环境保护计划和环境监测计划外,还应做好环境保护设施的维护,并报据环境监测结果和沿线居民的环境投诉适时调整环境保护措施的实施方案。

第三节 工程量计算

工程内容主要有:铺设表土;撒播草种和铺植草皮;种植乔木、灌木和人工种植攀缘植物;植物养护于管理;声屏障;环境保护。

铺设表土应按完成的铺设面积并经验收以立方米为单位计量。

撒播草种、铺植草皮按成活草种的面积以平方米为单位计量。

乔木、灌木和人工种植攀援植物均以棵计量。

吸、隔声板声屏障以米为单位计量。

吸声砖及砖墙声屏障以立方米为单位计量。

其他附属工程不另计量。

第十章　管理、养护及服务房屋

第一节　基 本 要 求

管理、养护及服务房屋主要指高速公路沿线房建工程，是高速公路的重要组成部分，高速公路产业经济的重要窗口，是完善路网各项功能、道路交通安全畅通、规范各类车辆出入高速公路等方面的重要保障。其主要包括管理中心、服务区、停车区、收费站、养护工区、隧道管理站等单项工程，其单位工程有办公综合楼、宿舍楼、维修车库、门卫、食堂、加油站、收费大棚、绿化工程、道路硬化工程、户外水电暖管网工程，围墙、挡土墙、走廊通道、场区土石方工程等，各单位工程内相应的土建、装饰、市政、园林、给排水、强电、弱电、暖通、空调、消防工程及设备购置、智能监控项目等。

由于房建及其附属工程涉及专业多，对于管理、养护及服务房屋建设管理提出新的理念，需要创建规模合理、点位选择、总体布局、场区内、外部功能配套完善、特色鲜明、节能环保、环境协调，即要求统一规划、统一设计、统一管理，以达到科学设置、设计合理、服务功能完备及多元化管理模式。

第二节　施工方法及主要施工工艺流程

一、房屋的组成

建筑物按照使用功能分为：生产性建筑（即工业、农业建筑）和非生产性建筑（即民用建筑）。

民用建筑根据使用功能分类：居住建筑（如住宅、公寓等）、公共建筑、生活服务性建筑、医疗建筑等。

一幢民用建筑，由基础、主体结构、装饰工程、水、电暖通等组成，主要分为基础、墙或柱、楼板层、楼梯、屋顶和门窗等六大部分。

二、房屋结构形式

常用的基础形式有条形基础、独立基础、筏板基础、箱形基础、桩基础等。使用的材料有砖、石、混凝土、钢筋混凝土等。

建筑结构主要分为砖混结构、框架结构、剪力墙结构、框架—剪力墙结构、框架—核心筒结构、筒中筒结构、钢结构。公路沿线服务区服务房屋建设主要结构为砖混结构、框架价格，框架—剪力墙结构、钢结构。

三、房屋建筑施工图的组成

建筑施工图:建筑施工图目录及总说明书、建筑总平面图、各层建筑平面图、立面图、剖面图以及墙身、楼梯、门、窗详图等。

建筑结构图:结构施工图目录及总说明书,基础结构图、各层梁、柱、楼板结构图、剪力墙结构图、屋面结构图、结构详图等。

水电暖通施工图:施工图目录及总说明、系统图、各层平面布置图、立面布置图,详图、防雷接地平面图等。

四、施工顺序

单位工程施工顺序是指分部分项工程在时间上展开的先后顺序。

1.基础工程

机械挖土→ 地基处理(振动砂石桩→ 砂垫层)→基础翼板及基础梁(混凝土垫层→ 钢筋→ 模板→ 浇筑)→砌筑基础墙→ 回填土。施工时,挖土与垫层之间搭接应该紧凑,以防积水浸泡或暴晒地基,影响其承载力;而且,垫层施工完后,一定要留有技术间歇时间,使其有一定强度后,再进行下一道工序的施工。

2.主体工程

一层主体结构→ 二层主体结构→ 三层主体结构→ 四层主体结构→ 五层主体结构→ 六层主体结构;其中每一层又可以分为:柱筋→ 模板→ 梁板钢筋→ 浇筑柱、梁、板→ 养护→ 拆模。脚手架搭设配合主体结构进行。

3.屋面及装饰工程

屋面工程:保温层→找平层→ 防水层→ 保护层。屋面工程与室内装饰工程平行施工。

4.室内装饰工程

在主体浇筑完后施工,从二层做起,施工顺序为:顶棚→墙面→楼地面,其他的室内装饰工程之间的施工顺序:底层地面在各层天棚、墙面和楼地面完成后进行;楼梯间和楼梯抹面,由于其在施工期间较容易损坏,故在其他抹灰过程完成之后,自上而下统一施工。

5.室外装饰

在屋面工程完成之后,立即自上而下进行。

五、主要施工方法

1.房屋建筑工程测量定位和放线

土建/房屋工程施工放线是从建筑物定位开始的,一直到主体工程封顶都离不开施工放线。大致分三个阶段:建筑物定位(放线)、基础施工(放线)和主体施工(放线)。

房屋建筑物工程定位,一般包括两方面内容:一是平面位置定位,二是标高定位。

(1)根据场地上建筑物主轴线控制点或其他控制点,将房屋外墙轴线的交点用经纬仪投测至地面木桩顶面作为标志的小钉上。这就完成了工程的平面布置定位。

工程平面定位:一般用经纬仪进行直线定位,然后用钢尺沿视线方向丈量出两点间的距离。

①拟建建筑物与原有建筑物的相对定位。一般可根据设计图上给出的设计建(构)筑物与建(构)筑物的相对定位。或根据设计图上给出的设计建(构)筑物或道路中心线的位置关系数据,定出建(构)筑物主轴线的位置。

②根据“建筑红线”及定位桩点的定位,所谓建筑红线,是指拨地单位在地面上测投的允许用地的边界点的连线;所谓定位桩点,是指建筑红线上标有坐标值或标有与拟建建筑物成某种关系值的桩点。

③现场建立控制系统定位。控制系统是指在建筑总平面图上在不同边长组成的方体或矩形格网系统。其格网的交点称为控制点。

(2)根据施工现场水准控制点,推算 ±0.000 高程或根据与 ±0.000 某建筑物,某处高程相对关系,用水准仪和水准尺,将高程定在龙门桩上,这就完成了工程的高程定位。

工程高程定位:设计 ±0.000 高程,有两种表示方法,一是绝对高程,即离国家规定的某一海平面的高度;一是相对高程,即与周围地物的比较高度。

①绝对高程表示的 ±0.000 的定位。施工图上一般均注明 ±0.000 相当绝对高程的数值,该数值可从建筑物附近的水准控制点或大地水准点引测,并在供放线的龙门桩或施工场地固定建筑物上标出。

②相对高程表示的 ±0.000 的定位。施工图上一般 ±0.000 的定位。有些沿街建筑或房屋密集处的建筑。往往在施工图上直接标明 ±0.000 的位置与某建筑物或某地物的某处高程或成某数值关系,在 ±0.000 定位时,就可由该处进行引测。

2.基础及地下室施工

施工工艺:测量定位、放线、复核→机械挖基坑、人工清理修边→桩头→清理→验槽、钎探→浇筑混凝土垫层→弹基础外墙边线、控制主线→绑扎基础钢筋→在钢筋上筏板弹主线、树墙筋→支设基础模板→浇筑基础混凝土→弹线找平→绑扎地下室墙及柱钢筋→支设墙、柱模板→浇筑墙、柱混凝土→支设梁、顶板模板及绑扎钢筋→浇筑梁、顶板混凝土→地下室防水→基础回填土。

施工方法如下:

(1)基础施工前,首先对基(槽)坑进行验收,清除基槽(坑)内的浮土、积水、淤泥、杂物,如局部有软弱土层应挖除,根据设计院要求材质分层回填夯实。如有地下水,采用人工或井点降低地下水位达到设计要求,确保在无水情况下进行土方开挖和基础结构施工。

(2)砖基础施工。砖基础砌筑前,检查垫层施工是否符合质量要求,清扫垫层表面浮土及垃圾。砌基础时可依皮数杆先砌几皮转角及交接处部分的砖,然后在其间拉准线砌中间部分。若砖基础不在同一深度,则应先由底往上砌筑。在砖基础高低台阶接头处,下台面台阶要砌一定长度(一般不小于500mm)实砌体,砌到上面时和上面的砖一起退台。

(3)混凝土基础施工。垫层达到一定强度后,在其上画线、支模、铺放钢筋网片。下部垂直钢筋绑扎,连接柱的插筋,下端要用90°弯钩与基础钢筋绑扎牢固,按轴线位置校核后用方木架成井字形,将插筋固定在基础外模板上。

浇筑现浇柱下基础时,防止柱子插筋位移和倾斜。在浇筑开始时,先满铺一层 5 ~ 10cm 厚的混凝土,并捣实,使柱子插筋下段和钢筋图片的位置基本固定,然后再对称浇筑。基础混凝土宜分支连续浇筑完成。对于阶梯形基础，每浇筑完一台阶应稍停 0.5 ~ 1.0h，待其初步沉实后，再浇筑上层，以防止下台阶混凝土溢出。每一台阶浇完，表面随即原浆抹平。

(4)条形基础应根据高度分段分层连续浇筑，一般不留设施工缝。各段各层应相互衔接，每段长 2 ~ 3m 左右，做到逐段逐层呈梯形推进。浇筑时，先使混凝土充满模板内边角，然后浇筑中间部分，以保证混凝土密实。

(5)筏板基础采取底板和梁钢筋、模板一次同时支好，梁侧模板用混凝土支墩或钢支脚支承并固定牢固，混凝土一次连续浇筑成。当筏板基础长度大于 40m 时，考虑在中部适当部位留设贯通后浇缝带，以避免出现温度收缩裂缝和便于进行施工分段流水作业；对超厚的筏形基础，采取降低水泥水化热，避免出现过大收缩应力，导致基础底板裂缝。

混凝土浇筑完毕，外露表面应覆盖浇水养护，不少于 7d，必要时应采取保温养护措施，然后定期进行观测、分析，记录。

(6)桩基础、沉桩施工方法。

桩基础按施工方法，桩可分为预制桩和灌注桩两大类。预制桩用锤击、静压、振动或水冲沉入等方法打桩入土。灌注桩则在就地成孔，而后在钻孔中放置钢筋笼、灌注混凝土成桩。根据成孔的方法，又可分为钻孔、挖孔、冲孔及沉管成孔等方法。工程中一般根据土层情况、周边环境状况及上部荷载等确定桩型与施工方法。

现场放线定桩位。定桩位时必须按照施工方格网实地定出控制线，再根据设计的桩位图，将桩逐一编号，依桩号所对应的轴线、尺寸施放桩位，并设置样桩，以供桩机就位定位。

确定好水准点。桩基施工的高程控制，应遵照设计要求进行，每根桩的桩顶、桩端均须做高程记录，为此，施工区附近应设置不受沉桩影响的水准点，一般要求不少于两个。该水准点应在整个施工过程中予以保护，不使其受损坏。桩基施工中的水准点，可利用建筑高程控制网的水准基点，也可另行设置。

沉桩方法的选择：

①预制混凝土桩与钢桩的沉桩

预制混凝土桩的形式有方桩及管桩两类，钢桩则有 H 型钢桩及钢管桩两类，它们的沉桩方法主要有锤击打入法、静力压桩法及水冲沉桩法，有时也采用振动沉桩方法。

②灌注桩成桩

灌注桩成孔方法主要有泥浆护壁成孔、沉管成孔及干作业成孔等几种。在成孔后放置钢筋笼、浇筑混凝土，形成灌注桩。

泥浆护壁成孔常有正(反)循环泥浆护壁成孔与冲击成孔两种。前者适用于淤泥及淤泥质土、一般黏性土、粉土等，在砂性土中也可适用，泥浆护壁，防止护壁倒塌；后者则适用于黏性土及碎石土，也可用于淤泥质土、粉土及砂土。

沉管成孔法通常采用锤击法、振动法或振动冲击法等。它们施工时都有振动、噪声、挤土等现象。

干作业成孔法则可用钻孔及人工挖孔两种方法，钻孔法可用于黏性土及粉土，在砂土中也可能采用；人工挖孔法一般只适用于黏性土，在淤泥质土及粉土中应视具体条件而定，而在砂土及碎石土中不可采用，同时，在地下水位以下采用人工挖孔也应有可靠的排水或止水措施。

灌注桩的几种施工方法中，泥浆护壁成孔及干作业成孔方法一般都无挤土或很少挤土，这两种灌注桩施工中振动与噪声一般均很小。

3. 钢筋工程施工方法

(1)清理钢筋表面粘着的油污、泥土、浮锈,可结合冷拉工艺除锈。

(2)钢筋调直,用机械或人工调直。调直后的钢筋不得有局部弯曲、死弯、小波浪形,其表面伤痕不应使钢筋截面减小5%。

(3)钢筋切断应根据钢筋型号、直径、长度和数量,长短搭配,先断长料后断短料,尽量减少和缩短钢筋短头。

(4)钢筋绑扎安装,采用20号铁丝绑扎ϕ12mm以上钢筋,22号铁丝绑扎ϕ10mm以下钢筋。

墙的钢筋网绑扎同基础。钢筋有90°弯钩时,弯钩朝向混凝土内。采用双层钢筋网时,在两层钢筋之间,设置撑铁(钩)以固定钢筋的间距。墙筋绑扎时,采用吊线控制垂直度,按设计控制主筋间距。剪力墙上下两边三道水平处满扎,其余梅花点绑扎。

根据设计要求,工程直径≥18mm的钢筋优先采用机械接长,套筒挤压连接技术,其余钢筋接长,水平筋采用对焊与电弧焊,竖向筋优先采用电渣压力焊。大于ϕ25mm竖向钢筋采用套筒挤压连接。

4. 主体施工

(1)主体施工工艺:施工测量放线→绑扎立柱钢筋→立柱模→(浇筑混凝土)→梁板模→绑扎梁板钢筋→浇筑梁板混凝土→养护→拆模→施工测量放线→砌墙体。

(2)砖砌体:砌筑采用匹数杆,将灰缝厚度控制在8~12mm以内,砌筑时采用一顺一丁挤浆法,避免垂直通缝,以保证砂浆饱满度,转角和内外墙交接处应同时咬槎砌筑;对不能同时砌筑的地方,砌成斜槎,且斜槎长度不应小于高度的2/3,如临时间断处留斜槎确有困难,除转角外,也可作成阳槎;沿墙高每500mm配2ϕ6.5mm墙体拉结筋,每边伸入墙体长度不得小于1 000mm,接槎处灰缝应密实通顺。

砖墙与构造柱交接处留大马牙槎,每层先退后进,进出整齐。

(3)混凝土浇筑:混凝土自由倾落不得超过2m,如超2m时须采取相应措施。浇筑竖向结构混凝土时,如浇筑高度超过3m时,应采用串筒、导管、或在模板侧面开门子洞(生口)。浇筑混凝土时应分段分层进行,每层浇筑混凝土的高度应根据构件结构特点和钢筋疏密确定。一般分层高度为插入式振动器作用长度的1.25倍,最大不超过500mm,使用平板振动器时分层厚度为200mm。使用插入式振动器应快插慢拔,插点要均匀排列,逐点移动,按顺序进行。同时移动间距不得大于振动棒作用半径的1.5倍(一般间距为300~400mm)。振捣上一层时,应插入下层混凝土面内50mm,以消除两层的接缝。使用平板振动器时,移动间距应能保证振动器的平板覆盖已振实部分的边缘。浇筑混凝土应保持连续进行。如途中必须间歇,其间歇时间应尽量缩短,并应在前层混凝土初凝之前,将后层混凝土浇筑完毕。间歇的最长时间应按所用水泥品种及混凝土初凝条件确定,超过2h按施工缝处理。浇筑混凝土时,应派专人检查模板、钢筋、预留孔洞、预埋件、插筋等有无位移、变形或堵塞现象,如发现问题应立即停止浇灌,并应在已浇筑的混凝土初凝前修整完毕。

(4)楼梯混凝土浇筑:楼梯段混凝土自上向下浇筑。先振实板混凝土,达到踏步位置时一起浇筑,不断连续向上推进,并随时用木抹子将其上表面抹平。楼梯混凝土宜连续浇筑完成。

施工缝位置需根据结构情况可留设与楼梯平台或楼梯段1/3范围内。

(5)门窗安装:安装前根据门窗图纸检查门窗的品种、规格、开启方向及组合杆、附件,并对其外形及平整度检查校正。门窗安装时,先用木楔在门窗框四角部位临时固定,然后用水平尺和线锤校正门窗框前后、左右的垂直度和水平度,并用木楔进行调整,然后安装五金零件。

5.装饰施工

(1)内墙抹灰工艺:浇水湿润基层→找规矩、做灰饼→设置标筋→阳角做护角→抹底层→抹窗台板、踢脚板→抹面层灰→清理。

(2)顶棚抹灰工艺:弹水平线→浇水湿润→刷结合层→抹底灰、中层灰→抹面层灰。

(3)外墙抹灰及涂料工艺:浇水湿润基层→找规矩、做灰饼、标筋→抹底层、中层灰→弹分格线,嵌分格条→抹面层灰→起分格条→养护→刷涂料。

(4)施工方法。

清理基层:将墙面上的浮灰污物清扫干净,检查门窗洞口位置尺寸,墙面有凹凸部位打凿补平,提前1d浇水湿润,浇透浇匀,混凝土表面应刷一道水泥浆(掺107胶)。

找规矩、做灰饼、冲筋:先用托线板和靠尺检查整个墙面的平整度和垂直度,根据检查结果确定灰饼的厚度。在墙面距地1.5m的高度,距墙面两边阳角100~200mm处,用1:3水泥砂浆各制作一个50mm×50mm的灰饼,然后用托线板或线锤在此灰饼面挂垂直,在墙面的上下各补做两个灰饼,灰饼距顶棚及地面高度150~200mm左右,再用钉子钉在左右灰饼两头墙缝里,用线栓在钉子拉横线,沾线每隔1.2~1.5m补做灰饼。灰饼稍干后,用砂浆在上、中、下灰饼间抹标筋,宽度、厚度均与灰饼相同,为保证阴阳角的垂直度,采用横向水平标筋。

做护角:室内门窗洞口及阳角处均做护角,护角用1:2水泥砂浆抹成小圆角,其高度和宽度应符合设计及规范规定。

抹底层灰:待标筋有了一定强度后,在砖墙基层上应提前1d浇水湿润,若在混凝土基层上则须刷一道水泥浆(掺107胶),然后在两筋之间用力抹上石灰砂浆,抹灰厚度以标筋为准,并使其稍高于标筋,抹上灰浆后,用刮尺按标筋刮平,不平处补抹灰浆,然后再刮,直至平直为止。接着用木抹子搓压,使表面平整密实,墙阴角处先用方尺上下核对方正(采用水平标筋可免去此道工序)。然后用阴角器上下搓平,使室内四角方正。

刷结合层,在已湿润的顶棚基层上满刷一道掺一定含量胶质材料的素水泥浆,紧跟着抹底层灰。

抹窗台板:窗台板按设计比水泥砂浆抹底层,表面划毛隔1d后,用素水泥浆刷一道,并按设计比水泥砂浆抹面层,面层要原浆压光,浇水养护4d。

抹面层灰:待底灰5~6成干时,即可抹面层灰,选用纸筋石灰时,其厚度控制在2mm内。操作应从阴角处开始,由两人同时操作,一人在前上面灰,另一人在后找平整,并用铁抹子压实赶光,阴阳角处用阴阳角抹子捋光,并用毛刷蘸水将门窗圆角等处清理干净。

清理:抹灰工作完成后,将粘在门窗框上及地上的灰浆及时清除,打扫干净。

嵌、批腻子、刷涂料:使用钢皮或橡皮,硬塑料刮板刮匀即可。刷乳胶漆涂饰时,加稀释剂把漆调至适当稠度,第一遍涂料饰后经过2h干燥,即可刷第二遍涂料。施工时的室温保持在0℃以上,以防冻结。大面积涂饰时多人配合,流水作业,互相衔接,从一头开始顺着刷向另一头,以避免出现接头。每个刷面应一次完成。

(5)陶瓷面砖工程。

施工准备:面砖选择色泽一致,无尺寸误差或挠曲变形和面层有杂质等均。面砖粘贴前几小时充分浸水,墙面充分湿水。

施工顺序:由下往上分层粘贴,先粘墙面砖,后粘阴角及阳角。

施工方法:检查每面墙的平整度及室内规矩尺寸,墙面用墨斗弹出立线和水平线及表面平整线。粘贴前根据设计要求确定砂浆配合比,排砖时按照设计要求确定面砖的接缝宽度,无要求时,接缝宽度为1~1.5mm,横竖缝宽度一致。黏结层厚度厚度5mm左右,在釉面砖背面、四角刮或斜面、边角满浆抹灰浆。清缝、白水泥浆勾缝,嵌缝材料硬化后,清洗表面。

(6)卷材施工工艺。

喷涂基层处理剂,喷涂后需干燥12h(视温度、湿度而定),然后进行下一道工序的施工。

在铺贴卷材时,将配套胶搅拌均匀,进行涂刷施工。将卷材展开摊铺在平净的基层上,用专把滚刷蘸满胶均匀涂布在卷材表面上,但接头T位的100mm不能涂胶。涂胶时,厚薄要均匀,不允许有露底和凝聚胶块存在。基层处理干燥后用滚刷蘸满胶迅速而均匀地进行涂布施工,涂布时不能在一处反复多次涂刷,以免将基层处理剂"咬起",涂刷胶后,以手感基本干燥后进行铺贴卷材。

铺贴卷材,检查基层表面没有清洁平整,无空鼓、开裂、起砂、脱皮等缺陷后,卷材按长方向配置,尽量减少接头,从坡度的下坡开始,弹出基准线,由两边向屋脊,按顺序铺贴,顺水接茬,最后用一条卷材封脊。铺贴卷材时,不允许打折和拉伸卷材。每当铺完一张卷材后,立即用干净而松软的长把滚刷从卷材的一端开始朝卷材的横方向顺序用力滚压一遍,排除卷材与基层间的空气。把胶黏剂按一定配合比混合均匀,再用油漆刷均匀地涂刷在接缝部分的表面(卷材的接缝一般为100mm),待基本干燥后,即可进行黏结,而后用手持压辊按顺序认真滚压一遍。为了防止卷材末端的剥落或渗水,末端收头用密封材料封闭。当封闭材料固化后,即可用掺有胶乳的水泥砂浆压缝封闭。卷材铺贴完毕,将卷材表面的尘土杂物清理干净,用长把滚刷均匀涂刷表面涂料。

6. 电气安装工程

(1)线路敷设配管工艺:

①暗配管工艺:熟悉图纸→选料、预制→测量定位→管子敷设→管路复核→跨接线焊接→管口及箱盒检查→自检→验收、隐蔽呈报。

②明配管工艺:熟悉图纸→选料、预制→现场放线、定位→支、吊架安、配管→管路复核→跨接线焊接、防腐→自检→验收、隐蔽呈报。

(2)配线工程穿线工艺:管路及箱盒清理→穿引线钢丝→按要求选择导线→穿线→接线→自检→验收。

(3)桥架、线槽安装工艺:配合土建预埋铁件、核对土建预留洞→画线、定位→选型→支、吊、托架安装→桥架、线槽组装→校正高程、走向、水平度、垂直度→安装接地线→中间报检→成品保护→进入下道工序。

(4)电缆敷设工艺:准备工作→电缆沿支架、桥架敷设→水平垂直敷设→挂标志牌。

(5)电缆头制作安装工艺:摇测电缆绝缘→剥电缆铠甲、打卡子→焊接地线→包缠电缆、套电缆终端头套→压电缆芯线接线鼻子与设备连接。

(6)配电柜箱安装工艺:设备开箱检查→柜箱稳固安装→管箱连接→跨接地线→防腐处理→安装盘面→内部接线。

(7)灯具安装工艺:清理线盒→安装附件、定位、下固定件、组装灯具→安装灯具→调试。

(8)防雷及接地工艺:接地体→接地干线→支架→引下线→避雷网 引下线暗敷→均压环。

7. 管道安装工程

施工总程序:施工准备→材料、阀件检验→预留预埋→管道及支吊架预制→主管道安装→支管道安装→水压试验、灌水、通水、通球等试验→系统冲洗→调试→防腐保温→交工验收。

8. 消防系统工艺流程

安装准备→干管安装→立管安装→报警阀安装→喷洒分层干支管、消火栓及支管安装→水流指示器,水泵结合器安装→管道试压→管道冲洗→喷洒头支管、喷洒头安装→系统通水调试。

9. 采暖系统工艺流程

安装准备→预制加工→卡架安装→干管安装→立管安装→散热器组对、试压、安装→支管安装→试压→冲洗→防腐→保温→调试。

第三节　设计基本要求和内容

一、基本要求

管理、养护服务房屋设计基本要求一般从以下几个方面设定:规划、选址、建设规模、总体布局、场地设计、建筑设备、消防疏散、建筑节能、环境保护。

管理、养护服务房屋及区域规划与设施建设,应结合项目所在地区路网规划和公路总体设计的要求,使用方便、技术先进、安全可靠、经济合理,并符合高速公路交通现代化管理和高速公路环境保护的要求。

管理、养护服务房屋规划与设施建设涉及的交通工程、城市规划、房屋建筑、环境景观、通信和电力等多个专业,除应符合相应地区设计标准指南外,还应符合国家和地方颁布的设计标准、规范、规定。

管理、养护服务房屋主要为人、车提供服务的场所。按使用功能和区位设置可以划分为中心服务区、普通服务区和停车区3种类型。

1. 中心服务区

中心服务区是指起服务主导地位,功能完善、规模较大的为人、车提供服务的场所。

2. 普通服务区

普通服务区是指配合中心服务区,占次要地位,功能较全、规模适中的为人、车提供服务的场所。

3. 停车区

停车区是指配合普通服务区,具有基本功能,规模较小的以停车为主的服务场所。其相关配置如表10-1所示。

停车区相关配置

表10-1

技术指标 / 功能配置			中心服务区	普通服务区	停车区
车辆服务功能	停车场		●	●	●
	加油站		●	●	○
	汽车维修		●	●	—
	加水、洗车		●	●	○
	交通信息告示牌		●	○	○
	交通导向标志		●	●	●
	场区安保设施		●	●	○
	场区照明设施		●	●	○
	野营停车区		○	—	—
人员服务功能	公共厕所		●	●	●
	住宿		●	○	—
	餐饮	餐厅	●	●	—
		咖啡厅、茶座	○	—	—
	购物	综合性超市	●	○	—
		小卖部	○	●	○
	休闲	室内外休息区	●	○	—
		贵宾休息室	○	—	—
		公共浴室	●	○	—
		健身娱乐室	○	—	—
	银行	服务网点	○	—	—
		自动存取款机	○	○	—
	信息通讯	电子显示屏	●	○	—
		信息查询系统	●	—	—
		公共电话	●	○	—
		互联网	●	○	—
		有线电视	●	●	—
	医疗救护		●	○	—
附属服务功能	管理用房		●	●	—
	员工宿舍		●	●	—
	辅助设备用房		●	●	—
	污水处理设施		●	●	—
	垃圾处理设施		●	●	—
拓展服务功能	旅游休闲娱乐		○	—	—
	客运换乘		○	○	—
	仓储、物流服务		○	○	—

注:●表示必备;○表示视情况设置;—表示不设。

4. 服务区的选址

服务区的选址根据全省高速公路服务区总体规划确定。服务区具体建设位置的选择应根据该服务区所在路段的交通区位、交通性质、场地特征、环境影响等因素确定。

（1）应符合高速公路服务区规划要求，与主线联系密切，流向合理、出入方便。

（2）应充分利用特定的自然资源和地理条件，形成富有地方特色、人文历史的服务区景观。

（3）土地使用应符合国家土地和环保政策，少占耕地，宜减少拆迁和填挖方工程量。

（4）场地不应选择低洼易淹和有山洪、断层、滑坡、流沙、地震断裂带等地质灾害易产生地段。

（5）场地与隧道出口、互通立交应保持一定的距离，与隧道间距不小于1km，与互通立交间距不小于2km。

（6）在主线两侧可采用对位和错位等方式布置，宜征用梯形地块或长方形叠加地块。

（7）应选在靠近城镇，并必须具有水源、电源、通信、消防疏散及排污等建设基础条件，水源必须充足，饮用水符合国家标准。

5. 服务区和停车区的总体设置间距

服务区和停车区的总体设置间距，一般规定如下：

（1）在距50万人口城市150km范围内、交通流量较大、重要度高的高速公路上，或通往著名旅游景区的枢纽互通附近，宜设置中心服务区。

（2）在中心服务区之间可连续设置普通服务区；在中心服务区或者普通服务区之间，可设置停车区。

（3）中心服务区与普通服务区的平均间距不宜大于50km，最大间距不宜大于60km；停车区与中心服务区或者普通服务区之间平均间距宜大于15km，最大间距不宜大于25km。

6. 建设规模

各类型服务区的建设规模可参考表10-2设置。

高速公路服务区占地规模推荐值 表10-2

服务区类型	用地面积（hm^2/处）	建筑面积（m^2/处）
中心服务区	10～13.5	（3 750～6 000）×2
普通服务区	4～6.5	（2 250～3 750）×2
停车区	1～2.5	约500

建设规模大小，要根据上级批复、地形等条件确定，具体如下：

（1）应符合交通运输部项目批复的总用地指标要求。

（2）当各服务区设施共建时，其用地面积和建筑面积为各项规定值之和。

（3）服务区的用地应根据地形、周边环境及使用情况等采用适当布置形式，在总用地面积符合表10-2规定规模范围内进行调整。

（4）八车道高速公路服务区用地和建筑面积，可根据交通量、交通组成等经论证后确定。

（5）当服务区规模超出表10-2的规定时，应根据交通量、交通组成等经论证后确定，采用商业化方式增加规模。

（6）风景旅游景点附近的服务区增设的旅游服务功能配置所需的用地面积和建筑面积，

不包含在表 10-2 规模范围之内。

服务房屋及附属设施(原则)建设规模宜符合表 10-3、表 10-4 的规定。

服务房屋及附属设施(单侧)占地参考值 表 10-3

<table>
<tr><th>用地面积(m^2/侧)</th><th>中心服务区</th><th>占地比例</th><th>普通服务区</th><th>占地比例</th><th>停车区</th><th>占地比例</th></tr>
<tr><td>道路、广场</td><td>11 500 ~ 13 750</td><td rowspan="2">50%</td><td>5 000 ~ 7 875</td><td rowspan="2">55%</td><td rowspan="2">3 000 ~ 7 500</td><td rowspan="2">60%</td></tr>
<tr><td>停车场</td><td>13 500 ~ 20 000</td><td>6 000 ~ 10 000</td></tr>
<tr><td>综合楼</td><td>1 500 ~ 2 250</td><td rowspan="5">10%</td><td>700 ~ 1 050</td><td rowspan="5">10%</td><td rowspan="5">500 ~ 1 250</td><td rowspan="5">10%</td></tr>
<tr><td>公共厕所</td><td>600 ~ 700</td><td>300 ~ 400</td></tr>
<tr><td>加油站</td><td>800 ~ 1 000</td><td>400 ~ 600</td></tr>
<tr><td>车辆维护</td><td>600 ~ 800</td><td>200 ~ 400</td></tr>
<tr><td>其他</td><td>1 500 ~ 2 000</td><td>400 ~ 800</td></tr>
<tr><td>绿地</td><td>12 500 ~ 16 875</td><td>25%</td><td>5 000 ~ 8 125</td><td>25%</td><td>1 250 ~ 3 125</td><td>25%</td></tr>
<tr><td>预留发展用地</td><td>7 500 ~ 10 125</td><td>15%</td><td>2 000 ~ 3 250</td><td>10%</td><td>250 ~ 625</td><td>5%</td></tr>
<tr><td>总计</td><td>50 000 ~ 67 500</td><td>100%</td><td>20 000 ~ 32 500</td><td>100%</td><td>5 000 ~ 12 500</td><td>100%</td></tr>
</table>

注:此表以分离式服务区的单侧数值为参考基础。

服务房屋及附属设施(单侧)建设面积参考值 表 10-4

<table>
<tr><th colspan="2" rowspan="2">技 术 指 标</th><th colspan="2">中心服务区</th><th colspan="2">普通服务区</th><th rowspan="3">停车区</th></tr>
<tr><th colspan="2">主要服务设施(m^2/侧)</th><th colspan="2">主要服务设施(m^2/侧)</th></tr>
<tr><th colspan="2">功能配置</th><th>各项</th><th>小计</th><th>各项</th><th>小计</th></tr>
<tr><td rowspan="7">综合楼</td><td>休息</td><td>100 ~ 250</td><td rowspan="7">17 000 ~ 3 200</td><td>120 ~ 250</td><td rowspan="7">1 720 ~ 2 000</td><td rowspan="9">350</td></tr>
<tr><td>购物</td><td>300 ~ 600</td><td>270 ~ 300</td></tr>
<tr><td>餐饮</td><td>550 ~ 1 000</td><td>840 ~ 880</td></tr>
<tr><td>住宿</td><td>400 ~ 800</td><td>180 ~ 240</td></tr>
<tr><td>管理</td><td>100 ~ 250</td><td>130 ~ 150</td></tr>
<tr><td>公共浴室</td><td>50 ~ 100</td><td>80</td></tr>
<tr><td>其他</td><td>200</td><td>100 ~ 200</td></tr>
<tr><td colspan="2">公共厕所 350</td><td>350</td><td>350</td><td>250</td><td>250</td></tr>
<tr><td colspan="2">加油站</td><td>400 ~ 600</td><td>400 ~ 600</td><td>200 ~ 300</td><td>200 ~ 300</td></tr>
<tr><td rowspan="4">辅助用房</td><td>水泵房(除水塔)</td><td>60</td><td rowspan="4">730 ~ 1 030</td><td>60</td><td rowspan="3">140</td><td rowspan="7">150</td></tr>
<tr><td>变(配)电站</td><td>100</td><td>70</td></tr>
<tr><td>垃圾处理房</td><td>70</td><td>20</td></tr>
<tr><td>员工宿舍</td><td>500 ~ 800</td><td colspan="2">380 ~ 480</td></tr>
<tr><td rowspan="2">车辆维护</td><td>汽车修理所</td><td>200 ~ 400</td><td rowspan="2">300 ~ 550</td><td>220 ~ 250</td><td rowspan="2">270 ~ 350</td></tr>
<tr><td>汽车库</td><td>100 ~ 150</td><td>50 ~ 100</td></tr>
<tr><td colspan="2">其他</td><td>约 270</td><td>约 270</td><td>120 ~ 270</td><td>120 ~ 270</td></tr>
<tr><td colspan="2">总计</td><td colspan="2">3 750 ~ 6 000</td><td colspan="2">3 080 ~ 3 790</td><td>约 500</td></tr>
</table>

注:此表以分离式服务区的单侧数值为参考基础。

二、设计内容

建筑工程设计是指设计一个建筑物或建筑群所要做的全部工作，包括建筑设计、结构设计、给排水、强电、弱电、暖通、机电设备设计等方面的内容。

建筑设计是指建筑物在建造之前，设计者按照建设任务，把施工过程和使用过程中所存在的或可能发生的问题，事先作好通盘的设想，拟定好解决这些问题的办法、方案，用图纸和文件表达出来。通过建筑总平面设计、建筑平面设计、建筑剖面设计、建筑体型与立面设计来完成。包括建筑施工图总说明、基础、地下室、地上各层的平面布置图，立面图、剖面图、节点大样图、门窗配置表等。

结构设计主要是为了保证设计的房屋能满足安全和正常使用要求，根据建筑设计方案、工程地质勘察报告及结构专业相关规范、图集等选择切实可行的结构方案，确定结构体系进行结构计算、结构布置及构造设计及某些必要构造措施等进行结构设计，使房屋能安全可靠地承受施工阶段和使用阶段的各种作用（见结构上的作用）或荷载，同时还要按国家设计规范规定控制房屋在使用条件下所产生的挠度、裂缝、振幅等不超出限值。除了上部结构以外，房屋的下部结构如地基和基础也是结构设计的一部分，如地基承载力的确定，沉陷量的控制，天然地基、人工地基的选用，桩基设计或其他基础等的设计。其内容包括结构设计总说明、基础、地下室、地上各层及屋面结构平面布置图，梁、柱结构及配筋图、结构剖面图、节点大样结构图等。

给水排水、电气照明、采暖通风、动力、设备等方面的设计，由各相关专业工程师配合建筑设计来完成。

房屋给排水设计：通常包括室内给水系统、室内排水系统、热水供应系统、室内雨水系统、消防给水系统和室外给排水管网设计等。室外给排水管网设计是指房屋给水、排水、热水、消防给水、雨水的室外管网部分的设计，包括房屋之间场区内的道路、场地雨水管网。有时称为给排水总平面设计。

采暖通风设计：包括采暖设计、通风设计、空调设计、排烟设计和室外暖气管网设计等。

采暖设计：主要为集中采暖，它是由热源、供热管道和散热器等设备组成。多数采用集中锅炉房作为热源，也有热电厂供给的。

通风设计：指排出室内废气，送进新鲜空气，保持室内空气新鲜的设计。对于具有散发高热量、带粉尘或排出有害气体的设备的工作房屋，通风设计范围有时还应包括隔热、降温、除尘、排毒等内容。

空调设计：为空气调节设计的简称，用以保证室内空气所需要的温度、相对湿度、流速和清洁度，为了不受室内外各种因素例如环境变化，时间和季节改变，生活或生产设备产生的热量、湿气、粉尘、烟雾等的破坏影响，还需设置自动控制设备，并须考虑消声和减振。空调设计的内容包括加热、冷却、加湿、减湿、净化和空气流速。设计空调系统时，对于串通多房间、多楼层特别是高层建筑的风管，需设置防火阀，以便在火灾发生时，能自动将起火房间与其他房间隔断。

排烟设计：是建筑防火设计的重要组成部分，根据设计规定在房屋的有关部位设置防烟、排烟设施。一般情况下,一个防火区可划分为若干个排烟区。排烟设备包括排烟口、排烟阀、排烟风机和活动的防烟卷帘、垂壁等,并应设自控装置与烟感器或温感器联锁。对有关空调或通风系统,能进行自控,按要求分别关闭或启动。

室外暖气管网设计:也称暖气总平面设计,指从供暖锅炉房或从热交换站分送至各采暖房屋的室外暖气管网设计。

电气设计范围主要是在房屋或构筑物内,供配电、照明、给排水、采暖通风、消防设备需要的用电及设施。

变、配电设计:也称供电设计,指高、低压变、配电所、事故应急电源等的设计。

电力设计:也称动力设备设计,系指工业厂房和民用房屋中所有用电设备的配电设计,施工用电设计,电子计算机、各类小型器具以及其他特殊设备的用电设计。

照明设计:指室内一般照明、局部照明、检修照明、事故照明、火灾时的疏散诱导照明、室外道路照明、庭园绿化照明、警卫照明、航空障碍灯、建筑物立面照明、节日彩灯、商标霓虹灯、舞台照明、体育馆照明等设计。

自动控制及信号设计:用于某些有特殊要求房屋如:有联锁控制要求的服务呼叫信号、空调控制系统、建筑房屋的火灾自动报警和消防自控系统、热工仪表检测与控制系统以及其他各种单机自动化、群机集控、采用电子计算机实行动力设备运行管理和经营管理等方面的设计。

电讯设计:是指如电话、有线广播、会场扩声、直流子母钟、电传、电报、闭路电视和共用电视天线系统等方面的设计。

室内、外配电线路设计:室外线路有架空线与电缆之分,室内线路有明线(瓷、塑线夹布线;瓷珠、瓷瓶布线;钢管明线;钢索布线;电缆桥架布线以及内裸母干线等)、暗线(钢管、塑料管暗布线;多孔矩形金属或塑料线槽暗布线;电缆在沟内或隧道内暗敷设等)之分,导线型号和截面的选择以及采用何种布线方式,决定于:电压等级、环境特征(温度、湿度、压力、盐雾、化学腐蚀、防火、防爆、防震等)、允许荷载、电压损失和电能损耗、机械强度、短路与过载保护配合等多种因素。

建筑物防雷及电力设备过电压保护设计:指工业与民用建筑物、高耸构筑物、高层建筑物等的防雷设计以及变压器、旋转电机、架空线路等电力设施的防雷设计。

接地设计:指配电变压器低压侧中性点的工作接地,电气设备金属外壳的保护接地,电气线路的重复接地,建筑物和构筑物的防雷接地以及特殊用电设备的专用接地等的设计。

防火、防爆设计:指在有火灾危险或有爆炸危险的场所进行电器设备和电气线路的防火与防爆设计。

防震、抗震设计:系指在地震地区按照设防需要的地震烈度来进行电气设备和电气线路本身的防震、抗震设计。

设备设计为了确保房屋能满足人们生活和生产的要求,必须配合建筑、结构设计进行设备设计。凡房屋供暖系统、冷气系统、动力照明系统、通信电话系统、卫生器具的给排水系统以及通风系统等均属设备设计范围。

第四节 工程量计算

一、一般方法

按施工顺序计算工程量:从基础到主体,从结构到装修,从主要分部工程到辅助分部工程,逐步计算。

常见计算顺序:按顺时针方向进行计算;按先横后竖,先上后下,先左后右的顺序计算;按轴线编号顺序计算,由外到内,自左至右,自下而上;按结构构件编号的顺序计算,自梁、板、柱、特殊构件顺序。

二、一般原则

计算口径要一致;计算单位要一致;计算规则要一致。

应注意的问题,采用"工程量计算书"的统一规格;计算式应按图索骥,注明部位、轴线编号、便于核对;计算精度,算到小数点后两位,钢材、木材、贵重材料可算到小数点后三位,余数四舍五入;计算式的尺寸顺序应统一,即:宽(B)×高(H)×长(L)。

三、工程量计算

管理、养护服务房屋及附属工程工程涉及专业多,工程量计算烦琐,工作量大,由于专业涉及较多,所以计算工程量和编制预算、计价和计量需要各专业相关人员。与公路工程费用比较,房建工程费用比例相对较低。

管理、养护服务房屋建设工程在公路工程中属于其他专业,根据相关公路计价规范要求,房建工程设施及其他未纳入的不是公路行业的一些项目,可参照相关行业定额及计价规范计算费用。

房屋建筑工程预算定额各地区有各自的预算定额和清单计价规范,计价规范主要在城乡和住房建设部清单计价规范的基础上,根据当地的情况编制适合各地区的计价规范。从预算计价定额到清单计价规范各地区不尽相同,但大同小异,所以工程量计算规则个别的计算方法也不一致。计算工程量时要根据当地的定额总说明、各章节定额说明、计算规则计算。工程量的计算有明确的计算规则,因而必须对计算规则有相当透彻的理解。而在实际各方核对工程量数据的过程中,常发生争议的现象,这大多是因为对计算规则的理解不同所致。

在理解计算规则的过程中,要结合对图纸、建筑工程的特点及对施工过程的了解。对计算规则上的规定需要反复推敲,比如单层建筑物建筑面积,无论其高度如何,按建筑物外墙勒脚以上的结构外围水平面积计算。但当设计中未设计勒脚时,其建筑面积,按外墙外围水平面积计算。

计算工程量时,清单计价规则和定额计价规则个别有些不一致,计算工程量时要弄清楚。如模板工程,各地区建筑定额这部分不尽相同,有的是以混凝土接触面积 m^2 计算,有的是混凝土的体积 m^3 计算。

2013 年版清单计价规范项目分为 9 个大项,即房屋建筑与装饰工程、仿古建筑工程、通用安装工程、市政工程、园林绿化工程、矿山工程、构筑物工程、城市轨道交通工程、爆破工程。

通用安装工程包括13个安装定额项目,即:1 机械设备安装工程,2 热力设备安装工程,3 静置设备与工艺金属结构制作安装工程,4 电气设备安装工程,5 建筑智能化工程,6 自动化控制仪表安装工程,7 通风空调工程,8 工业管道工程,9 消防工程,10 给排水、采暖、燃气工程,11 通信设备及线路工程,12 刷油、防腐蚀、绝热工程,13 措施项目。

这些定额有各自的清单计价规范可以执行。

钢筋计算按照11G101新平法图集计算。

四、主要清单项目工程量计算规则

(1)平整场地:指建筑物场地内厚度在±0.3m以内挖填运土及找平。其工程量按设计图示尺寸以建筑物首层面积以m^2计算。

(2)“首层面积”指建筑物首层所占面积,不一定等于底层建筑面积,“首层面积”应按建筑物外墙外边线计算。落地阳台计算全面积;悬挑阳台不计算面积。设地下室和半地下室的采光井等不计算建筑面积的部位也应计入平整场地的工程量。地上无建筑物的地下停车场按地下停车场外墙外边线外围面积计算,包括出入口、通风竖井和采光井计算平整场地的面积。

(3)挖基础土方:按基础垫层底面积乘挖土深度以m^3计算。包括带形基础(挖沟槽)、独立基础(挖地坑)、满堂基础(包括地下室)(大开挖)及设备基础、人工挖桩孔等的挖土。挖基础土方的编码应根据不同的基础类型列项,带形基础根据其不同的底宽和深度编码列项;独立和满堂基础则按不同底面积和深度分别编码列项。计算土方工程量时,以设计图示净量计算,放坡、操作工作面、支挡土板等,在计价时考虑。

挖沟槽:指挖土深度>0.3m,长>3倍宽,宽≤3m(即细长条的)。

$$V = B \times H \times L$$

式中:B——垫层宽度;

H——挖土深度(垫层底面高程-室内外高差);

L——垫层长度[$L_{中}$,$L_{内}-(B/2-b/2)\times$T形接头个数]。

挖基坑:指坑底面积≤20m^2(即小面积的)。

$$V = A \times B \times H$$

式中:A、B——垫层长度、宽度;

H——挖土深度(垫层底面高程-室内外高差)。

大开挖:指坑底面积>20m^2(即大面积),计算同挖基坑。

人工挖桩孔:

$$V = 3.14 \times R^2 \times H$$

(4)土方回填:按体积以m^3计算。包括基础回填土和室内回填土,并包括指定范围内的运输。

基础回填土:

$$V = \text{挖土体积} - \text{设计室外地坪以下埋设的基础体积}$$

室内回填土:

$V=$主墙间净面积×回填厚度

$=(S_{底}-L_{中}\times$墙厚$-L_{内}\times$墙厚$)\times$(室内外高差－垫层、找平层、面层等厚度)

主墙厚度:承重墙或厚度在15cm以上的墙不扣除垛、附墙烟囱、垃圾道及地沟等面积。

(5)管沟土方:按设计图示以管道中心线长度以m计算。适用于管沟土方的开挖、回填,地沟土方开挖、回填应包含在地沟中,一般不单独列项。

(6)土方运输:按自然方以m^3计算(一般不单独列项)。若无法按自然方计算的,可按压实方量×1.15的系数。

(7)砌筑工程量计算。

基础与墙身的划分:①砖基础与砖墙以设计室内地坪为界,室内地坪以下为基础,以上为墙身(有地下室的按地下室室内地坪为界);②砖围墙应以围墙内设计地坪为界,以上为墙身。

计算长度:外墙按外墙中心线长,内墙按内墙净长线长计算。

(8)砖墙高度的计算。

外墙高度:

①平屋面算至钢筋混凝土板底(净高)。

②斜屋面无沿口天棚者算至屋面板底;有屋架且室内外均有天棚者,算至屋架下弦底面另加20cm;无天棚者算至屋架下弦底加30cm,出沿宽度超过60cm时,应按实砌高度计算。

内墙高度:

①有钢筋混凝土楼板隔层者,算至楼板顶(层高)。

②位于屋架下弦者,其高度算至屋架下弦底。

③无屋架者,算至天棚底再加10cm。

内、外山墙,墙身高度按其平均高度计算。

围墙:高度算至压顶上表面(混凝土压顶下表面),围墙柱并入围墙体积内。

(9)计算基础和墙体工程量时,应扣除门窗洞口、嵌入墙身的钢筋混凝土构件所占体积及大于$0.3m^2$的洞口及其过梁所占体积。

(10)砖基础按设计图示尺寸按体积以m^3计算。"砖基础"适用于各种类型的砖基础,如墙基础、柱基础、烟囱基础、水塔基础、管道基础等。对基础类型,应在工程量清单的项目特征中进行描述。

①条形砖基础(墙下):

$$V=b\times(h+H)\times L$$

式中:b——基础墙厚度(mm);

h——基础深度(垫层上表面至0.00);

L——基础长度(外墙中心线,内墙净长线);

H——基础大放脚折加高度(预算定额计算规则内大放脚数据表)。

砖基础T形接头重复计算部分及防潮层不扣除。

②独立柱基础(砖柱下):

$$V=柱基断面积\times柱基高度+柱基大放脚体积$$

式中:柱基高度——柱基扩大顶面至0.00;

柱基大放脚体积——分台阶分层计算,面积×厚度。

(11)砖柱适用于各种类型柱,如矩形、异形柱、圆柱。按设计图示尺寸按体积以 m^3 计算,扣除混凝土梁垫、梁头、板头所占体积。

$$V=柱断面积\times柱高$$

(12)垫层按设计图示尺寸按体积以 m^3 计算。

①条形(带形)基础垫层:

$$V=断面积\times长度=B\times H\times L$$

式中:L——垫层长度[$L_{中}$,$L_{内}-(B/2-b/2)\times$接头个数]。

②独立基础(满堂基础)垫层:

$$V=底面积\times厚度=A\times B\times H(长\times宽\times厚度)$$

③地面下垫层:

$$V=室内净面积\times厚度=(S_{底}-L_{中}\times墙厚-L_{内}\times墙厚)\times H$$

编制清单时,垫层一般不单独列项。

(13)砖墙:按设计图示尺寸按体积以 m^3 计算。

$$V=(L\times H-洞口面积)\times b-混凝土构件体积$$

式中:L——墙长度(外墙中心线,内墙净长线);

H——墙高度(净高,层高);

b——墙厚度[《房屋建筑与装饰工程工程量计算规范》(GB 50854—2013)]。

(14)围墙:按设计图示尺寸按体积以 m^3 计算。

$$V=L\times H\times b$$

式中:L——围墙长度(中心线长)。

(15)其他砖墙。

①附墙的烟筒、通风道、垃圾道等以其体积计算后并入墙身中计算。

②附墙(包括基础)砖垛按实体积并入依附墙(基础)项目。

③女儿墙分别不同墙厚按外墙以 m^3 计算,高度自屋面板上表明算至图示高度。

④框架结构间砌墙,分别内、外墙及不同厚度以框架间的净空面积乘厚度以 m^3 计算。

⑤底层阳台的围护砖墙按外墙计算。

(16)零星项目:按设计图示尺寸按体积(面积、长度、个)以 m^3(m^2、m、个)计算。

零星项目的含义指不好利用计算规则和定额进行计价的造价相对较小的单相工程。对零星项目的名称、部位,应在工程量清单的项目特征中进行描述。

(17)砖地沟、明沟。

砖砌地沟、明沟按设计图示尺寸按中心线长度以 m 计算。

在地沟的项目特征中,应描述的内容(如是否含挖运填土方、是否含地沟盖板、地沟过梁)。

地沟土方若在管沟土方中编码列项,地沟项目中就不能再包括挖土方内容。

(18)钢筋混凝土工程量计算。

①现浇板

有梁板:现浇板下有现浇梁,其梁和板(包括主、次梁与板)按梁板体积之和计算。

无梁板:现浇板下无现浇梁但有柱,板与柱分别计算列项(柱帽计入板内)。

平板:指板直接搁在墙上(或圈梁上)板按体积计算。

注意:有梁板中不包括圈梁和框架梁。

②现浇梁

基础梁:指梁的两端搁在柱基上(梁下是否放在土上,有没有底模板不管)。

圈梁:沿砖墙设置的梁,施工时无底模板,地圈梁执行圈梁定额。

梁及框架梁(单梁、挑梁、连梁等):施工时有底模板和支撑。

③梁长的确定

梁与柱相交,梁长算至柱的内侧边。

主梁与次梁相交,次梁算至主梁的侧边。

梁与墙相交,梁长算至墙的内侧边(墙指混凝土墙)。

圈梁长度:外墙按中心线长度,内墙按净长线长度。

(19)柱高的确定。

从基础扩大顶面算起。柱与梁(有梁板)相交,柱高算至梁顶面。柱与无梁板相交,柱高算至柱帽下表面。框架柱算至柱顶高度。构造柱按全高计算,嵌接墙体部分并入柱身体积。

(20)计算混凝土时不扣除构件内钢筋、预埋铁件所占体积。

(21)混凝土墙、板及散水、坡道中单孔面积在 $0.3m^2$ 以下的孔洞,在计算混凝土工程量时不预扣除。

(22)预制混凝土板及其他预制构件中,不扣除 300mm × 300mm 以内的孔洞所占的体积。

(23)带形基础(有梁式和无梁式)。

混凝土带形基础 T 形接头部分不能重复计算,因此:

无梁式:

$$V = 基础断面积 \times 基础长度 + T形接头部分的体积$$

有梁式:

$$V = 基础断面积 \times 基础长度 + T形接头部分的体积$$

基础长度 L——外墙下:$L_{中}$;内墙下:基础底面净长线。

T 形接头部分体积的计算:

$$VD = V_1 + (V_2 + V_3)$$

式中:V_1——搭接部分上部矩形梁的体积,$V_1 = b \times h_3 \times L_D$;

V_2——搭接部分中部楔形体的体积,$V_2 = b \times h_2 \times L_D/2$;

V_3——搭接部分两侧三棱锥的体积,$V_3 = (B - b)/2 \times h_2 \times L_D/3 \times 2$。

$$V_D = b \times h_3 \times L_D + (2b + B)/6 \times h_2 \times L_D$$

对于无梁式带形基础,$h_3 = 0$,即

$$V_D = (2b + B)/6 \times h_2 \times L_D$$

如果 T 形接头是阶梯形的,则每个搭接部分均为矩形,接头部分的体积是把每个台阶矩形直接叠加起来即可。

(24)独立基础(阶梯式和方锥形)。

阶梯式:按台阶分层计算(底面积 × 台阶高度)。

方锥形:分台形体和矩形体计算。

台形体:

$$V=[A\times B+(A+a)\times(B+b)+a\times b]\times h/6$$

式中:A、B——下底边长;

a、b——上底边长;

h——台体高度。

矩形体:

$$V=底面积\times高度$$

(25)杯形基础。

分成两个台形体和两个矩形体计算:

$$V=V_1+V_2+V_3-V_4$$

杯形基础列项时按独立基础考虑。

(26)满堂基础(有梁式和无梁式)。

无梁式:

$$V=基础底板面积\times板厚$$

有梁式:

$$V=基础底板面积\times板厚+\sum梁断面积\times梁长$$

(27)设备基础。

设备基础常见的是块体状,其工程量按设计图示尺寸按体积以 m^3 计算。

设备基础若是框架式,则要分解成设备基础、柱、梁、板、墙列项编码。

(28)桩承台基础。

桩承台基础分为独立式、带式和满堂式承台,类型不同分别列项编码。其工程量按设计图示尺寸以体积计算。

(29)箱形基础。

《房屋建筑与装饰工程工程量计算规范》(GB 50854—2013)没有箱形满堂基础的项目,在编制清单时,应将其分解为满堂基础、墙(柱)、顶板等项目分别列项编码,其工程量按相应构件的计算规则计算。

(30)现浇混凝土柱:其工程量按设计图示尺寸以体积以 m^3 计算。

一般柱:

$$V=柱的断面积\times柱高$$

带牛腿柱:

$$V=柱的断面积\times柱高+牛腿体积$$

构造柱(按矩形柱列项):

$$V=(构造柱断面积+马牙槎断面积)\times柱高$$

异形柱:异形柱要单独列项,其工程量计算同一般柱,注意断面积的计算

(31)现浇混凝土梁:其工程量按设计图示尺寸以体积以 m^3 计算。

一般梁(基础梁、矩形梁、异形梁):

$$V=梁的断面积\times梁长$$

圈梁:

$$V=圈梁的断面积\times梁长(L_{中},L_{内})$$

过梁：

$$V=\text{过梁的断面积}\times\text{梁长}\qquad(L=\text{洞口宽}+500\text{mm})$$

(32)现浇混凝土墙：其工程量按设计图示尺寸以体积以 m^3 计算。墙垛及突出部分并入墙体积内计算。

(33)现浇混凝土板：其工程量按设计图示尺寸以体积以 m^3 计算。

平板按板的净面积×板厚计算。

有梁板(包括主次梁与板)按梁板体积之和计算。

无梁板按板和柱帽之和计算。

各类板(雨篷、阳台板除外)伸入砖墙内的板头并入板体积内计算。

栏板是楼梯、阳台、雨篷、通廊等侧边弯起的垂直部分，起防护及装饰作用。其工程量按垂直投影面积×栏板厚度计算。

(34)现浇混凝土悬挑构件：其工程量按设计图示尺寸以墙外部分体积以 m^3 计算。挑沿的体积包括底板和翻沿两部分。

$$V_1=\text{底板的断面积}\times(L_{外}+4\times\text{底板宽})$$

$$V_2=\text{翻沿的断面积}\times[L_{外}+8\times(\text{底板宽}-\text{沿厚}/2)]$$

雨篷、阳台板：包括伸出墙外的牛腿、挑梁和雨篷反挑檐的体积。

雨篷：

$$V=\text{底板的面积}\times\text{板厚}+\text{挑梁体积}+\text{翻起的体积}$$

阳台板：

$$V=\text{底板的面积}\times\text{板厚}+\text{挑梁体积}$$

“阳台板”仅指阳台底板，当阳台为现浇整体阳台或采用多孔板的挑阳台时，应分解后列项编码。

(35)现浇混凝土楼梯：其工程量按设计图示尺寸以水平投影面积以 m^2 计算。不扣除宽度小于0.5m 的楼梯井，伸入墙内部分不计算。(水平投影面积包括休息平台、平台梁、楼梯与板的连接梁)

(36)现浇混凝土其他构件。

散水、坡道：按设计图示尺寸以水平投影面积按 m^2 计算。不扣除单个 $0.3m^2$ 以内的孔洞所占面积。散水和坡道要结合建筑设计说明将构造做法描述清楚。

散水：

$$S=(L_{外}-\text{台阶宽})\times\text{宽}+\text{宽}\times\text{宽}\times4$$

电缆沟、地沟：按设计图示尺寸以中心线按 m 计算。在项目特征中，要把地沟的断面尺寸、垫层材料、混凝土强度等级及是否包含土方开挖等要描述清楚。

地沟土方若在管沟土方中编码列项，地沟项目中就不能在包括挖土方内容。地沟的工程内容中不包括地沟盖板和地沟过梁。地沟盖板和过梁可以按预制混凝土构件单独列项编码。

台阶：按设计图示尺寸以水平投影面积按 m^2 计算。

扶手、压顶：按设计图示尺寸以延长米按 m 计算。

其余构件：按设计图示尺寸以体积按 m^3 计算。

(37)预制混凝土构件：其工程量按设计图示尺寸以体积以 m^3 计算。

金属结构工程量计算:

(38)钢构件的除锈刷漆包括在报价内,不单独计列。

(39)钢构件的拼装台的搭拆和材料摊销,应列入措施项目中。“钢栏杆”适用于工业厂房平台钢栏杆。

(40)金属结构构件的工程量按图示尺寸以钢材重量以 t 计算,不扣除孔眼、切边、切肢的重量,焊条、铆钉、螺栓等不另增加重量。

计算时应注意:先按图示尺寸计算长度、高度或面积(钢板),再折算成重量 。不规则或多边形钢板,以其外接规则矩形面积计算。依附在钢柱上的牛腿等并入钢柱工程量内。制动梁、制动板、制动桁架、车挡并入钢吊车梁工程量内。钢墙架项目包括墙架柱、墙架梁和连接杆件。

(41)压型钢板楼板、墙板按图示尺寸以铺设投影面积计算。不扣除柱、垛及单个 $0.3m^3$ 以内的孔洞所占面积。

“压型钢板楼板、墙板”项目适用于现浇混凝土楼板,使用压型钢板作为永久性模板,并与混凝土叠合组成共同受力的构件。压型钢板采用镀锌或经防腐处理的薄钢板。

(42)金属网按设计图示尺寸以面积计算。

屋面及防水工程计算:

(43)瓦型材屋面:包括瓦屋面和型材屋面,其工程量按设计图示尺寸以斜面积以 m^2 计算。瓦屋面适用于小青瓦、平瓦、筒瓦、石棉瓦、玻璃钢瓦等。型材屋面适用于压型钢板、金属压型夹心板、彩钢保温板、阳光板、玻璃钢等。

(44)膜结构屋面:也称索膜结构,按设计图示尺寸以需要覆盖的水平面积以 m^2 计算。

膜结构屋面是指以膜布与支撑(柱、网架等)和拉杆结构(拉杆、钢丝绳等)组成的屋盖、篷顶结构形式的屋面。

(45)屋面防水:包括卷材防水和涂膜防水。按设计图示尺寸以面积以 m^2 计算。斜屋面按斜面积计算。平屋面按水平投影面积计算。女儿墙、伸缩缝、天窗、挑沿处的弯起部分,并入屋面工程量内。不扣除烟筒、风帽底座、斜沟所占面积。小气窗的出檐部分不增加面积天窗。

(46)屋面排水管:按设计图示尺寸以长度以 m 计算。(设计室外地面到沿口的垂直高度)

(47)墙、地面防水、防潮:按设计图示尺寸以面积以 m^2 计算。“卷材防水,涂膜防水”项目适用于基础、楼地面、墙面等部位的防水。“砂浆防水(潮)”项目适用于地下、基础、楼地面、墙面等部位的防水防潮。

(48)地面:按主墙间的净空面积计算,扣除凸出地面的构筑物设备基础所占面积,不扣除间壁墙和单个 $0.3m^2$ 以内的柱、垛、烟囱和孔洞所占面积。

(49)变形缝:按设计图示尺寸以长度以 m 计算。变形缝适用于基础、墙体、屋面等部位的抗震缝、伸缩缝、沉降缝。应注意止水带安装、盖板制安。

保温隔热层工程计算:

(50)屋面如有隔气层时,隔气层不单独列项,并入屋面保温层,在项目特征中描述清楚。

(51)隔热保温在计算工程量时按面积计算,因此,应在项目特征中,对保温材料的厚度(平均厚度)加以描述。

(52)保温隔热墙的装饰面层,应在装饰工程墙柱面相关项目中编码列项。

(53)池槽保温隔热,池壁、池底应分别编码列项,池壁并入墙面,池底并入地面。

(54)保温隔热屋面:适用于各种材料的屋面隔热保温,其工程量按设计图示尺寸以面积以 m^2 计算。不扣除柱、垛所占面积。

(55)保温隔热天棚:适用于各种材料的下贴式或吊顶上搁置式的保温隔热天棚,其工程量按设计图示尺寸以面积以 m^2 计算。不扣除柱、垛所占面积。

$$S = S_{底} - (L_{中} \times 墙厚 + L_{内} \times 墙厚)$$

$$S_{底} - 保温隔热天棚底面积。$$

(56)保温隔热墙:适用于工业与民用建筑物外墙、内墙保温隔热工程,其工程量按设计图示尺寸以面积以 m^2 计算。扣除门窗洞口面积;门窗洞口侧壁需保温时,并入保温墙体工程量内。

外墙外保温:

$$S = L_{外} \times 高 - 门窗洞口$$

外墙内保温:

$$S = (L_{中} - 4 \times 墙厚 - \text{T}形接头个数 \times 内墙厚度) \times 净高 - 门窗洞口面积$$

(57)地面保温:按设计图示尺寸以净面积以 m^2 计算。不扣除柱、垛所占面积。

楼地面工程计算:

(58)零星装饰项目适用小面积(0.5m^2 以内)、少量分散的楼地面装饰,其工程部位或名称应在清单项目中进行描述。

(59)楼梯、台阶侧面装饰,可按零星装饰项目编码列项,并在清单项目中描述。

(60)扶手、栏杆适用于楼梯、阳台、走廊、回廊及其他装饰性扶手、栏杆、栏板。

(61)单跑楼梯不论其中间是否有休息平台,其工程量同双跑楼梯。

(62)包括垫层的地面和不包括垫层的楼面应分别编码(第五级)列项,分别计算工程量。

(63)整体面层、块料面层:包括水泥砂浆、水磨石、细石混凝土楼地面,天然石材、块料楼地面等。其工程量按设计图示尺寸以面积以 m^2 计算。

扣除凸出地面构筑物、设备基础、地沟等所占面积,不扣除间壁墙和 0.3m^2 以内柱、垛、孔洞所占面积,不增加门洞、空圈等开口部分的面积。

不扣除间壁墙所占面积指的是墙厚 180mm 及以内的砖墙、砌块墙和墙厚 100mm 及以内的钢筋混凝土墙(非承重墙)的所占楼地面面积。计算公式如下:

$$S = 底层建筑面积 - 墙体所占面积 - 其他应扣除的面积$$

$$= S_{底} - L_{中} \times 墙厚 - L_{内} \times 墙厚 + 台阶上平台面积$$

$$S = 楼层建筑面积 - 墙体所占面积 - 其他应扣除的面积$$

$$= S_{楼} - L_{中} \times 墙厚 - L_{内} \times 墙厚 - 楼梯面积$$

(64)其余地面:按设计图示尺寸以面积以 m^2 计算,门洞、空圈等开口部分的面积并入相应的楼地面工程量内。

$$S = 建筑面积 - 墙体所占面积 + 开口部分的面积$$

$$= S_{底} - L_{中} \times 墙厚 - L_{内} \times 墙厚 + 开口部分的面积$$

(65)踢脚线:按设计图示长度乘高度以面积以 m^2 计算。(长度扣除门洞口的宽度)

(66)楼梯装饰:各种楼梯装饰的工程量按设计图示尺寸以楼梯(包括踏步、休息平台及

500mm 以内的楼梯井)水平投影面积以 m^2 计算。(算至水平梁为界,无梁者,算至最上一个踏步边沿加 300mm,同混凝土计算)

(67)扶手、栏杆:适用于楼梯、阳台、回廊等,其工程量按设计图示扶手中心线以长度以 m 计算,包括弯头长度。(楼梯扶手按斜长计算)

(68)台阶装饰:按设计图示尺寸以台阶(包括最上层踏步边沿加 300mm)水平投影面积以 m^2 计算。

墙柱面工程量计算:

(69)墙体类型:指砖墙、混凝土墙、砌块墙、轻质墙等。

(70)抹灰层底层、面层的厚度应根据设计规定确定(一般设计采用的是标准图集中的做法)。

(71)块料装饰面板是指石材(花岗岩、大理石),陶瓷面砖(釉面砖、瓷砖),玻璃面砖、金属饰面板(不锈钢面板、铝合金、铝塑板),塑料饰面板、木质饰面板等。

(72)挂贴方式和干挂方式

挂贴:对大规格的石材(大理石、花岗岩、青石)使用先挂后灌浆的方式固定于墙柱面。其工程量按镶贴表面积计算。

干挂:直接干挂法是通过不锈钢膨胀螺栓、挂件、连接件、钢针等,将外墙饰面板连接在外墙、柱面。间接干挂法是通过固定在墙、柱、梁上的龙骨,再通过各种挂件固定外墙饰面板。干挂石材钢骨架按设计图示以质量以 t 计算。

(73)基层材料指面层下的底板材料,如木墙裙、木板隔墙,在龙骨上粘贴加强面层的底板。工程量随装饰面层,基层不单独计列。

(74)防护材料是指石材等防碱背涂处理剂和面层防酸涂剂。工程量不单独计列。

(75)墙面抹灰 :包括一般抹灰和装饰抹灰。其工程量按设计图示尺寸以面积以 m^2 计算。扣除墙裙、门窗洞口及单个 $0.3m^2$ 以外的孔洞面积,不扣除踢脚线、挂镜线、墙与构件交接处的面积,不增加门窗洞口和孔洞的侧壁及顶面的面积,附墙柱、垛侧壁抹灰并入相应的墙面面积内。

(76)外墙外面:按外墙垂直投影面积计算,$S = L_{外} \times$ 高 − 门窗洞口 − 外墙裙 。

(77)外墙裙:按其长度乘以高度计算,$S = L_{外} \times$ 墙裙高度 − 门窗洞口所占部分面积。

(78)外墙内面:按外墙内面净长线乘以净高计算,$S = (L_{中} - 4 \times$ 墙厚 − T 形接头个数 × 内墙厚度) × 净高 − 洞口的面积 − 内墙裙面积。

(79)内墙双面:按主墙间的净长乘以净高计算,$S = [(L_{内}$ − 内墙与内墙的十字接头个数 × 墙厚) × 净高 − 洞口面积] × 2 − 内墙裙面积。

(80)柱面装饰:包括一般抹灰、装饰抹灰和贴块料。其工程量按设计图示柱断面周长乘以高度以面积以 m^2 计算。

(81)墙、梁、柱面贴块料:

按设计图示尺寸以面积以 m^2 计算(即实贴面积)。干挂石材钢骨架:按设计图示尺寸以质量以 t 计算。

(82)墙饰面:装饰板墙面,其工程量按设计图示墙净长乘以净高以面积以 m^2 计算。

(83)隔断 :按设计图示框外围尺寸以面积以 m^2 计算。扣除单个 0.3 m^2 以上的孔洞所占面积。浴厕门的材质与隔断相同时,门的面积并入隔断面积内。

(84)幕墙:按设计图示尺寸以幕墙外围面积以 m^2 计算。带肋全玻幕墙按展开面积计算。与幕墙同种材质的窗所占面积不扣除,但应在项目中加以说明。

(85)零星抹灰和零星贴块料面层项目适用于小面积($0.5m^2$)以内少量分散的抹灰和块料面层。

(86)设置在隔断、幕墙上的门窗,可包括在隔墙、幕墙内,也可单独列项编码,并在清单项目中进行描述。

(87)墙面抹灰时不扣除与构件交接处的面积,是指墙与梁的交接处所占面积,不包括墙与楼板的交接。

(88)外墙裙的高度注意要考虑室内外高差。

(89)在计算柱面抹灰时,按柱断面周长乘以柱高计算,柱断面周长是指结构断面周长。

(90)装饰板柱梁面按设计外围尺寸乘以高度计算,外围饰面尺寸是指饰面层表面尺寸。

天棚及吊顶工程计算:

(91)在项目特征中,应描述天棚基层类型及材料、龙骨类型及其间距、天棚材料等情况。"天棚抹灰"项目基层类型有现浇混凝土天棚、预制混凝土天棚、木板条等龙骨类型有上人或不上人,平面、造型等,矩形、圆弧形、拱形等基层材料是指底板或面层背后的加强材料龙骨中距是指相邻龙骨中线之间的距离。

天棚面层:石膏板(装饰石膏板,纸面石膏板)、装饰吸音板(矿棉装饰板,埃特板)、塑料装饰板、金属板(铝合金面板)、木质装饰板(胶合板)、纤维水泥加压板、玻璃饰面等。

(92)采光天棚和天棚设置保温、隔热、吸音层时,按工程量清单相关项目列项编码。天棚的检查孔、天棚内的检修走道、灯槽应包括在报价内。

(93)"抹装饰线条"线角的道数以一个突出的棱角为一道线。

(94)天棚抹灰:按设计图示尺寸以水平投影以 m^2 计算(室内净面积)。不扣除间壁墙、柱、垛、附墙烟道、检查口和管道所占的面积,檐口天棚、带梁天棚梁的两侧抹灰面积并入天棚面积内。

板式楼梯底面抹灰按斜面积计算,锯齿形楼梯底板抹灰按展开面积计算。

$$S = S_{楼层} - (L_{中} + L_{内}) \times 墙厚 + S_{梁侧面} + S_{沿口板底} + S_{雨篷阳台} + S_{楼梯}$$

(95)天棚吊顶:按设计图示尺寸以水平投影以 m^2 计算。不扣除间壁墙、检查口、附墙烟道、柱垛和管道所占的面积,扣除 $0.3m^2$ 以上孔洞、独立柱及与天棚相连的窗帘盒所占面积。

$$S = S_{楼层} - (L_{中} + L_{内}) \times 墙厚 - 应扣除面积$$

(96)其他吊顶(如格栅吊顶、吊筒吊顶、网架装饰吊顶等):按设计图示尺寸以水平投影以 m^2 计算。

天棚抹灰和天棚吊顶工程量计算规则有所不同:天棚抹灰不扣除柱垛包括独立柱所占面积;天棚吊顶不扣除柱垛所占面积,但扣除独立柱所占面积。柱垛是指与墙相连的柱面突出墙体部分。

(97)天棚装饰:灯带按设计图示尺寸以框外围面积以 m^2 计算。送风口、回风口按设计图示数量以个计算。

门窗工程量计算:

(98)门窗中应含油漆、五金等内容。门窗五金的含义见《房屋建筑与装饰工程工程量计算规范》(GB 50854—2013)。

(99)"特殊五金"项目是指贵重及业主认为应单独列项的五金配件。特殊五金是指拉手、门锁、窗锁等,用途是指具体使用的门或窗,应在工程量清单中进行描述。

(100)有关项目特征说明:

在项目特征说明中,应描述门窗类型、门窗材质、门窗框断面尺寸、品牌、特殊五金名称等内容。

门窗类型是指单扇或双扇、有亮或无亮、半玻或全玻、是否带百页、开启方式(平开、推拉等)。

框断面尺寸(或面积)是指立梃截面尺寸,一般选用标准图集做法。凡是面层材料有品种、规格、品牌、颜色等要求者,应在工程量清单中进行描述。

(101)各类门窗:包括木门、金属门、卷帘门、其他门、木窗、金属窗等。其工程量按设计图示数量以"樘"计算。

(102)门窗套按设计图示尺寸展开面积以 m^2 计算。

(103)窗帘盒、窗帘轨、窗台板按设计图示尺寸以长度以 m 计算。门窗套、贴脸、筒子板和窗台板项目应包括底层抹灰,如底层抹灰已包括在墙、柱面底层抹灰内,应在工程量清单中进行描述。

(104)特种五金(单独列项时)按图示数量以个(套)计算。

(105)油漆涂料工程量计算:有线角、线条、压条的油漆、涂料的工料消耗应包括在报价内。

(106)抹灰面的油漆、涂料,应注意基层的类型,如一般抹灰墙柱面与拉条灰、拉毛灰、甩毛灰等油漆、涂料的工料的消耗量是不一样的,因此,清单描述应明确基层抹灰类型。

(107)刮腻子应考虑刮腻子遍数以及是满刮还是找补腻子。

(108)墙纸的裱糊,还应注意描述是否对花。以为对花要求相对费工时、费材料、所以报价时应考虑。

(109)门窗油漆:按设计图示数量以樘计算。

(110)木扶手工程量按中心线斜长以 m 计算,弯头长度应计算在扶手长度内。

(111)木材面按设计图示尺寸面积以 m^2 计算。木隔断按单面外围面积计算。木地板设计图示尺寸面积以 m^2 计算,空调、空圈、暖气包槽、壁龛的开口部分并入相应的工程量。

(112)金属面油漆按设计图示构件以重量以 t 计算。

(113)抹灰面油漆按设计图示尺寸以面积(长度)以 m^2(m)计算。

(114)涂料按设计图示尺寸以面积(长度)以 m^2(m)计算。

第十一章　计量与支付

工程计量与支付是项目管理的关键环节，本章主要针对合同约定按照或参照《公路工程标准施工招标文件》(2009 年版)进行计量与支付的建设项目，阐述公路工程各种工程量计量规则、计量台账编制及计量支付工作流程等。

第一节　概　　述

一、计量与支付的概念

1. 计量的概念

计量是按照《公路工程标准施工招标文件》(2009 年版)所规定的方法对承包人所完成的符合要求的已完工程的实际数量所进行的测量、计算、核查和确认的过程。

计量的任务是确定实际工程数量的多少。工程量有预估工程量和实际工程量之分，工程量清单的工程量仅是估算工程量，不能作为承包人应予完成的工程之实际和确切的工程量。它只能作为投标报价的基础，而不能作为结算的依据。实际工程量的多少只有通过计量才能确定。按实际完成的工程量付款可以减少工程量的估计误差给双方带来的风险，增强造价结算结果的公平性，这正是单价合同的优点之一。

计量必须以净值为准。FIDIC 条款第 57 条明确规定：无论通常和当地的习惯如何(除非合同中另有规定)，计量必须以净值为准。

计量必须准确、真实、合法和及时。准确指计量结果是正确地按照规定的计量方法和工程量计算原则而得出的，方法正确、结果准确无误，使已完工程的实际数量得到了正确的确定，没有漏计和错计。真实指被计量的工程内容真实可靠，没有虚假的部分，即被计量的工程中没有质量不符合要求的，也没有重复计量，隐蔽工程的数量没有弄虚作假，工程量中没有虚报成分。合法指计量是按规定的程序合法地进行的。因为计量结果是支付的直接基础和依据，直接关系到业主和承包商双方的经济利益。监理组织机构会制定严格的计量管理程序和指定专人按分级管理的原则进行分工负责，明确谁负责现场计量、谁复核、谁审查、谁审定等各项工作。只有通过了程序严格审查产生的计量结果才是合法的。及时指计量必须按合同规定的时间进行，不得无故推延。

2. 支付的概念

支付是指按合同规定对承包人的应付款项进行确认并办理付款手续的过程。支付是业主与承包人之间的一种货币收支活动，既是施工合同中经济关系全面实现的一个主要环节，也是监理人控制工程的根本手段和制约合同双方(业主与承包人)的有力杠杆。合理的支付是工程顺利进行的前提和条件。

随着工程的进展,资金通过支付而逐步由业主向承包人转移,即承包人先将所需的材料采购到工地,再组织劳动力和施工机械对这些分散的材料按设计图纸和技术规范进行加工,最后形成业主所需要的特定的结构物。支付就是保证两种运动达到平衡的基本环节。如果支付发生问题,就会直接导致施工发生困难,直至施工合同无法履行。因此,只有通过合理而及时的支付,才能公平地实现业主与承包人之间的交易,确保双方的经济利益。

支付签认权是监理人三大权力(质量否决权、计量确认权和支付签认权)之一,是监理人控制工程的最后一个环节,是对承包人施工行为的最终评价,是监理工作的关键和核心。支付必须以合同为依据,计量为基础,质量为前提。只有符合合同规定的费用才能签认。对合同中规定不明确的,要依据合同精神,实事求是地去确认,如索赔金额、变更的估价等。支付金额的多少,必须以准确的计量为基础,对质量不合格的工程量一律不能支付,并且还要承包人自费返工使其达到合格要求。

支付也同计量一样,必须做到准确、真实、合法和及时。

二、计量与支付的原则

计量与支付不仅直接涉及业主与承包人的经济利益,而且是监理人的重要权力和监理手段,在计量支付中遵守有关基本原则,是搞好监理工作的有效保障。

1. 合同原则

无论是计量,还是支付,在合同文件中都有明确规定,监理人在进行计量和支付时,必须全面理解合同条件、技术规范、设计图纸和工程量清单等合同文件的各组成部分。工程量清单中的单价是承包人按招标文件的要求和合同条件的规定填报的,是支付的单价依据。

2. 公正性原则

监理人在计量与支付两个环节中拥有广泛的权力,承包人与业主的货币收支是否合理,取决于监理人签认的工程量和工程费用是否准确和真实。只有监理人保持公正的立场和恪守公正的原则,才能使他在计量与支付工作中正确地使用权力,准确地计量,实事求是地处理好业主与承包人之间的有关纠纷,合理地确定工程费用。如果监理人不公正,他就无法正确地作出判断,才能保证计量与支付准确、真实和合法。

3. 时效性原则

计量与支付都具有严格的时间要求,时效性极强。计量不及时,会影响承包人的施工进度;支付不及时,直接产生合同纠纷。

4. 程序性原则

为了保证计量与支付准确、真实和合法,合同条款和各项目的监理组织都规定了严格的程序。这些程序规定了各项工程细目和各项工程费用进行计量与支付的条件、办法以及计算、复核、审批的环节,是从合同上、组织上和技术上对计量与支付加以严格管理,以确保准确和公正。如计量必须以质量合格为前提,支付必须以计量为基础等。

三、计量与支付的作用

计量与支付一方面是施工合同中的关键内容,是经济利益关系的集中体现,在施工活动中有着极为重要的作用;另一方面也是监理工作的关键和核心,为确保监理人的核心地位提供手段。

1. 调节合同中的经济利益关系,促使合同的全面履行

计量与支付是施工合同的重要内容,是合同中各类经济关系的全面反映,同时,还揭示了施工活动的经济本质。通过计量与支付这两个经济杠杆,调节合同双方利益,制约承包人严格遵守合同,准确地按设计图纸和技术规范进行施工;促使业主履行其义务,及时向承包人支付,确保施工活动中资金运动与物质运动平衡地进行,使施工合同得到全面的履行。

2. 确保监理人的核心地位

FIDIC 条款的核心是在业主与承包人之间引入独立的第三方——监理人,由他对工程的质量、进度和费用进行全面控制。通过计量与支付来确保监理人的核心地位,对工程施工进行全面而有效的控制,对业主和承包人的合同行为进行有效地调控。计量与支付为监理人开展监理工作提供最基本的手段。

总之,计量与支付工作是控制工程造价的核心环节,是进行质量控制的主要手段,是进度控制的基础,是保证业主和承包人合法权益的重要途径。

四、计量与支付的基本程序

1. 计量程序

工程计量由承包人向监理人提出并附有必要的中间交工验收资料或质量合格证明。监理人对工程的任何部分进行计量时,他应按照通用条款第 56 条规定,事先通知承包人或承包人的代表,承包人或承包人的代表应立即委派合格人员前往协助监理人进行计量工作,还应提供必要的人员、设备和交通工具。计量工作可以由监理人和承包人双方委派合格人员在现场进行,也可以采用记录和图纸在室内按计量规则进行计算,其结果都必须经监理人和承包人双方同意,签字认可。

如果承包人在收到监理人的计量通知后,不参加或未派人参加计量工作,根据通用条件第 56 条规定,由监理人派出人员单方面进行的工程计量,经监理人批准的应认为是正确的工程计量,可以用作支付的依据,承包人不可以对此种计量提出异议。

如果对永久工程采用记录和图纸的方式计量,则监理人应准备该项工程项目的图纸和记录。当承包人被通知要求参加此项计量时,应在通知发出 14 天内同监理人一道查阅和确认记录与图纸,并在双方取得同意时,在上面签字。如果承包人不参加或不委派参加上述记录和图纸的审查与确认,则应认为这些记录和图纸是正确无误的。除非承包人在上述计量后 14 天内向监理人提出申辩,说明承包人认为上述记录和图纸有不正确之处,要求监理人予以决断。监理人在收到承包人的申辩后应进一步检查记录和图纸,或者维持原议或者进行修改,并将复议后的结果通知承包人。

2. 计量、支付的分工

在一个驻地监理机构中,一般配有项目工程师(如道路工程师、材料工程师、结构工程师、测量工程师、合同工程师、计量支付工程师等)。

计量工程师专门负责计量与支付,为了控制本合同段的工程费用,他不仅应认真尽职地搞

好计量支付,承担起本合同段的计量与支付职责;而且应将不同细目的计量支付控制目标明确,在工程费用预算和本段工程费用分析的基础上,找出计量支付的重点,并责任到人,将本段支付额较好地控制在合同价款的范围内。他应该同驻地的所有监理人员一道,互相协作,共同搞好工作。

3. 计量、支付的管理

除了职责分工明确,目标具体落实外,监理人还应加强对计量、支付的管理工作。计量、支付工作既重要,又需要大量资料和表格,工作很烦琐,因此,监理人必须建立起行之有效的管理办法,建立计量与支付档案,不断改进管理工作。

对于整个项目来说,计量、支付职责必须落实到人,专人分管,并加强对整个项目的计量与支付管理。

4. 支付的基本步骤

支付工程费用一般采用以下三个步骤。

(1)承包人提出要求

支付工程费用一般由承包人先通过监理人向业主提出付款申请,承包人在付款申请时要出具一系列的有效报表,以说明申请金额的准确性。其主要工作就是填好月报或月结账单。

承包人的月报表应说明他在这个月应收取的金额。一般包括:已完成的永久性工程的价值;承包人的设备、临时工程、计日工等款额;材料和待安装工程装置的发票价值的分期付款,价格调整的款项(含物价与法规变更),按合同规定他有权获得的其他任何金额(如索赔和延期付款利息)。并且月报表应按照监理人指定的格式填写。

以上各种款项,还应有一系列的附表以说明其价值。

(2)监理人审核与签认

其审查应满足公平性、及时性、准确性的要求。

监理人对承包人的月报表进行全面审核和计算,在逐项审核和计算的基础上签认应支付的工程费用。一般以支付证书的方式确认工程费用的数额。

(3)业主付款

业主收到监理人签认的支付证书后,按合同规定的时间支付费用给承包人。

第二节　计　　量

一、计量组织方式

工程计量一般有三种组织方式,即监理人独立计量,承包人独立计量和监理人与承包人联合计量。这三种计量各有特点,但无论如何,计量必须符合合同的要求,其结果必须由监理人确认。

1. 监理人独立计量

监理人独立计量时,可以由监理人完全控制被计量的部位,质量不合格的工程肯定不会被计量,也很少出现多计的情况,能够确保记录结果的准确性。

2. 承包人独立计量

这种方式可以减轻监理人的工作,让监理人有时间进行计量分析和计量管理,但由于承包人是自行计量,往往会出现多计和冒计的问题,有时计量细节和计量方法甚至算术计算也有差错,并且一些质量不合格的工程也可能被计量。因此,在这种情况下,监理人一定要认真细致地审查计量结果,并定期派人对承包人的测量工作进行检查。

3. 监理人与承包人联合计量

这种方式有利于消除双方的疑虑,当场解决分歧,减少争议,又能较好地保证计量结果的公正性和准确性,简化程序,节约时间。因此公路工程合同中,较多地采用联合计量,即承包人和监理人共同进行计量工作。

二、计量管理

1. 落实计量职责

为使计量的责任分明,监理机构中一般设有专门负责计量的工作班子,并在每个驻地办事机构中设一名专门的计量工程师。为了保证计量的准确性,还必须有负责检查、复核的人员以及最终签认的人员,使计量工作按规定的程序进行。

通过对计量工作的分工,使工程计量责任到人,并通过对计量的复核、审定等程序和制定计量人员的岗位责任制,对计量工作进行有效管理。

2. 做好计量记录

计量记录与档案是计量管理中的一个重要内容,对于公路工程这样大型的复杂项目,要进行多次计量,将形成一系列的计量资料,只有在完善计量记录的基础上加强对计量的档案管理,才能使项目的计量工作顺利完成。

为了便于合同管理,正确评价工程和查询交流计量工作,必须加强工程计量(中间计量)档案管理。

计量时监理工程师还应完成以下工作:

(1)应有一套图纸(最好挂在墙上),用彩笔将所进行的工程的位置在图纸上标示出来,并在适当的位置作详细补充说明,如工程的开始、结束及几何尺寸等数据,这将有助于做好计量记录。

(2)应有一套档案。包括计量证书的号码及所计量的数量。所有计量证书必须是承包人和监理人共同签署的,只有这样才能作为支付的凭证。

(3)记录工程量清单中所列出的分类细目的数量与计量后数量的差异及双方同意的任何进度支付证书应付的款额。

(4)对计日工应记录在有号码的计量证书上,并由承包人代表及监理工程师代表共同签名。计日工应详细记录如下内容:

①记录已指令进行的这项计日工的估计数量和付款额已获同意,记录计日工已完成的数量及付款金额;

②如果计日工的时间超过一个月,应在暂时计量单上记账,并在计量证书上另立系列号码,这些记录应与累计账册一同归档;记录已同意的计日工单价,付款的金额,付款报表号码。

(5)工程变更应记录已下达的变更指令依据,已同意的单价和价格调整,增加费用的计量证书应另编系列号码分开存档。

(6)对于现场存放的材料应每月计量记录一次,其计量表中应记录已发到现场的材料的种类和数量及这些材料的发票面值;已计量的数量应记录每一次报表中的预付金额及回收金额,材料计量证应另编系列号码,并应与发票及所有材料的累计账册一同归档。

3. 计量分析

为了搞好计量的管理工作,除落实职责和加强记录与档案的管理外,还应加强计量分析,一方面及时发现计量工作中的问题,另一方面及时掌握工程进度,为进度监理和费用支付提供基础。

为了便于计量的分析与管理,对计量的表格应统一,使其标准化和规范化。监理工程师应设计好表格让承包人和具体从事计量的人员按此填写,这便于采用计算机辅助计量和进行计量分析。

计量分析时一方面应对照原工程量清单和设计图纸进行分析,将实际工程量与原设计的工程量进行对比,发现偏差并分析偏差的原因。另一方面以计量的工程量为依据,计算出实际进度,将实际进度与批准的进度比较,发现进度偏差,并找出原因从而采取措施改进。

除以上所述三项内容外,计量管理还包括计量争端的协调与处理,因为计量是费用支付的直接基础,也是承包人工作的一种基本评价,因此,在计量工作中难免发生争端与分歧,监理工程师必须协调各方,尽快解决争端。

三、计量依据

计量的依据一般有质量合格证书,工程量清单前言,合同条件中的“计量支付”条款,技术规范中有关计量支付的内容(或独立的计量支付说明)和设计图纸及各种测量数据。也就是说,计量时必须以这些资料为依据。

1. 质量合格证书

计量的基本条件和前提是质量合格,质量不合格部分不予计量。只有通过了质量监理,被质量监理工程师签发了质量合格证书的工程内容,才能进行计量。

2. 清单前言和技术规范

因为清单前言和技术规范中的“计量支付”规定了清单中每一项工程的计量方法,同时还规定了按规定的计量方法确定的单价即包括的工作内容和范围。例如关于路面面层的计量,计量条款中规定:路面面层的计量单位为 m^2,该项目应按图纸上所示的该层顶面的平面面积计量并包括图 11-1 所示该层断面内所有的材料及工作。

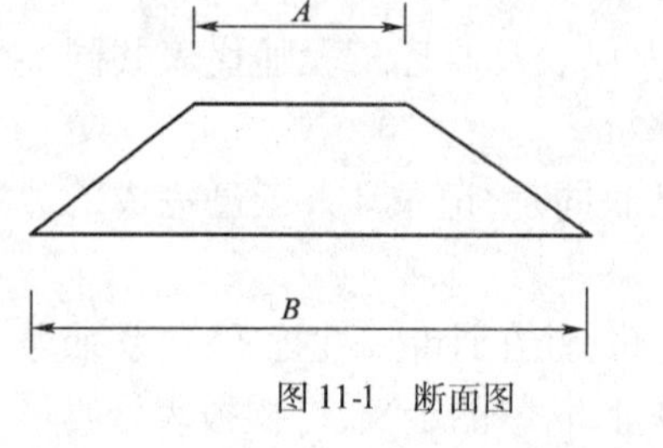

图 11-1 断面图

图中 A 为面层顶面宽度,B 为底面宽度。根据上述的规定,计量面层的数量时,只能以顶面宽 A 进行计算,以底面宽或以 $A+B$ 的平均值计量都是不允许的。因为投标时,承包人根据规定,应当把该层断面内所有的材料及工作发生的费用,都包括在以顶面面积所确定的单价内。

3. 设计图纸

工程量清单的数量是该工程的估算工程量，但是被计量的工程数量，并不一定是承包人实际施工的数量，因为计量的几何尺寸应当以设计图纸为准。图 11-2 为就地灌注桩施工实测图。根据计量规定：对就地灌注桩的支付计量，应根据图纸所示由监理工程师确定的从设计基础表面到下方桩端间的长度考虑。因此，图中实际施工的灌注桩的长度虽然为 L_1+L_2，但是被计量支付的长度为 L_1。

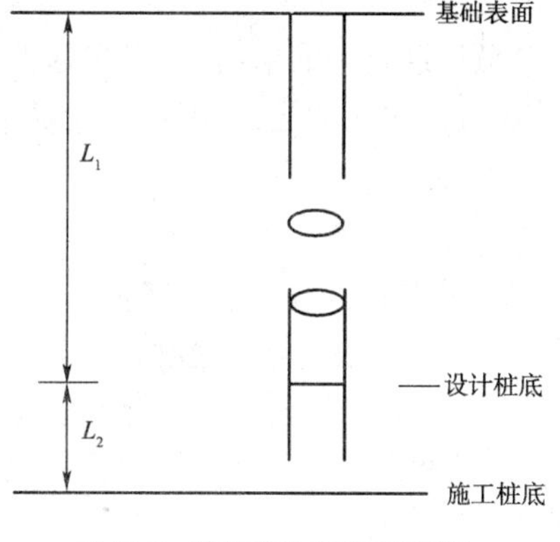

图 11-2　就地灌注桩施工实测图

4. 测量数据

与计算有关的测量数据有原始地面线高程的测量数据、土石分界线的测量数据、基础高程的测量数据、施工测量数据等。测量数据的准确性严重影响计量结果的准确性。

四、计量规则与方法

1. 计量内容

理论上，所有工程事项均应加以计量，以便获得完整的记录；实际上，只是对所有需要支付的细目加以计量，这是计量工作范围的最低要求。这些细目由技术规范中每一节“计量与支付”条款及工程量清单的“前言”明确规定了计量方法与付款内容，除了对已完成的工程细目进行计量和记录外，监理工程师最好对那些涉及付款的工程细目在施工中发生的一切问题进行详尽的记录，以便发生索赔时有据可查。

因此，计量工作的范围有最高与最低要求，具体达到什么样的要求，由具体工程项目的内容及施工情况而定。

公路工程计量的范围一般是技术规范和工程量清单所包含的内容。一般有：为监理工程师提供必要的办公、生活服务和交通运输设施，土方工程，排水及小型构筑物工程，路基工程，路面工程，桥梁工程，通信监控系统，收费系统，民用房建工程和附属工程等。

2. 计量时间

根据合同规定监理工程师应及时对已经完成且质量合格的工程细目进行计量，并且对一切进行中的工程，均须每月粗略计量一次，到该部分工程完工后，再根据规范的条款进行精细的计量。每月进行计量是以便掌握工程进度情况及核定月进度款（即期中支付证书），为此，监理工程师一般须填制“中间计量单”。

对于隐蔽工程，则须在工程覆盖之前进行计量。否则，在覆盖后再进行计量将使工作更复杂和更困难。

3. 计量单位与计量精度

计量单位分两类，一类是物理计量单位，一类是自然计量单位。物理计量单位以公制计量，自然单位通常采用十进位自然数计算。

对于物理计量单位长度常用米、延米、千米、公里，面积常用平方米、千平方米、公顷；体积常用立方米、千立方米;质量常用克、千克、吨;自然计量单位常用个、片、座、株;时间单位常用日、星期、月、年等。

对于精度,为方便起见,小数点须四舍五入至小数点后恰当的位数。应对不同的细目分别作出统一规定。

虽然这是一简单问题,但实际工作中,常常出现计量名称,符号及取位错误和不规范。同时,还应该注意的是:各细目的计量单位必须与工程量清单中所用单位一致,同时所有计量都以净值为准。

4.计量方式

计量方式一般有如下三种:

(1)实地测量与实地勘查。如土方工程,一般对横断面宽度,挖方的边长等需实地测量和勘查,又如场地清理也需按野外实地测得的数据,根据计算规则进行计算。

(2)室内按图纸计算。对于钢筋混凝土结构物以及多数永久工程,一般可按图纸计算工程量。

(3)根据现场记录。如计日工必须按现场记录来计算、灌注桩抽芯应按取芯时的钻探记录、打桩工程的施工记录等。

一般工程量的计算由承包人负责,工程量审核由监理工程师负责。通常,一个工程项目的计量往往是三种方式综合运用。不论采用何种方式,其结果都须经监理人和承包人双方同意,共同签字,有争议时,协商解决,协商解决不了仍由监理人决定。

5.计量规则和计量方法

计量规则和计量方法主要在技术规范的有关内容和工程量清单的前言中明确给予规定。在进行计量时必须遵守其要求,并且,在不同的合同中,这些计量规则和计量方法会有差别(即使对同一工程内容)。因此,计量时必须严格按本合同计量细则的规定进行计量,不能按习惯计量方法,也不能按别的计量细则。

在技术规范每一节的计量与支付和工程量清单的前言中已经给出,计量时必须认真地遵照执行。计量统一的规定有:

(1)所采用的测量方法,是计算工程量清单的统一依据,既适用于在建工程、也适用于该工程竣工测量。

(2)工程量清单不仅包括合同规定的所有必须完成的工作项目,还包括该项目工作所必需的一切有关费用(人工、材料、机械、附属工程、管理费、利润、税收等)。计量和支付是紧密结合在一起的。

(3)对所采用的测量方法,如用于特殊地段、特殊部位的工程项目时,应根据具体情况制定补充规定。

(4)工程量清单的细目,均需逐项进行较详细的说明。这些说明应以设计文件图纸为依据,并与合同文件中的施工技术规范相呼应。

(5)计算的工程量,不论采用什么方法,其计算结果都应该是净尺寸工程量。计算结果不包括施工中必然发生的允许的"合理超量",超量价值应包括在净量单价内。

(6)以长和宽计量的项目,应注明其断面尺寸、形状大小、周长或周长范围及其他适应的说明。管道工程应注明其内径或外径尺寸。

(7)以面积计量的项目,应注明厚度或其他的说明。

(8)以重量计量的项目,应注明材料的规格或其他适应的说明。

(9)对于专利产品,应尽量适合制造厂价目表或习惯的计量方法,可不受本原则的限制。

(10)工程且清单中的项目说明,要以其他文件或图纸为依据,在这种情况下,应理解为该资料是符合本计算原则的。

应该注意的是:监理工程师除了对工程量清单的各个细目进行计量外,还应对所有有关支付的其他事务进行计量。如计日工使用的具体数量,各种工程意外事件以及工程变更后的工程量等,均应加以计量,以便进行支付。这些内容主要采取记录计量方式。

第三节　工程量清单计量规则

工程量是以物理计量单位或自然计量单位所表示的建筑安装工程各个分项工程或结构件的实物数量。工程量计算是根据施工图、预算定额划分的项目及工程量计算规则,列出分部分项工程名称和工程量计算式,然后计算出其结果的过程。其计算内容既包含设计图纸中道路、桥架等工程实物,又包括设计图纸和工程量清单所提供的工程量以外的施工组织设计中发生的合理工程量。《公路工程标准施工招标文件》(2009 年版)中工程量清单的计量包括两部分:一是《公路工程标准施工招标文件》(2009 年版)中的“计量与支付”规则;二是根据公路建设项目的实际情况,以《公路工程标准施工招标文件》(2009 年版)中技术规范为基础补充修改的“项目专用技术规范”中的计量与支付规则,实际工作中应将两者结合起来理解和使用。

一、一般规定

以《公路工程标准施工招标文件》(2009 年版)为主,结合国内几个大型公路工程的实际,对计量工作中的一般规定进行介绍:

1.一般要求

(1)本规范所有工程项目,除个别注明者外,均采用中国法定的计量单位,即国际单位及国际单位制导出的辅助单位进行计量。

(2)本规范的计量与支付,应与合同条款、工程量清单以及图纸同时阅读,工程量清单中的支付项目号和本规范的章节编号是一致的。

(3)任何工程项目的计量,均应按本规范规定或监理人书面指示进行。

(4)按合同提供的材料数量和完成的工程量所采用的测量与计算方法,应符合本规范的规定。所有这些方法,应经监理人批准或指令。承包人应提供一切计量设备和条件,并保证其设备精度符合要求。

(5)除非监理人另有准许,一切计量工作都应在监理人在场的情况下,由承包人测量、记录。有承包人签名的计量记录原本,应提交给监理人审查和保存。

(6)工程量应由承包人计算,由监理人审核。工程量计算的副本应提交给监理人,并由监理人保存。

(7)全部必需的模板、脚手架、装备、机具、螺栓、垫圈和钢制件等其他材料,应包括在工程量清单中所列的有关支付项目中,均不单独计量。

(8)除监理人另有批准外,凡超过图纸所示的面积或体积,都不予计量。

(9)承包人应严格标准计量基础工作和材料采购检验工作。沥青混凝土、沥青碎石、水泥混凝土、高强度水泥砂浆的施工现场必须使用电子计量设备称重。因不符合计量规定引发的质量问题,所发生的费用由承包人承担。

(10)如本规范规定的任何分项工程或其子目未在工程量清单中出现,则应被认为是其他相关工程的附属工作,不再另行计量。

2. 重量

(1)凡以重量计量或以重量作为配合比设计的材料,都应在精确与批准的磅秤上,由称职合格的人员在监理人指定或批准的地点进行称重。

(2)称重计量时应满足以下条件:监理人在场;称重记录;载有包装材料、支撑装置、垫块、捆束物等重量的说明书在称重前提交给监理人作为称重依据。

(3)钢筋、钢板或型钢计量时,应按图纸或其他资料标示的尺寸和净长计算。搭接、接头套筒、焊接材料、下脚料和定位架立钢筋等,则不予计量。钢筋、钢板或型钢应以千克计量,四舍五入,不计小数。钢筋、钢板或型钢由于理论单位重量与实际单位重量的差异而引起材料重量与数量不相匹配的情况,计量时不予考虑。

(4)金属材料的重量不得包括施工需要加放或使用的灰浆、楔快、填缝料、垫衬物、油料、接缝料、焊条、涂敷料等的重量。

(5)承运按重量计量的材料的货车,应每天在监理人指定的时间和地点称出空车重量,每辆货车还应标示清晰易辨的标记。

(6)对有规定标准的项目,例如钢筋、金属线、钢板、型钢、管材等,均有规定的规格、重量、截面尺寸等指标,这类指标应视为通常的重量或尺寸。除非引用规范中的允许偏差值加以控制,否则可用制造商的允许偏差。

3. 面积

除非另有规定,计算面积时,其长、宽应按图纸所示尺寸线或按监理人指示计量。对于面积在 $1m^2$ 以下的固定物(如检查井等)不予扣除。

4. 结构物

(1)结构物应按图纸所示净尺寸线,或根据监理人指示修改的尺寸线计量。

(2)水泥混凝土的计量应按监理人认可的并已完工工程的净尺寸计算,钢筋的体积不扣除,倒角不超过 $0.15m \times 0.15m$ 时不扣除,体积不超过 $0.03m^3$ 的开孔及开口不扣除,面积不超过 $0.15m \times 0.15m$ 的填角部分也不增加。

(3)所有以延米计量的结构物(如管涵等),除非图纸另有标示,应按平行于该结构物位置的基面或基础的中心方向计量。

5. 土方

(1)土方体积可采用平均断面积法计算,但与似棱体公式(Prismoidal formula)计算结果比较,如果误差超过 ±5% 时,监理人可指示采用似棱体公式。

(2)各种不同类别的挖方与填方计量,应以图纸所示界线为限,而且应在批准的横断面图上标明。

(3)用于填方的土方量,应按压实后的纵断面高程和路床面为准来计量。承包人报价时,应考虑在挖方或运输过程中引起的体积差。

(4)在现场钉桩后56d内,承包人应将设计和进场复测的土方横断图连同土方的面积与体积计算表一并提交监理人批准。所有横断面图都应标有图题框,其大小由监理人指定。一旦横断面图得到最后批准,承包人应交给监理人原版图及三份复制图。

6. 运输车辆体积

(1)用体积计量的材料,应以经监理人批准的车辆装运,并在运到地点进行计量。

(2)用于体积运输的车辆,其车厢的形状和尺寸应使其容量能够容易而准确地测定并应保证精确度。每辆车都应有明显标记。每车所运材料的体积应于事前由监理人与承包人相互达成书面协议。

(3)所有车辆都应装载成水平容积高度,车辆到达送货点时,监理人可以要求将其装载物重新整平,对超过定量运送的材料将不予支付。运量达不到定量的车辆,应被拒绝或按监理人确定减少的体积接收。根据监理人的指示,承包人应在货物交付点,随机将一车材料刮平,在刮平后如发现货车运送的材料少于定量时,从前一车起所有运到的材料的计量都按同样比率减为目前的车载量。

7. 重量与体积换算

(1)如承包人提出要求并得到监理人的书面批准,已规定要用立方米计量的材料可以称重,并将此重量换算为立方米计量。

(2)从重量计量换算为体积计量的换算系数应由监理人确定,并应在此种计量方法使用之前征得承包人的同意。

8. 沥青和水泥

(1)沥青和水泥应以千克(kg)计量。

(2)如用卡车或其他运输工具装运沥青材料,可以按经过检定的质量或体积计算沥青材料的数量,但要对漏失或泡沫进行校正。

(3)水泥可以袋作为计量的依据,但一袋的标准应为50kg。散装水泥应称质量计量。

9. 成套的结构单元

如规定的计量单位是一成套的结构物或结构单元(实际上就是按"总额"或称"一次支付"计的工程细目),该单元应包括了所有必需的设备、配件和附属物及相关作业。

10. 标准制品项目

(1)如规定采用标准制品(如护栏、钢丝、钢板、轧制型材、管子等),而这类项目又是以标准规格(单位重、截面尺寸等)标示的,则这种标示可以作为计量的标准。

(2)除非采用标准制品的允许误差比规范要求的允许误差要求更严格,否则,生产厂确定的制造允许误差将不予认可。

二、开办项目的计量

第100章包括的主要工程内容有保险;工程管理;临时工程与设施;承包人驻地建设等。对于这些工程的具体工作内容已经在技术规范中作了详细规定和说明,在清单中按项报价,均属于包干支付项目。因此,在计量规则中很简单,计量方法都是现场检查和统计。

三、路基工程计量

第200章包括的工程内容主要有场地清理;挖方路基;填方路基;特殊地区路基处理;路基整形;坡面排水;护坡、护面墙;挡土墙;锚杆、锚定板挡土墙;加筋土挡土墙;喷射混凝土和喷浆边坡防护;预应力锚索边坡加固;抗滑桩;河道防护等。路基工程的施工测量与放样、调查与试验、施工期间的防水和排水、冬季施工、雨季施工等工作内容,均不单独计量,其费用应包括在与其相关工程子目的单价或费率中。

1. 场地清理

对于场地清理的计量《公路工程标准施工招标文件》(2009年版)中作了如下规定:

(1)施工场地清理的计量应按监理人书面指定的范围(路基范围以外临时工程用地清场等除外)进行验收。现场实地测量的平面投影面积以平方米计量。

(2)砍伐树木仅计胸径(即离地面1.3m高处的直径)大于100mm的树木,以棵计量。包括砍伐后的截锯、移运(移运至监理人指定的地点)、堆放等一切有关的作业;挖除树根以棵计量,包括挖除、移运、堆放等一切有关的作业。

(3)挖除旧路面(包括路面基层)应按各种不同结构类型的路面分别以平方米计量;拆除原有公路结构物应分别按结构物的类型,依据监理人现场指示的范围和量测方法量测,以立方米计量。

(4)所有场地清理、拆除与挖掘工作的一切挖方、坑穴的回填、整平、压实,以及适用材料的移运、堆放和废料的移运处理等作业费用均含入相关子目单价之中,不另行计量。

2. 挖方路基

(1)路基土石方开挖数量包括边沟、排水沟、截水沟,应以经监理人校核批准的横断面地面线和土石分界的补充测量为基础,按路线中线长度乘以经监理人核准的横断面面积进行计算,以立方米计量。

(2)挖除路基范围内非适用材料及淤泥(不包括借土场)的数量,应以承包人测量,并经监理人审核批准的断面或实际范围为依据的计算数量,分别以立方米计量。

(3)除非监理人另有指示,凡超过图纸或监理人规定尺寸的开挖,均不予计量。

(4)石方爆破安全措施、弃方的运输和堆放、质量检验、临时道路和临时排水等均含入相关子目单价或费率之中,不另行计量。

(5)在挖方路基的路床顶面以下,土方断面应挖松深300mm再压实;石方断面应辅以人工凿平或填平压实。作为承包人应做的附属工作,均不予计量。

改河、改渠、改路的开挖工程按合同图纸施工,计量方法可按上述(1)款进行。改路挖方线外工程的工作量计入203-2子目内。

3. 填方路基

(1)填筑路堤的土石方数量,应以承包人的施工测量和补充测量经监理人校核批准的横断面地面线为基础,以监理人批准的横断面施工图为依据,由承包人按不同来源(包括利用土方、利用石方和借方等)分别计算,经监理人校核认可的工程数量作为计量的工程数量。

(2)零填挖路段的翻松、压实含入报价之中,不另计量。

(3)零填挖路段的换填土、按压实的体积,以立方米计量。计价中包括表面不良土的翻挖运弃(不计运距),换填好土的挖运、摊平、压实等一切与此有关作业的费用。

(4)利用土、石填方及土石混合填料的填方,按压实的体积,以立方米计量。计价中包括运输、挖台阶、摊平、压实、整型等一切与此有关的作业的费用。利用土、石方的开挖作业在第203节路基挖方中计量。承包人不得因为土石混填的工艺、压实标准及检测方法的变化而要求增加额外的费用。

(5)借土填方,按压实的体积,以立方米计量。计价中包括借土场(取土坑)中非适用材料的挖除、弃运及借土场的资源使用费、场地清理、地貌恢复、施工便道、便桥的修建与养护、临时排水与防护等和填方材料的开挖、运输、挖台阶、摊平、压实、整型等一切与此有关作业的费用。

(6)粉煤灰路堤按压实体积,以立方米计量,计价中包括材料铲运(含储灰场建设)、摊铺、晾晒、土质护坡、压实、整型以及试验路段施工等一切与此有关的作业费用。土质包边土在本节支付目录号204－1－e中计量。

(7)结构物台背回填按压实体积,以立方米计量,计价中包括挖运、摊平、压实、整型等一切与此有关的作业费用。

(8)锥坡及台前溜坡填土,按图纸要求施工,经监理人验收的压实体积,以立方米计量。

(9)临时排水以及超出图纸要求以外的超填,均不计量。

(10)改造其他公路的路基土方填筑的计量方法同本条(1)款。

4.特殊地区路基处理

(1)挖除换填

挖除原路基一定深度及范围内淤泥以立方米计量,列入挖方路基相应的支付子目中。

换填的填方,包括由于施工过程中地面下沉而增加的填方量以立方米计量,列入填方路基相应的支付子目中。

(2)抛石挤淤

按图纸或验收的尺寸计算抛石体积的片石数量,以立方米计量,包括有关的一切作业。

(3)砂垫层、砂砾垫层及灰土垫层

按垫层类型分别以立方米计量,包括材料、机械及有关的一切作业。

(4)预压和超载预压

按图纸或监理人要求的预压宽度和高度以立方米计量,包括材料、机械及有关的一切作业。

(5)真空预压、真空堆载联合预压

应以图纸或监理人所要求预压范围(宽度、高度、长度)经监理人验收合格,预压后体积以立方米为单位计量;计量中包括预压所用垫层材料、密封膜、滤管及密封沟与围堰等一切相关的材料、机械、人工费用。

(6)袋装砂井

按不同直径及深(长)度分别以米计量。砂及砂袋不单独计量。

(7)塑料排水板

按规格及深(长)度分别以米计量,不计伸入垫层内长度,包括材料、机械及有关的一切作业。

(8)砂桩、碎石桩、加固土桩、CFG 桩

按不同桩径及桩深(长)度以图纸为依据经验收合格按米为单位计量,包括材料、机械及有关的一切作业。

(9)土工织物

铺设土工织物以图纸为依据,经监理人验收合格以设计图为依据计算单层净面积数量(不计搭接及反包边增加量),包括材料、机械及与此有关的一切作业。

(10)滑坡处理

按实际发生的挖除及回填体积,经监理人验收合格后以立方米计量。计价中包括施工中所采取的安全保护措施、采取措施截断流向滑体的地表水、地下水及临时用水,以及采取措施封闭滑体上的裂隙等全部作业。

滑坡处理采用抗滑支挡工程施工时所发生工程量按不同工程项目,分别在相关支付子目下计量。

(11)岩溶洞按实际填筑体积,经监理人验收合格后以立方米计量。经批准采取其他处理措施时,经验收合格后,参照类似项目的规定进行计量。

(12)膨胀土路基按图纸及监理人指示进行铺筑,经监理人验收合格,按不同厚度以平方米计量,其内容仅指石灰土改良费用,包括石灰的购置、运输、消解、拌和及有关辅助作业等一切有关费用;土方的挖运、填筑及压实等作业含入第 203 节、第 204 节相关子目之中。

(13)黄土陷穴按实际开挖和回填体积,经监理人验收合格后以立方米计量。

(14)采用强夯处理,以图纸为依据经监理人验收合格后以平方米为单位计量,包括施工前的地表处理、拦截地表和地下水、强夯及强夯后的标准贯入、静力触探测试等相关作业。

(15)盐渍土路基处理换填,经监理人验收合格后按不同厚度以平方米计量,其内容包括铲除过盐渍土、材料运输、分层填筑、分层压实等相关作业。

(16)风积沙填筑路基以图纸为依据,经验收合格以立方米为单位计量,包括材料、运输、摊平、碾压等相关作业。

(17)季节性冻土地区路基施工以图纸为依据,经验收合格按不同填料规格,以立方米计量,其内容包括清除软层、材料运输、分层填筑、分层压实等相关作业。

(18)工地沉降观测作为承包人应做的工作,不予计量。

(19)临时排水与防护设施认为已包括在相关工程中,不另行计量。

5. 路基整形

本节工作内容均不作计量与支付,其所涉及的费用应包括在与其相关的工程子目的单价或费率之中。

6. 坡面排水

(1)边沟、排水沟、截水沟的加固铺砌,按图纸施工经监理人验收合格的实际长度,分不同结构类型以米计量。由于边沟、排水沟、截水沟加固铺砌而需扩挖部分的开挖,均作为承包人应做的附属工作,不另计量。

(2)改沟、改渠护坡铺砌按图纸施工,经监理人验收合格的不同圬工体积,以立方米计量。

(3)急流槽按图纸施工,经验收合格的断面尺寸计算体积(包括消力池、消力槛、抗滑台等

附属设施),以立方米计量。

(4)路基盲沟按图纸施工,经验收合格的断面尺寸及所用材料,按长度以米计量。

(5)所用砂砾垫层或基础材料、填缝材料、钢筋以及地基平整夯实及回填等土方工程均含入相关子目单价之中,不另行计量。

(6)土工合成材料的计量、支付按特殊地区地基处理中的规定执行。

(7)渗井、检查井、雨水井的计量、支付按路面及中央分隔带排水的规定执行。

7. 护坡、护面墙

(1)干砌片石、浆砌片石护坡、护面墙等工程的计量,应以图纸所示和监理人的指示为依据,按实际完成并经验收的数量按不同的工程子目的不同的砂浆砌体分别以立方米计量。

(2)预制空心砖和拱形及方格骨架护坡,按其铺筑的实际体积以立方米计量。所有垫层、嵌缝材料、砂浆勾缝、泄水孔、滤水层、回填种植土以及基础的开挖和回填等有关作业,均作为承包人应做的附属工作,不另行计量。

(3)种草、铺草皮、三维植被网、客土喷播等应以图纸要求和所示面积为依据实施,经监理人验收的实际面积以平方米计量。整修坡面、铺设表土、三维土工网、锚钉、客土、草种(灌木籽)、草皮、苗木、混合料、水、肥料、土壤稳定剂等(含运输)及其作业均作为承包人应做的附属工作,不另行计量。

(4)封面、捶面施工以图纸为依据,经监理人验收合格,以平方米为单位计量,该项支付包括了上述工作相关的工料机全部费用。

8. 挡土墙

(1)砌体挡土墙、干砌挡土墙和混凝土挡土墙工程应以图纸所示或监理人的指示为依据,按实际完成并经验收的数量,按砂浆强度等级及混凝土强度等级分别以立方米计量。砂砾或碎石垫层按完成数量以立方米计量。

(2)混凝土挡土墙的钢筋,按图纸所示经监理人验收后,以千克(kg)计量。

(3)嵌缝材料、砂浆勾缝、泄水孔及其滤水层,混凝土工程的脚手架、模板、浇筑和养生、表面修整,基础开挖、运输与回填等有关作业,均作为承包人应做的附属工作,不另行计量。

9. 锚杆、锚定板挡土墙

(1)锚杆挡土墙、锚定板挡土墙工程计量应以图纸所示和监理人的指示为依据,按实际完成并经验收的数量,混凝土挡板和立柱以立方米为单位计量,钢筋及锚杆以千克(kg)为单位计量。

(2)锚孔的钻孔、锚杆的制作和安装、锚孔灌浆、钢筋混凝土立柱和挡土板的制作安装、墙背回填、防排水设置及锚杆的抗拔力试验等,以及一切未提及的相关工作均为完成锚杆挡土墙及锚定板挡土墙所必需的工作,均含入相关支付子目单价之中,不单独计量。

10. 加筋土挡土墙

(1)加筋土挡墙的墙面板、钢筋混凝土带、混凝土基础以及混凝土帽石,经监理人验收合格,以立方米计量。浆砌片石基础以立方米计量。

(2)铺设聚丙烯土工带,按图纸及验收数量以千克(kg)计量。

(3)基坑开挖与回填、墙顶抹平层、沉降缝的填塞、泄水管的设置及钢筋混凝土带的钢筋等,均作为承包人的附属工作,不另计量。

(4)加筋土挡墙的路堤填料按图纸的规定和要求,在填方路基中计量。

11. 喷射混凝土和喷浆边坡防护

(1)锚杆按图纸或监理人指示为依据,经验收合格的实际数量,以米为单位计量。

(2)喷射混凝土和喷射水泥砂浆边坡防护的计量,应以图纸所示和监理人的指示为依据,按实际完成并经验收的数量,以平方米计量;钢筋网、铁丝网以千克(kg)计量;土工格栅以平方米计量。

(3)喷射前的岩面清理,锚孔钻孔,锚杆制作以及钢筋网和铁丝网编织及挂网土工格栅的安装铺设等工作,均为承包人为完成锚杆喷射混凝土和喷射砂浆边坡防护工程应做的附属工作,不另行计量。

(4)土钉支护施工以图纸为依据,经监理人验收合格,分不同类型组合的工程项目按下列内容分别计量:

①土钉钻孔桩、击入桩分别按米(m)为单位计量;

②含钢筋网或土工格栅网的喷射混凝土面层区分不同厚度按平方米(m^2)为单位计量;

③钢筋、钢筋网以千克(kg)为单位计量;

④土工格栅以净面积为单位计量;

⑤网格梁、立柱、挡土板以立方米(m^3)为单位计量。

⑥永久排水系统依结构形式参照坡面排水中的规定计量。

⑦土钉支护施工中的土方工程、临时排水工程以及未提及的其他工程均作为土钉支付施工的附属工作,不予单独计量,其费用含入相关工程子目单价之中。

12. 预应力锚索边坡加固

(1)预应力锚索长度按图纸要求,经监理人验收合格以米为单位计量。

(2)混凝土锚固板按图纸要求,经监理人验收合格以立方米为单位计量。

(3)钻孔、清孔、锚索安装、注浆、张拉、锚头、锚索护套、场地清理以及抗拔力试验等均为锚索的附属工作,不另行计量。

(4)混凝土的立模、浇筑、养生等为锚固板的附属工作,不另行计量。

13. 抗滑桩

(1)抗滑桩按图纸规定尺寸及深度为依据,现场实际完成并验收合格的实际桩长以米计量,设置支撑和护壁、挖孔、清孔、通风、钎探、排水及浇筑混凝土以及无破损检验,均作为抗滑桩的附属工程,不另行计量。

(2)抗滑桩用钢筋按图纸规定及经监理人验收的实际数量,以千克(kg)计量。

(3)桩板式抗滑挡墙应按图纸要求进行施工,经监理人验收合格,挡土板以立方米为单位计量。桩板式抗滑挡墙施工中的挖孔桩按抗滑桩(1)款规定计量。钻孔灌注桩、锚杆、锚索等项工作按实际发生参照桥梁工程钻孔灌注桩,路基工程喷射混凝土和喷浆边坡防护、预应力锚索边坡加固的相关规定进行计量。

(4)土方工程、临时排水等相关工作均作为辅助工作不予计量,费用含入相关工程报价中。

14. 河道防护

(1)河床铺砌、顺坝、丁坝、调水坝及锥坡砌筑等工程及抛石防护,应分别按图纸尺寸和监理人的指示,按实际完成并经验收的数量,以立方米计量。砂砾(碎石)垫层以立方米计量。

(2)砌体的基础开挖、回填、夯实、砌体勾缝等工作,均作为承包人应做的附属工作,不另行计量。

四、路面工程计量

第300章包括的工程内容主要有已完成并经监理人验收合格的路基上铺筑各种垫层、底基层、基层和面层;路面及中央分隔带排水施工;培土路肩、中央分隔带回填及路缘石设置,以及修筑路面附属设施等有关的作业。

1. 垫层

(1)碎石、砂砾垫层应按图纸和监理人指示铺筑、经监理人验收合格的面积,按不同厚度以平方米计量。

(2)水泥稳定土、石灰稳定土垫层应按图纸和监理人指示铺筑、经监理人验收合格的面积,按不同厚度以平方米计量。

(3)对个别特殊形状的面积,应采用适当计算方法计量,并经监理人批准以平方米计量。除监理人另有指示外,超过图纸所规定的面积,均不予计量。

2. 石灰稳定土底基层

(1)石灰稳定土底基层应按图纸所示和监理人指示铺筑的平均面积,经监理人验收合格,按不同厚度以平方米计量。

(2)对个别特殊形状的面积,应采用监理人认可的计算方法计算。除监理人另有指示外,超过图纸所规定的计算面积或体积均不予计量。

(3)桥梁和明涵处的搭板、埋板下变截面石灰稳定土底基层按图纸所示和监理人的指示铺筑,经监理人验收合格后,以立方米计量。

3. 水泥稳定土底基层、基层

(1)水泥稳定土底基层、基层按图纸所示和监理人指示铺筑,经监理人验收合格的平均面积,按不同厚度以平方米计量。

(2)对个别特殊形状的面积,应采用监理人认可的计算方法计量。除监理人另有指示外,超过图纸所规定的计算面积或体积均不予计量。

(3)桥梁及明涵的搭板、埋板下变截面水泥稳定土底基层按图纸所示和监理人指示铺筑,经监理人验收合格后,以立方米计量。

4. 石灰粉煤灰稳定土底基层、基层

(1)石灰粉煤灰稳定土基层和底基层按图纸或监理人指示铺筑,并经验收的平均面积按不同厚度以平方米计量。任何地段的长度应沿路幅中线水平量测。对个别不规则形状,应采用经监理人批准的计算方法计量。

(2)桥梁及明涵的搭板、埋板下变截面石灰粉煤灰稳定土底基层按图纸所示和监理人指示铺筑,经监理人验收合格后,以立方米计量。

5. 级配碎(砾)石底基层、基层

(1)级配碎(砾)石底基层和基层应按图纸和监理人指示铺筑的平均面积、经监理人验收合格后，按不同厚度以平方米计量。除监理人另有指示外，超过图纸所规定的面积，均不予计量。

(2)桥梁及明涵的搭板、埋板下变截面级配碎(砾)石底基层按图纸所示和监理人指示铺筑，经监理人验收合格后，以立方米计量。

6. 沥青稳定碎石基层(ATB)

沥青稳定碎石混合料，按图纸所示或监理人指示的平均铺筑面积，经监理人验收合格，按不同厚度分别以平方米计量。除监理人另有指示外，超过图纸所规定的面积均不予计量。

7. 透层和黏层

(1)透层和黏层按图纸规定的或监理人指示的喷洒面积，经监理人验收合格，以平方米计量。

(2)对个别特殊形状的面积，应采用适当的计算方法计量。除监理人另有指示外，超过图纸规定的计算面积均不予计量。

8. 热拌沥青混合料面层

热铺沥青混凝土，应按图纸所示或监理人指示的平均铺筑面积，经监理人验收合格，按粗、中、细粒式沥青混凝土和不同厚度分别以平方米计量。除监理人另有指示外，超过图纸所规定的面积均不予计量。

9. 沥青表面处治与封层

(1)沥青表面处治按图纸所示或监理人指示铺筑，经监理人验收合格，按不同厚度分别以平方米计量。

(2)封层按图纸规定的或监理人指示的喷洒面积，经监理人验收合格，以平方米计量。

(3)表面处治除监理人另有指示外，超过图纸规定的面积不予计量。

10. 改性沥青及改性沥青混合料

改性沥青混合料按图纸要求及监理人的指示按不同厚度及实际摊铺的面积以平方米计量。

11. 水泥混凝土面板

(1)水泥混凝土面板按图纸和监理人指示铺筑的面积、经监理人验收合格，按不同厚度以平方米计量。除监理人另有指示外，任何超过图纸所规定的尺寸的计算面积，均不予计量。

(2)水泥混凝土路面的补强钢筋及拉杆、传力杆等钢筋按图纸要求设置，经监理人现场验收后以千克计量。因搭接而增加的钢筋不予计入。

(3)接缝材料等未列入支付子目中的其他材料均含入水泥混凝土路面单价之中，不单独计量。

12. 培土路肩、中央分隔带回填土、土路肩加固及路缘石

(1)培土路肩及中央分隔带回填土按压实后并经验收的工程数量分别以立方米为单位计量。现浇混凝土加固土路肩、混凝土预制块加固土路肩经验收的工程数量分别以延米为单位计量。

(2)水泥混凝土加固土路肩经验收合格后，沿路肩表面量测其长度以延米为单位计量，加固土路肩的混凝土立模、摊铺、振捣、养生、拆模，预制块预制铺砌，接缝材料等及其他有关加固土路肩的杂项工作均属承包人的附属工作，均不另行计量。

(3)路缘石按图纸所示的长度进行现场量测，经验收合格以延米为单位计量。埋设缘石的基槽开挖与回填、夯实以及混凝土垫层或水泥砂浆垫层等有关杂项工作均属承包人的附属工作，不另行计量。

13.路面及中央分隔带排水

(1)中央分隔带处设置的排水设施，按图纸施工，经监理人验收合格的实际工程数量分别按下列项目计量：

①排水管按不同材料、不同直径分别以米计量。

②纵向雨水沟(管)按长度以米计量。

③集水井按不同尺寸以座计量。

④渗沟按不同截面尺寸以延米计量。

⑤防水沥青油毡以平方米计量。

(2)路肩排水沟，经监理人验收合格的实际工程数量，分别按下列项目计量：

①混凝土路肩排水沟按长度以米计量。

②路肩排水沟砂砾垫层(路基填筑中已计量者除外)按立方米计量。

③土工布以平方米计量。

(3)排水管基础开挖和基础浇筑、胶泥隔水层及出水口预制混凝土垫块及混凝土包封等不另行计量，包含在排水管单价中。

(4)渗沟上的土工布不另计量，包含在渗沟单价中。

(5)拦水带按长度以米计量。

五、桥梁、涵洞工程计量

第400章包括的工程内容主要有：模板、拱架和支架；钢筋；基础挖方及回填；钻孔灌注桩；沉桩；挖孔灌注桩；桩的垂直静荷载试验；沉井；结构混凝土工程；预应力混凝土工程；预制构件的安装；砌石工程；小型钢构件；桥面铺装；桥梁支座；桥梁接缝和伸缩装置；防水处理；圆管涵及倒虹吸管；盖板涵、箱涵；拱涵。

1.模板、拱架和支架的设计

本节工作为有关工程的附属工作，不予计量。

2.钢筋

(1)根据图纸所示及钢筋表(不包括固定、定位架立钢筋)所列，按实际安设并经监理人验收的钢筋以千克(kg)计量。

其内容包括钢筋混凝土中的钢筋，预应力混凝土中的非预应力钢筋及混凝土桥面铺装中的钢筋。

(2)除图纸所示或监理人另有认可外，因搭接而增加的钢筋不予计入。

(3)钢筋及钢筋骨架用的铁丝、钢板、套筒(连接套)、焊接、钢筋垫块或其他固定、定位架立钢筋的材料,以及钢筋的防锈、截取、套丝、弯曲、场内运输、安装等,作为钢筋工程的附属工作,不另行计量。

3. 基础挖方及回填

(1)基础挖方应按下述规定,取用底、顶面间平均高度的棱柱体体积,分别按干处、水下及土、石,以立方米计量。干处挖方与水下挖方是以经监理人认可的施工期间实测的地下水位为界线。在地下水位以上开挖的为干处挖方;在地下水位以下开挖的为水下挖方。

基础底面、顶面及侧面的确定应符合下列规定:

①基础挖方底面:按图纸所示或监理人批准的基础(包括地基处理部分)的基底高程线计算。

②基础挖方顶面:按监理人批准的横断面上所标示的原地面线计算。

③基础挖方侧面:按顶面到底面,以超出基底周边0.5m的竖直面为界。

(2)当承包人遇到特殊或非常规情况时,应及时通知监理人,由监理人定出特殊的基础挖方界线。凡未取得监理人批准,承包人以特殊情况为理由而完成的任何挖方将不予计量,其基坑超深开挖,应由承包人用砂砾或监理人批准的回填材料予以回填压实。

(3)为完成基础挖方所做的地面排水及围堰、基坑支撑及抽水、基坑回填与压实、错台开挖及斜坡开挖等,作为挖基工程的附属工作,不另行计量。

(4)台后路基填筑及锥坡填土在填方路基内计量。

(5)基坑土的运输作为挖基工程的附属工作,不另行计量。

4. 钻孔灌注桩

(1)钻孔灌注桩以实际完成并经监理人验收后的数量,按不同桩径的桩长以米计量,计量应自图纸所示或监理人批准的桩底高程至承台底或系梁底。对于与桩连为一体的柱式墩台,如无承台或系梁时,则以桩位处地面线为分界线,地面线以下部分为灌注桩桩长,若图纸有标识的,按图纸标识为准。未经监理人批准,由于超钻而深于所需的桩长部分,将不予计量。

(2)开挖、钻孔、清孔、钻孔泥浆、护筒、混凝土、破桩头,以及必要时在水中填土筑岛、搭设工作台架及浮箱平台、栈桥等其他为完成工程的子目,作为钻孔灌注桩的附属工作,不另行计量。混凝土桩无破损检测及所预埋的钢管等材料,均作为混凝土桩的附属工作,不另行计量。

(3)钢筋在钢筋工程内计量。

(4)监理人要求钻取的芯样,经检验,如混凝土质量合格,钻取的芯样应予计量,否则不予计量。混凝土取芯按取回的混凝土芯样的长度以米计量。

5. 沉桩

(1)钢筋混凝土或预应力混凝土沉桩以实际完成并经监理人验收后的数量,按不同桩径的桩身长度以米计量。桩身长度的计量应自图纸所示或监理人批准的桩尖高程至承台底或盖梁底。未经监理人批准,沉入深度超过图纸规定的桩长部分,将不予计量。

(2)为完成沉桩工程而进行的钢筋混凝土桩浇筑预制、养生、移运、沉入、桩头处理等一切有关作业,均为沉桩工程所包括的工作内容,不另计量。

(3)试桩如系工程用桩,则该试桩按不同桩径分别列入支付子目中的的钢筋混凝土沉桩子目内;如果试桩不作为工程用桩,则应按不同桩径以米为单位计量,列入支付子目中的试桩子目内。

(4)沉桩的无破损检验作为沉桩工程的附属工作,不另行计量。

(5)钢筋混凝土或预应力混凝土沉桩(包括试桩)所用钢筋在钢筋工程内计量,其余钢板及材料加工等均含在钢筋混凝土沉桩工程子目中,不另行计量。

(6)制造预应力混凝土沉桩用预应力钢材在预应力混凝土工程内计量。

制造预应力混凝土沉桩用法兰盘及其他钢材,除按上述规定在钢筋工程、预应力混凝土工程内计量外的所有钢材均含入预应力沉桩工程子目中,不另行计量。

(7)试桩的试验机具其提供、运输、安装、拆卸以及试验数据的分析和提供试验报告等,均系该试桩的附属工作,不另行计量。

6. 挖孔灌注桩

(1)挖孔灌注桩以实际完成并经监理人验收后的数量,按不同桩径的桩长以米计量。计量应自图纸所示或监理人批准的从桩底高程至承台底或系梁底;如无承台或系梁时,则从桩底至图纸所示的桩顶;当图纸未示出桩顶位置,或示有桩顶位置但桩位处预先有夯填土时,由监理人根据情况确定。监理人认为由于超挖而深于所需的桩长部分,将不予计量。

(2)设置支撑和护壁、挖孔、清孔、通风、钎探、排水、混凝土、每桩的无破损检验以及其他为完成此项工程的项目,均为挖孔灌注桩的附属工作,不另行计量。

(3)钢筋在钢筋工程内计量。

(4)监理人要求钻取的混凝土芯样检验,经钻取检验后,如混凝土质量合格,钻取的芯样应予计量;否则不予计量。钻取芯样长度按取回的芯样以米计量。

7. 桩的垂直静荷载试验

(1)试桩不论是检验荷载或破坏荷载,均以经监理人验收或认可的单根试桩计量。计量包括压载、沉降观测、卸载、回弹观测、数据分析,以及为完成此项试验的其他工作子目。

(2)检验荷载试验桩如试验后作为工程结构的一部分,其工程量在钻孔灌注桩及挖孔灌注桩有关支付子目内计量与支付。破坏荷载试验用的试桩,将来不作为工程结构的一部分,其工程量在钻孔灌注桩的支付子目 405-3 及挖孔灌注桩的支付子目 407-3 内计量与支付。

8. 沉井

(1)沉井制作完成,符合图纸规定要求,经监理人验收后,混凝土及钢筋按以下规定计量:

①沉井的混凝土,按就位后沉井顶面以下各不同部位(井壁、顶板、封底、填芯)和不同混凝土级别的体积以立方米为单位计量。

②沉井所用钢筋,列入钢筋工程中基础钢筋支付子目内计量。

(2)沉井制作及下沉奠基,其中包括场地准备,围堰筑岛,模板、支撑的制作安装与拆除,沉井浇筑、接高,沉井下沉,空气幕助沉,井内挖土,基底处理等工作,均应视为完成沉井工程所必需的工作,不另行计量。

(3)沉井刃脚所用钢材,视作沉井的附属工程材料,不另行计量。

9. 结构混凝土工程

(1)以图纸所示或监理人指示为依据,按现场已完工并经验收的混凝土,分别以不同结构类型及混凝土等级,以立方米计量。

(2)直径小于200mm的管子、钢筋、锚固件、管道、泄水孔或桩所占混凝土体积不予扣除。作为砌体砂浆的小石子混凝土,不另行计量。

(3)桥面铺装混凝土在桥面铺装内计量与支付;结构钢筋在钢筋工程内计量。

(4)为完成结构物所用的施工缝连接钢筋、预制构件的预埋钢板、防护角钢或钢板、脚手架或支架及模板、排水设施、防水处理、基础底碎石垫层、混凝土养生、混凝土表面修整及为完成结构物的其他杂项子目,以及混凝土预制构件的安装架设设备拼装、移运、拆除和为安装所需的临时性或永久性的固定扣件、钢板、焊接、螺栓等,均作为各项相应混凝土工程的附属工作,不另行计量。

10. 预应力混凝土工程

(1)预应力混凝土结构物(包括现浇和预制预应力混凝土)按图纸尺寸或监理人指示为依据,按已完工并经验收合格的结构体积,以立方米计量。计量中包括悬臂浇筑、支架浇筑及预制安装预应力混凝土梁、板的一切作业。

(2)完工并经验收的预应力混凝土结构的预应力钢材,按图纸所示和本条款规定相应长度计算,预应力钢材数量以千克(kg)计量。后张法预应力钢材的长度按两端锚具间的理论长度计算;先张法预应力钢材的长度按构件的长度计算。除上述计算长度以外的锚固长度及工作长度的预应力钢材含入相应预应力钢材报价之中,不另行计量。

(3)预应力混凝土结构的非预应力钢筋,在钢筋工程内计量。

(4)预应力钢材的加工、锚具、管道、锚板及联结钢板、焊接、张拉、压浆等,作为预应力钢材的附属工作,不另行计量。预应力锚具包括锚圈、夹片、连接器、螺栓、垫板、喇叭管、螺旋钢筋等整套部件。

(5)后张法预应力混凝土梁封锚及端部加厚混凝土,计入相应梁段混凝土之中,不单独计量。

(6)预制板、梁的整体化现浇混凝土及其钢筋,分别在结构混凝土工程及钢筋工程内计量。

(7)桥面铺装混凝土在桥面铺装中计量。

11. 预制构件的安装

经验收的不同形式预制构件的安装,包括构件安装所需的临时性或永久性的固定扣件、钢板、焊接、螺栓等,其工作量包含在结构混凝土工程及预应力混凝土工程相应预制混凝土构件或预应力混凝土构件的工程子目中,不另行计量。

12. 砌石工程

(1)以图纸所示或监理人指示为依据,按工地完成的并经验收的各种石砌体或预制混凝土块砌体,以立方米计量。

(2)计算体积时,所用尺寸应由图纸所标明或监理人书面规定的计价线或计价体积定之。相邻不同石砌体计量中,应各包括不同石砌体间灰缝体积的一半。镶面石突出部分超过外廓线者不予计量。泄水孔、排水管或其他面积小于0.02m。的孔眼不予扣除,削角或其他装饰的切削,其数量为所在石料5%或少于5%者,不予扣除。

(3)砂浆或作为砂浆的小石子混凝土,作为砌体工程的附属工作,不另计量。

(4)砌体垫铺材料的提供和设置,拱架、支架及砌体的勾缝,作为砌体工程的附属工作,不另计量。

13.小型钢构件

桥梁及其他公路构造物的钢构件,作为有关子目内的附属工作,不另计量。

14.桥面铺装

(1)桥面铺装应按图纸所示的尺寸,或按实际完成并经监理人验收的数量,分别按不同材料、级别、厚度,以平方米计量。由于施工原因而超铺的桥面铺装,不予计量。

(2)桥面防水层按图纸要求施工,并经监理人验收的实际数量,以平方米计量。

(3)桥面泄水管及混凝土桥面铺装接缝等作为桥面铺的附属工作,不另行计量。

(4)桥面铺装钢筋在钢筋工程有关工程子目中计量,本节不另行计量。

15.桥梁支座

支座按图纸所示不同的类型,包括支座的提供和安装,以个计量。支座的质量检查、清洗、运输、起吊及安装支座所需的扣件、钢板、焊接、螺栓、黏结以及质量检测等作为支座安装的附属工作,不另行计量。

16.桥梁接缝和伸缩装置

桥面伸缩装置按图纸要求安装并经监理人验收的数量,分不同结构形式以米计量。其内容包括伸缩装置的提供和安装等作业。

除伸缩装置外的其他接缝,如橡胶止水片、沥青类等接缝填料,作为有关工程的附属工作,不另行计量。

安装时切割和清除伸缩装置范围内沥青混凝土铺装或安装伸缩装置所需的部分水泥混凝土及临时或永久性的扣件、钢板、钢筋、焊接、螺栓、黏结等,作为伸缩装置安装的附属工作,不另行计量。

17.防水处理

沥青或油毛毡防水层,作为其他有关项目内的附属工作,不另行计量。

18.圆管涵及倒虹吸管涵

(1)钢筋混凝土圆管涵或倒虹吸管涵,以图纸规定的洞身长度或监理人同意的现场沿涵洞中心线量测的进出洞口之间的洞身长度,分不同孔径及孔数,经监理人检查验收后以米计量。管节所用钢筋,不另计量。

(2)图纸中标明的基底垫层和基座,圆管的接缝材料、沉降缝的填缝与防水材料等,洞口建筑,包括八字墙、一字墙、帽石、锥坡、铺砌、跌水井以及基础挖方及运输、地基处理与回填等,均作为承包人应做的附属工作,不另计量。

(3)洞口(包括倒虹吸管涵)建筑以外涵洞上下游沟渠的改沟铺砌、加固以及急流槽消力坎的建造等均列入路基坡面排水相应子目内计量。

(4)建在软土、沼泽地区的圆管涵(含倒虹吸管涵),按图纸要求特殊处理的基础工程量(如:塑料排水板、袋装砂井、各种桩基、喷粉桩等)在特殊地区路基处理相关子目中计量与支付,本节不另行计量。

19. 盖板涵、箱涵

(1)钢筋混凝土盖板涵(含梯坎涵、通道)、钢筋混凝土箱涵(含通道)应以图纸规定的洞身长度或经监理人同意的现场沿涵洞中心线测量的进出口之间的洞身长度,经验收合格后按不同孔径及孔数以米计量,盖板涵、箱涵所用钢筋不另计量。

(2)所有垫层和基座,沉降缝的填缝与防水材料,洞口建筑,包括八字墙、一字墙、帽石、锥坡(含土方)、跌水井、洞口及洞身铺砌以及基础挖方、地基处理与回填土、沉降缝的填缝与防水材料等作为承包人应做的附属工作,均不单独计量。

(3)洞口建筑以外涵洞上下游沟渠的改沟铺砌、加固以及急流槽等均列入路基坡面排水有关子目计量。

(4)通道涵按下列原则进行计量与支付:

①通道涵洞身及洞口计量应符合上述第(1)款及(2)款的规定;

②通道范围(进出口之间距离)以内的土石方及边沟、排水沟等均含入洞身报价之中不另行计量;

③通道范围以外的改路土石方及边沟、排水沟等在本规范第200章相关章节中计量与支付;

④通道路面(含通道范围内)分不同结构类型在本规范第300章相关章节中计量与支付。

(5)建在软土、沼泽地区的盖板涵、箱涵(含通道),按图纸要求特殊处理的基础工程量(如:塑料排水板、袋装砂井、各种桩基、喷粉桩等)在特殊地区路基处理相关子目中计量与支付,本节不另行计量。

20. 拱涵

(1)石砌和混凝土拱涵(含梯坎涵、通道)应以图纸规定的洞身长度或经监理人同意的现场沿涵洞中心线测量的进出口之间的洞身长度,经验收合格后按不同孔径以米计量,钢筋不另计量。

(2)所有垫层和基础,沉降缝的填缝与防水材料,洞口建筑,包括八字墙、一字墙、帽石、锥坡(含土方)、跌水井、洞口及洞身铺砌以及基础挖方、地基处理与回填土等作为承包人应做的附属工作,均不单独计量。

(3)洞口建筑以外涵洞上下游沟渠的改沟、铺砌、加固以及急流槽等可列入路基坡面排水有关子目中计量。

(4)通道涵按下列原则进行计量与支付:

①通道涵洞身及洞口计量应符合上述第(1)款及(2)款的规定;

②通道范围(进出口之间距离)以内的土石方及边沟、排水沟等均含入洞身报价之中不另行计量;

③通道范围以外的改路土石方及边沟、排水沟等,在本规范第200章相关章节中计量与支付;

④通道路面(含通道范围内)分不同结构类型在本规范第300章相关章节中计量与支付。

(5)建在软土、沼泽地区的拱涵,按图纸要求特殊处理的基础工程量(如:塑料排水板、袋装砂井、各种桩基、喷粉桩等)在特殊地区路基处理相关子目中计量与支付,本节不另行计量。

六、隧道工程计量

第 500 章包括的工程内容主要有：隧道的施工准备；洞口与明洞工程；洞身开挖；洞身衬砌；防水与排水；洞内防火涂料和装饰工程；风水电作业及通风防尘；监控量测；特殊地质地段施工与地质预报等以及洞内机电设施预埋件和消防设施等有关工程的施工作业。

1. 洞口与明洞工程

（1）各项工程，应按图纸所示和监理人指示为依据，按照实际完成并经验收的工程数量，进行计量。

（2）洞口路堑等开挖与明洞洞顶回填的土石方，不分土、石的种类，只区分为土方和石方，以立方米计量。

（3）弃方运距在图纸规定的弃土场内为免费运距，弃土超出规定弃土场的距离时（比如图纸规定的弃土场地不足要另外增加弃土场，或经监理人同意变更的弃土场），其超出部分另计超运距运费，按立方米公里计量。若未经监理人同意，承包人自选弃土场时，则弃土运距不论远近，均为免费运距。

（4）隧道洞门的端墙、翼墙、明洞衬砌及遮光栅（板）的混凝土（钢筋混凝土）或石砌圬工，以立方米计量。钢筋以千克（kg）计量。

（5）截水沟（包括洞顶及端墙后截水沟）圬工以立方米计量。

（6）防水材料（无纺布）铺设完毕经验收以平方米计量，与相邻防水材料搭接部分不另计量。

（7）洞口坡面防护工程，按不同圬工类型分别汇总以立方米计量，锚杆及钢筋网分别以千克计量；种植草皮以平方米计量。

（8）截水沟的土方开挖和砂砾垫层、隧道名牌以及模板、支架的制作安装和拆卸等均包括在相应工程中不单独计量。

（9）泄水孔、砂浆勾缝、抹平等的处理，以及图纸示出而支付子目表中未列出的零星工程和材料，均包括在相应工程子目单价内，不另行计量。

2. 洞身开挖

（1）洞内土石方开挖应符合图纸所示（包括紧急停车带、车行横洞、人行横洞以及监控、消防和供配电设施等的洞室）或监理人指示，按隧道外轮廓线加允许超挖值（设计给出的允许超挖值或现行《公路隧道施工技术规范》按不同围岩级别给出的允许超挖值）后计算土石方。另外，当采用复合衬砌时，除给出的允许超挖值外，还应考虑加上预留变形量。按上述要求计得的土石方工程量，不分围岩级别，以立方米计量。开挖土石方的弃渣，其弃渣距离在图纸规定的弃渣场内为免费运距；弃渣超出规定弃渣场的距离时（如图纸规定的弃渣场地不足要另外增加弃土场，或经监理人同意变更的弃渣场），其超出部分另计超运距运费，按立方米公里计量。若未经监理人同意，承包人自选弃渣场时，则弃渣运距不论远近，均为免费运距。

（2）不论承包人出于任何原因而造成的超过允许范围的超挖，和由于超挖所引起增加的工程量，均不予计量。

（3）支护的喷射混凝土按验收的受喷面积乘以厚度，以立方米计量，钢筋以千克（kg）计量。喷射混凝土其回弹率、钢纤维以及喷射前基面的清理工作均包含在工程子目单价之内，不另行计量。

(4)洞身超前支护所需的材料,按图纸所示或监理人指示并经验收的各种规格的超前锚杆或小钢管、管棚、注浆小导管、锚杆以米计量;各种型钢以千克(kg)计量;连接钢板、螺栓、螺帽、拉杆、垫圈等作为钢支护的附属构件,不另行计量。木材以立方米计量。

(5)隧道开挖的钻孔爆破、弃渣的装渣作业均为土石方开挖工程的附属工作,不另行计量。

(6)隧道开挖过程,洞内采取的施工防排水措施,其工作量应含在开挖土石方工程的报价之中。

3. 洞身衬砌

(1)洞身衬砌的拱部(含边墙),按实际完成并经验收的工程量,分不同级别水泥混凝土和圬工,以立方米计量。洞内衬砌用钢筋,按图纸所示以千克(kg)计量。

(2)任何情况下,衬砌厚度超出图纸规定轮廓线的部分,均不予计量。

(3)按隧道洞身的规定,允许个别欠挖的侵入衬砌厚度的岩石体积,计算衬砌数量时不予扣除。

(4)仰拱、铺底混凝土,应按图纸施工,以立方米计量。

(5)预制或就地浇筑混凝土边沟及电缆沟,按实际完成并经验收后的工程量,以立方米计量。

(6)洞内混凝土路面工程经验收合格以平方米计量。

(7)各类洞门按图纸要求,经验收合格以个计量。其中材料采备、加工制作、安装等均不另行计量。

(8)施工缝及沉降缝按图纸规定施工,其工作量含在相关工程子目之中,不另行计量。

4. 防水与排水

(1)洞内排水用的排水管按不同类型、规格以米计量。

(2)压浆堵水按所用原材料(如水泥浆液、水泥—水玻璃浆液)以吨(t)计量。压浆钻孔以米计。

(3)防水层按所用材料(防水板、无纺布等)以平方米计量;止水带、止水条以米计量。

(4)为完成上述项目工程加工安装所有工料、机具等均不另行计量。

(5)隧道洞身开挖时,洞内外的临时防排水工程应作为洞身开挖的附属工作,不另行支付。为此,洞身开挖支付子目的土方及石方工程报价时,应考虑本节支付子目外的其他施工时采取的防排水措施的工作量。

5. 洞内防火涂料和装饰工程

本节完成的各项工程,应根据图纸要求,按实际完成并经监理人验收的数量,分别按以下的工程子目进行计量:

(1)喷涂防火涂料

喷涂的面积,以平方米为单位计量。其工作内容包括材料的采备、供应、运输,支架、脚手架的制作安装和拆除,基层表面处理,防火涂料喷涂后的养生,施工的照明、通风等一切与此有关的作业。

(2)镶贴瓷砖

镶贴瓷砖的面积,以平方米为单位计量。其工作内容包括材料的采备、供应、运输,混凝土边墙表面的处理,砂浆找平,施工的照明、通风等一切与此有关的作业。找平用的砂浆不另行计量。

(3)喷涂混凝土专用漆

喷涂混凝土专用漆的面积,以平方米为单位计量。其工作内容包括材料的采备、供应、运输,基层处理,施工的照明、通风等一切与此有关的作业。

6. 风水电作业及通风防尘

风水电作业及通风防尘为隧道施工的不可缺少的附属工作,其工作量均含在本章各节有关支付子目的报价中,不予另行计量。

7. 监控量测

监控量测是隧道安全施工必须采取的措施,监控量测除必测项目外,应根据具体情况确定选测项目,分别以总额报价及支付。

8. 特殊地质地段的施工与地质预报

隧道施工中遇到特殊地质地段时承包人应采取的有关施工措施,不另行计量。地质预报其采用的方法手段应根据具体情况选用,以总额报价及支付。

9. 洞内机电设施预埋件和消防设施

(1)机电设施预埋件按图纸要求施工完毕,经监理人分别按其所属设施验收合格以千克(kg)为单位计量。

(2)供水钢管、铸铁管按图纸要求敷设完毕,经监理人验收合格以米为单位计量。其工作内容包括焊接、法兰连接、防腐处理、开挖(回填)沟槽所需的人工和材料等,不另行计量。

(3)消防洞室防火门制作安装经验收合格以套为单位计量。

(4)集水池、蓄水池、泵房等按图纸要求施工完毕,经监理人验收合格分别以座为单位计量;消防设施的其他混凝土、砖石圬工工程以立方米为单位计量。

(5)消防系统中未列入清单中的附属设施其工作量含在相关子目中,不另计量。

七、安全设施及预埋管线工程计量

第600章包括的工程内容主要有:护栏;隔离栅和防落网;道路交通标志;道路交通标线;防眩设施;通信管道及电力管道;预埋(预留)基础;收费设施和地下通道等的施工及有关作业。

1. 护栏

(1)设置在中央分隔带的混凝土护栏,应按图纸和监理人指示,经验收后其长度以米计量;混凝土基础以立方米计量。

(2)地基填筑、垫层材料、砌筑砂浆、嵌缝材料以及油漆涂料等均不另行计量。

(3)波形梁钢护栏(含立柱)为安装就位(包括明涵、通道、小桥部分)并经验收合格,其长度沿栏杆面(不包括起终端段)量取,按米计量。钢护栏起、终端头以个计量。

(4)缆索护栏安装就位(包括明涵、通道、小桥、挡墙部分)并经验收合格,其长度按沿栏杆面量取的实际长度,以米为单位计量。

(5)中央分隔带开口处活动式钢护栏应拼装就位准确,经验收合格以个计量。

(6)明涵、通道、小桥、挡墙部分缆索护栏的立柱插座、预埋构件作为上述构造物的附属工作,不另计量。

2. 隔离栅和防落网

(1)隔离栅应安装就位并经验收,分别按铁丝编织网隔离栅、刺铁丝隔离栅、钢板网隔离栅、电焊网隔离栅等,从端柱外侧沿隔离栅中部丈量,以米计量。金属立柱的紧固件等均并入隔离栅计价中,不另行计量。

(2)桥上防护网以米计量,安设网片的支架、预埋件及紧固件等不另行计量。

(3)钢立柱及钢筋混凝土立柱安装就位并经验收以根计量,钢筋及立柱斜撑不另计量。

(4)所需的清场、挖根、土地整平和设置地线等工程均为安装隔离栅的附属工作,不另计量。

3. 道路交通标志

(1)标志应按图纸规定提供、装好、埋设就位和经验收的不同种类、规格分别计量:

①所有各式交通标志(包括立柱、门架)均以个为单位计量。

②所有支承结构、底座、硬件和为完成组装而需要的附件,均附属于各有关标志工程子目内,不另行计量。

(2)里程标和公路界碑等均应按埋设就位和验收的数量以个为单位计量。

4. 道路交通标线

(1)路面标线应按图纸所示,经检查验收后,以热熔型涂料、溶剂常温涂料和溶剂加热涂料的涂敷实际面积,以平方米为单位计量。反光型的路面标线玻璃珠应包含在涂敷面积内,不另计量。

(2)突起路标安装就位经检查验收后以个数计量。

(3)轮廓标安装就位经检查验收后以个计量。

(4)立面标记设置经检查验收后以处计量。

(5)锥形交通路标安装就位经检查验收后以个数计量。

5. 防眩设施

(1)防眩板设置安装完成并经验收后以块计量。

(2)防眩网设置安装完成并经验收后以延米计量。

(3)为安装防眩板、防眩网设置的预埋件,连接件、立柱、基础混凝土以及钢构件的焊接等均作为防眩板、防眩网工程的附属工作,不另行计量。

6. 通信和电力管道与预埋(预留)基础

(1)人(手)孔应根据图纸的形式及不同尺寸按个计量。

(2)紧急电话平台应按底座就位和验收的个数计量。

(3)预埋管道工程应按铺筑就位并验收的以米计量,计量是沿着单管和多管结构的管道中线进行。过桥管箱的制作、安装以米计量。所有封缝料和牵引线及拉棒检验等,作为承包人的附属工作,不另行计量。

(4)挖基及回填,压实及接地系统作为相关工程的附属工作,不另计量。

(5)附属于桥梁、通道或跨线桥的预留管道及其他的电信设备应作为这些结构的一部分,在主体工程内计量,本节不单独计量。

(6)通信管道安装在桥上的托架作为制造、安装过桥管箱的附属工作,不另行计量。

7.收费设施及地下通道

(1)收费亭按图纸的形式组装或修建,经监理人验收,分别按单人收费亭和双人收费亭以个为单位计量。

(2)收费天棚按图纸组装架设,经监理人验收以平方米为单位计量。

(3)收费岛浇筑按图纸形式及大小经监理人验收,分别按单向收费岛和双向收费岛以个为单位计量。

(4)地下通道按图纸要求经监理人验收,其长度沿通道中心量测洞口间距离,以米为单位计量,计量中包含了装饰贴面工程及防、排水处理等内容。

(5)预埋及架设管线按图纸规定铺设就位经监理人验收以米为单位计量。

(6)收费设施的预埋件为各有关工程子目的附属工作,均不另予计量。

(7)所有挖基、挖槽以及回填、压实等均为各相关工程子目的附属工作,不另予计量。

凡未列入计量子目的零星工程,均含在相关工程子目内,不另予计量。

八、绿化及环境保护设施计量

第600章包括的工程内容主要有:铺设表土;撒播草种和铺植草皮;种植乔木、灌木和攀缘植物;植物养护于管理;声屏障。

1.铺设表土

(1)表土铺设应按完成的铺设面积并经验收以立方米为单位计量。

(2)铺设表土的准备工作(包括提供、运输等),为承包人应做的附属工作,不另予计量。

2.撒播草种和铺植草皮

(1)撒播草种按经监理人验收的成活草种的面积以平方米为单位计量。

(2)草种、水、肥料等,作为承包人撒播草种的附属工作,均不另行计量。

(3)铺草皮按经监理人验收的数量以平方米为单位计量,密铺、间铺按不同支付子目计量、支付。

(4)需要铺设的表土,按表土的来源,在铺设表土相关支付子目内计量。

(5)绿地喷灌设施按图纸所示,敷设的喷灌管道以米为单位计量。喷灌设施的闸阀、水表、洒水栓等均不另行计量。

3.种植乔木、灌木和攀缘植物

(1)人工种植经监理人按成活数验收,乔木、灌木及人工种植攀援植物均以棵计量。

(2)需要铺设的表土,按表土的来源,在铺设表土相关支付子目内计量。

(3)种植用水,设置水池储水,均作为承包人种植植物的附属工作,不另予计量。

4.植物养护和管理

种植物的养护及管理是承包人完成绿化工程的附属工作,不另计量。

5.声屏障

吸、隔声板声屏障应按图纸施工完成经监理人验收的现场量测的长度,以米为单位计量;吸声砖及砖墙声屏障以立方米为单位计量。声屏障的基础开挖、基底夯实、基坑回填、立柱、横板安装等工作为砌筑吸声砖声屏障及砌筑砖墙声屏障所必需的附属工作,均不另行计量。

第四节　支　　付

一、支付种类

支付可以分为很多种,不同种类的支付有不同的规定和不同的程序及支付办法。

1.按时间分类

按时间分类,支付可分为预先支付(即预付)、期中支付、交工结算和最终结清四种。

(1)预付。预付款包括开工预付款和材料、设备预付款。是由业主提供给承包人的无息款项,按一定条件支付并扣回。

(2)期中支付。就是我们所熟悉的进度款,按月支付,即按本月完成的工程价值及其他有关款项进行综合支付,由监理人开出期中支付证书来实施。

(3)交工结算。交工验收证书签发后42天内,监理人签发交工证书后办理的支付工作。

(4)最终结清。即在缺陷责任期终止证书签发后,办理的最后一次支付工作。

2.按支付的内容分类

按支付内容可分为工程量清单内的支付和工程量清单外的支付,即基本支付和附加支付。工程量清单内的支付就是按合同条件和技术规范,监理人通过计量,确认已完工程量,然后按已确认的工程数量与报价单中的单价,估算和支付工程量清单中各项工程费用,简称为清单支付。工程量清单外的支付就是监理人按合同条件的规定,根据工程实际情况和现场证实资料,确认清单以外的各项工程费用,如索赔费用、工程变更费用、价格调整等,简称附加支付。

3.按工程内容分类

按工程内容分类有土方工程、路基工程、路面工程、桥梁、涵洞工程、隧道工程、安全设施及预埋管线、绿化及环境保护设施等。

4.按合同执行情况分类

根据合同执行是否顺利,监理人要进行正常支付和合同终止的支付两类。正常支付,就是业主与承包人双方共同遵守合同,使合同规定内容顺利完成。合同终止的支付是指合同无法继续执行,可能是承包人违约,受到业主驱逐,还可能是由于特殊风险使合同中止,这几种情况的合同终止均应由监理人进行支付计算。

二、支付的一般规定

1.支付时间

监理人在收到承包人进度付款申请单以及相应的支持性证明文件后的14天内完成核查,提出发包人到期应支付给承包人的金额以及相应的支持性材料,经发包人审查同意后,由监理人向承包人出具经发包人签认的进度付款证书。监理人有权扣发承包人未能按照合同要求履行任何工作或义务的相应金额。发包人应在监理人收到进度付款申请单后的28天内,将进度应付款支付给承包人。发包人不按期支付的,按专用合同条款的约定支付逾期付款违约金。

监理人出具进度付款证书,不应视为监理人已同意、批准或接受了承包人完成的该部分工作。进度付款涉及政府投资资金的,按照国库集中支付等国家相关规定和专用合同条款的约定办理。

2. 工程进度付款的修正

在对以往历次已签发的进度付款证书进行汇总和复核中发现错、漏或重复的,监理人有权予以修正,承包人也有权提出修正申请。经双方复核同意的修正,应在本次进度付款中支付或扣除。

3. 支付范围

所有到期并符合合同要求的工作内容均应计价支付。

4. 支付方法

根据各种工程费用的特点和支付要求分项、分类计算,汇总后扣减承包人对业主的支付。清单中的内容,应按各工程细目的支付项目分项计算;各类附加支付则应分类计算,汇总各分项和各类金额。

5. 支付货币

工程费用中人民币与外汇的比例应按补充资料表一所定的百分比确定。需要说明,补充资料表对工程费用支付有较大的参考价值,它不仅规定了外汇需求量,而且还有支付计划表,价格调整指数表等,这些资料直接关系到费用支付。因此,监理人进行费用支付时,应参照补充资料表中的有关内容。

6. 支付依据

支付依据必须准确可靠,进行工程费用支付时,需要大量的凭证和依据,这些依据直接确定了支付费用的数额。监理人在支付时,必须取得和分析这些数据,并对其可靠性进行评价判断。所支付的工程费用必须能够被这些凭证确切地说明,这些依据或凭证一方面必须在数量上准确,另一方面必须在程序上完备。

三、清单中的支付项目

1. 开办项目的支付

开办项目的计量支付规定在技术规范中有明确说明,在办理支付时,应先落实开办项目的完成情况,然后按技术规范中的规定办理支付。

2. 合同永久工程的支付

其工程量应按技术规范中的计量方法进行计量,并有监理人签认的计量证书,其单价按工程量清单中的相应单价来确定支付金额。

四、预付款的支付

1. 预付款

预付款用于承包人为合同工程施工购置材料、工程设备、施工设备、修建临时设施以及组织施工队伍进场等。预付款的额度和预付办法在专用合同条款中约定。预付款必须专用于合同工程。

开工预付款的金额在项目专用条款数据表中约定。在承包人签订了合同协议书并提交了开工预付款保函后,监理人应在当期进度付款证书中向承包人支付开工预付款的70%的价款;在承包人承诺的主要设备进场后,再支付预付款30%。

承包人不得将该预付款用于与本工程无关的支出,监理人有权监督承包人对该项费用的使用,如经查实承包人滥用开工预付款,发包人有权立即通过向银行发出通知收回开工预付款保函的方式,将该款收回。

材料、设备预付款按项目专用合同条款数据表中所列主要材料、设备单据费用(进口的材料、设备为到岸价,国内采购的为出厂价或销售价,地方材料为堆场价)的百分比支付。其预付条件为:①材料、设备符合规范要求并经监理人认可;②承包人已出具材料、设备费用凭证或支付单据;③材料、设备已在现场交货,且存储良好,监理人认为材料、设备的存储方法符合要求。则监理人应将此项金额作为材料、设备预付款计入下一次的进度付款证书中。在预计竣工前3个月,将不再支付材料、设备预付款。

2. 预付款保函

除项目专用合同条款另有约定外,承包人应在收到开工预付款前向发包人提交开工预付款保函,开工预付款保函的担保金额应与开工预付款金额相同。出具保函的银行须与出具履约保函的银行要求相同,所需费用由承包人承担。

承包人应保证其履约担保在发包人颁发工程接收证书前一直有效。发包人应在工程接收证书颁发后28天内把履约担保退还给承包人。

银行保函的正本由发包人保存,该保函在发包人将开工预付款全部扣回之前一直有效,担保金额可根据开工预付款扣回的金额相应递减。

3. 预付款的扣回与还清

开工预付款在进度付款证书的累计金额未达到签约合同价的30%之前不予扣回,在达到签约合同价30%之后,开始按工程进度以固定比例(即每完成签约合同价的1%,扣回开工预付款的2%)分期从各月的进度付款证书中扣回,全部金额在进度付款证书的累计金额达到签约合同价的80%时扣完。

当材料、设备已用于或安装在永久工程之中时,材料、设备预付款应从进度付款证书中扣回,扣回期不超过3个月。已经支付材料、设备预付款的材料、设备的所有权应属于发包人。

五、工程进度付款的支付

1. 付款周期

付款周期同计量周期。

2. 进度付款申请单

承包人应在每个付款周期末,按监理人批准的格式和专用合同条款约定的份数,向监理人提交进度付款申请单,并附相应的支持性证明文件。除专用合同条款另有约定外,进度付款申请单应包括下列内容:

(1)截至本次付款周期末已实施工程的价款;

(2)根据第15条应增加和扣减的变更金额;

(3)根据第23条应增加和扣减的索赔金额;

(4)根据第17.2款约定应支付的预付款和扣减的返还预付款;

(5)根据第17.4.1项约定应扣减的质量保证金;

(6)根据合同应增加和扣减的其他金额。

3.进度付款证书和支付时间

(1)监理人在收到承包人进度付款申请单以及相应的支持性证明文件后的14天内完成核查,提出发包人到期应支付给承包人的金额以及相应的支持性材料,经发包人审查同意后,由监理人向承包人出具经发包人签认的进度付款证书。监理人有权扣发承包人未能按照合同要求履行任何工作或义务的相应金额。如果该付款周期应结算的价款经扣留和扣回后的款额少于项目专用合同条款数据表中列明的进度付款证书的最低金额,则该付款周期监理人可不核证支付,上述款额将按付款周期结转,直至累计应支付的款额达到项目专用合同条款数据表中列明的进度付款证书的最低金额为止。

(2)发包人应在监理人收到进度付款申请单后的28天内,将进度应付款支付给承包人。

(3)监理人出具进度付款证书,不应视为监理人已同意、批准或接受了承包人完成的该部分工作。

(4)进度付款涉及政府投资资金的,按照国库集中支付等国家相关规定和专用合同条款的约定办理。

4.工程进度付款的修正

在对以往历次已签发的进度付款证书进行汇总和复核中发现错、漏或重复的,监理人有权予以修正,承包人也有权提出修正申请。经双方复核同意的修正,应在本次进度付款中支付或扣除。

六、质量保证金的支付

监理人应从第一个付款周期开始,在发包人的进度付款中,按项目专用合同条款数据表规定的百分比扣留质量保证金,直至扣留的质量保证金总额达到项目专用合同条款数据表规定的限额为止。质量保证金的计算额度不包括预付款的支付以及扣回的金额。

在专用合同条款约定的缺陷责任期满时,承包人向发包人申请到期应返还承包人剩余的质量保证金金额,发包人应在14天内会同承包人按照合同约定的内容核实承包人是否完成缺陷责任。如无异议,发包人应当在核实后将剩余保证金返还承包人。

在专用合同条款约定的缺陷责任期满时,承包人没有完成缺陷责任的,发包人有权扣留与未履行责任剩余工作所需金额相应的质量保证金余额,并有权根据缺陷责任期延长的约定要求延长缺陷责任期,直至完成剩余工作为止。由于承包人原因造成某项缺陷或损坏使某项工程或工程设备不能按原定目标使用而需要再次检查、检验和修复的,发包人有权要求承包人相应延长缺陷责任期,但缺陷责任期最长不超过2年。

七、交工结算

1.交工付款申请单

承包人向监理人提交交工付款申请单(包括相关证明材料)的份数在项目专用合同条款

数据表中约定。期限为交工验收证书签发后42天内。监理人对交工付款申请单有异议的,有权要求承包人进行修正和提供补充资料。经监理人和承包人协商后,由承包人向监理人提交修正后的交工付款申请单。

2. 交工付款证书及支付时间

监理人在收到承包人提交的交工付款申请单后的14天内完成核查,提出发包人到期应支付给承包人的价款送发包人审核并抄送承包人。发包人应在收到后14天内审核完毕,由监理人向承包人出具经发包人签认的交工付款证书。监理人未在约定时间内核查,又未提出具体意见的,视为承包人提交的交工付款申请单已经监理人核查同意;发包人未在约定时间内审核又未提出具体意见的,监理人提出发包人到期应支付给承包人的价款视为已经发包人同意。

发包人应在监理人出具交工付款证书后的14天内,将应支付款支付给承包人。发包人不按期支付的,将按专用合同条款的约定逾期付款违约金支付给承包人。

承包人对发包人签认的交工付款证书有异议的,发包人可出具交工付款申请单中承包人已同意部分的临时付款证书。存在争议的部分,按照《公路工程标准施工招标文件》(2009年版)通用条款中约定的争议的解决方式办理。

交工付款涉及政府投资资金的,按照国库集中支付等国家相关规定和专用合同条款的约定办理。

八、最终结清

1. 最终结清申请单

承包人向监理人提交最终结清申请单(包括相关证明材料)的份数在项目专用合同条款数据表中约定。期限为缺陷责任期终止证书签发后28天内。最终结清申请单中的总金额应认为是代表了根据合同规定应付给承包人的全部款项的最后结算。

发包人对最终结清申请单内容有异议的,有权要求承包人进行修正和提供补充资料,由承包人向监理人提交修正后的最终结清申请单。

2. 最终结清证书和支付时间

监理人收到承包人提交的最终结清申请单后的14天内,提出发包人应支付给承包人的价款送发包人审核并抄送承包人。发包人应在收到后14天内审核完毕,由监理人向承包人出具经发包人签认的最终结清证书。监理人未在约定时间内核查,又未提出具体意见的,视为承包人提交的最终结清申请已经监理人核查同意;发包人未在约定时间内审核又未提出具体意见的,监理人提出应支付给承包人的价款视为已经发包人同意。

发包人应在监理人出具最终结清证书后的14天内,将应支付款支付给承包人。发包人不按期支付的,按专用合同条款的约定逾期付款违约金支付给承包人。

承包人对发包人签认的最终结清证书有异议的,按照《公路工程标准施工招标文件》(2009年版)通用条款中约定的争议的解决方式办理。

最终结清付款涉及政府投资资金的,按照国库集中支付等国家相关规定和专用合同条款的约定办理。

九、其他支付

1. 索赔费用

其赔偿费用的支付额应按监理人签发的索赔审批书来确认或按监理人暂时确定的赔偿额来支付。

2. 计日工费用

计日工的数量应有监理人的指示及确认，计日工的单价按工程量清单中计日工的单价来办理。

3. 变更工程费用

变更工程应有监理人签发的书面变更令。变更工程的单价按变更工程单价确定原则来处理。完成的变更工程数量应有监理人签认的变更工程计量证书。

4. 价格调整费用

价格调整费用的确定方法除专用合同条款另有约定外，因物价波动引起的价格调整按照《公路工程标准施工招标文件》(2009 年版)中通用合同条款约定处理。

5. 逾期竣工违约金

由于承包人原因造成工期延误，承包人应支付逾期交工违约金。逾期交工违约金的计算方法在项目专用合同条款数据表中约定，时间自预定的竣工日期起到工程接收证书中写明的实际竣工日期止(扣除已批准的延长工期)，按天计算。逾期竣工违约金累计金额最高不超过签约合同价的 10%。发包人可以从应付或到期应付给承包人的任何款项中或采用其他方法扣除此违约金。

承包人支付逾期竣工建约金，不免除承包人完成工程及修补缺陷的义务。

如果在合同工作完工之前，已对合同工程内按时完工的单位工程签发了工程接收证书，则合同工程的逾期竣工违约金，应按已签发工程接收证书的单位工程的价值占合同工程价值的比例予以减少，但本规定不应影响逾期竣工违约金的规定限额。

6. 提前竣工奖金

发包人不得随意要求承包人提前交工，承包人也不得随意提出提前交工的建议。如遇特殊情况，确需将工期提前的，发包人和承包人必须采取有效措施，确保工程质量。

如果承包人提前交工，发包人支付奖金的计算方法在项目专用合同条款数据表中约定，时间自交工验收证书中写明的实际交工日期起至预定的交工日期止，按天计算。但奖金最高限额不超过项目专用合同条款数据表中写明的限额。

7. 逾期付款违约金

发包人应在监理人收到进度付款申请单后的 28 天内，将进度应付款支付给承包人。发包人不按期支付的，按项目专用条款数据表中约定的利率向承包人支付逾期付款违约金。违约金计算基数为发包人的全部未付款额，时间从应付而未付该款额之日算起(不计复利)。

十、合同解除后的估价、付款和结清

合同解除后，监理人按《公路工程标准施工招标文件》(2009 年版)通用条款中商定或确定承包人实际完成工作的价值,以及承包人已提供的材料、施工设备、工程设备和临时工程等的价值。合同解除后,发包人应暂停对承包人的一切付款,查清各项付款和已扣款金额,包括承包人应支付的违约金。承包人为该工程施工订购并已付款的材料、工程设备和其他物品的金额,发包人付款后,该材料、工程设备和其他物品归发包人所有。

合同解除后,发包人应按《公路工程标准施工招标文件》(2009 年版)通用条款中约定的发包人的索赔条款向承包人索赔由于解除合同给发包人造成的损失。

合同双方确认上述往来款项后,出具最终结清付款证书,结清全部合同款项。发包人和承包人未能就解除合同后的结清达成一致而形成争议的,按《公路工程标准施工招标文件》(2009 年版)通用条款中争议的解决约定办理。

第五节　工程计量台账

工程计量台账是按合同条款的有关规定,对承包人已完成的质量合格的工程数量进行测量与统计,对施工图纸载明的设计数量实施准确地统计管理。工程计量台账是投资控制的最基本的数据来源,也是计量支付的根本依据,因此准确而具体表明工程实体是其最重要的因素,同时为了便于操作和管理,台账结构还应简单合理,便于计算机进行系统管理。

一、工程计量台账的概述

工程计量台账是将施工设计图纸和工程量清单,依据特定的编码规则,将招标项目工程的单位、分部、分项工程进行统一编码,并以能独立计量支付的细目来表现项目构成的数据结构。通俗地说,工程计量台账就是参照交通运输部《公路工程质量检验评定标准》和《国家公路基础数据库》,对单位工程、分部、分项工程拆分为一个个能独立计量支付的最小计量单元,并按照特定的项目编码规则给其一个唯一的识别编码,并将其与工程量清单对应的数据表格(图 11-3、图 11-4)。

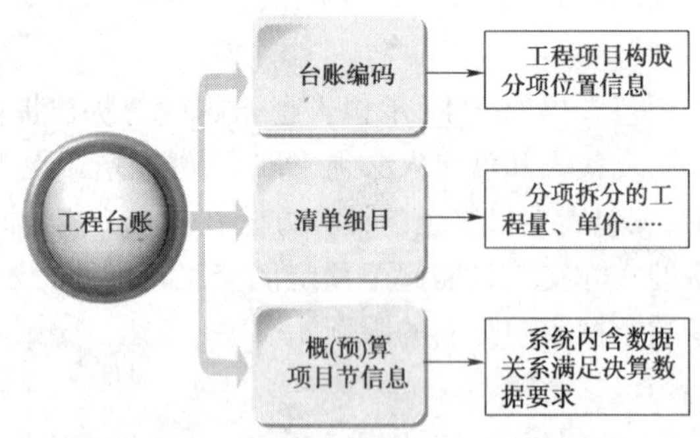

图 11-3　工程计量台账的内涵

工程计量台账是按合同条款的有关规定,对工程量清单更进一步量化细分,对承包商已完成的质量合格的工程数量进行测量与统计,对施工图纸载明的设计数量实施准确地统计管理。工程计量台账也是投资控制的最基本的数据来源,是计量支付的根本依据,因此准确是其最重要的因素,同时为了便于操作和管理,台账结构还应简单合理。

台账编码	起桩号	止桩号	清单代号	细目名称	单位	申报数量	审核数量	申报单价	审核单价	申报金额	审核金额	图号
TJ01J01F02LZ01H022	K2+495	K2+562	208-1-a	播种草籽	m^2	807.00	908.00	5.45	5.45	4,398	4,398	S3-2-29
TJ01J01F02LZ01H022	K2+495	K2+562	208-2-b	浆砌骨架护坡	m^3	204.00	207.00	304.21	304.21	62,059	62,059	S3-2-29
TJ01J01F02LZ01H022	K2+495	K2+562	208-3-b	预制块骨架护坡	m^3	20.00	20.00	682.93	682.93	13,659	13,659	S3-2-29

图 11-4 工程计量台账与工程量清单的关系

二、工程计量台账的作用

在一个公路项目建设过程中，设计变更随时发生，计量支付分期进行，项目管理者如何及时掌握整个项目或某个标段的建安工程费用？已经支付了多少？尚余多少工程？如何知道实际要发生的建安工程费和概算的对比？如何知道某个桥梁、某个隧道、某个互通或其中分部分项工程费是多少？怎样保证在计量过程中不超计漏计？……在项目建设过程中，管理者和建设者都需要各种各样的统计报表，实时掌握投资、进度、质量情况，都可以借助工程计量台账来实现。

形象的说，工程项目就是一个集体，最小计量单元就是集体的某一个人，编码就是其身份证，管理过程中可以按照不同的需求，根据身份证中包含的信息分清每个人及其所在单位部门。对工程项目管理而言，可以根据台账编码中的信息，按照质量控制（包含了试验、检验、测量、评定等过程）、费用控制（包括了投资执行情况分析、计量支付、工程决算和养护阶段质量和费用控制等需要）、进度控制和安全管理及其他相关的如征地拆迁管理、材料管理等的要求，通过计算机和软件设定筛选、查询条件，统计汇总各种数据，给管理者提供动态更新的图表数据，并根据设定的管理程序进行信息化、自动化管理，实现项目全周期的费用控制。工程计量台账的主要作用如下：

1. 项目信息化管理集大成的核心技术

对公路建设项目进行信息化管理，工程计量台账是最基础原始数据，合理科学的编码系统可以把系统中其他子系统有机联结在一起，改变过去各系统单独运行的不兼容性。将所有图纸、资料和数据输入计算机之后，可以将项目数字化，通过计算机系统把数字组合还原项目的基本情况。放到生产线之后，所有流程和项目都可以用电脑集成控制，这样工程就可以做到百分之百地可控性。信息化管理能够提高项目管理效率，节省工期，减少工程成本；能够精简管理机构，降低管理成本；能够利用网络技术实现远程控制，有利于管理者及时动态的掌握项目进展情况；能够改变传统管理模式，减少文山会海，实现无纸化办公，实现项目的精细化管理；可以增强行业的资讯交流，为实现横向联合提供了可能。

2. 确定投资控制依据的需要

工程项目在招投标工作完成以后，合同文件工程量清单数量由于以下三个原因可能出现

与实际数量不符:

(1)施工图纸在细部数量计算过程和汇总计算过程中出现的错误;

(2)编制工程量清单计算其工程数量时出现的错误;

(3)由于合同文件技术规范对计量支付解释不清或工作范围界定模糊造成的偏差。

工程计量台账编制过程中,由于要求对施工图纸和工程量清单进行分解,对以上原因导致的数量错误能够进行修正,并进一步完善技术规范,对计量支付解释不清或工作范围界定模糊的条款进行完善,避免重复计量。形成修正后的工程量清单,经批准的修正后的工程量清单将作为投资控制的依据之一。

3. 计量支付管理的需要

工程计量台账经编审后由业主、监理、承包人三方认可,并报请主管部门批准后作为计量支付工程数量的控制上限,只有经审批的变更工程发生才能调整其计量支付数量,其超计量预警功能使项目管理过程中不可能出现早计量、超计量和重复计量。工程计量台账是项目建设过程中计量支付工作的基础,所有建安工程费用的发生都将围绕其进行,由于科学的编码工作,使其成为计算机信息化管理的基础数据库,结合信息化管理系统的计量支付软件和变更管理软件,使项目的计量支付工作始终能严格精确控制、适时动态更新、远程快捷操作、高效率低消耗地运行。

4. 投资(概算)执行情况分析的需要

工程计量台账对单位工程、分部、分项工程和最小计量单元的划分结合了交通运输部现行《公路工程基本建设项目概算预算编制办法》项目表中对"项、目、节"的划分,并将其与工程量清单的工程细目进行了对应,解决了传统工程造价管理中概算项目与清单细目无法对应的问题。通过编码中所包含的信息,可以任意组合成分部分项工程,项目管理过程中能随时按批复概算项目划分方式从台账基础数据库中导出概算模式的实际执行情况,能及时向主管部门报送有关报表,也便于项目管理者对投资(概算)执行情况进行及时掌控。

5. 工程决算和工程竣工文件编制前瞻性需要

由于工程计量台账的编制解决了概算项目与清单细目无法对应的问题,其同时也就解决了工程竣工决算的许多问题,可以不要像传统工作方法那样,工程竣工后又抽出大量的人力物力从纸堆里对工程建设过程中的计量支付和变更进行逐一整理,一个一个数据的去按概算批复的项目设置方式还原。现在可以从台账数据库中导出数据,完成工程竣工决算的编制工作。由于台账编制编码规则是参照交通运输部现行《公路工程质量检验评定标准》对单位工程、分部、分项工程的划分制定的,那么计量支付资料的整理就符合了质量检验评定标准的要求,有机的将计量支付资料的附件和竣工文件资料结合起来,减少了竣工文件整理过程的很大一部分工作量。

6. 工程审计的需要

按审计办法要求,政府投资或者融资为主的基础建设项目和公共设施,主要是使用财政性资金、各项政府专项资金(基金)、政府统一借贷资金及国有独资(控股)公司投入资金等进行的公共工程的项目都要求进行工程竣工审计,目前高速公路基本建设主要是属此范围,高速公路竣工决算审计发现的问题主要集中在工程数量的认定和对技术规范的理解以及认识的统一,工程计量台账的编制很好的解决了合同工程量清单数量的固定问题,同时由于在台账编制审查过程中,承包商、监理、业主合约部技术人员全部参与,对技术规范计量支付办法有了很好的理解,并对其中概念模糊的内容进行了完善,在项目管理过程中避免了很多在审计中发现的问题,能更好地保证国家基本建设资金的合理使用。

7.是工程决算后形成全寿命周期基础数据库的需要

工程项目计量支付完成后,形成最终的台账,系统利用台账编码,依据《竣工工程汇总表》和《竣工决算文件及基础数据用表》以及计量支付相关附件资料,对项目的数字化信息进行系统管理,是养护运营阶段资料查询和养护工程台账延续的关键纽带。

8.项目管理过程中其他控制和管理的需要

通过最小计量单元的划分和台账编码,将项目管理过程中的所有控制和管理都与工程计量台账关联起来,质量控制、进度控制等都建立在此数据库的基础上,利用最小计量支付单元的唯一编码,各个管理环节的数据就可以实现互通。项目实施过程中的试验、检验、测量、评定和进度图表、安全管理及其他相关的如征地拆迁管理、材料管理都可以通过定制管理流程来设定指令,在这个"沟通无障碍"的交换平台上统一管理。

三、工程计量台账的编制规则

公路工程计量台账可作为全寿命周期基础数据库的一个应用,因此编制台账即是建立一套基础数据库。如果要求广大工程技术人员按数据库的要求按字段节点输入相应数据是非常困难的。我们可以把这套数据库简化成一套树形结构的编码,从而能更直观的编制工程计量台账,树形结构可参考图 11-5。

第一分类工程	第二分类工程	第三分类工程	第四分类工程	台账编号
Z01总则	L01施工准备及临时费用(K112+023~K221+239)	V01Q	L001临时道路修建、养护与拆除	T03ZZ01L01V01QL001
			Y001临时工程用地	T03ZZ01L01V01QY001
			D001临时供电设施	T03LZ01L01V01QD001
			X001电信设施提供、维修与拆除	T03LZ01L01V01QX001
	Z01其他支付(K112+023~K221+239)	V01Q	Z001承包人驻地建设	T03ZZ01Z01V01QZ001
			Y001建设工程一切险	T03ZZ01Z01V01QY001
			S001第三方责任险	T03ZZ01Z01V01QS001
			L001工程管理软件	T03ZZ01Z01V01QL001
			J001竣工文件	T03ZZ01Z01V01QJ001
			H001施工环保费	T03ZZ01Z01V01QH001
			A001安全生产费	T03ZZ01Z01V01QA001

图 11-5 树形结构图

台账的编码组成和规则(编制办法)应结合分部、分项工程划分的原则,先确定单位工程编码,再确定所包含的分部工程编码,最后确定分项工程编码,形成一个逻辑关系明确的树形编码系统。根据工程实际需要,可能还需要增加子分部、子分项工程,总的原则是一致的。

编制办法应结合项目实际情况,力求简单、直观、实用,并便于编制,因此台账编码可由英文字母和阿拉伯数字组成,用来表示具体的单位、分部、分项工程。为了便于工程管理及方便数据库的分类汇总,台账编码可由两个部分组成,即合同信息编码和分项工程编码,分项工程编码一般按四级分类,如图 11-6 所示。

编码组成确定好后,就要确定编制规则,编制规则是对编码组成的细化说明。为了方便台账编制者查找相应分部分项工程代码,编制办法还应提供完整的编码一览表及示例。例如,根据某项目工程计量台账编制办法,该项目将台账编码长度定为16位(表11-1)。

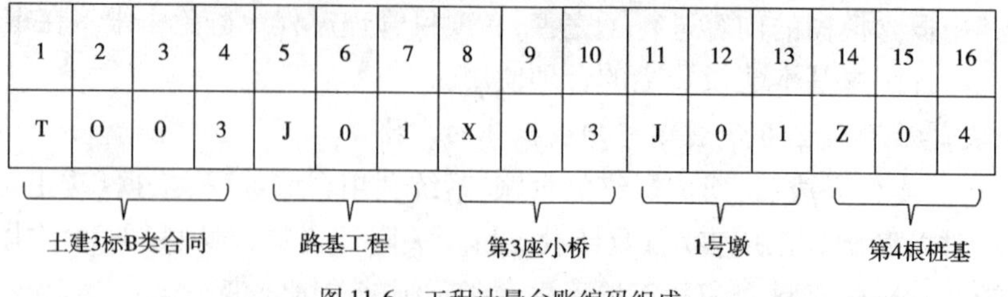

图11-6 工程计量台账编码组成

台账编码编制规则

表11-1

组成	合同信息编码				分项工程编码											
意义	合同段性质		合同段序号		第一分类			第二分类			第三分类			第四分类		
序号	1	2	3	4	5	6	7	8	9	10	11	12	13	14	15	16
编码	T	0	0	3	J	0	1	X	0	3	J	0	1	Z	0	4

各位编码信息及取值说明如下:

(1)合同信息编码(第1~4位)

①第1位表示工程性质。"T"表示土建工程,"M"表示路面工程,"L"表示环保工程,"J"表示交通安全设施工程,"D"表示通讯、监控及收费工程,"F"表示房建工程;

②第2位表示合同段性质,以"O"表示;

③第3、4位表示合同段序号,取值01、02、03……

(2)分项工程编码(第5~16位)

分项工程编码由四个分类组成,表示3种逻辑关系,分别对应(子)单位、(子)分部、(子)分项工程,逻辑关系如表11-2所示。

分项工程逻辑关系

表11-2

逻辑关系	第一分类	第二分类	第三分类	第四分类	适用范围
1	单位工程	分部工程	分项工程	子分项工程	a. 路基工程:小桥/人行天桥/渡槽 b. 路面工程 c. 互通交叉工程 d. 环保工程
2	单位工程	分部工程	子分部工程	分项工程	a. 路基工程:路基土石方工程;排水工程;通道、涵洞;砌筑防护;大型(组合式)挡土墙 b. 交通安全设施
3	单位工程	子单位工程	分部工程	分项工程	a. 桥梁工程 b. 隧道工程

①第一分类:第5位为第一分类号(英文字母);第6、7位为该分类号下的序号,取值01、02、03……

②第二分类:第8位为第二分类号(英文字母);第9、10位为该分类号下的序号,取值01、02、03……

③第三分类:第 11 位为第三分类号(英文字母);第 12、13 位为该分类号下的序号,取值 01、02、03……

④第四分类:第 14 位为第四分类号(英文字母);第 15、16 位为该分类号下的序号,取值 01、02、03……

各分类序号的划分应遵循分部、分项工程划分原则,如桥梁工程可按每座桥划分一个单位工程,基础、下部、上部、桥面系划分为一个或多人分部工程,再依次划分分项工程。

以某高速公路 07 合同段(T007)第 2 座大桥第 6 孔预制混凝土空心板为例,其工程计量台账编码如图 11-7 所示。

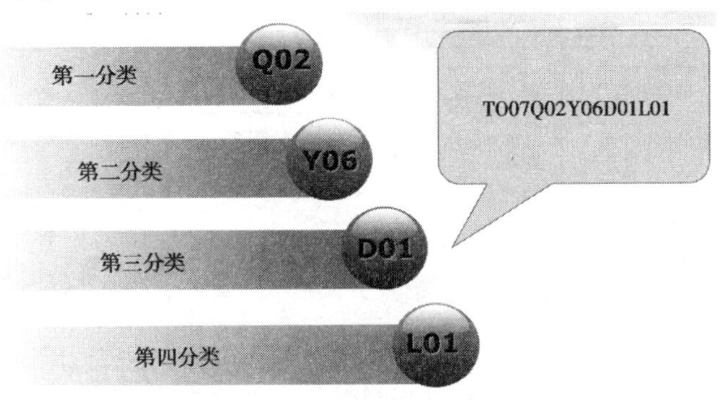

图 11-7 大桥第 6 孔预制混凝土空心板

以某高速公路 1 合同段第 1 座桥梁(中桥,上部结构为空心板)1 号墩 1 号桩基、2 号墩 1 号墩柱、6 号台 1 号盖梁为例,其台账编码如表 11-3 ~ 表 11-5 所示。

1 号墩左幅 1 号桩基 表 11-3

序号	1	2	3	4	5	6	7	8	9	10	11	12	13	14	15	16
编码	T	0	0	1	Q	0	1	J	0	1	B	0	1	Z	0	1

2 号墩右幅 1 号墩柱 表 11-4

序号	1	2	3	4	5	6	7	8	9	10	11	12	13	14	15	16
编码	T	0	0	1	Q	0	1	X	0	2	B	0	1	D	0	1

2 号台左幅 1 号盖梁 表 11-5

序号	1	2	3	4	5	6	7	8	9	10	11	12	13	14	15	16
编码	T	0	0	1	Q	0	1	X	0	6	B	0	1	M	0	1

四、工程计量台账在信息化管理中的应用

公路工程建设项目一般以合同段为单位进行管理,一个合同段一般有一个或多个单位工程,一个单位工程有多个分部工程,一个分部工程有多个分项工程,分项工程是工程划分的最小单位,而工程计量台账在项目信息化管理应用中应与工程划分的最小单位对应。以实现台账支撑项目管理的各个业务环节。

从项目信息化管理角度来说,公路工程建设指挥部首先需要统一台账编码的规范,于总体开工前对施工单位提交的分项、分部、单位工程的划分予以审核、批准。分项、分部、单位工程

的划分是加强工程统一管理的措施，经监理批准的科学、合理、详尽的工程划分能在工程管理过程中显出各分项工程之间的有机关系，为合理组织施工起到了积极地指导作用，同时工程划分也是参建各方在分项、分部工程开工的申请和批准、分项工程的质量控制、验收、评定和中间交工以及分部、单位工程的质量评定和工程的计量支付等施工全过程管理的依据，该数据同时也为营运、养护期的数据查询提供统一规范的数据接口。

项目管理与控制的核心是投资、质量、进度控制，图 11-8 所示是项目管理控制中数据流转关系示意图。

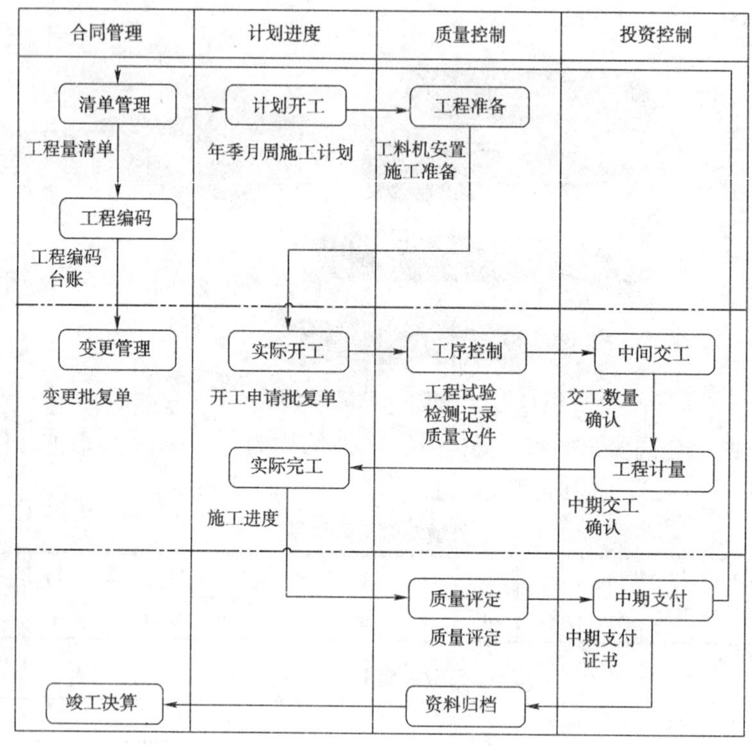

图 11-8　项目管理控制中数据流转关系示意图

通过对工程计量台账和其相关联的业务数据的分析，可以形成项目批复概算、预算、施工合同、工程完成、决算信息的统计和汇总，贯穿公路项目建设管理全寿命、全过程；交通运输主管部门、项目建设单位可通过数据服务接口掌握项目建设完成造价情况的统计信息，并为养护和运营期提供标准的信息接口，方便交通运输主管部门和业主对项目进行全过程的监控，实现项目的实时概预算执行情况的对比，各类单位分部分项工程精细化监控。

公路工程全寿命周期信息化管理以工程计量台账为数据组织的主线，其管理流程示意图如图 11-9 所示。

利用工程计量台账，公路工程全寿命周期信息化管理可以实现：

(1)能按项目或者按单项工程对上对过程中所发生的造价费用进行有效的归纳、分析；

(2)能在项目执行的不同阶段(时间点)对过程中所发生的费用有效的反应项目造价实际情况，供投资人及时决策；

(3)能对不同层面、不同时间点的项目预算执行情况、清单计量情况、工程台账执行情况、工程变更情况进行有效的归纳、分析,并反映到台账审核、计量、支付、工程变更、决算等具体的项目管理行为上去,是进行测算各项经济技术指标和分部分项工程成本核算,为定额基础数据分析提供重要依据。

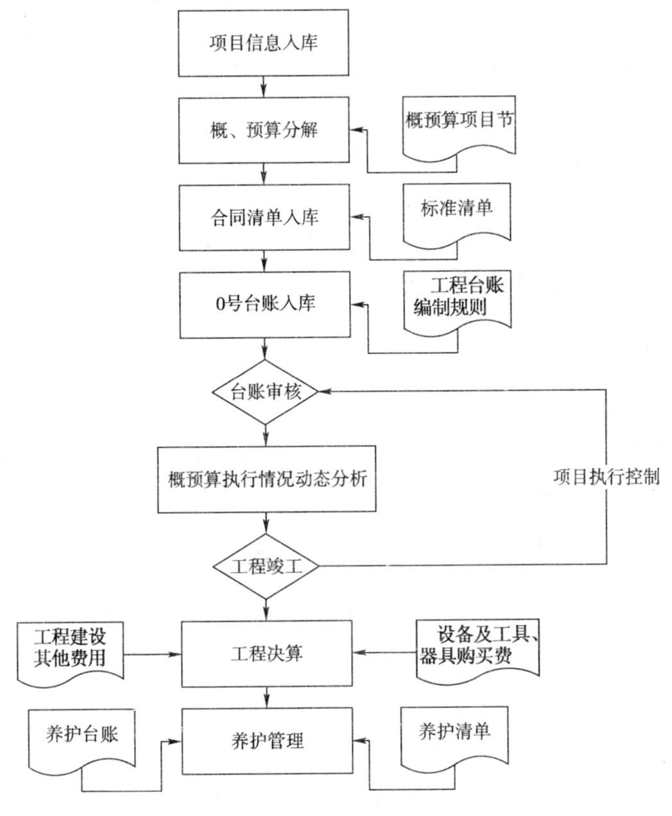

图11-9　管理流程示意图

(4)项目最后竣工决算后,经审计认定的最终台账,可形成该项目的基础数据库,便于将来运营养护阶段资料查询,以及养护工程台账的延续,形成全寿命周期基础数据库。

参 考 文 献

[1] 交通公路工程定额站. 公路基本建设项目概算预算编制办法(JTG B06—2007)[S]. 北京:人民交通出版社, 2007.

[2] 交通公路工程定额站. 公路工程概算定额(JTG/T B06-01—2007)[S]. 北京:人民交通出版社, 2007.

[3] 交通部公路工程定额站,湖南省交通厅交通建设造价管理站. 复习题库与案例分析[M]. 北京:人民交通出版社, 2007.

[4] 中华人民共和国交通部. 公路建设项目用地指标[M]. 北京:人民交通出版社, 2001.

[5] 全国造价工程师职业资格考试培训教材编审组. 工程造价案例分析[M]. 北京:中国城市出版社, 2009.

[6] 福建省高速公路建设总指挥部. 福建省高速公路施工标准化管理指南[M]. 北京:人民交通出版社, 2010.

[7] 石勇民. 公路施工项目成本管理手册[M]. 北京:人民交通出版社, 2008.

[8] 邢凤岐,徐连铭. 公路工程定额应用与概、预算编制示例[M]. 北京:人民交通出版社, 2008.

[9] 邬晓光. 公路工程施工招标与投标实用手册[M]. 北京:人民交通出版社, 2010.

[10] 薛随云. 公路施工企业标后预算管理理论与实务[M]. 北京:人民交通出版社, 2005.

[11] 姜早龙,宁艳芳,徐玉堂. 施工企业定额编制与应用指南[M]. 大连:大连理工大学出版社, 2005.

[12] 交通运输部公路局。高速公路施工标准化技术指南[M]. 北京:人民交通出版社,2012.